中華博物通考

總主編 張述錚

香盒卷

本卷主編
耿天勤

上海交通大學出版社

圖書在版編目（CIP）數據

中華博物通考. 香奩卷 / 張述錚總主編；耿天勤本
卷主編.—上海：上海交通大學出版社, 2024.1
　ISBN 978-7-313-24706-3

　Ⅰ.①中… Ⅱ.①張…②耿… Ⅲ.①百科全書—中
國—現代②裝飾制品—古器物—中國 Ⅳ.①Z227
②K875.2

中國國家版本館CIP數據核字(2023)第239067號

特約編審：劉毅強
責任編輯：車義偉
裝幀設計：姜　　明

中華博物通考·香奩卷

總　主　編：張述錚
本卷主編：耿天勤
出版發行：上海交通大學出版社　　　地　　址：上海市番禺路951號
郵政編碼：200030　　　　　　　　　電　　話：021-64071208
印　　製：蘇州市越洋印刷有限公司　經　　銷：全國新華書店
開　　本：890mm×1240mm　1／16　印　　張：23
字　　數：468千字
版　　次：2024年1月第1版　　　　　印　　次：2024年1月第1次印刷
書　　號：ISBN 978-7-313-24706-3
定　　價：278.00元

《中華博物通考》學術顧問

（按姓氏筆畫排序）

王　方	王　釗	王子舟	王文章	王志強	仇正偉	孔慶典	石雲里
田藝瓊	白庚勝	朱孟庭	任德山	衣保中	祁德樹	杜澤遜	李　平
李行健	李克讓	李德龍	李樹喜	李曉光	吳海清	佟春燕	余曉艷
邸永君	宋大川	苟天林	郝振省	施克燦	姜　鵬	姜曉敏	祝逸雯
祝壽臣	馬玉梅	馬建勛	桂曉風	夏興有	晁岱雙	晏可佳	徐傳武
高　峰	高莉芬	陳　煜	陳茂仁	孫　機	孫　曉	孫明泉	陶曉華
黃金東	黃群雅	黃壽成	黃燕生	曹宏舉	曹彥生	常光明	常壽德
張志民	張希清	張維慎	張慶捷	張樹相	張聯榮	程方平	鈕衛星
馮　峰	馮維康	楊　凱	楊存昌	楊志明	楊華山	賈秀娟	趙志軍
趙連賞	趙榮光	趙興波	蔡先金	鄭欣淼	寧　強	熊遠明	劉　靜
劉文豐	劉建美	劉建國	劉洪海	劉華傑	劉國威	潛　偉	霍宏偉
魏明孔	聶震寧	蘇子敬	嚴　耕	羅　青	羅雨林	釋界空	釋圓持
鐵付德							

《中華博物通考·香奩卷》編纂委員會

主　　編：耿天勤

撰　稿　人：耿天勤

導　論

——縱論中華博物學的沉淪與重建

引　言

　　在中國當代，西方博物學影響至巨，自鴉片戰爭以來，屈指已歷百載。何謂"西方博物學"？"西方博物學"是以研究動植物、礦物等自然物爲主體的學科，但不包含社會領域的社會生活，至19世紀後期已完成學術使命，成爲一種保護大自然的公益活動，但國人却一直承襲至今。中華久有自家的博物學，已久被忘却，無人問津，這一狀況實是令人不安。前日偶見《故宮裏的博物學》問世，精裝三册，喜出望外，以爲我中華博物學終得重生，展卷之後始知，該書是依據清乾隆時期皇室的藏書《清宮獸譜》《清宮鳥譜》《清宮海錯圖》（"海錯"多指海中錯雜的魚鱉蝦蟹之類）繪製而成，其中一些并非實有，乃是神話傳説之物。其内容提要稱"是專爲孩子打造的中華文化通識讀本"，而對博物院内琳琅滿目的海量藏品則隻字未提。這就是説，博物院雖有海量藏品，却與故宮裏的博物學毫不相干，或曰并不屬於博物學的研究範圍。此書的編纂者是我國的著名專家，未料我國這些著名專家所認定的博物學仍是西方的博物學。此書得以《故宮裏的博物學》的名義出版，又證我國的出版界對於此一命題的認同，竟然不知我中華久有自家的博物學。此書如若改稱《故宮裏的皇室動物圖譜》，則名正言順，十分精彩，不失爲一部別具情趣的兒童讀物，但原書名却無意間形成一種誤導，孩子們可能會據此認定：唯有鳥獸蟲魚之類才是中華文化中的大學問，故而稱之爲"博物學"，最終會在其幼小心靈裏留下西方博物學的深深印記。

何以出現這般狀況？因爲部分國人對於傳統的中華博物及中華博物學，實在是太過陌生！那麼，何謂"博物"？本文指稱的"博物"，是指隸屬或關涉我中華文化的一切可見或可感知之物體物品。何謂"中華博物學"？"中華博物學"的研究主體是除却自然界諸物之外，更關涉了中國社會的各個方面各個領域，進而關涉了我中華民族的生息繁衍，關涉了作爲文明古國的盛衰起落，足可爲當代或後世提供必要的藉鑒，是我國獨有、無可替代的學術體系。故而重建中華博物學，具有歷史的、現實的多方面實用價值。我中華博物學起源久遠，至遲已有兩千年歷史，祇是初始没有"博物學"之名而已。時至明代，始見"博物之學"一詞。如明楊士奇《東里續集》卷一八評述宋陸佃《埤雅》曰："此書於博物之學蓋有助焉。"此一"博物之學"，可視爲"中華博物學"的最早稱謂。又，《四庫全書總目提要》卷一三六評清陳元龍《格致鏡原》曰："〔此書〕分三十類：曰乾象，曰坤輿，曰身體，曰冠服，曰宮室，曰飲食，曰布帛，曰舟車，曰朝制，曰珍寶，曰文具，曰武備，曰禮器，曰樂器，曰耕織器物，曰日用器物，曰居處器物，曰香盒器物，曰燕賞器物，曰玩戲器物，曰穀，曰蔬，曰木，曰草，曰花，曰果，曰鳥，曰獸，曰水族，曰昆蟲，皆博物之學。"此即古籍述及的"中華博物學"最爲明確、最爲全面的定義。重建的博物學於"身體"之外，另增《函籍》《珍奇》《科技》等，可以更全面地融匯古今。在擴展了傳統博物學天地之外，又致力於探索浩浩博物的淵源、流變，以及同物異名與同名異物的研究，致力於物、名之間的生衍關係的考辨。"博物學"本無須冠以"中華"或"中國"字樣，在當代爲區别於西方的"博物學"，遂定名爲"中華博物學"，或曰"中華古典博物學"。"中華博物學"，國人本當最爲熟悉，事實却是大出所料，近世此學已成了過眼雲烟，少有問津者，西方博物學反而風靡於中國。何以形成如此狀況？何以如此本末倒置？這就不能不從噩夢般的中國近代史談起。

一、喪權辱國尋自保，走投無路求西化

清王朝自鴉片戰争喪權辱國之後，面對列强的進逼，毫無氣節，連連退讓，其後又遭

甲午戰爭之慘敗，走投無路，於是由所謂"師夷之長技"，轉而向日本求取西化的捷徑，以便苟延殘喘。日本自 19 世紀始，城鄉不斷發生市民、農民暴動，國内一片混亂。1854 年 3 月，又在美國鐵艦火炮脅迫之下，簽訂《神奈川條約》。四年後再度被迫與美國簽訂通商條約。繼此以往，荷、俄、英、法，相繼入侵，條約不斷，同百年前的中國一樣，徹底淪爲半封建半殖民地社會，當權的幕府聲威喪盡。1868 年 1 月，天皇睦仁（即明治天皇）下達《王政復古大號令》，廢除幕府制度，但值得注意的是仍然堅守"大和精神"，并未全部廢除自家原有傳統。同年 10 月，改元明治，此後的一系列變革措施，即稱之爲"明治維新"。維新之後，否定了"近習華夏"，衝決了"東亞文化圈"，上自天皇，下至黎民，勠力同心，在"富國强兵、置産興業"的前提之下，遠法泰西，大力引入嶄新的科學技術，從而迅速崛起，廢除了與列强的一切不平等條約，成爲令人矚目的世界强國之一。可見"明治維新"之前，日本内憂外患的遭遇，與當時的中國非常相似。在此民族存亡的關鍵時刻，中國維新派代表人物不失時機，遠渡東洋，以日本爲鏡鑒，在引進其先進科技的同時，也引進了日本人按照英文 natural history 的語意翻譯成的漢語"博物學"，雖并不準確，但因出於頂禮膜拜，已無暇顧及。況且，自甲午戰爭至民國前期，日源語詞已成爲漢語外來語詞庫中的魁首，遠超英法俄諸語，且無任何外來語痕迹，最難識別。如"民主""科學""法律""政府""美感""浪漫""藝術界""思想界""無神論""現代化"等，不勝枚舉。國人曾試圖自創新詞，但敗多勝少，衹能望洋興嘆。究其原因，并非民智的高下，也并非語種的優劣，實則是國力强弱的較量，國强則國威，國威則必擁有强勢文化，而强勢文化勢必涌入弱國，面對强勢文化，弱國豈有話語權？西方的"博物學"進入中國，遒勁而又自然。

那麼，西方博物學源於何時何地？又經歷了怎樣的發展變化？答曰：西方博物學發端於古希臘亞里士多德（公元前 384—前 322）《動物志》之類著述，又經古羅馬老普林尼（公元 23—79）的《自然史》，輾轉傳至歐洲各國。其所謂博物除却動植物外，更有天文、地理、人體諸類。這是西方的文化背景與知識譜系，西人習以爲常，喜聞樂見。在歐洲文藝復興和美洲地理大發現之後，見到别樣的動物、植物以及礦物，博物學得到長足發展。至 19 世紀前半期，博物學形成了動物學、植物學和礦物學三大體系，達於鼎盛。至 19 世紀後期，動物學、植物學獨立出來，成爲生物學，礦物學則擴展爲地質學，博物學已被架空。至 20 世紀，博物學已不再屬於什麼科學研究，而完全變成一種生態與環境探索，以供民衆休閑安居的社會活動。其時，除却發端於亞里士多德的“博物學”之外，也有後起的“文化博物學”（Cultural Museology），這是一門非主流的綜合性學科，旨在研究人類一切文化遺産，試圖展示并解釋歷史的傳承與發展，但在題材視野、表達主旨等方面與中華傳統博物學仍甚有差异。面對此類非主流論説，當年的譯者或視而不見，或有意摒弃，其志在振興我中華。

在尋求救國的路途中，仁人志士們目睹了西方先進文化，身感心受，嚮往久之。“試航東西洋一游，見彼之物質文明，莊嚴燦爛，而回首宗邦，黯然無色，已足明興衰存亡之由，長此以往，何堪設想？”（吴冰心《博物學雜誌》發刊詞，1914 年 1 月，第 1 ～ 4 頁），此時仁人志士們滿腔熱血，一心救國。但如何救國，却茫茫然，如墮五里霧中。這一救國之路從表象上觀察似乎一切皆以日本爲鏡鑒，實則迥别於“明治維新”之路，未能把握“富國强兵、置産興業”之首要方嚮，而當年的執政者却祇顧個人權勢的得失，亦無此遠大志嚮。仁人志士們雖振臂疾呼，含泪呐喊，祇飄摇於上層精英之間，因一度失去民族自信、文化自信，而不知所措，矛頭直指孔子及千載儒學，進而直指傳統文化。五四運動前夜，北京大學著名教授錢玄同即正告國人“欲驅除一般人之幼稚的野蠻的頑固的思想”，就必須要“廢孔學”，必須要“廢漢文”（錢玄同《中國今後的文字問題》，載 1918 年 4 月 15 日《新青年》第 4 卷第 4 號）。翌年，五四運動爆發，仁人志士們高舉“德謨克拉西”（民主）、“賽因斯”（科學）兩面大旗，掀起反帝反封建的狂濤巨瀾，成爲中國近現代史上的偉大里程碑，中國人民自此視野大開。這兩面大旗指明了國家强弱成敗的方嚮。但與此同時，仁人志士們又毫不猶豫，全力以赴，要堅决“打倒孔家店”。於是，孔子及其儒家學説成了國弱民窮的替罪羊！接踵而至的就是對於漢字及其代表的漢文化的徹底否定。偉大革命思想家魯迅也一直抨擊傳統觀念、傳統體制，1936 年 10 月，在他逝世前夕《病中答救亡情報訪員》一文中，竟然斷言：“漢字不滅，中國必亡！”而新文化運動的主要人物之一胡適更是語出驚人：“我們必須承認我們自己百事不如人，不但物質機械上不如人，不但政治制度不如人，并且道德不如人，知識不如人，文學不如人，音樂不如人，藝術不如人，身體不如人。”中華民族是“又愚又懶的民族”，是“一分象人，九分象鬼的不長進民族”（胡適《介紹我自己的思想》，1930 年 12 月亞東圖書館初版《胡適文選》自序）。這是“五四”前後一代精英們的實見實感，本意在於革故鼎新，但這些通盤否定傳統文化的主張，不啻是在緊要歷史關頭的一次群情失控，是中國文化史中的一次失智！在這樣的歷史背景、這樣的歷史氣勢之下，接受西方"博物學"就成了必然，有誰會顧及古老的傳統博物學？

在引進西方博物學之後，國人紛予效法，試圖建立所謂中華自家的博物學，於是圍繞植物學、動物學兩大方面遍搜古今，窮盡群書，着眼於有關動植物之類典籍的縱橫搜求，但這并非我中華的博物全貌，也并非我中華博物學，況且在中華古典博物學中，也罕見西方礦物學之類著作，可見，試圖以西方的博物學體系，另建中華古典博物學，實在是削足適履、邯鄲學步。自 1902 年始，晚清推行學制改革，先後頒布了"壬寅學制""癸卯學制"。1905 年，根據《奏定學堂章程》，已將西方博物學納入中學的課程設置。其課程分爲植物、動物、礦物、人體生理學四種，分四年講授。1912 年中華民國成立後，江浙等地出現過博物學會和期刊，稍後武昌高等師範學校設立了博物學系，出版過《博物學雜誌》，主要研究動物學、植物學及人體生理學，隨後又將博物學系改稱生物學系，《博物學雜誌》也相應改稱《生物學雜誌》，重走了西方的老路。北京高等師範學校也有類似經歷，甚爲盲目而混亂。至 30 年代，發現西方博物學自 20 世紀始，已轉型爲生態與環境探索，因國人再無興趣，對西方博物學的大規模推廣、學習在中國遂先停止，但因影响至深，其餘風猶存。

二、中華典籍浩如海，博物古學何處覓？

應當指出，中國古代典籍所載之草木、鳥獸、蟲魚之類，亦有別於西方，除却其自身屬性特徵外，又常常被人格化，或表親近，或加贊賞，體現了另一種精神情愫。如動物龜、鶴，寓意長壽（其後，龜又派生了貶義）；豺、狼、烏鴉、猫頭鷹，或表殘忍，或表不祥；其他如十二生肖，亦各有象徵，各有寓意。而那些無血肉、無情感的植物，同樣也被賦予人文色彩。如漢班固《白虎通·崩薨》載："《春秋含文嘉》曰：天子墳高三仞，樹以松；諸侯半之，樹以柏；大夫八尺，樹以欒；士四尺，樹以槐；庶人無墳，樹以楊、柳。"足見在我國古老的典制禮俗中，松、柏、欒、槐、楊、柳，已被賦予了不同的屬性，被分爲五等，楊、柳最爲低賤；就連如何埋葬也分爲五等，嚴於區別，從墳高三仞到無墳，成爲天子到庶人的埋葬標志。實則墳墓分爲等級，早在公元前 3300 年至公元前 2300 年的良渚古城遺址已經發現。這些浩浩博物，廣泛涉及了古老民族和古老國度的典制與禮俗，我國學人也難盡知，西方的博物學又當如何表述？

可見西方博物學絕難取代中華古典博物學，中華古典博物學的研究範圍，遠超西方博物學，或可說中華古典博物學大可包容西方博物學。如今，這一命題漸引起國内一些有識之士、專家學者的關注。那麼，中華古典博物學究竟發端於何時何地？有無相對成型的體系？如何重建？答曰：若就人類辨物創器而言，上古即已有之，環宇盡同。若僅就我中華文獻記載而言，有的學者認爲當發端於《周易》，因爲"易道廣大，無所不包"（《四庫全書總目提要》卷九），或認爲發端於《書·禹貢》，因爲此書廣載九州山河、人民與物産。《周易》《禹貢》當然可以視爲中華博物學的源頭。而作爲中華博物學體系的領銜專著，則普遍認爲始於晋代張華《博物志》。而論者則認爲，中華博物學成爲一門相對獨立的學科體系，當始於秦漢間唐蒙的《博物記》，此書南北朝以來屢見引用，張華《博物志》不過是續作而已。對此，前人久有論述。如《四庫全書總目提要》卷一四二曰："劉昭《續漢志》注《律曆志》引《博物記》一條，《輿服志》引《博物記》一条，《五行志》引《博物記》二條，《郡國志》引《博物記》二十九條……今觀裴松之《三國志》注（《魏志·太祖紀》《文帝紀》《吳志·孫賁傳》等）引《博物志》四條，又於《魏志·涼茂傳》中引《博物記》一條，灼然二書，更無疑義。"再如宋周密《齊東野語·野婆》曰："《後漢·郡國志》引《博物記》曰：'日南出野女，群行不見夫，其狀晶且白，裸袒無衣襦。'得非此乎？《博物記》當是秦漢間古書，張茂先（張華，字茂先）蓋取其名而爲《志》也。"再如明楊慎《丹鉛總録》卷一一："漢有《博物記》，非張華《博物志》也，周公謹云不知誰著。考《後漢書》注，始知《博物記》爲唐蒙作。"如前所述，此書南北朝典籍中多有引用，如僅在南朝梁劉昭《續漢志》注中，《博物記》之名即先後出現了三十三次之多。據有關古籍記載，其内包括了律曆、五行、郡國、山川、人物、輿服、禮俗等，盡皆實有所指，無一虚幻。故在明代有關前代典籍分類中，已將唐蒙《博物記》與三國魏張揖《古今字詁》、晋吕靜《韵集》、南朝梁阮孝緒《古今文詁》、唐顏元孫《干禄字書》、宋洪适《隸釋》等字書、韵書并列（見明顧起元《説略》卷一五），足見其學術地位之高，而張華《博物志》則未被録入。

至西晋已還，佛道二教廣泛流傳，神仙方士之説大興，於是張華又衍《博物記》爲《博物志》，其書内容劇增，自卷一至卷六，記載山川地理、歷史人物、草木蟲魚，這些當是紀要考訂之屬，合乎本文指稱的名副其實的博物學系統。此外，又力仿《山海經》的體例，旨在記載异物、妙境、奇人、靈怪，以及殊俗、瑣聞等，諸多素材語式，亦幾與《山海經》盡同，若"羽民國，民有翼，飛不遠……去九嶷四萬三千里"云云，并非"浩博實物"，已近於"志怪"小説。張華自序稱其書旨在"博物之士覽而鑒焉"，張序指稱的"博物之士"，義同前引《左傳》之"博物君子"，其"博物"是指"博通諸種事物"，虛虛實實，紛紛紜紜，無所不包。此類記述，正合世風，因而《博物志》大行其道，《博物記》則漸被冷落，南北朝之後已失傳，其殘章斷簡偶見於他書，可輯佚者甚微。後世輾轉相引，又常與《博物志》混同。《博物志》至宋代亦失傳，今本十卷爲采摭佚文、剽掇他書而成，真僞雜糅，亦非原作。其後又有唐人林登《續博物志》十卷，緊接《博物志》之後，更拓其虛幻内容，以記神異故事爲主，多是叙述性文字，其條目篇幅較長，宋代之後也已亡佚。再後宋人李石又有同名《續博物志》十卷，其自序稱："次第仿華書，一事續一事。"實則并不盡然，華書首設"地理"，李書改增爲"天象"，其他内容，間有與華書重複者，所續多是後世雜籍，宋世逸聞。此書雖有舛亂附會之弊，仍不失爲一部難得的繼補之作。李書之後，又有明人游潛《博物志補》三卷，仍係補張華之《志》，旨趣體例略如李石之《續志》，但頗散漫，時補時闕，猥雜冗濫。李、游一續一補，盡皆因仍張《志》，繼其子遺。以上諸書之所謂"博物"，一脈相承，注重珍稀之物而外，多以臚列奇事异聞爲主旨，同"浩博實物"的考釋頗有差异。游潛稍後，明董斯張之《廣博物志》五十卷問世，始一改舊例，設有二十二類，下列子目一百六十七種，所載博物始於上古，達於隋末，不再因仍張《志》而爲之續補，已是擴而廣之，另闢山林，重在追溯事物起源，其中包括職官、人倫、高逸、方技、典制，等等。其後，清人陳逢衡著有《續博物志疏證》十卷、《續博物志補遺》一卷，對李石《續志》逐條研究探索，并又加入新增條目，成爲最系統、最深入的《續》説。其後，徐壽基又著有《續廣博物志》十六卷，繼董《志》餘緒，於隋代之後，逐一相繼，直至明清，頗似李石之續張華。但《廣志》《續廣志》之類，仍非以專考釋"浩博實物"爲主旨。我國第一部以"博物"命名而研究實物的專著，當爲明末谷應泰之《博物要覽》。該書十六卷，惜所涉亦不過碑版、書畫、銅器、窑器、瑪瑙、珊瑚、珠玉、奇石等玩賞之器物，皆係作者隨所見聞，摭録成帙；所列未廣，其中碑版書畫，尤爲簡陋，難稱浩博，其影響遠不及前述諸《志》，但所創之寫實體例，則非同尋常。而最具權威者，當是明末黄道周所著《博物典彙》，該書共二十卷，所涉博物，始自遠古，達於當朝，上自天文地理，下至草木蟲魚，盡予囊括，并以其所在時代最新的觀點、視野，對歷代博物著述進行了彙總研究。如卷一關於"天文"之考釋，下設"渾天""七曜"，"七曜"下又設"日""月""五星"，再後又有"經星圖""緯星圖""二十八宿"。又如卷七關於"后妃"，下設"宮闈內外之分""宮闈預政之誡"，緊隨其後的即教育"儲貳"之法，等等，甚爲周嚴。

以上諸書就是以"博物"命名的博物學專著。在晚清之前，代代相繼，發展有序，并時有新的建樹。

與這些博物學專著相并行，相匹配，另有以"事"或"事物"命名，旨在探索事物起源的博物學專著。初始之作爲北魏劉懋《物祖》十五卷，稍後有隋謝昊《物始》十卷，是對《物祖》的一次重大補正。《物始》之後，有唐劉孝孫等《事始》三卷，又有五代馮鑑《續事始》十卷，是對《事始》的全面擴展與開拓。《續事始》之後，另有宋高承《事物紀原》十卷，此書分五十五個類目，上自"天地生植"，中經"樂舞聲歌""輿駕羽衛""冠冕首飾""酒醴飲食"，直至"草木花果""蟲魚禽獸"，較《物祖》《物始》尤爲完備，遂成博物學的百代經典。接踵而來者有明王三聘《古今事物考》八卷，效法《紀原》之體，自古至今，上至天文地理，下至昆蟲草木，中有朝制禮儀、民生器用、宮室舟車，力求完備，較之他書尤得要領，類居目列，條理分明，重在古今考釋，一事一物，莫不求源溯始，考核精審。此書載録服飾資料尤爲豐富，如卷一有上古禮制之種種服式，非常全面，卷六所載後世之巾冠、衣、佩、帶、襪、履舄、僧衣、頭飾、妝飾、軍服等百餘種，考證多引原書原文，確然有據，甚爲難得。就全書而言，略顯單薄。明徐炬又有《古今事物原始》三十卷，此書仿高承《紀原》之體，又參《事物考》之章法，以考釋制度器物爲主，古今上下，盡考其淵源，更有所得，凡日月星辰、山川草木，亦必確究其淵源流變，但此與天地共生之浩浩博物，四百餘年前的一介書生，豈可臆測而妄斷？爲此而輾轉援引，頗顯紛亂。且鳥獸花草之起首，或加偶語一聯，或加律詩二句，而後逐一闡釋，實乃蛇足。其書雖有此瑕疵，卻不掩大成。與王、徐同代的還有羅頎《物原》二卷（《四庫》本作一卷），羅氏以《紀原》不能黜妄崇真，故更訂爲十八門，列二百九十三條，條條錘實。如，刻漏、雨傘、鋦子（用於連合破裂器物的兩脚釘）、酒、豆腐之類的由來，多有創見。惜違《紀原》明記出典之體，又背《事物考》之道，凡有考釋，則溷集衆説爲一。如，烏孫公主作琵琶，張華作苔紙，皆茫然不知所本。不過章法雖有差失，未臻完美，但其功業甚巨，《物原》成爲一部研究記述我國先民發明創造的專著。時至清代，陳元龍又撰

《格致鏡原》一百卷。何謂"格致鏡原"？意即格物致知，以求其本原。此書的子目多達一千七百餘種，明代以前天地間萬事萬物盡予羅致，一事一物，必究其原委，詳其名號，廣博而精審，終成中華古典博物學的巔峰之作。

以上兩大系列專著，自秦漢以來，連續兩千載，一脉相承，這并非十三經、二十六史之類的敕編敕修，無人號令，無人支持，完全出自一種無形的力量，出自文化大國、中華文脉自惜自愛的傳承精神，從而構成浩大的博物學體系。在我國學術研究史中，在我國圖書編纂史中，乃至於世界文化史中，當屬大纛獨立，舉世無雙！本當如江河之奔，生生不息，終因清廷喪權辱國、全盤西化而戛然中斷。

三、博物古學歷磨難，科技起落何可悲！

回顧我國漫長的文化史可知，中華博物學是在傳統的"重道輕器"等陳腐觀念桎梏下，以强大的民族自覺精神、民族意志爲推動力，砥礪前行，千載相繼，方成獨立體系，因而愈加難得，愈加可貴。

"重道輕器"觀念是如何出現的？何謂"道器"？兩者究竟是何關係？《周易·繫辭上》曰："形而上者謂之道，形而下者謂之器。"何謂"道"？所謂道乃"先天地生"，無形無象、無聲無色、無始無終、無可名狀，爲"萬物之所然也，萬理之所稽也"（見《韓非子·解老》），是指形成宇宙萬物之本原，是形成一切事理的依據與根由。何謂"器"？器即宇宙間實有的萬物，包括一切科技發明，至巨至大，至細至微，充斥天地間，而盡皆不虛，或有實物可見，或有形體可指。器即博物，博物即器。"道器關係"本是一種有形無形、可見與不可見的生衍關係，并無高下之分，但在傳統文化中却另有解釋。如《周禮·考工記序》曰："坐而論道，謂之王公；作而行之，謂之士大夫；審曲面執，以飭五材，以辨民器，謂之百工。"又曰："智者創物，巧者述之，守之世，謂之百工。百工之事，皆聖人之作也。"此文突顯了"道"對於"器"的指導與規範地位。"坐而論道"，可以無所不論，民生、朝政、國運、天下事，當然亦在所論之中。"道"實則是指整體人世間的一種法則、一種定律，或説是我古老的中華民族所創造的另一種學説。所謂"論道者"，古代通常理解爲"王公"或"聖人"，實則是代指一代哲人。《考工記序》却將論道與製器兩者截然分開，明確地予以區別，貶低萬衆的創造力，旨在維護專制統治，從而確定人們的身份地位。坐而論道者貴爲王公，親身製器者屬末流之百工（"審曲面埶，以飭五材、以辨民器"，謂觀察金、木、皮、玉、土之曲直、性狀，據以製造民人所需之器物）。《考工記序》所記雖名爲"考工"，實則是周代禮制、官制之反映，對芸芸衆生而言，這種等級關係之誘惑力超乎尋常，絕難抵禦，先民樂於遵從，樂於接受，故而崇敬王公，崇敬聖人，百代不休。因而在中國古代，科學技術大受其創。

"重道輕器"的陳腐觀念，在中國古代影響廣遠，"器"必須在"道"的限定之下進行，不得隨意製作，不得超常發揮，"道"漸演化爲統治者實施專政的得力手段。"坐而論道"，似乎奧妙無盡。魏晉時期，藉儒入道，張揚"玄之又玄"，乃至於魏晉人不解魏晉文章，本朝人爲本朝人作注，史稱"玄學"。兩宋由論道轉而談理，一代理學宗師應運而生，闡理思辨，超乎想象，就連虛幻縹緲的天宮，亦可談得妙理聯翩，後世道家竟繪出著名的《天宮圖》來。事越千載，五四運動時期，那些新文化運動主將們聯手痛搗"孔家店"，却不攻玄理，"論道""崇道""樂道""惜道"，滾滾而來，遂成千古"道"統，已經背離《易》《老》的本義。出於這樣的觀念，如何會看重"形而下"的博物與博物學？

那麼，古代先民又是如何看待與博物學密切相關的科學技術？《書・泰誓下》載，殷紂王曾作"奇技淫巧，以悅婦人"，爲百代不齒，萬世唾罵。何謂"奇技淫巧"？唐人孔穎達釋之曰："奇技謂奇異技能，淫巧謂過度工巧……技據人身，巧指器物。"所謂"奇技淫巧"，今大底可釋爲超常的創造發明，或可直釋爲科學技術。論者認爲，"百代不齒，萬世唾罵"者并不在於"奇技淫巧"這一超常的創造發明，而在於紂王奢靡無度，用以取悅婦人的種種罪孽。至於紂王是否奢靡無度，"以悅婦人"，今學界另有考證。紂王當時之所以能稱雄天下，正是由於其科技的先進，軍事的强大，其失敗在於大拓疆土，窮兵黷武，導致內外哀怨，決戰之際又遭際叛亂。所謂"以悅婦人"之妲己，祇是戰敗國的一種"貢品"而已，對於年過半百的老人并無多大"媚力"。關於殷商及妲己的史料，最早見於戰國時期成書的《國語・晋語一》，前後僅有二十七字，并無"酒池肉林""炮烙之刑"之類記載，後世史書所謂紂王對妲己的種種寵愛，實是一種演繹，意在宣揚"紅顏禍水"之説（此説最早亦源於前書。"紅顏禍水"，實當稱之爲"紅顏薄命"）。在中國古代推崇"紅顏禍水"論，進而排斥"奇技淫巧"，從而否定了科技的力量，否定了科技强弱與國家强弱的關係。時至周代，對於這種"奇技淫巧"，已有明確的法律限定："作淫聲、異服、奇技、奇器以疑衆，殺！"（見《禮記・王制》）這也就是說，要杜絕一切新奇的創造發明，連同歌聲、服飾也不得超乎常規，否則即犯殺罪！此文自漢代始，多有注疏，今擇其一二，以見其要。"淫聲"者，如春秋戰國時鄭、衛常有男女私會，謳歌相引，被斥爲淫靡之聲；"奇技"者，如年輕的公輸班曾"請以機窆"，即以起重機落葬棺木，因違反當時人力牽挽的埋葬禮節，被視爲不恭。一言以蔽之，凡有違禮制的新奇科技、新奇藝術，皆被視爲疑惑民衆，必判以重罪。這就是所謂"維護禮制"，其要害就是維護統治者的統治地位，故而衣食住行所需器物的質材及數量，無不在尊卑貴賤的等級制約之中。如規定平民不得衣錦綉，不得鼎食，商人、藝人不得乘車馬，就連權貴們娛樂時選定舞蹈的行列亦不可違制，違制即意味着不軌，意味着僭越。杜絕"奇技淫巧"，始自商周，直至明清而未衰。我國著名的四大發明，千載流傳，未料却如同國寶大熊猫一樣，竟由後世西方科學家代爲發現，實在可悲！四大發明、大熊猫之類，或因史籍隱冷，疏於查閱，或因地處山野，難以發現，姑可不論，但其他很多非常具體的發明創造，雖有群書連續記載，也常被無視，或竟予扼殺。如漢代即有超常的"女布"，因出自未嫁少女之手而得名（見《後漢書·王符傳》），南北朝時已久負盛名，稱"女子布"（見南朝宋盛弘之《荆州記》）。宋代又稱"女兒布"，被贊爲"布帛之品……其尤細者也"（見宋羅濬《寶慶四明志·郡志四》）。其後歷代製作，不斷創新，及至明清終於出現空前的妙品"女兒葛"。"女兒葛"爲細葛布的一種，其物纖細如蟬翼紗，又如傳說中的"蛟女絹"，僅重三四兩，捲其一端，整匹女兒葛便可出入筆管之中，精美絕倫，明代弘治之後曾發現於四川鄰水縣，但却被斷然禁止。明皇甫録《下陣記談》卷上："女兒葛，出鄰水縣，極纖細，必五越月而後成，不減所謂蟬紗、魚子纈之類，蓋十縑之力也。予以爲淫巧，下令禁止，無敢作者。"對此美妙的"女兒葛"，時任順慶府知府的皇甫録，并没給予必要的支持、鼓勵，反而謹遵古訓，以杜絕"奇技淫巧"爲己任，堅決下達禁令，并引以爲榮。皇甫録乃弘治九年（1496）進士，爲官清正，面對"奇技淫巧"也如此"果斷"！此後清代康熙年間，"女兒葛"再現於廣東增城縣一帶，其具體情狀，清屈大均《廣東新語·貨語·葛布》中有翔實描述，但其遭遇同樣可悲，今"女兒葛"終於銷聲匿迹。在中國古代，類似的遭遇，又何止"女兒葛"？杜絕"奇技淫巧"之風，一脉相承，何可悲也。

　　但縱觀我華夏全部歷史可知，一些所謂的"奇技淫巧"之類，雖屢遭統治者的禁弃，實則是禁而難止，況統治者自身對禁令也時或難以遵從，歷代帝王皇室之衣食住行，幾乎無一不恣意追求舒適美好，爲了貪圖享樂，就不得不重視科技，就不得不啓用科技。如

"被中香爐"（爐內置有炭火、香料，可隨意旋轉以取暖，香氣縷縷不絕。發明於漢代）、"長信宮燈"（燈內裝有虹管，可防空氣污染。亦發明於漢代）的誕生，即明證。歷代王朝所禁絕的多是認定可能危及社稷之類的"奇技淫巧"，并未禁止那些有利於民生的重大發明，也没有壓抑摧殘黎民百姓的靈智（歷史中偶有以愚民爲國策者，祇是偶或所見的特例而已）。帝王們爲維護其統治地位，以求長治久安，在"重道輕器"的同時，也極重天文、曆算、農桑、醫藥等領域的研究，凡善於治國的當權者，爲謀求其國勢得以强盛，則必定大力倡導科技，《後漢書·和熹鄧皇后紀》所載即爲顯例。和熹皇后鄧綏（公元81—121），深諳治國之道，兼通天文、算數。永元十四年（102），漢和帝死後，東漢面臨種種滅頂之災，鄧綏先後擁立漢殤帝和漢安帝，以"女君"之名親政長達十六年，克服了有史以來最嚴重的十年天災，剿滅海盜，平定西羌，收服嶺南三十六個民族，將九真郡外的蠻夷夜郎等納入版圖，恢復東漢對西域的羈縻，征服南匈奴、鮮卑、烏桓等，平息了内憂外患，使危機四伏的東漢王朝轉危爲安。正是在這期間，鄧綏大力發展科技，勉勵蔡倫改進造紙術，任用張衡研製渾天儀、地動儀等儀器，并製造了中尚方弩機，這一可以連續發射的弩機，其射程與命中率令時人驚嘆，成爲當時世界上最具殺傷力的先進武器（此外，鄧綏又破除男女授受不親的陳腐觀念，創辦了史上最早的男女同校學堂，并通過支持文字校正與字詞研究，推動了世界第一部字典《説文解字》問世）。這就爲傳統的博物研究提供了巨大的空間，因而先後出現了今人所謂的"四大發明"之類。實際上何止是"四大發明"？天文、曆算等領域的發明創造，可略而不論。鄧綏之前，魯班曾"請以機窆"的起重機，出現於春秋時期，早於西方七百餘年。徐州東洞山西漢墓出土的青銅透光鏡，歐洲和日本人稱其爲"魔鏡"，當一束光綫照射鏡面而投影在牆壁上時，牆上的光亮圈内就出現了銅鏡背面的美麗圖案和吉祥銘文。這一"透光鏡"比日本"魔鏡"早出現一千六百餘年，而歐洲的學者直到19世紀纔開始發現，大爲驚奇，經全力研究，得出自由曲面光學效應理論，將其廣泛運用於宇宙探索中。今日，國人已能夠恢復這一失傳兩千餘載的原始工藝，千古瑰寶終得重放异彩！鄧綏之後，又創造了"噴水魚洗"，亦甚奇妙，令人大開眼界。東漢已有"雙魚洗"之名（見明梅鼎祚《東漢文紀》卷三二引《雙魚洗銘》），未知當時是否可以噴水。"噴水魚洗"形似現今的臉盆。盆内多刻雙魚或四魚，盆的上沿兩側有一對提耳，提耳的設置，不祇是爲了便於提動，同時又具有另外一個功用，即當手掌撫摩時，盆内還能噴射出兩尺高的水柱，水面形成一片浪花，同時會發出樂曲般的聲響，十分神奇。今可確知，"噴水魚洗"興起於唐宋之間（見宋王明清《揮麈前録》卷三、宋何薳《春渚紀聞》卷九），當是皇家或貴族所用盥洗用具。魚洗能够噴水，其道理何在？美國、日本的物理學家曾用各種現代科學儀器反復檢測查看，試圖找出其導熱、傳感及噴射發音的構造原理，雖經全力研究，但仍難得以完整的解釋，也難以再現其效果。面對中國古代科技創造的這一奇迹，現代科學遭遇了空前挑戰，祇能"望盆興嘆"。

　　中華民族，中華博物學，就是在這樣複雜多變的背景之下跌宕起伏，生存發展，在晚清之前，兩千餘年來，從未停止前進的步伐，這又成爲中華民族的民族性與中華博物學的一大特點。

四、西化流弊何時休，誰解古老博物學？

　　自晚清以還，中華博物學沉淪百年之久，本當早已復蘇，時至今日，幸逢盛世，正益修典，又何以總是步履維艱？豈料經由西學東漸之後，在我國國内一些學人認定科學決定一切，無與倫比，日積月纍，漸漸形成了一種偏激觀念——"唯科學主義"，即以所謂是否合於科學，來判定萬事萬物的是非曲直，科學擁有了絶對的話語權。"唯科學主義"通常表現爲三種態度：一、否認物質之外的非物質。凡難以認知的物質，則稱之爲"暗物質"。這一"暗"字用得非常巧妙，"暗"，難見也！於是"暗物質"取代了"非物質"；二、否認科學之外的其他發現。凡是遇到無從解釋的難題，面對別家探索的結論，一律斥爲"僞科學"。三、否認科學範圍以外的其他一切生產力，唯有科學可以帶動社會發展，萬事萬物必須以科學爲推手。

　　何謂"科學"？中國古代本有一種認識論的命題，稱之爲"格致"，意謂"格物致知"，指深究事物原理以求得知識，從而認識各種客觀現象，掌握其變化規律。這種哲學我國先秦諸子久已有之，雖已歷千載百代，但却未得應有的重視，終被西方科學所取代。自 16 世紀始，歐洲由於文藝復興，掙脱了天主教會的長期禁錮，轉向於對大自然的實用性的探索，其代表作即哥白尼的"日心說"與伽利略天文望遠鏡的發明，同時出現牛頓的力學，這是西方的第一次科技革命。這一時期已有"科學"其實，尚無後世"科學"之名，起始定名爲英語science一詞，源於拉丁文，本意謂人世間的各種學問，隸屬於古希臘的哲學思想，是一種對於宇宙間萬事萬物的生衍關係的一種想象、一種臆解，原本無甚稀奇，此時已反響於歐洲，得以廣泛流傳。至18世紀，新興的資産階級取得政權，爲推行資本主義，又大力發展科學，西方科學已處於世界領先地位。時至19世紀60年代後期及20世紀初，歐洲發生了以電力、化學及鋼鐵爲新興産業的第二次科技革命，英語science一詞迅速擴展於北美和亞洲。日本明治維新時期，赴歐留學的日本學者將science譯成"科學"，學界認爲是藉用了中國科舉制度中"分科之學"的"科學"一詞，如同將英文natural history的語意翻譯成漢語"博物學"一樣，也并不準確，中國的變法派訪日時，對之頂禮膜拜，欣然接受，自家固有的"格致"一詞，如同國學中的其他語詞一樣被弃而不用，"科學"一詞因得以廣泛流傳。"科學"當如何定義？今日之"科學"包括了自然科學、社會科學、思維科學以及交叉科學。除却嚴謹的形式邏輯系統之外，本是一種具體的以實踐爲手段的實證之學。實踐與實證的結果，日積月纍，就形成了人類關於自然、社會和思維的認知體系，成爲人類評斷事物是非真僞的依據。但科學不可能將浩渺無盡的宇宙及宇宙間的萬事萬物盡皆予以實踐、實證，能够實踐、實證者甚微，因而科學總是在不斷地探索，不斷地補正，不斷地自我完善之中，其所能研究的領域與功能實在有限。當代科學可以在指甲似的晶片上，一次性地裝載五百億電晶體，可以將重達六噸以上的太空船射向太空，并按照既定指令進行各種探索，但却不能造出一粒原始的細胞來，因爲這原始細胞結構的複雜神秘，所蘊含的奇妙智慧，人類雖竭盡全力，却至今無法破解。細胞來自何處？是如何形成的？科學完全失去了話語權！造不出一粒原始的細胞，造一片樹葉尤無可能，造一棵大樹更是幻想，遑論萬千物種，足證"科學"并非萬能的唯一學問。況且，"暗物質"之外，至少在中國哲學體系中尚有"非物質"。何謂"非物質"？"非物質"是與"物質"相對而言，區別於"暗物質"的另一種存在，正如前文所述，它"無形無象、無聲無色、無始無終、無可名狀"，在中國古代稱之爲"道"。"道"可以不遵循因果關係，可以無中生有，爲"萬物之所然也，萬理之所稽也"，可以解釋萬物的由來，可以解釋宇宙的形成。今以天體學的的視野略加分析，亦可見"唯科學主義"的是非。人類賴以生存的地球，其直徑約爲12 742公里，是太陽系中的第三顆小行星。太陽系的直徑約爲2光年，太陽是銀河系中數千億恒星之一，銀河系的直徑約爲10萬光年，包括1千億至4千億顆恒星，而宇宙中有一千至兩千億銀河系，宇宙有930億光年。一光年約等於9.46萬億公里。地球在宇宙中祇是一粒微塵，如此渺小的地球人能創造出破解一切的偉大科學，那是癡人説夢！中華先賢面對諸多奧妙，面對諸多不可思議的現象，提出這一"無可名狀"之"道"，當然并非憑空想象，自有其觀測與推理的依據，這顯然不同於源自西方的科學，或曰是西方科學所包容不了的。先賢提出的"無可名狀"的"道"，已超越物質的範圍，或曰"道"絕非"暗物質"所能替代的。這一"無可名狀"的"道"，在當今的別樣的時空維度中已得到初步驗證（在這非物質的維度中滿富玄機）。論者提出這一古老學說，旨在證明"唯科學主義"排斥其他一切學說，過分張揚，不足稱道，絕無否定或輕忽科學之意。百年前西學東漸，尤其是西方科學的傳入，乃是我中華民族思維與實踐領域的空前創獲，是實踐與思維領域的一座嶄新的燈塔，如今已是家喻户曉，人人稱贊，任誰也不會否認科學的偉大，但却不能與偏激的"唯科學主義"混同。後世"科學"一詞，又常常與"技術"連稱爲"科學技術"，簡稱"科技"。何謂"技術"？"技術"一詞來源於希臘文"techs"，通常指個人的技能或技藝，是人類利用現有實物形成新事物，或改變原有事物屬性、功能的方法，或可簡言之曰發明創造。科學技術不同於科學，也不同於技術，也不是科學與技術的簡單相加。科學技術是科學與技術的有機結合體系，既是人類認識世界和改造世界的成果或產物，又是人類認識世界和改造世界最有力的工具或手段，兩者實難分割。某些技術本身可能衹是一種技法，而高深技術的背後則必定是科學。

出於上述"唯科學主義"偏激觀念，重建中華博物學就遭致了質疑或否定，如有學者認爲，中國古代衹有技術而没有科學，哪有什麼中華博物學？中華博物學被看作"前科學時代的粗糙的知識和技能的雜燴"，是一種"非科學性思考"，没有什麼科學價值，當然也就没有重建的必要，因爲西方博物學久已存在，無可替代。中國古代當真"衹有技術而没有科學"麼？前文已論及"科學"與"技術"很難分割，在中國古代不衹有"技術"，同樣也有"科學"。回眸世界之歷史長河，僅就中西方的興替發展脉絡略作比較，就可以看到以下史實：當我中華處於夏禹已劃定九州、建有天下之際，西方社會多處於尚未開化的蠻荒歲月；當我中華已處於春秋戰國鋼鐵文化興起之際，整個西方尚處於引進古羅馬文明的青銅器時代；當我宋代以百萬册的印數印刷書籍之際，中世紀的西方仍然憑藉修士們成年纍月在羊皮卷上抄寫複製；著名的火藥、指南針等其他重大發明姑且不論，單就中國歷朝歷代任何一件發明創造而言，之於西方社會也毫不遜色，直至清代中葉，中國的科技一直處於世界領先地位。英國科學家李約瑟主編的七卷巨著《中國科學技術史》，即認爲西方古代科學技術85%以上皆源於中國。這是西方人自發的没有任何背景、没有任何色彩的論斷，甚爲客觀，迄今未見異議。此外又有學者指出，中華傳統博物學不衹擁有科技，又超越了科技的範疇，它是"關於物象（外部事物）以及人與物的關係的整體認知、研究範式與心智體驗的集合"，"這種傳統根本無法用科學去理解和統攝"，中華古典博物學"給我們提供的'非科學性思考'，恰恰是它的價值所在"（余欣《中國博物學傳統的重建》，載《中國圖書評論》，2013 年第 10 期，第 45 ～ 53 頁）。這無疑是對"唯科學主義"最有力的批駁！是的，本書極重"科技"研究，又不拘泥於"科技"，同樣重視"非科學性思考"。

中華古典博物學的研究主體是"博物"，是"博物史"，通過對"博物""博物史"的探索，而展現的是人，是人的生存、生活的具體狀況，是人的直觀發展史。中華傳統博物學構成了物我同類、天人合一的博大的獨立知識體系，是理解和詮釋世界的另一視野，這種視野中的諸多"非科學性思考"的博物，科學無法全面解讀，但却是真真切切的客觀存在。所謂傳統博物學是"前科學時代的粗糙的知識和技能的雜燴"，是"非科學性思考"的評價，甚是武斷，祇不過是一種不自覺的"唯科學主義"觀念而已。另將"科學"與"技術"分割開來，強調什麼"科學"與否，這一提法本身就不太"科學"。對此，本書前文已論及，無須複述。我國作爲一個古老國度，在其漫長的生衍過程中，理所當然地包容了"粗糙的知識和技能"。這一狀况世界所有古國盡有經歷，并非中國獨有。"粗糙的知識"的表述似乎也并不恰當，"知識"可有高下深淺之分，未聞有粗糙細緻之別。這所謂"粗糙"，大約是指"成熟"與否，實際上中華傳統博物學所涉之"知識和技能"，并非那麼"粗糙"，常常是合於"科學"的，有些則是非常的"科學"。英國科學家李約瑟等認定古代中國涌現了諸多"黑科技"。何謂"黑科技"？這是當前國際間盛行的術語，即意想不到的超越科技之科技，可見學界也是將"科學"與"技術"連體而稱，而并非稱"黑科學"。認定中國古代"祇有技術而没有科學"，傳統博物學是"前科學時代的粗糙的知識和技能的雜燴"之説，頗有些"粗糙"，準確地説頗有些膚淺！這位學者將傳統博物學統稱爲"前科學時代"的產物，亦是一種妄斷，也頗有些隨心所欲！何謂"前科學時代"？"前科學時代"是指形成科學之前人們僅憑五官而形成的一種感知，這種感知在原始社會時有所見，但也并非全部如此，如鑽木取火、天氣預測、曆法的訂立、灸砭的運用等，皆超越了一般的感知，已經形成了各自相對獨立的科學。看來這位學者并不怎麼瞭解中國古代科技史，并不太瞭解自家的傳統文化，實屬自誤而誤人。

中華博物學的形成及發展歷程，與西方顯然不同。西方博物學萌生於上古哲人的學説，其後則以自然科學爲研究主體，遍及整個歐洲，全面進入國民的生活領域。在這樣的文化背景之下，西方日益强大，直接影響和推動了社會的發展，因而步入世界前列。我中華悠悠數千載，所涉博物，形形色色，浩浩蕩蕩，逐漸形成了中華獨有的博物學體系，但面臨的背景却非常複雜，與西方比較是另一番天地，那就是貫穿數千載的"重道輕器"觀念與排斥"奇技淫巧"之國風，這一觀念、這一國風，其表現形式就是重文輕理，且愈演愈烈。如中國久遠的科舉制度，應試士子們本可"上談禮樂祖姬孔，下議制度輕儺玄"（見明高啓《送貢士會試京師》詩），縱論古今國事，是非得失，而朝廷則可藉此擇取英才，因而國家得以强盛。時至明代後期，舉國推行的科舉制度竟然定型爲千篇一律的八股文，泯滅了朝廷取才之道，一代宗師顧炎武稱八股之禍勝似"焚書坑儒"（見《日知録·擬題》）。清代後期爲維護其獨裁統治，手段尤爲專横强硬，又向以"天朝"自居，哪裏會重視什麼西方的"科學技術"？"科學技術"的落伍最終導致文明古國一敗塗地，這也就是"李約瑟難題"的答案！"科學"之所以成爲"科學"，是因爲其出自實踐、實證，實踐、實證是科學的生命。實踐、實證又必須以物質爲基礎，這正與我中華博物學以浩浩博物爲研究主體相合！但中華博物學，或曰博物研究，始終被置於正統的國學之外，這一觀念與國風，極大地制約了中華博物學的發展。制約的結果如何？可以毫不誇張地説，直接阻礙了中國古代社會的歷史進程。

五、中華博物知多少，皓首難解千古謎

中華博物如繁星麗天，難以勝計，其中有諸多別樣博物，可稱之爲"黑科技"者，令人百思不得其解。如八十餘年前四川廣漢西北發現的三星堆古蜀文化遺址，距今約四千八百年至三千年左右，所在範圍非常遼闊，遠超典籍記載的成都平原一帶，此後不斷探索，不斷有新的發現，成爲 20 世紀人類最偉大的考古發現之一。該遺址内三種不同面貌而又連續發展的三期考古學文化，以規模壯闊的商代古城和高度發達的青銅文明爲代表的二期文化最具特點。二期文化中青銅器具占據主導地位，極爲神奇。衆多的青銅人頭象、青銅面具，千姿百態。還有舉世罕見的青銅神樹，該樹有八棵，最高者近 4 米，共分三層，樹枝上栖息有九隻神鳥，應是我國古籍所載"九日居下枝"的體現；斷裂的頂部，當有"一日居上枝"的另一神鳥，寓意九隻之外，另一隻正在高空當班。青銅樹三層

九烏，與《山海經・海外東經》中所載"扶桑""若木""九日居下枝，一日居上枝"正同。上古時代，先民認爲天上的太陽是由飛鳥所背負，可知九隻神鳥即代表了九個太陽。其《南經》又曰："有木，其狀如牛，引之有皮，若纓、黄蛇。其葉如羅，其實如欒，其木若蓲，其名曰建木。"何謂"建木"？先民認爲"建木"具有通天本能，傳説中伏羲、黄帝等盡皆憑藉"建木"來往神界與人間。由《山海經》的記載可知，這神奇物又來源於傳統文化，大量青銅文化明顯地受到夏商文明、長江中游文明及陝南文明的影響。那些金器、玉器等禮器更鮮明地展現出華夏中土固有的民族色彩。如此浩大盛壯，如此神奇，這一古蜀國究竟是怎樣形成的？又是怎樣突然消失的？詩人李白在《蜀道難》中曾有絶代一問："蠶叢及魚鳧，開國何茫然？"意謂蠶叢與魚鳧兩位先帝，是在什麽時代開創了古蜀國？何以如此茫茫然令人難解？今論者續其問曰："開國何茫然，失國又何年？開失兩難知，千古一謎團。"三星堆的發掘并非全貌，僅占遺址總面積的千分之一左右，只是古蜀文化的小小一角而已，更有浩瀚的未知數，國人面臨的將是另一個陌生的驚人世界。中華民族襟懷如海，廣納百川，中外文化相容并包，故而博大精深。這些百思不得其解的神奇之物，向無答案，確屬於所謂"非科學性思考"，當代專家學者亦爲之拍案。"唯科學主義"面臨這些"黑科技"的挑戰，當然也絶難詮釋。以下再就已見出土，或久已傳世之實物爲例。上世紀 80 年代，臨潼始皇陵西側出土了兩乘銅車馬，其物距今已有兩千二百餘年，造型之豪華精美，被譽爲世界"青銅之冠"，姑且不論。兩輛車的車傘，厚度僅0.1 ~ 0.4 厘米，一號車古稱"立車"或"戎車"，傘面爲 1.12 平方米，二號車傘面爲 2.23平方米，而且皆用渾鑄法一次性鑄出，整體呈穹隆形，均勻而輕薄，這一鑄法迄今亦是絶技，無法超越。而更絶的是一號立車的大傘，看似遮風擋雨所用，實則充滿玄機，此傘的傘座和手柄皆爲自鎖式封閉結構，既可以鎖死，又可以打開，同時可以靈活旋轉 180 度，隨太陽的方位變化而變化，亦可取下插入野外，遮烈日，擋風雨，賞心隨意。令人尤爲稱奇的是，打開傘柄處的雙環插銷，傘柄與傘蓋可各獨立，傘柄就成了一把尖鋭的矛，傘蓋就成了盾，可攻可守。這一 0.1 ~ 0.4 厘米厚的盾，其抗擊力又遠勝今人的製造技術，令今人望塵莫及，故國際友人贊之爲罕見的"黑科技"。此外分存於西安與鎮江東西兩方的北宋石刻《禹迹圖》，尤爲奇异。此圖參閱了唐賈耽《海内華夷圖》，并非單純地反映宋代行政區劃及華夷之間的關係，而是上溯至《禹貢》中的山川、河流、州郡分布，下至北宋當世，已將經典與現實融爲一體。此圖長方約 1 平方米，國内行政區劃即達三百八十個之多，五個大湖，七十座山峰，更有蜿蜒數千里的長江、黃河等江川八十餘條；不衹是中原的地域，尚有與之接壤的大理、吐蕃、西夏、遼等區域，這些區域的山野江河亦有精準的繪製。作爲北宋時代的製圖人，即使能够遍踏域内、域外，也絕難僅憑一己的目力俯瞰全景。此圖由五千一百一十個小方格組成，每一小方格皆爲一百平方公里，所有城市、山野江河的大小距離，盡包容在這些格子裏，全部可以明確無誤地測算出來，其比例尺與今世幾無差异。如此細密精準，必須具有衛星定位之類的高科技纔能繪製出來，九百年前的宋人是憑藉什麽儀器完成的？此一《禹迹圖》較之秦陵銅車馬，更超乎想象，詭异神奇，故而英國學者李約瑟評之爲“世界上最神秘、最杰出的地圖”，美國國家圖書館將一幅19世紀據西安圖打製的拓本作爲館藏珍品。中國古代“黑科技”，又何止臨潼銅車馬與《禹迹圖》？

除却上述文獻記載與出土及傳世之物外，另一些則是實見於中華大地的奇特自然景觀，這些百思不得其解的神奇之物，散處天南海北，自古迄今，向無答案，亦屬於所謂“非科學性思考”，當代專家學者亦爲之拍案。“唯科學主義”面臨這些“黑科技”的挑戰，當然也絕難詮釋。我中華大地這些神奇之物，在當世尤應引起重視，國人必須迎接“超科技時代”的到來。如“應潮井”，地處南京市東紫金山南麓定林寺前。此井雖遠在深山之間，却與五公里外的長江江潮相應，江水漲則井水升，江水退則井水降，同處其他諸井皆無此現象。唐宋以來，已有典籍記載，如《江南通志·輿地志·江寧府》引唐段成式《酉陽雜俎》：“蔣山有應潮井，在半山之間，俗傳云與江潮相應，嘗有破船朽板自井中出。”《景定建康志·山川志三·井泉》：“應潮井在蔣山頭陁寺山頂第一峰佛殿後。《蔣山塔記》云：‘梁大同元年，後閣舍人石興造山峰佛殿，殿後有一井，其泉與江潮盈縮增減相應。’”何以如此，自發現以來，已歷千載，迄今無解。以上的奇特之物，多有記載，名揚天下，而另一些奇物，却久遭冷落，默默無聞。如“靈通石”，亦稱“神石”“報警石”，俗稱“猪叫石”。該石位於太行大峽谷林縣境内高家臺輝伏巖村。石體方正，紫紅色，裸露於地面約4立方米，高寬各3米，厚2米，象是一頭體積龐大的臥猪，且能發聲如猪叫。傳聞每逢國内大事（包括自然灾害、重大變革等）來臨之前，常常“鳴叫”不止，大事大叫數十天，小事則小叫數日，聲音忽高忽低，一次可叫百餘聲，百米之内清晰可聞。但其叫聲衹能現場聆聽，不可録音。何以如此怪异？同樣不得而知！中華博物浩浩洋洋，漫漫無涯，可謂無奇不有，作爲博物之學，亦必全力探究，這也正是中華博物學富有的使命。

六、中華博物學的研究範圍與狀況，新建學科的指嚮與體式如何？

中國當代尚未建立博物學會，也没有相應的報刊，人們熟知的則是博物院館，而博物院館的職責在於收藏、研究并展出傳世的博物，面對日月星辰、萬物繁衍以及先民生息起居等數千年的古籍記載（包括失傳之物），豈能勝任？中華博物全方位研究的歷史使命祇能由新興的博物學承擔。古老中華，悠悠五千載，博物浩茫，疑難連篇，實難解讀，而新興的博物學却不容迴避，必須做出回答。

本書指稱的博物，包括那些自然物，但并不限於對其形體、屬性的研究，體現了博物古學固有的格致觀念，且常常懷有濃厚的人文情結，可謂奧妙無窮，這又迥别於西方博物學。

如"天宇"，當做何解釋？在中國傳統文化中是與"宇宙"并存的稱謂，重在强調可見的天體和所有星際空間。前已述及，天體直徑可達930億光年以上，實際上可能遠超想象。這就出現了絕世難題：究竟何謂天體？天體何來？戰國詩人屈原在其《天問》篇中，曾連連問天："上下未形，何由考之？""馮翼惟象，何以識之？""明明闇闇，惟時何爲？"千古之間，何人何時可以作答？天宇研究在古代即甚冷僻，被稱爲"絕學"。中國是天宇觀測探索最爲細密的文明古國之一，天象觀測歷史也最爲悠遠，殷墟甲骨、《書》《易》諸經，盡有記載，而歷代正史又設有天文、曆律之類專志，皇家設有司天監之類專職機構，憑此"觀天象、測天意"，以决國策。於是，天文之學遂成諸學之首。天宇研究的主體是天空中的各種現象，這些現象又以各種星體的位置、明暗、形狀等的變化爲主，稱之爲星象。星象極其繁複，難以辨識。於是，在天空位置相對穩定的恒星就成爲必要的定位標志。在人們目力所及的範圍内，恒星數以千計，簡單命名仍不便查找和定位，我華夏先民又將天空劃分爲若干層級的區域，將漫天看似雜亂無章的恒星位置相近者予以組合并命名，這些組合的星群稱之爲星宿。古人視天上諸星如人間職官，有大小、尊卑之分，故又稱星官，因而就有了三垣二十八宿，成爲古天宇學最重要理論依據，這一理論西方天文學絕難取代。

再如古代類書中指稱的"蟲豸"，當代辭書亦少有確解。何謂"蟲豸"？舉凡當今動物學中的昆蟲綱、蛛形綱、多足綱，以及爬行動物中的綫形動物、扁形動物、環節動物、軟體動物中形體微小者，皆爲蟲豸之屬。蟲豸形雖微小，然其生存之久、種類之繁、分布之廣、形態之多、數量之巨，從生物、生態、應用、文化等角度，其意義和價值都大異於其他各類動物，或説是其他各類動物所不能比擬的。蟲豸之屬，既能飛於空，亦能游於水，既能潛於土，亦能藏於山，形態萬千，且各具靈性，情趣互異，故古代典籍遍見記叙，不僅常載於詩文，且多見筆記、小説中。先民又常憑藉其築穴或搬遷之類活動，以預測氣象變化或靈异別端，同樣展現了一幅具體生動的蟲文化畫卷，既有學術價值，又充滿趣味性。自《詩》始，就出現了咏蟲詩，其後歷代從蝶舞蟬鳴、蟻行蛇爬中得到靈感者代不乏人，或以蟲言志，或以蟲抒懷，或以蟲爲比，或以蟲爲興，甚至直以蟲名入於詞牌、曲牌，如僅蝴蝶就有"蝴蝶兒""玉蝴蝶""粉蝶兒""蝶戀花""撲蝴蝶""撲粉蝶"等名類。唐歐陽詢《藝文類聚》收集有關蟬、蠅、蚊、蝶、螢、叩頭蟲、蛾、蜂、蟋蟀、尺蠖、螳、蝗等蟲類的詩、賦、贊等數量浩繁，後世仿其體例者甚多，如《事物紀原》《五雜俎》《淵鑑類函》《古今圖書集成·禽蟲典》等，洋洋大觀。不僅詩詞歌賦，在成語、俗語中，言及蟲豸者，亦不可勝數，如莊周夢蝶、蠆首蛾眉、金蟬脱殼、螳螂捕蟬、螳臂當車、蚍蜉撼樹、作繭自縛、飛蛾撲火（詞牌名爲"撲燈蛾"）等；不僅見諸歷代詩文，今世辭章以蟲爲喻者，仍沿襲不衰，如以蝸喻居、以蝶喻舞、以蟬翼喻輕薄、以蛇蠍喻狠毒等，比比皆是，不勝枚舉。

本博物學所指稱博物又包括了人類社會生活的各方面、領域，自史前達於清末民初，有的則可直達近現代，至巨至微，錯綜複雜。而對於某一具體實物，必須從其初始形態、初始用途的探討入手，而後追逐其發展演變過程，這樣纔能有縱橫全面的認定，從而作出相應的結論，這正是新興博物學的使命之一。今僅就我中華民族時有關涉者予以考釋。今日，國人對於古代社會生活實在太過陌生，現當代權威工具書所收錄的諸多重要的常見詞目，常常不知其由來，遭致誤導。如"祭壇"一詞，《漢語大詞典·示部》釋文曰：

祭壇：供祭禮或宗教祈禱用的臺。劉大傑《中國文學發展史》第一章三："無論藝術哲學都得屈服於宗教意識之下，在祭壇下面得着其發展生命了。"艾青《吹號者》詩："今日的原野呵，已用展向無限去的暗綠的苗草，給我們布置成莊嚴的祭壇了。"亦指上壇祭祀。侯寶林《改行》："趕上皇上齋戒忌辰，或是皇上出來祭壇，你都得歇工（下略）。"

以上引用的三個書證全部是現代漢語，檢索此條的讀者可能會認定"祭壇"乃是無淵源的新興詞，與古漢語無關。豈不知《晋書·禮志下》《舊唐書·禮儀志三》《明史·崔亮傳》諸書皆有"祭壇"一詞，又皆爲正史，并不冷僻。《漢語大詞典》爲證實"祭壇"一詞的存在，廣予網羅，頗費思索，連同侯寶林的相聲也用作重要書證。侯氏雖被贊爲現代語言大師，但此處的"祭壇"，并非"供祭禮或宗教祈禱用的臺"，"祭"與"壇"爲動賓語結構，并非名詞，不足爲據。還應指出，"祭壇"作爲人們祭祀或祈禱所用實體的臺，早在史前即已出現，初始之時不過是壘土爲臺罷了。

此外，直接關涉華夏文化傳播形式的諸多博物更是大异於西方。如"文具"初稱"書具"，其稱漢代大儒鄭玄在《禮記・曲禮上》注中已見行用。千載之後，宋人陶穀《清異錄・文用》中始用"文具"一詞。文具泛指用於書寫繪畫的案頭用具及與之相應的輔助用具。國人憑藉這些文具，創造了最具特色的筆墨文化、筆墨藝術，憑藉這些文具得以描述華夏五千載的燦爛歷史。中華傳統文具究有多少？國人最爲熟悉的莫過於"文房四寶"，實際又何止"文房四寶"？另有十八種文房用具，定名爲"十八學士"，宋代林洪曾仿唐韓愈《毛穎傳》作《文房職方圖贊》（簡稱《文房圖贊》，即逐一作圖爲之贊）。實際上遠超十八種，如筆筒、筆插、筆捺、筆洗、墨水匣、墨床、水注、水承、水牌、硯滴、硯屏、印盒、帖架、鎮紙、裁刀、鉛槧、算袋、照袋、書床、筆擱、高閣，等等，已達三十種之多。

"文房四寶""十八學士"之類中華獨具的傳統文化，今國人熟知者已不甚多，西方博物又何從涉及？何可包容？

七、新興博物學的表述特點，其古今考辨的啓迪價值

當代新興博物學所展現的是中華博物本身的生衍變化以及其同物异名、同名异物等，其主旨之一在於探尋我古老的中華民族的真實歷史面貌，溫故知新，從而更加熱爱我們偉大的中華文明。

偉大的中華民族，在歷史上產生過許多杰出的思想觀念，比如，我中華民族風行百代的正統觀念是"君爲輕，民爲本，社稷次之"（見《孟子・盡心下》），這就是強調人民高於君王，高於社稷（猶"國家"），人民高於一切！古老的中華正統對人民如此愛護，如此尊崇，在當今世界也堪稱難得。縱觀朝代更迭的全部歷史可知，每朝每代總有其興起及消亡的過程，有盛必有衰。在這部《通考》中，常有實例可證，如有關商代都城"商邑"的

記載，就頗具代表性。試看，《詩·商頌·殷武》："商邑翼翼，四方之極。"鄭玄箋："極，中也。商邑之禮俗翼翼然……乃四方之中正也。"孔穎達疏："言商王之都邑翼翼然，皆能禮讓恭敬，誠可法則，乃爲四方之中正也。"《詩》文謂商都富饒繁華，禮俗興盛，足可爲全國各地的學習楷模。"禮俗"在上古的地位如何？《周禮·天官·大宰》曰："以八則治都鄙：一曰祭祀，以馭其神……六曰禮俗，以馭其民。"這是説周代統治者以禮俗馭其民，如同以祭祀馭鬼神一樣，未敢輕忽怠慢，禮俗之地位絶不可等閑視之。古訓曰："倉廩實而知禮節，衣食足而知榮辱。"（見《史記·管晏列傳》）此處的"禮節"是禮俗的核心内容，可見禮俗源於"倉廩實"。"倉廩實"展現的是國富民强，而國富民强，必重禮俗，禮俗展現了國家的面貌。早在三千年前的商代，已如此重視禮俗。"商邑翼翼"所反映的是上古時期商都全盛時期的繁華昌明，其後歷代亦多有可以稱道的興盛時期，如"漢武盛世""文景盛世"、唐"貞觀盛世""開元盛世"、宋"嘉祐盛世"、明"永宣盛世"、清"康乾盛世"等，其中更有"夜不閉户，路不拾遺"的佳話。盛世總是多於亂世，或曰温飽時代總是多於飢寒歲月。唐代興盛時期，君臣上下已萌生了甚爲隨和的禮儀狀態，不喜三拜九叩之制，宋元還出現了"衣食父母"之類敬詞（見宋祝穆《古今事物類聚别集》卷二〇、元關漢卿《寶娥冤》第二折），這正體現了"王者以民爲天，民以食爲天"（見《漢書·酈食其傳》）的傳統觀念。中國歷史上的黎民百姓并非一直生活在水深火熱之中，在漫長的歲月中也常有温飽寧静的生活，因而涌現了諸多忠心報國的詩詞。如"但使龍城飛將在，不教胡馬度陰山"（唐王昌齡《出塞二首》之一）；"忘身辭鳳闕，報國取龍庭"（王維《送趙都督赴代州得青字》）；"僵卧孤村不自哀，尚思爲國戍輪臺"（宋陸游《十一月四日風雨大作》）；"奇謀報國，可憐無用，塵昏白羽"（宋朱敦儒《水龍吟·放船千里凌波去》）。

久已沉淪的傳統博物學今得重建，可藉以知曉我中華兒女擁有的是何樣偉大而可愛的祖國！偉大而可愛的祖國，江山壯麗，蘭心大智，光前裕後，莘莘學子尤當珍惜，尤當自豪！回眸古典博物學的沉淪又可確知，鴉片戰争給中華民族帶來的是空前的傷害，不祇是漢唐氣度蕩然無存，國勢極度衰微，最爲可怕的是傷害了民族自信，爲害甚烈。傷害了民族自信，則必會輕視或否定傳統文化，百代信守的忠義觀念、仁義之道，必消失殆盡，代之而來的則是少廉寡耻，爾虞我詐，以崇洋媚外爲榮，這一狀況久有持續，對青少年的影響尤甚，怎不令人痛心！時至當代，正全力弘揚中華優秀傳統文化，全力推行科技創新，踔厲奮發，重振國風，這又怎不令人慶幸！

　　新興博物學在展現中華博物本身的生衍變化進而展現古代真切的社會生活之外，又展現了一種獨具中華風采的文化體系。如常見語詞"揚州瘦馬"，其來歷如何？祇因元馬致遠《天净沙・秋思》中有"西風古道瘦馬"之句。自 2008 年山西吕梁市興縣康寧鎮紅峪村發現元代壁畫墓以來，其中的一首《西江月》小令："瘦藤高樹昏鴉，小橋流水人家，古道西風瘦馬，夕陽西下，已獨不在天涯。"在學界引發了關於《天净沙・秋思》的爭論熱議。由《西江月》小令聯想元代的另一版本："瘦藤老樹昏鴉，遠山流水人家，古道西風瘦馬，夕陽西下，斷腸人去天涯。"於是有學人又認爲此一"瘦馬"當指"揚州藝妓"，意謂形單影隻的青樓女子思念遠赴天涯的情郎——"斷腸人"，但這小令中的"瘦馬"之前，何以要冠以"古道西風"四字？則不得而知。通行本狀寫天涯游子的冷落凄凉情景，堪稱千古絕唱，無可置疑。那麼何以稱藝妓爲"瘦馬"？"瘦馬"一詞，初見於唐白居易《有感》詩三首之二："莫養瘦馬駒，莫教小妓女。後事在目前，不信君看取。馬肥快行走，妓長能歌舞。三年五年間，已聞換一主。"金董解元《西廂記諸宮調》中的《仙吕・賞花時》又載："落日平林噪晚鴉，風袖翩翩吹瘦馬。"此處的"瘦馬"無疑確指藝妓。稱妓女爲人人可騎的馬，後世又稱之爲"馬子"，是一種侮辱性的比擬。何以稱"瘦"？在中國古代常以"瘦"爲美，"瘦"本指腰肢纖細，故漢民歌曰："楚王好細腰，宮中多餓死。""細腰"強調的是苗條美麗。"好細腰"之舉，在南方尤甚，揚州的西湖所以稱之爲"瘦西湖"，不祇是因其狹長緊連京杭大運河，實則是因湖邊楊柳依依，芳草萋萋，又有荷花池、釣魚臺、五亭、二十四橋，美不勝收，較之杭州西湖有一種别樣的美麗。國人何以推崇揚州？《禹貢》劃定九州之中就有揚州，今之揚州已有兩千五百餘年的歷史。其主城區位於長江下游北岸，可追溯至公元前 486 年。春秋時期，吳王夫差在此開鑿了世界最早的運河——邗溝，建立邗城，孕育了唯一與邗溝同齡的運河城；因水網密布，氣候温潤，公元前 319 年，楚懷王熊槐在此建立廣陵城（今揚州仍沿稱"廣陵"），遂成爲中華歷史名城之一。此後歷經魏晋等朝代多次重修，至隋文帝開皇九年（589），廣陵改稱揚州。揚州除却政治地位顯赫之外，又是美女輩出之地，歷史上曾有漢趙飛燕、唐上官婉兒及南唐風流帝王李煜先後兩任皇后周薔、周薇，號稱"四大美女"。隋煬帝楊廣又在此開鑿大運河，貫通至京都洛陽旁連涿郡，藉此運河三下揚州，尋歡作樂。時至唐代，揚州更是江河交匯，四海通達，成爲全國性的交通要衝，故有"故人西辭黄鶴樓，煙花三月下揚州。孤帆遠影碧空盡，唯見長江天際流"的著名詩篇（唐李白《黃鶴樓送孟浩然之廣陵》，今之揚州已遠離長江）。揚州在唐代是除却長安之外的最為繁華的大都會，商旅雲聚，青樓大興，成為文壇才士、豪門公子醉生夢死之地。唐王建《夜看揚州市》詩贊曰："夜市千燈照碧雲，高樓紅袖客紛紛。"詩人杜牧《遣懷》更有名作："落魄江湖載酒行，楚腰纖細掌中輕。十年一覺揚州夢，贏得青樓薄幸名。"此"楚腰纖細掌中輕"之用典，即直涉楚靈王好細腰與趙飛燕的所謂"掌中舞"兩事。杜牧憑藉豪放而婉約的詩作，贏得百世贊頌，此詩實是一種自嘲、以書懷才不遇之作，却曾遭致史家"放浪薄情"的詬病。大唐之揚州，確是令人嚮往，令人心醉，故而詩人張祜有"人生只合揚州死"（見其所作《縱游淮南》）之感嘆。元代再度大修的京杭大運河弃洛陽直達北京，揚州之地位愈加顯赫。總之，世界這一最古最長的大運河歷代修建，始終離不開揚州。時至明清，揚州經濟依然十分繁盛，仍是達官貴人喜於擇居之地，兩淮鹽商亦集聚於此，富甲一方，由此振興了園林業、餐飲業，娛樂中的色情業也應運而生，養"瘦馬"就是其中的一種，一些投機者低價買進窮苦人家的美麗苗條幼女，令其學習言行禮儀、歌舞繪畫及其他媚人技能技巧，而後以高價賣至青樓或權貴豪門，大發其財。除却"揚州瘦馬"之外，又催生了著名的"揚州八怪"，文化藝術色彩愈加分明。

"揚州瘦馬"本是一種當被摒弃的陋習，不足為訓，但這一陋習所反映出的却是關聯揚州的一種別樣的文化，反映了揚州古今社會的經濟發展與變化，這當然也是西方博物學替代不了的。

結　語

綜上所述可知，中華博物學是學術研究中的另一方天地，無可替代，必須重建，且勢在必行。如何重建？如何展現我中華博物獨有的神貌？答曰：中華博物絶非僅指博物館的收藏物，必須是全方位的，無論是宮廷裏，無論是山野間，無論是人工物，無論是天然品，無論是社會中，無論是自然界裏，皆應廣予收錄考釋。考釋的主旨，乃探索我中華浩浩博物的淵源、流變。此一博物學甚重"物"的形體、屬性及其淵源流變，同時又關注其得名由來，重視兩者間的生衍關係。通常而言（非通常情況當作別論），在人類社會中有其物必當有其名，有其名亦必有其物。此外，更有同物異名，或同名異物之別。探

究 "物" 本體的淵源流變并釐清名物關係，這就是中國古典博物學的使命，這也正是最爲嚴密的格物致知，也正是最爲嚴肅的科學體系。但中國古典博物學，又必須體現《博物記》以還的國學傳統，必須體現博大的天人視野及民胞物與情懷，有助於我中華的再度振起，乃至於世界的安寧和諧。而那些神怪虛無之物，則不得納入新的博物學中，祇能作爲附錄以備考。如何具體裁定，如何通盤布局，并非易事，遠超想象。因我中華民族是喜愛并嚮往神話的古老民族，又常常憑藉豐富的想象對某種博物作出判斷與解讀，判斷與解讀的結果，除却導致無稽的荒誕之外，又時或引發別樣的思考，常出乎人們的所料，具有別樣的價值。如水族中的 "比目魚"，亦稱 "王餘魚" "兩鰔" "拖沙魚" "鞋底魚" "板魚" "箬葉"，俗稱 "偏口魚"，爲鰈形目魚類之古稱。成魚身體扁平而闊，兩眼移於頭的另一端，習慣於側臥，朝上的一面有顏色鮮明的眼睛，朝下一面似無眼睛，先民誤以爲祇有一眼，必須相互比并而行。此一判斷與解讀，始自漢代《爾雅·釋地》："東方有比目魚焉，不比不行。" 郭璞注："狀似牛脾……一眼，兩片相合乃得行。今水中所在有之，江東又稱爲王餘魚。" 事過千載，直至明代李時珍《本草綱目》問世，盡皆認定比目魚僅有一隻眼，出行必須各藉他魚另一眼（見《本草綱目·鱗四·比目魚》）。傳統詩文中用比目魚以比喻形影不離的情侶或好友，先民争相傳頌，百代不休，直至 1917 年徐珂的《清稗類鈔》問世，始知比目魚兩眼皆可用，不必兩兩并游（《清稗類鈔·動物篇》）。古人憑藉想象，又認爲尚有與比目魚相對應的 "比翼鳥"，見於《爾雅·釋地》："南方有比翼鳥焉，不比不飛。" 這一 "比翼鳥"，僅一目一翼，須雌雄并翼飛行，如同比目魚一樣，亦用以比喻形影不離的情侶或好友。"比目魚" "比翼鳥" 之類虛幻者外，後世又派生了所謂 "連理枝"，著名詩作有唐白居易《長恨歌》曰："在天願爲比翼鳥，在地願爲連理枝。" 何謂 "連理枝"？"連理枝" 是指自然界中罕見的偶然形成的枝和幹連爲一體的樹木。"連理枝" 之外，又出現了 "并蒂蓮" 之類。"并蒂蓮" 亦稱 "并頭蓮" "合歡蓮" 等，是指一莖生兩花，花各有蒂，蒂在花莖上連在一起的蓮花。這種 "連理枝" "并蒂蓮"，難以納入下述的世界通行的階元系統，也難依照林奈創立的雙名命名法命名，但却又是一種不可忽視的實物，是大自然所形成的另一種奇妙的實物。此一 "并蒂蓮" 如同 "比目魚" "連理枝" 一樣，亦用以喻情侶或好友，同樣廣見於傳統詩文。歲月悠悠，始於遠古，達於近世，先民對於我中華博物的無限想象以及與之并行的細密觀察探索，令人嘆爲觀止，凡天地生靈、袞袞萬物，無所不及，超乎想象，從而構成了一幅文明古國的壯闊燦爛畫卷。

　　這當是歷經百年沉淪、今得復蘇的我國傳統的博物學，這當是重建的嶄新的全方位的中華博物學。

　　中華博物學除却遵循發揚傳統的名物學、訓詁學、考據學及近世的考古學之外，也廣泛汲取了當代天文、地理、生物、礦物、農學、醫學、藥學諸學的既有成就，其中動植物的本名依照世界通行的階元系統，分爲界、門、綱、目、科、屬、種七類。又依照瑞典卡爾·馮·林奈（瑞文Carl von Linne）創立的雙名命名法命名。“連理枝”“并蒂蓮”“比目魚”“比翼鳥”之屬旁及龍、鳳、麒麟、貔貅等傳說之物，則作爲附錄，劃歸相應的動物或植物卷中。這樣的研究章法，這樣的分類與標注，避免了傳統分類及形狀描述的訛誤或不確定性，即可與國際接軌。綜合古今中外，論者認爲《中華博物通考》的研究主體，可劃歸三十六大類，依次排列如下：

　　《天宇》《氣象》《地輿》《木果》《穀蔬》《花卉》《獸畜》《禽鳥》《水族》《蟲豸》《國法》《朝制》《武備》《教育》《禮俗》《宗教》《農耕》《漁獵》《紡織》《醫藥》《科技》《冠服》《香奩》《飲食》《居處》《城關》《交通》《日用》《資産》《珍奇》《貨幣》《巧藝》《雕繪》《樂舞》《文具》《函籍》。

　　存史啓智，以文育人，乃我中華千載國風。新時代習近平總書記甚重民族自信、文化自信，極力倡導“舊邦新命”，明確指出要“盛世修文”，怎不令人振奮，令人鼓舞！今日，我輩老少三代前後聯手、辛苦三十餘載、三千餘萬言的皇皇巨著——《中華博物通考》欣幸面世，并得到國家出版基金资助。這就昭示了沉淪百載的中華傳統博物學終得復蘇，這就是重建的全新中華博物學。“舊邦新命”“盛世修文”，重建博物學，旨在賡續中華文脈，發揚優秀傳統文化，汲取生生不息的精神力量，再現偉大民族的深邃智慧，展我生平志，圓我强國夢！

張述錚

乙丑夾仲首書於山東師範大學映月亭
甲辰南吕增補於歷下龍泉山莊東籬齋

總　説

——漫議重建中華博物學的歷史意義與現實價值

緣　起

　　《中華博物通考》（下稱《通考》）是一部通代史論性的華夏物態文化專著，係"九五" "十五""十四五"國家重點出版物專項規劃項目，并得到 2020 年度國家出版基金資助。全書共三十六卷，另有附錄一卷，其中有許多卷又分上下或上中下，計有五十餘册，逾三千萬字。《通考》的編纂，擬稿於 1990 年夏，展開於 1992 年春，迄今已歷三十餘載，初始定名爲《中華博物源流大典》，原分三十二門類（即三十二卷）。此後，歷經斟酌修補，終成今日規模。三十餘載矣，清苦繁難，步履維艱，而大江南北，海峽兩岸，衆多學人，三代相繼，千里聯手，任勞任怨，無一退縮，何也？因本書關涉了古老國度學術發展的重大命題，足可爲當今社會所藉鑒，作者們深知自家承擔的是何樣的重任，未敢輕忽，未敢怠慢。

　　何謂中華物態文化？中華物態文化的研究主體就是中華浩博實物。其歷史若何？就文字記載而言，中華物態文化史應上溯於傳説中的三皇五帝時期，隸屬於原始社會。"三皇五帝"究竟爲何人，我國史家多有不同見解，大抵有三説：一曰"人間君主説"，"三皇"分別指天皇、地皇、人皇，"五帝"分別指炎帝烈山氏、黄帝有熊氏、顓頊高陽氏、帝堯陶唐氏和帝舜有虞氏；二曰"開創天下説"，三皇分別指有巢氏、燧人氏、伏羲氏，"五帝"分別指炎帝烈山氏、黄帝有熊氏、顓頊高陽氏、帝堯陶唐氏和帝舜有虞氏；三曰"道治德化説"，認爲"三皇以道治，五帝以德治"，"三皇"是遠古三位有道的君主，分別指太昊伏羲氏、炎帝神農氏及黄帝軒轅氏，五帝則是少昊金天氏、顓頊高陽氏、帝嚳高辛氏、帝堯陶唐氏和帝舜有虞氏。有關三皇五帝的組合方式，典籍記載亦不盡相同，大抵有四種，在此不予臚列。"三皇五帝"所處時間如何劃定，學界通常認爲有巢、燧人、伏羲屬於舊石器時代，有巢、燧人爲早期，伏羲爲晚期，其餘皆屬新石器時代，炎帝、黄帝、少昊、顓頊等大致同時，屬仰韶文化後期和龍山文化早期。"三皇五帝"後期，已萌生并逐步邁進文明史時代。

中華文明史，國際上通常認定爲三千七百年（主要以文字的誕生與城邑的出現等爲標志），國人則認定爲逾五千年，今又有九千年乃至萬年之説。後者可以上溯至新石器時代，如隸屬裴李崗文化的河南省舞陽縣賈湖村出土了上千粒碳化稻米，約有九千年歷史，是世界最早的栽培粳稻種子。經鑒定其中百分之八十以上不同於野生稻，近似現代栽培稻種，可證其時已孕育了農耕文化。其中發現的含有稻米、山楂、葡萄、蜂蜜的古啤酒也有九千年以上的歷史，可證其時已掌握了釀造術。賈湖又先後出土了幾十支骨笛，也有七千八百年至九千年的歷史，其中保存最爲完整者，可奏出六聲音階的樂曲，反映了九千年前，中華民族已具有相當高度的生產力與創造力、具有相當高度的文化藝術水準與審美情趣。有美酒品嘗，有音樂欣賞，正如今人所稱道，彼時之人已知"享受生活"，當非原始人。賈湖遺址的發現并非偶然。近來上山文化晚期浙江義烏橋頭遺址，除却出土了古啤酒之外，又發現諸多彩陶，彩陶上還繪有伏羲氏族所創立的八卦圖紋飾，故而國人認爲這一時期中華文明已開始形成，至少連續了九千載。中華文明的久遠，當爲世界四大文明古國之首，徹底否定了中華文明西來之説。九千載之説雖非定論，却已引起舉世關注。此外，江西省上饒市萬年縣大源鄉仙人洞遺址發現的古陶器則產生於一萬九千至兩萬年前，又遠超前述的出土物的製作時間。雖有部分學界人士認爲仙人洞遺址隸屬於舊石器遺址，并未進入文明時代，但其也足可證中華博物史的久遠。

一、何謂"博物"與《中華博物通考》？《通考》的要義與章法何在？

何謂"博物"？"博物"一詞，首見於《左傳·昭公元年》："晋侯聞子産之言，曰：'博物君子也。'"其他典籍也時有記載，如《漢書·楚元王傳贊》："自孔子後，綴文之士衆也，唯孟軻、孫況、董仲舒、司馬遷、劉向、揚雄此數公者，皆博物洽聞，通達古今。"《周書·蘇綽傳》："太祖與公卿往昆明池觀魚，行至城西漢故倉地，顧問左右莫有知者。或曰：'蘇綽博物多通，請問之。'"以上"博物"指博通諸種事物，一般釋爲"知識淵博"。此外，《三國志·魏書·國淵傳》："《二京賦》博物之書也，世人忽略，少有其師可求。"唐釋玄奘《大唐西域記·摩臘婆國》："昔此邑中有婆邏門，生知博物，學冠時彦，内外典籍，究極幽微，曆數玄文，若視諸掌。"明王褘《司馬相如解客難》："借曰多識博物，賦頌所託，勸百而風一。"這些典籍所載之"博物"，即可釋爲今義之"浩博實物"。這一浩博實物，任一博物館盡皆無法全部收藏。本《通考》指稱的"博物"既可以是天然的，也可以是人工的；既可以是静態的，也可以是動態的；既可以是斷代的，也可以是歷時的，是古今并存，巨細俱備，時空縱横，浩浩蕩蕩，但必須是我中華獨有，或是中土化的。研究這浩蕩博物的淵源流變以及同物异名或同名异物之著述即《博物通考》，而爲與西方博物學相區别，故稱之爲《中華博物通考》。

在中國古代久有《皇覽》《北堂書鈔》等類書、《儒學警語》《四庫全書》等叢書以及《爾雅》《説文》等辭書，所涉甚廣，却皆非傳統博物典籍。本書草創之際，唯有《中國學術百科全書》《中華百科全書》《中國大百科全書》之類風行於世，這類百科全書亦皆非博物學專著。專題博物學著作甚爲罕見，僅有今人印嘉祥《物源百科辭書》，俞松年、毛大倫《生活名物史話》，抒鳴、鋭鏵《世界萬物之由來》等幾種，多者收詞約三千條，少者僅一百八十餘款，或洋洋灑灑，或鳳毛麟角，各有千秋，難能可貴。《物源百科辭書》譽稱"我國第一部物源工具書"（見該書序），此書中外兼蓄，虛實并存，堪稱廣博，惜略顯雜蕪。本《通考》則另闢蹊徑，别有建樹，可稱之爲當代第一部"中華古典博物學"。

《通考》甚重對先賢靈智的追踪與考釋。中華民族是滿富慧心的偉大民族，極善觀察探索，即使一些不足挂齒的微末之物也未忽視，且載於典籍，十分翔實生動。如對常見的鳥類飛行方式即有以下描述：鳥學飛曰翎，頻頻試飛曰習，振翅高飛曰翥，向上直飛曰翀，張翼扶摇上飛曰翆，鳥舒緩而飛、不高不疾曰翍、曰翂，快速飛行曰奭，水上飛行曰㺟，高飛曰翰，輕飛曰翲，振羽飛行曰翻，等等，不一而足。如此細密的觀察探隱，堪稱世界之最，令人嘆服！而關於禽鳥分類學，在中國古代也有獨到見解。明代李時珍所著《本草綱目》已建立了階梯生態分類系統，將禽鳥劃分爲水禽、原禽、林禽、山禽等生態類別，具有劃時代意義。這一生態分類法較瑞典生物學家林奈的《自然系統》（第十版）中的分類要早一百六十餘年，充分展示了我國古代鳥類分類學的輝煌成就，駁正了中國傳統生物學一貫陳腐落後的舊有觀念。此外，那些目力難及、浩瀚的天體，也盡在先民的觀察探索之中，如關於南天極附近的星象，遠在漢代即有記載。漢武帝元鼎六年（公元前 111），滅南越國，置日南九郡事，《漢書》及顏注、酈道元《水經注》有關 "日南" 的定名中皆有詳述，而西方於 15 世紀始有發現，晚中國一千四百餘年。再如，關於太陽黑子，在我國漢代亦有記載，《漢書·五行志》載："日黑居仄，大如彈丸。" 其後《晋書·天文志中》亦載："日中有黑子、黑氣、黑雲。" 而西方於 17 世紀始有發現，晚於中國一千六百餘年。惜自清朝入關之後，對於中原民族，對於漢民族長期排斥壓抑，致使靈智難展，尤其是中後期以來的專制國策，遭致國弱民窮，導致久有的科技一蹶不振，於是在列强的視野下，中華民族變成了一個愚昧的 "劣等" 民族。受此影響，一些居留國外或留學國外的學人，亦曾自卑自弃，本書《導論》曾引胡適的評語：中華民族是 "又愚又懶的民族"，是 "一分象人，九分象鬼的不長進民族"（見胡適《介紹我自己的思想》，1930年 12 月亞東圖書館初版《胡適文選》自序））。本《通考》有關民族靈智的追踪考索，巨細無遺，成爲另一大特點。

　　《通考》遵從以下學術體系：宗法樸學，不尚空論，既重典籍記載，亦重實物（包括傳世與出土文物）考察，除却既有博物類專著自身外，今將博物研究所涉文獻歸納爲十大系統：一曰史志系統，即史書中與紀傳體并列，所設相對獨立的諸志。如《禮樂志》《刑法志》《藝文志》《輿服志》等，頗便檢用。二曰政書類書系統。重在掌握典制的沿革，廣求佚書异文。三曰考證系統。如《古今注》《中華古今注》《敬齋古今黈》等，其書數量無多，見重實物，頗重考辨。四曰博古系統。如《刀劍録》《過眼雲煙録》《水雲録》《墨林快事》等，這些可視爲博物研究散在的子書，各有側重，雖常具玩賞性，却足資藉鑒。五曰本草系統。其書草木蟲魚、水土金石，羅致廣博，雖爲藥用，已似百科全書。六曰注疏系統。爲古代典籍的詮釋與發揮。如《易》王弼注、《詩》毛亨傳、《史記》裴駰集解、《老子》魏源本義、《楚辭》王夫之通釋、《三國志》裴松之注、《水經》酈道元注、《世說新語》

劉孝標注等。七曰雅學系統、許學系統，或直稱之爲訓詁系統，其主體就是名物研究，後世稱爲“名物學”。八曰异名辨析系統。已成爲名物學的獨立體系。如《事物异名》《事物异名録》等，旨在同物异名辨析。九曰説部系統。包括了古代筆記、小説、話本、雜劇之類被正統學者輕視的讀物，這是正統文化之外，隱逸文化、民間文化的淵藪，一些世俗的衣、食、住、行之類日常器物，多藉此得見生動描述。十曰文物考古系統，這是博物研究中至爲重要的最具震撼力的另一方天地，因爲這是以歷代實物遺存爲依據的，足可印證文獻的真僞、糾正其失誤，多有創獲。

二、《通考》内容究如何，今世當作何解讀？

《通考》内容極爲豐富，所涉範圍極廣，古今上下，時空縱橫，實難詳盡論説，今略予概括，主要可分兩大方面，一爲自然諸物，二爲社科諸物，兹逐一分述如下：

（一）自然諸物：包括了天地生殖及人力之外的一切實體、實物，浩博無涯，可謂應有盡有。

如“太陽”“月亮”，在我中華凡是太空中的發光體（包括反射光體）皆被稱爲“星”，因此漢語在吸納現代天文學時，承襲了這一習慣，將“太陽”這類自身發光的等離子物體命名爲恒星。《天宇卷》研究的主體就是天空中的各種星象。星象就是指各種星體的位置、明暗、形狀等的變化。星象極其繁複，難以辨識。於是，在天空中位置相對穩定的恒星就成爲必要的定位標志。在人們目力所及的範圍内，恒星數以千計，先民將漫天看似雜亂無章的恒星位置相近者予以組合并命名，這些組合的星群稱之爲星宿，因而就有了三垣二十八宿之説。在远古難以對宇宙進行深入探索的時代，先民未能建立起完整的天體概念，也不知彼此的運動關係，僅憑藉直感認知，將所見的最强發光體——“太陽”本能地給予更多的關注，作出不同於西方的別樣解釋。視太陽爲天神，太陽的出没也被演繹成天神駕車巡游，而夸父追日、后羿射日等典故，則承載了諸多遠古信息。先民依據太陽的陰陽屬性、形體形象、光熱情况、時序變化、神話傳説及俗稱俗語等特點，賦予了諸多別名和异稱，其數量達一百九十餘種，如“陽精”“丙火”“赤輪”“扶桑”“東君”“摩泥珠”等，可見先民對太陽是何等的尊崇。對人們習見的“月亮”，《天宇卷》同樣考釋了其异名別稱及其得名由來。今知月亮异名別稱竟達二百二十餘種，較之“太陽”所收尤爲宏富。如

"太陰""玉鏡""嬋娟""姮娥""顧兔""桂影""玉蟾蜍""清涼宮"，等等。而關於"月亮"的所見所想，所涉傳聞佳話，連綿不絕，超乎所料。掩卷沉思，無盡感慨！中華民族是一個明潔温婉、追求自由、嚮往和平、極具夢想的偉大民族。愛月、咏月、賞月、拜月，深情綿綿，與月亮别有一番不解之緣！饒有趣味者，爲東君太陽神驅使六龍馭車的羲和，如同爲太陰元君駕車的望舒一樣，竟也是一位女子，可見先民對於女性的信賴與尊崇。何以如此？是母系社會的遺風流韵麽？不得而知！足證《通考》探討"博物"的意義并不衹在"博物"自身，而是關乎"博物"所承載的傳統文化。

　　再如古代出現的"雪""雹"之類，國人多認定與今世無多大差异，實則不然。《氣象卷》收有"天山雪""陰山雪""燕山雪""嵩山雪""塞北雪""南秦雪""秦淮雪""廬山雪""嶺南雪""犬吠雪"（偏遠的南方之雪。因犬見而驚吠，故稱），等等，這些雪域不衹在長城内外，又達於大江南北，可謂遍及全國各地，令人眼界大開。這些雪域的出現，又并非遠古間事，所見文字記載盡在南北朝之後，而"嶺南雪"竟見於明清時期，致使今人難以置信。若就人們對雪的愛惡而言，有"瑞雪""喜雪""灾雪""惡雪"；若就雪的屬性而言，有"乾雪""濕雪""霧雪""雷雪"；若就降雪時間長短而言，有"連旬雪""連二旬雪""連三旬雪""連四旬雪"；若就雪的危害而言，有"致人凍死雪""致人相食雪"等，不一而足。此外，雪另有色彩之别，本卷收有"紅雪""緑雪""褐雪""黑雪"諸文，何以出現紅、緑、褐、黑等顔色？這是由於大地上各類各色耐寒的藻類植物被捲入高空，與雪片相遇，從而形成不同色彩。對此，先民已有細微觀察，生動描述，但未究其成因。1892 年冬，意大利曾有漫天黑雪飄落，經國際氣象學家研究測定，此一現象乃是高空中億萬針尖樣小蟲，在飛翔時與雪片粘連所致。這與藻類植物被捲入高空，導致顔色的變幻同理。或問，今世何以不見彩色之雪？因往昔大地之藻類及針尖樣小蟲，由於生態環境的破壞而消失殆盡。就氣象學而言，古代出現彩雪，是正常中的不正常，現代衹有白雪，則是不正常中的正常。本卷中有關雹的考釋，同樣頗具情趣，十分精彩。依雹的顔色有"白色雹""赤色雹""黑色雹""赤黑色雹"，依形狀有"杵狀雹""馬頭狀雹""車輪狀雹""有柄多角雹"，依長度有"長徑尺雹""長尺八雹"，依重量有"重四五斤雹""重十餘斤雹"，依危害則有"傷禾折木雹""擊殺鳥雀雹""擊殺獐鹿雹""擊死牛馬雹""壞屋殺人雹"等，這些記載并非出自戲曲小説，而是全部源於史書或方志，時間地點十分明確，毋庸置疑。古今氣象何以如此不同？何以如此反常？衹嘆中國古代的科研體系多注重對現象的觀察，而不求其成因，祇是將以上現象置於史志之中，予以記載而已。本《通考》對中華"博物"的考辨，不祇是展現了大自然的原貌、大自然的古今變幻，而且也提供了社會的更迭興替和民生的禍福起落等諸多耐人尋味的思考。

另如，《水族卷》中收有棘皮動物"海參"，其物在當代國人心目中，是難得的美味佳餚和滋補珍品。《水族卷》還原其本真面貌，明確指出海參爲海洋動物中的棘皮動物門，海參綱之統稱，而後依據古代典籍，考證其物及得名由來：三國吳沈瑩《臨海水土異物志》："土肉，正黑，如小兒臂大，中有腹，無口目……炙食。"其時貶稱"土肉"，祇是"炙食"而已。既貶稱爲"土"，又止用於燒烤而食，此即其初始的"身份""地位"，實是無足稱道。直至明代謝肇淛《五雜俎·物部一》中，始見較高評價，并稱其爲"海參"："海參，遼東海濱有之，一名海男子。其狀如男子勢然，淡菜之對也。其性温補，足敵人參，故名海參。""男子勢"，舊注曰"男根"，因海參形如男性生殖器，俗名"海男子"，正與形如女性生殖器的淡菜（又稱"海牝""東海夫人"，即厚殼貽貝）相對應。此一形似"男根"之物，何以又被重視起來？國人對食療養生素有"以形補形"的觀念，如"芹菜象筋骼，吃了骨頭硬；核桃象大腦，吃了思維靈"之類，而因海參似男根，故認定其有補腎壯陽的功能，這就是"足敵人參"的主要根據之一。謝氏在贊其"足敵人參"的同時，又特別標示了其不雅的綽號"海男子"，則又從另一側面反映了明代對於海參仍非那麼珍視，故而在其當代權威的醫典《本草綱目》中未予記載。"海參"在清朝的國宴"滿漢全席"中始露頭角，漸得青睞。本卷作者在還其本真面貌的過程中，又十分自然地厘清了海參自三國之後的異名別稱。如，"土肉""海男子"之後，又有"蚘""沙噀""戚車""龜魚""刺參""光參""海鼠""海瓜""海瓜皮""白參""牛臀""水參""春皮""伏皮"諸稱，"蚘"字之外，其他十三個異名別稱，古今辭書無一收錄，唯一收錄的"蚘"字，又含混不清。而"海參"喻稱"海瓜"，則爲英文 sea cucumber 的中文義譯，較中文之喻稱"海男子"似有异曲同工之妙，又可證西人對海參也并不那麼重視。

全書三十六卷，卷卷不同。本書設有《珍奇卷》，別具研究價值。如"孕子石"，發現於江蘇省溧陽市蘇溧地區。此石呈灰黄色，質地堅硬，其外表平凡無奇，但當人們把石頭敲開時，裏面會滾出許多圓形石彈子，直徑 21 厘米左右，和母石相較，顏色稍淺，但成分一致。因石中另包小石，好似母石生下的子石，故稱"孕子石"。這種"石頭孕子"史志無載，首次發現，地質學家們同樣百思而不得其解，祇能"望石興嘆"。再如"預報天旱井”，位於廣西全州縣內，每年大旱來臨前二十天，水井會流出渾水，長達兩天之久，附近村民見狀，便知大旱將臨，便提前做好抗旱準備。此外，該井每二十四小時漲潮六次，每次約漲五十分鐘，水量約增加兩倍。此井如同“孕子石”一樣，史志無載，首次發現，對此井的奇特現象有關專家同樣百思不得其解，也衹能“望井興嘆”。

（二）社科諸物：自然物外，中華博物中的社科諸物漫布於社會生活之中，其形成發展、古今變化，尤爲多彩，展現了一種別樣的國情特徵和民族靈智。

如《國法卷》，何謂“國法”？國法係指國家之法紀、法規。國法其詞作爲漢語語詞起源甚爲久遠，先秦典籍《周禮·秋官·朝士》中即已出現，“國法”之“法”字作“灋”，其文曰：“凡民同貨財者，令以國灋行之，犯令者刑罰之。”同書《地官·泉府》中又有另詞“國服”，其文曰：“凡民之貸者，與其有司辨而授之，以國服爲之息。”此“國服”言民間貿易必須服從國法，故稱“國服”。作爲語詞，“國法”“國服”互爲匹配。國法爲人而設，國服隨法而施，有其法必有其服，有法無服，則法罔立，有服無法，舉世罔聞。今“國法”一詞存而未改，“國服”則罕見使用。就世界範圍而言，中國的國法自成體系，具有國體特色與民族精神，故西方學者稱之爲“中華法系”或“東方法系”。本《國法卷》即以“中華法系”爲中心論題，全面考釋，以現其固有特色與精神。中華法系如同世界諸文明古國法系一樣，源於宗教，興於禮俗，而最終成爲法律，遂具有指令性、強制性。中華法系一經形成，即迥异於西方，因其從不以“永恒不變的人人平等的行爲準則”自詡，也沒有立法依據的總體理論闡釋，而是明確標示法律應維護帝王及權貴的利益。在中國古代，從沒出現過如古希臘或古羅馬的所謂絕對公正的“自然法”，毋須在“自然法”指導下制定“實在法”。中國古代的全部法律皆爲正在施行的“實在法”，但卻有不可撼動的權威理論——“君權天授”說支撐。“天”，在先民心目中是無可比擬的最神秘、最巨大的力量。“天”，莊重而仁慈，嚴厲而公正，無所不察，無所不能。上自聖賢哲人，下至黎民百姓，少有不“敬天意”、不“畏天命”者，帝王既稱“天子”，且設有皇皇國法，條文森然，何人敢於反叛？天下黔首，非處垂死之地，絕不揭竿而起，妄與“天”鬥！故而在中國古代，帝王擁有最高立法權與司法權，享有無盡的威嚴與尊貴。今知西周時又強化了宗族關係，即血緣關係。血緣關係又分爲近親、遠親、异姓之親等。血緣關係成爲一切社會關係的核心，由血緣關係擴而廣之，又有師生、朋友及當體恤的其他人等關係。由血緣關係又進而強化了尊卑關係，即君臣關係、臣民關係，這些關係較之血緣關係更爲細密，爲此而設有"八辟"之法，規定帝王之親朋、故舊、近臣等八種人，可以享有減免刑罰之特權。漢代改稱"八議"，三國魏正式載入法典。其後，歷代常有沿襲。這一血緣關係在我國可謂根深蒂固，直至今世而未衰。爲維護這尊卑關係，西周之法典又設有《九刑》，以"不忠"爲首罪。另有《八刑》以"不孝"爲首罪。"忠"，指忠君，"孝"指孝敬父母，兩者難以分割。《九刑》《八刑》雖爲時過境遷之古法，但其倡導的"忠孝"，已成爲中華民族的一種處世觀念，一種道德規範。作爲個人若輕忽"忠孝"，則必極端自私，害及民衆；作爲執政者若輕忽"忠孝"，則必妄行無忌，危及國家。今世早已摒弃愚忠愚孝之舉，但仍然繼承并發揚了"忠孝"的傳統。"忠"不再是"忠君"，而是忠於祖國，忠於人民，或是忠於信守的理想；"孝"謂善事父母，直承百代，迄今不衰。"忠孝"是人們發自心底的感恩之情，唯知感恩，始有報恩，人間纔有真情往還，纔有心靈交融。佛家箴言警語曰"上報四重恩，下濟三途苦"（見《大乘本生心地觀經》），"四重恩"指父母恩、師長恩、國土恩、衆生恩（衆生包括動植物等一切生靈）。我國傳統忠孝文化中又融入了佛家的這一經典旨意，可謂相得益彰。"忠孝"乃我文明古國屹立不敗的根基，絶不可視之爲"封建觀念"。縱觀我中華信史可知，舉凡國家昌盛時代，必是忠孝振興歲月，古今如一，堪稱鐵律。國家可敬又可愛，所激起的正是人們的家國情懷！"忠孝"這一處世觀念，這一道德規範，直涉人際關係，直涉國家命運，成爲我中華獨有、舉世無雙的文化傳統。

中國之國法，并非僅靠威懾之力，更有"禮治"之宣導，而關乎禮治的宣導今人常常忽略。前已述及中華法系如同世界諸文明古國法系一樣，源於宗教，興於禮俗，由禮俗演進爲禮治，禮治早於刑法之前已經萌生。自商周始，《湯刑》《吕刑》（按，《湯刑》《吕刑》之"刑"當釋爲"法"）相繼問世，尤重"禮治"，何謂"禮治"？"禮治"指遵守禮儀道德與社會規範，破除"禮不下庶人"的舊制，將仁義禮智信作爲基本的行爲規範，《孟子·公孫丑上》曰："辭讓之心，禮之端也。""辭讓"指謙和之道，尊重他人，由"禮讓"而漸發展爲"禮制"。至西周時，"禮治"已成定制。這一立法思想備受推崇。夏商以來，三千餘載，王朝更替，如同百戲，雖脚色各异，却多高揚禮制之大旗，以期社會和諧，民生安樂。不瞭解中國之禮治，也就難以瞭解中華法制史，就難以瞭解中國文化史。此後"禮治"配以"刑治"，相輔相成，久行不衰。"禮刑相輔"何以行使？答曰：升平之世，統治者無不強調禮制之作用，藉此以示仁政；若逢亂世，則用重典，施酷刑（下將述及），軟硬兩手交替使用。這就組成了一張巨大的不可錯亂、不可逾越的法律之網，這就是中華民族百代信守的國家法制的核心，這就是中華民族有史以來建國治國之道。這一"禮刑相輔"的治國之道，迥別與西方，爲我中華所獨有，在漫長而多樣的世界法制史中居於前沿地位。

在我古老國度中，國家既已形成，於是又具有了不同尋常的歷史意義與價值觀。自先秦以來，"國家"一詞意味着莊嚴與信賴。在國人心目中，"國"與"家"難以分割，直與身家性命連爲一體，故"報效國家"爲中華民族的最高志節，而"國破家亡"則爲全民族的最大不幸。三十年前本人曾是《漢語大詞典》主要執筆者之一，撰寫"國家"條文時，已注意了先民曾把皇帝直稱爲"國家"。如《東觀漢紀·祭遵傳》："國家知將軍不易，亦不遺力。"《晋書·陶侃傳》："國家年小，不出胸懷。"稱皇帝爲"國家"，以皇帝爲國家的代表或國家的象徵，較之稱皇帝爲天子，更具親切感，更具號召力。中國歷史上的一些明君仁主也多以維護國家法制爲最高宗旨，秦皇、漢武皆曾憑藉堅定地立法與執法而國勢強盛，得以稱雄天下，這對始於西周的"八辟"之法，無疑是一大突破。本書《國法卷》第一章概論論及隋唐五代立法思想時，有以下論述：據《隋書·王誼傳》及文帝相關諸子傳載，文帝楊堅少時同王誼爲摯友，長而將第五女嫁王誼之子，相處極歡，後王誼被控"大逆不道，罪當死"，文帝遂下詔"禁暴除惡"，"賜死於家"。《隋書·文四子傳》又載，文帝三子秦王楊俊，少而英武，曾總管四十四州軍事，頗有令名，文帝甚爲愛惜，獎勵有加。後楊俊漸奢侈，違制度，出錢求息，窮治宫室，文帝免其官。左武衛將軍劉升、重臣楊素，先後力諫曰："秦王非有他過，但費官物、營廨舍而已。"文帝答曰："法不可違！"劉、楊又先後諫曰："秦王之過，不應至此，願陛下詳之。"文帝答曰："我是五兒之父，若如公意，何不別制天子兒律？"文帝四子、五子皆因違法，被廢爲庶民，文帝處置毫不猶豫，毫不留情。隋文帝身爲人君，以萬乘之尊，率先力行，實踐了"王子犯法，與民同罪"的古訓。在位期間，創建"開皇之治"，人丁大增，百業昌盛，國人視文帝爲真龍天子，少數民族則尊稱其爲聖人可汗。《國法卷》主編對歷史上身爲人君的這種舉措，有"忍割親朋私情，立法爲公"的簡要評論。這一評論對於中國這種以宗族故交爲關係網的大國而論，正是切中要害。此後，唐太宗李世民、玄宗李隆基、憲宗李純等君王皆有類似之舉，終成輝煌盛世。時至明代，面對一片混亂腐敗的吏治，明太祖朱元璋更設有"炮烙""剝皮"之類酷刑嚴法，懲治的貪官污吏達十五萬之衆，即便自家的親朋故舊，也毫不留情。如進士出身的駙馬，朱元璋的愛婿歐陽倫只因販茶違法，就直接判以死刑，儘管安慶公主及儲君朱允炆苦苦哀求，也絕不饒恕。據《明史·循吏傳序》載：“〔官吏〕一時受令畏法，潔已愛民，以當上指……民人安樂、吏治澄清者百餘年。”其時，士子們甘願謀求他職，而不敢輕率爲官，而諸多官員却學會了種田或捕魚，呈現了古今難得一見的別樣的政治生態。明太祖的這類嚴酷法令雖是過當，却勝於放縱，故而明朝一度成爲世界經濟大國、經濟强國。中國歷史上的諸多建國之名君仁主，執法雖未若隋文帝之果决，未若明太祖之嚴酷，但無一不重視國家安危。這些建國名君仁主“上以社稷爲重，下以蒼生在念”（見《舊唐書·桓彦範傳》），故而贏得臣民的擁戴。今之世人多以爲帝王之所以成爲帝王，盡皆爲皇室一己之私利，祇貪圖自家的享榮華富貴而已，實則并非盡皆如此。歷代君王既已建國，亦必全力保國，并垂範後世，以求長治久安。品讀本書《國法卷》，可藉以瞭解我國固有的國情狀况，瞭解我國歷史中的明君仁主如何治理國家，其方策何在，今世仍有藉鑒價值。縱觀我國漫長的歷史進程，有的連續數代，稱爲盛世；有的衰而復起，稱爲中興；有的則二世而亡，如曇花一現。一切取决於先主與後主是否一脉相繼，一切取决於執法是否穩定。要而言之：嚴守國法，則國家興盛，嚴守國法，則社會祥和，此乃舉世不二之又一鐵律。

《國法卷》雖以國法爲研究主體，却力求超越法律研究自身，力求探索法律背後的正反驅動力量，其旨義更加廣遠。因而本卷又區別於常見的法律專著。

另如《巧藝卷》，在《通考》全書中未占多大分量，但在日常社會生活中却有無可替代的獨特地位，藉此大可飽覽先民的生活境遇和精神世界。何謂“巧藝”？古代文獻中無此定義。所謂“巧藝”，專指巧智與技藝性的娛樂及各種健身活動，同時展現了與之相應的家國關係。中華民族的“巧藝”別具特色，所涉内容十分廣泛，除却一般游戲活動外，又包涵了棋類、牌類、養生、武術、四季休閑、宴飲娛樂、動物馴化等等。細閱本卷所載，常爲古人之智巧所折服。如西漢東方朔“射覆”之奇妙，今已成千古佳話。據《漢書·東方朔傳》載，漢武帝嘗覆守宫（即壁虎）於杯盂之下，令衆方士百般揣度，各顯其能，并無一言中的者，而東方朔却可輕易解密，有如神算，令滿座驚呼。何謂“射覆”？“射覆”爲古代猜測覆物的游戲。射，揣度；覆，覆蓋。“射覆”之戲，至明清始衰，其間頗多高手。這些高手似乎出於特異功能，是古人勝於今人麽？當作何解釋？學界認爲這些高手多善《易》學，故而超乎常人，但今世精於《易》學者并非罕見，却未見有如東方朔者，何也？難以作答，且可不論，但古代對動物的馴化，又何以特別精彩，令今人嘆服？

著名的唐代象舞、馬舞，久負盛名，這些大動物似通人性，故可不論，而那些似乎笨拙的小動物，如"烏龜疊塔""蛤蟆説法"之類的馴養，也常常勝過今人，足可展現先民的巧智，"'疊塔''説法'，固教習之功，但其質性蠢蠢，非他禽鳥可比，誠難矣哉！"（見明陶宗儀《輟耕録·禽戲》）古人終將蠢蠢之蟲馴化得如此聰明可愛，藉此可見古人之扎實沉着，心智之專一，少有後世浮躁之風。目前，國人甚喜馴養，寵物遍地，却未見馴出如同上述的"疊塔"之烏龜與"説法"之蛤蟆，今之馬戲或雜技團體，爲現代專業機構，也未見絶技面世。

《巧藝卷》的條目詮釋，大有建樹，絶不因襲他人成説，明確關聯了具體事物形成的歷史淵源與社會背景。如"踏青"，《漢語大詞典》引用了唐代的書證，并稱其爲"清明節前後，郊野游覽的習俗"。本卷則明確指出，"踏青"是由遠古的"春戲"演變而來。西周時曾爲禮制。漢代已有"人日郊外踏青"之俗，同時指出"踏青"還有"游春"的別稱。《漢語大詞典》與本卷的釋文内容差異如此之大，實出常人之所料。何謂"春戲"？所有辭書皆未收録。本卷有翔實考證，兹録如下：

> 春戲：古代民間春季娛樂活動。以繁衍後代和期盼農作物豐收爲目的的男女歡會活動。始於原始社會末期，西周時仍很流行。《周禮·地官·司徒》："中春之月，令會男女。於是時也，奔者不禁。若無故而不用令者，罰之。司男女之無夫家者而會之。"《墨子·明鬼篇》："燕之有祖，當齊之社稷。宋之有桑林，楚之雲夢也，此男女之所屬而觀也。"《詩·鄭風·溱洧》："溱與洧，瀏其清矣。士與女，殷其盈矣。女曰：'觀乎？'士曰：'既且。''且往觀乎！洧之外，洵訏且樂。'維士與女，伊其將謔，贈之以芍藥。"《楚辭·九歌·少司命》："秋蘭兮靡蕪，羅生兮堂下。緑葉兮素枝，芳菲菲兮襲予。夫人兮自有美子，蓀何以兮愁苦？"戰國以後逐漸演變爲單純的春游活動"踏青"。

《巧藝卷》精心地援引了以上經典，可證在中國上古時期男女歡會非常自然，而且是具有相當規模的群體性活動。此舉在中國遠古時代已有所見，青海大通縣上孫家寨出土的舞蹈紋彩陶盆，已展現了男女携手共舞的親密生動場景，那是馬家窰文化的代表，距今已有五千年歷史，但必須明確，這并非蒙昧時期的亂性之舉。這是一種男女交往的公開宣示。前述《周禮·地官·司徒》曰："中春之月，令會男女……司男女無夫之家者而會之。"其要點是"男女無夫之家者"。這是明確的法律規定，故而作者的篇首語曰："以繁

衍後代和期盼農作物豐收爲目的。”這就撥正了後世對於中國古代奴隸社會或封建社會有
關男女關係的一些偏頗見解，可證本卷之“巧藝”非同一般的娛樂，所展現的是中華先民
多方位的生活狀態。

三、博物研究遭質疑，古老科技又誰知？

《通考》所涉博物盡有所據，無一虛指，如繁星麗天，構成了浩大的博物學體系，千
載一脉，本當生生不息，如瀑布之直下，但却似大河之九曲，時有峽谷，時有險灘，終因
清廷喪權辱國、全盤西化而戛然中斷，故而迥異於西方。由於西方科技的巨大影響，致使
一些學人缺少文化自信，多認爲中國古老的博物學，無甚價值。豈知我中華民族從不乏才
俊、精英，從不乏偉大的發明，很多衹是不知其名而已。如《淮南子・泰族訓》：“欲知遠
近而不能，教之以金目則快射。”漢代高誘注曰：“金目，深目。所以望遠近射準也。”何
謂“金目”？據高注可知，就是深目。“深目”之“深”，謂深遠也（又説稱“金目”爲黄
金之目，用以喻其貴重，恐非是）。“金目”當是現代望遠鏡或眼鏡之類的始祖。“金目”
其物，在古代萬千典籍中僅見於《淮南子》一書，別無他載。因屬古代統治者杜絕的“奇
技淫巧”，又甚難製作，故此物宫廷不傳，民間絶踪，遂成奇品。上世紀 80 年代，揚州邗
江縣東漢廣陵王劉荆墓中出土一枚凸透鏡，此鏡之鏡片直徑 1.3 厘米，鑲嵌在用黄金精製
而成的小圓環内，視物可放大四五倍，此鏡至遲亦有兩千餘年的歷史。廣陵墓之外，安徽
亳州曹操宗族墓等處，亦有出土。是否就是“金目”已難考證。作爲眼鏡其物，發展到宋
代，始有明確的文字記載，其時稱之爲“靉靆”（見明方以智《通雅・器用・雜用諸器》
引宋趙希鵠《洞天清録》）。今日學者皆將眼鏡視爲西方舶來品，一説來自阿拉伯，又説
來自英國，如猜謎語，不一而足；西方的眼鏡實則是由中國傳入的，如若説是西方自家發
明，也晚於中國千年之久。

“金目”其物的出現絶非偶然，《墨子》中的《經下》《經説下》已有關於光的直綫傳
播、反射、折射、小孔成象、凹凸透鏡成象等連續的科學論述，這一原理的提出，必當有
各式透體器物，如鏡片之類爲實驗依據，這類器物的名稱曰何今已不得而知，但製造出金
目一類望遠物，是情理之中的必然結果。據上述《經下》《經説下》記載可知，早在戰國
時期，先賢已有光學研究的成就，與後世西方光學原理盡同。在中國漫長的古代日常生活

中，隨時可見新奇的創造發明，這類創造發明所展現的正是中國獨有的科學。《導論》中所述"被中香爐""長信宮燈"之外，更有"博山爐"（一種形似傳說中神山"博山"的香爐，當香料在爐內點燃時，烟霧通過鏤空的山體宛然飄出，形成群山蒙蒙、衆獸浮動的奇妙景象，約發明於漢代）、"走馬燈"（一種竹木扎成的傳統佳節所用風車狀燈具，外貼人馬等圖案，藉燈內點燃蠟燭的熱力引發空氣對流，輪軸上的人馬圖案隨之旋轉，投身於燈屏上，形成人馬不斷追逐、物換景移的壯觀情景，約發明於隋唐時期）之類。古老中華何止是"四大發明"？此外，約七千年前，在天灾人禍、形勢多變的時代背景之下，先民爲預測未來，指導行爲方嚮，始創有易學，形成於商周之際，今列爲十三經之首，稱爲《周易》，這是今世的科學不能完全解釋的另一門"科學"，其功用不斷地爲當世諸多領域所驗證，在我華夏、乃至歐美，研究者甚衆，本《通考》對此雖有涉及，而未立專論。

那麼，在近現代，國人又是如何對待古代的"奇技奇器"的呢？著名的古代"四大發明"，今已家喻戶曉，婦幼皆知，但却如同可愛的國寶大熊猫一樣，乃是西方學者代爲發現。我仁人志士，爲喚醒"東方睡獅"，藉此"四大發明"，竭力張揚，以振奮民族精神。這"四大發明"影響非凡，但在中國傳統文化中亦無重要地位，其中"火藥"見載於唐孫思邈《丹經》，"指南針""印刷術"同見載於宋沈括《夢溪筆談》，皆非要籍鴻篇，唯造紙術見於正史，全文亦僅七十一字，緊要文字祇有可憐的四十三字（見《後漢書・宦者傳・蔡倫》）。而這"四大發明"中有兩大發明，不知爲何人所爲。

在古老中國的歷史長河中，更有另一種科學技術，當今學界稱之爲"黑科技"（意謂超越當今之科技，出於人類的想象之外。按，稱之爲"超科技"，似更易理解，更準確），那就是現代科學技術望塵莫及、無法破解的那些千古之謎。如徐州市龜山西漢楚襄王墓北壁的西邊墻上，非常清晰地顯示一真人大小的影子，酷似一位老者，身着漢服，峨冠博帶，面東而立，作揖手迎客之狀。人們稱其爲"楚王迎賓圖"。最初考古人員發掘清理棺室時，并無壁影。自從設立了旅游區正式開放後，壁影纔逐漸地顯現出來，仿佛是楚王的魂魄顯靈，親自出來歡迎來此參觀的游人一樣。楚襄王名劉注，是西漢第六代楚王，死後葬於此。劉注墓還有五謎，今擇其三：一、工程精度之謎。龜山漢墓南甬道長 55.665 米，北甬道長爲 55.784 米，沿中綫開鑿，最大偏差僅爲 5 毫米，精度達 1/10000；兩甬道相距 19 米，夾角 20 秒，誤差爲 1/16000，其平行度誤差之小，大約需要從徐州一直延伸到西安纔能使兩甬道相交。按當時的技術水準，這樣的墓道是何人如何修建的？二、崖洞墓開鑿之謎。龜山漢墓爲典型的崖洞墓，其墓室和墓道總面積達到 700 多平方米，容積達 2600 多立方米，幾乎掏空了整個山體。勘察發現，劉注墓原棺室的室頂正對着龜山的最高處，劉注府庫中的擎天石柱也正位於南北甬道的中軸綫上。龜山漢墓的工程人員是利用什麼樣的勘探技術掌握龜山的山體石質和結構？三、防盜塞石之謎。南甬道由 26 塊塞石堵塞，分上下兩層，每塊重達六至七噸，兩層塞石接縫非常嚴密，一枚硬幣也難以塞入。漢墓的甬道處於龜山的半山腰，當時生産力低下，人們是用什麼方法把這些龐大的塞石運來并嵌進甬道的？今皆不得而知。

斷言"中國古代衹有技術而没有科學"者，對中國歷史的瞭解實在是太過膚淺，并不瞭解在中國古代不衹有科技，而且竟然有超越科學技術的"黑科技"。

四、當世灾難甚可懼，人間正道何處覓？

在《通考》的編纂過程中，常遇到的重要命題，那就是以上論及的"科技"。今之"科技"，在中國上古曾被混稱爲"奇技奇器"，直至清廷覆亡，迄未得到應有的重視，導致國勢衰微，外寇侵略，民不聊生。這正是西方視之爲愚昧落後，敢於長驅直入，爲所欲爲的原因。因而一個國家、一個民族，要立於不敗之地，必須擁有自家的科技！世人當如何評定"科技"？如何面對"科技"？本書《導論》已有"道器論"，今《總説》以此"道器論"爲據，就現代人類面臨的種種危機，論釋如下：

何謂"道器"？所謂"道"是指形成宇宙萬物之原本，是形成一切事理的依據與根由。何謂"器"？"器"即宇宙間實有的萬物，包括一切科技，一切發明，至巨至大，至細至微，充斥天地間，而盡皆不虛。科技衍生於器，驗證於器，多以器爲載體，是推進或毁壞人類社會的一種無窮力量，故而又必須在人間正道的制約之下。此即本書道器并重之緣由，或可視爲天下之通理也。英國自 18 世紀第一次工業革命以來，其科學技術得以高速而全方位地發展，引起西方乃至全世界的密切關注與重視，影響廣遠。這一時期，英帝國統治者睥睨全球，居高臨下，自我膨脹，發表了"生存競争，勝者執政"等一系列宏論；托馬斯·馬爾薩斯的《人口論》亦應時而起，其核心理論是："貧富强弱，難以避免。承認現實，存在即合理。"甚而提出"必須控制人口的大量增長，而戰争、饑荒、瘟疫是最後抑制人口增長的必要手段"（這一理論在以儒學爲主體的傳統文化中被視爲離經叛道，滅絕人性，而在清廷走投無路全面西化之後，國人亦有崇信者，直至 20 年代初猶見其餘緒)。在這樣的時代背景下，查爾斯·達爾文所著《物種起源》得以衝破基督教的束縛，順利出版，暢行無阻。該書除却大量引用我國典籍《齊民要術》《天工開物》與《本草綱目》之外，還鄭重表明受到馬爾薩斯《人口論》的啓示和影響。《物種起源》的問世，形成了著名的進化理論："物競天擇、優勝劣汰，弱肉强食，適者生存。"(近世對其學說已有諸多評論，此略) 進化學說在人們的社會生活中留下了深刻的印迹，在世界範圍内引起巨大反響，當時英國及其他列强利用了自然界 "生存法則" 的進化理論，將其推行於對外擴張的殖民戰爭中，打破了世界原有生態格局，在巨大的聲威之下，暢行無阻，遍及天下。縱觀人類的發展史，尤其是近世以來的發展史可知，科技的高下決定了國家的强弱，以强凌弱，已成定勢，在高科技强國的聲威之下，無盡的搜羅，無盡的采伐，無盡的探測實驗 (包括核試驗)，自然資源和自然環境漸遭破壞，各種弊端漸次顯露。時至 20 世紀中後期，以原子能、電子電腦、信息技術、空間技術等發明和應用爲標志、第三次科技革命的到來，學界稱之爲 "科技革命的紅燈時刻"，其勢如風馳電掣，所向披靡，人類社會發生了翻天覆地的變化，時至 21 世紀，又凸顯了另一灾難，即瘟疫肆虐，病毒猖獗，危及整個人類。這一系列禍患緣何而生？天灾之外，罪魁爲人。何也？世間萬種生靈，習性歸一，盡皆順從於大自然，但求自身生息而已，別無他求，而作爲 "萬物之靈" 的人類，在茹毛飲血，跨越耕獵時代之後，却欲壑難填，毫無節制！爲追求享樂、滿足一己之貪婪，塗炭萬種生靈，任你山中野外，任你江面海底，任你晝藏夜出，任你天飛地走，皆得作我盤中佳餚。閑暇之日，又喜魚竿獵槍，目睹异類掙扎慘死，以爲暢快，以爲樂趣，若爲一己之喜慶，更可 "磨刀霍霍向猪羊"，視之爲正常！"萬物之靈" 的人類，永無休止，地表搜刮之外，還有地下的搜索挖掘，如世界著名的南非姆波尼格金礦，雖其開采僅起始於百年前，憑藉當代最先進的科技，挖掘深度已超 4000 米 (我國的招遠金礦，北宋真宗年間已進行開采，至今深度不過 2000 米左右)，現有 370 千米軌道，用以運送巨大的設備與成噸重的礦石，而每次開采都必須用兩千多公斤的炸藥爆破，可謂地動山摇！金礦之外，又有銀礦、鐵礦、銅礦、煤礦、水晶礦 (如墨西哥的奈咯水晶洞，俗稱 "神仙水晶礦"，其中一根重達 50 噸，挖出者一夜暴富)，種種礦藏數以萬計。此外尚有對石油、純净水，乃至無形的天然氣等的無盡索取，山林破壞，大地沙化，水污染、大氣污染、核污染，地球已是百孔千瘡，而挖掘索取，仍未甘休，愈演愈烈，故今之地球信息科學已經發現地球性能的變異以及由此帶來可怕的全球性灾難。今日世界，各國執政者憑仗高科技，多是從一國、一族或一己之私利出發，或結邦，或聯盟，争强鬥勝，互不相顧，國際關係日趨惡化，人類時刻面臨可怕的威脅，面臨毁滅性的核戰争。凡此種種，怎不令人憂慮，令人悲痛？故而有學者宣稱："科技確實偉大，也確實可怕。一旦失控，後患無窮。"又稱："人類擁有了科技，必警惕成爲科技的奴隸。"此語并非危言聳聽，應是當世的警鐘，因爲人類面對强大的科技，常常難以自控，這是科技發展必然的結果。而作爲"萬物之靈"的人類，具有高智慧，能够擁有高科技，確乎超越了萬物，居於萬物主宰的地位，而執政者一旦擁有失控的權力，肆意孤行，其最終結局必將是自戕自毁，必將與萬物同歸於盡。一言以蔽之，毁滅世界的罪魁禍首是人類自己，而并非他類。

面對這多變的現實與可怕的未來，面對這全球性的灾難，中外科學家作了不懈努力，而收效甚微。1988 年 1 月，七十五位諾貝爾獲獎者及世界著名學者齊聚巴黎，探討了 21 世紀科學的發展與人類面臨的種種難題，提出了應對方略。在隆重的新聞發布會上，瑞典物理學家漢内斯・阿爾文發表了鄭重的演説："如果人類要在 21 世紀生存下去，必須回頭到兩千五百年前去汲取孔子的智慧。"（見 1988 年 1 月 24 日澳大利亞《堪培拉時報》原文——《諾貝爾獎獲得者説要汲取孔子的智慧》）這是何等驚人的預見，又是何等嚴正的警示！這七十五位諾貝爾獲獎者没有一位是我華夏同胞，他們對孔子的認知與崇敬，非常客觀，非常深刻，超乎我們的想象。這種高屋建瓴式的睿智呼籲，振聾發聵，可惜并没有警醒世人，也没有引起足够多的各國領導人的重視。

人類爲了自救，不能不從人類自身發展史中尋求答案。在人類發展史中，不乏偉大的聖人，孔子是少有的没有被神化、起於底層的聖人（今有稱其爲"草根聖人"者），他生於春秋末期，幼年失父，家境貧寒，又正值天下分裂，戰亂不斷，在這樣的不幸世道裏，孔子及其弟子大力宣導"克己復禮"，這是人類歷史上最切實際的空前壯舉。何謂"禮"？《説文・示部》曰："禮，履也。所以事神致福也。"禮本來是上古祭祀鬼神和先祖的儀式。史稱文、武、成王、周公據禮"以設制度"，此即"周禮"。"周禮"的内容極爲廣泛，舉凡國家的政治、經濟、軍事、行政、法律、宗教、教育、倫理、習俗、行爲規範，以及吉、凶、軍、賓、嘉五類禮儀制度，均被納入禮的範疇。周禮在當時社會中的地位與指導作用，《禮記・曲禮》中有明確記載："分争辯訟，非禮不決；君臣上下、父子兄弟，非禮不定；宦學事師，非禮不親；班朝治軍、涖官行法，非禮威嚴不行。"當然也維護了“君臣朝廷尊卑貴賤之序，下及黎庶車輿衣服宮室飲食嫁娶喪祭之分”（見《史記・禮書》），這符合於那個時代的階級統治背景。孔子提出“克己復禮”，期望世人克服一己之私欲，以應有的禮儀禮節規範自己的言行，建立一個理想的中庸和諧社會，這已跨越了歷史局限。孔子的核心思想是“敬天愛人”，何謂“敬天”？孔子強調“巍巍乎唯天爲大”（見《論語・泰伯》），又曰：“天何言哉？四時行焉，百物生焉，天何言哉！”（見《論語・陽貨》）孔子所言之“天”，并非指主宰人類命運的上蒼或上帝，并非是孔子的迷信，因“子不語怪力亂神”（見《論語・述而》）。孔子認爲四季變化、百物生長，皆有自己的運行規律，人類應謹慎遵從，應當敬畏，不得違背。孔子指稱的“天”，實則指他所認知的宇宙。此即孔子的天人觀、宇宙觀。“巍巍乎唯天爲大”，在此昊天之下，人是何樣的微弱，面臨小小的細菌、病毒，即可淒淒然成片倒下。何謂“愛人”？孔子推行“仁義之道”，何謂“仁”？子曰：“仁者，愛人！”（《論語・顏淵》）即人人相親、相愛。又曰：“己所不欲，勿施於人。”意即重正義，絕不損人利己。何謂“義”？“義”指公正的道理、正直的行爲。子曰：“不義而富且貴，於我如浮雲。”（見《論語・述而》）這就是孔子的道德觀與道德規範，當作爲今世處理人與自然、人與社會的規範與行動指南。其弟子又提出“親親而仁民，仁民而愛物”（見《孟子・盡心上》），漢代大儒又有“天人之際，合而爲一”的主張（董仲舒在《春秋繁露・深察名號》中，爲維護皇權的需要而建立了皇權天授的觀念），這種主張已遠遠超越了維護皇權的需要，成爲了一種可貴的哲理。時至宋代，大儒張載再度發揚孟子“親親而仁民，仁民而愛物”的襟怀，又有“民吾同胞，物吾與也”（見其所著《西銘》）之名言箴語，即將天下所有的人皆當作同胞，世間萬物盡視爲同類，最終形成了著名的另一宏大的儒學系統，其主旨則是“天人合一”論。何謂“天人合一”？“天人合一”有兩層意義：一曰天人一致，天是一大宇宙，人則如同一小宇宙，也就是說人類同天體各有獨立而相似之處；二是天人相應，這是説人與天體在本質上是相通的，是相互相連的。因此，一切人事應順乎自然規律，從而達到人與自然的和諧。達到人與自然的和諧統一，當作爲今世處理人與自然、人與社會的明確規範與行動指南。這是真正的“人間正道”，唯有遵循這一“人間正道”，人際關係纔能融洽，社會纔能和諧，天下纔能太平。

　　古老中國在形成“孔子智慧”之前，早已重視人與自然的關係。約在七千年前，我中華先祖已能夠通過對於蟲鳥之類的物候觀察，熟練地確定天氣、季節的變幻，相當完美地適應了生產、生活、繁衍發展的需求，這一遠古的測算應變之舉，處於世界領先地位。約四千年前，夏禹之時，已建有令今人嚮往的廣袤的綠野濕地。如《書·禹貢》即記載了"雷夏""大野""彭蠡""震澤""菏澤""孟豬""豬野""雲夢"諸澤的形成及其利用情況，如其中指出："淮海惟揚州，彭蠡既豬（瀦），陽鳥攸居；三江既入，震澤厎定。篠簜既敷，厥草惟夭，厥木惟喬……厥貢惟金三品，瑤琨篠簜，齒革羽毛，惟木。"這是說揚州有彭蠡、震澤兩方綠野濕地，適合於鴻雁類禽鳥居住，適合於篠竹（箭竹）、簜竹（大竹）生長，青草繁茂，樹木高大，向君主進貢物品有金銀銅等三品，又有瑤琨美玉、箭竹、大竹以及象齒皮革與孔雀、翡翠等禽鳥羽毛。所謂"大禹治水"，并非祇是被動的抗災自救，實則是大治山川，廣理田野，調整人與大自然的關係，使之相得益彰。《逸周書·大聚解》又載，夏禹之時"且以并農力，執成男女之功，夫然則有生不失其宜，萬物不失其性，人不失其事，天不失其時……放此為人，此謂正德"，此即所謂夏禹"劃定九州"之功業所在。其中"放此為人，此謂正德"的論定，已蘊含了後世儒家初始的"天人合一"的觀念。西周初期，已設定掌管國土資源的官職"虞衡"，掌山澤者謂"虞"，掌川林者稱"衡"（見《周禮·天官·太宰》及賈疏）。後世民衆，繼往開來，對於保護生態環境，保護大自然，采取了各種措施，又設有專司觀察氣象、觀察環境的機構，并有方士之類的"巫祝史與望氣者"，多管道、多方位進行探測研究，從而防患於未然。《墨子·號令篇》（一說此篇非墨子所作，乃是研究墨學者取以益其書）曰："巫祝史與望氣者，必以善言告民，以請（讀為'情'）上報守（一說即太守），上守獨知其請（情）。無［巫］與望氣，妄爲不善言，驚恐民，斷弗赦。"這裏明確地指出，由"巫祝史與望氣者"負責預告各種災情，但不得驚恐民衆，否則即處以重刑，絕不饒恕。愛惜生態，保護自然，這是何樣的遠見卓識，這又是何樣的撫民情懷！

是的，自夏禹以來，先民對於大自然、對於與蒼生，有一種別樣的愛惜、保護之舉措，防範措施非常細密，非常全面而嚴厲。《逸周書·大聚解》有以下記載：夏禹時期設定禁令，大力保護山林、川澤，春季不准帶斧頭上山砍伐初生的林木；夏季不准用漁網撈取幼小的魚鱉，此即世界最早的環境保護法。《韓非子·內儲說上》又載：殷商時期，在街道上揚棄垃圾，必斬斷其手。西周時又有更爲具體規定：如，何時可以狩獵，何時禁止狩獵，何樣的動物可以獵殺，何樣的動物禁止獵殺；何時可以捕魚，何時禁止捕魚，何樣的魚可以捕取，何樣的魚禁止捕取，皆有明文規定，甚而連網眼的大小也依季節不同而嚴予區別。并特別强調：不准搗毀鳥巢，不准殺死剛學飛的幼鳥和剛出生的幼獸。春耕季節不准大興土木。《禮記・月令》又載："毋變天之道，毋絕地之理，毋亂人之紀。"這一"毋變""毋絕""毋亂"之結語，更是展現了後世儒家宣導并嚮往的"天人合一"說。至春秋戰國之際，法律法規的範圍更加全面，特別嚴厲。這一時期已經注意到有關礦山的開發利用，若發現了藏有金銀銅鐵的礦山，立即封禁，"有動封山者，罪死而不赦。有犯令者，左足入，左足斷，右足入，右足斷"（見《管子・地數》）。古人認爲輕罪重罰，最易執行，也最見成效，勝過重罪重罰。這些古老的嚴厲法令，雖是殘酷，實際卻是一聲斷喝，讓人止步於犯罪之前，因而犯罪者甚微。這就最大限度地保護了大自然，同時也最大限度地保護了人類自己。而早在西周建立前夕，又曾頒布了令人欽敬的《伐崇令》："文王欲伐崇，先宣言曰……令毋殺人，毋壞室，毋填井，毋伐樹木，毋動六畜，有不如令者，死無赦！崇人聞之，因請降。"（見漢劉向《説苑・指武》）這是指在殘酷的血火較量中，對於敵方人民、財産及生靈的愛惜與保護。我中華上古時期這一《伐崇令》，是世界戰争史中的奇迹，是人類應永恒遵守的法則！當今世界日趨文明，闊步前進，而戰争卻日趨野蠻，屠殺對方不擇手段，實是可怖可悲！我華夏先祖所展現的這些大智慧、大慈悲，爲後世留下了賴以繁衍生息的楚山漢水，留下了令人神往的華夏聖地，我國遂成爲幸存至今、世界唯一的文明古國。

五、筆墨革命難預料？卅載成書又何易？

《通考》選題因國内罕見，無所藉鑒，期望成爲經典性的學術專著，難度之大，出乎想象，初創伊始，即邀前輩學者南京大學老校長匡亞明先生主其事。這期間微信尚未興起，寧濟千里，諸多不便，盛岱仁、康戰燕伉儷滿腔熱情，聯絡於匡老與筆者之間，得到先生的熱情鼓勵與全力支持，每逢疑難，必親予答復，但表示難做具體工作，在經濟方面也難以爲力。因爲先生於擔任國家古籍整理領導小組組長之外，又全面主持南京大學中國思想家研究中心的工作，正在編纂《中國思想家評傳》，百卷書稿須親自逐一審定，難堪重任。筆者初赴南大之日，老人家親自接待，就餐時當場現金付款，沒有讓服務員公款記賬，筆者深受感動，終生難以忘懷。此後在匡老激勵之下，筆者全力以赴，進而邀得數百作者并肩携手，全面合作，并納入國家"九五"重點出版規劃中。1996 年 12 月，匡老驟然病逝，筆者悲痛不已，孤身隻影，砥礪前行，本書再度確定爲國家"十五"重點出版規劃項目，并將初名更爲今名。那時，作者們盡皆恪守傳統著述方式，憑藏書以考釋，藉筆墨以達志。盛暑寒冬，孜孜矻矻，無敢逸豫。爲尋一詞，急切切，一目十行，翻盡千頁而難得；爲求善本，又常千里奔波，因限定手抄，不得複印，纍日難歸！諸君任勞任怨，潛心典籍，閱書，運筆，晝夜伏案，恂恂然若千年古儒。至上世紀末，一些年輕作者已擁有個人電腦，各種信息，數以億計，中文要籍，一覽無餘，天下藏書，"千頃齋""萬卷樓"之屬，皆可盡納其中，無須跋涉遠求。搜集檢索，祇需"指點"，瞬息可得；形成文章，亦祇需"指點"，頃刻可就。在這世紀之交，面臨書寫載體的轉換，老一輩學人步入了一個陌生的电脑世界，遭遇了空前的挑戰。當代作家余秋雨在其名篇《筆墨祭》中有如下陳述："五四新文化運動就遇到過一場載體的轉換，即以白話文代替文言文；這場轉換還有一種更本源性的物質基礎，即以'鋼筆文化'代替'毛筆文化'。"由"毛筆文化"向"鋼筆文化"的轉換，經歷了漫長的數千載，而今日再由"鋼筆文化"向"電腦文化"轉換，却僅僅是二十年左右，其所彰顯的是科學技術的力量、"奇技奇器"的力量。作家所謂的"筆墨"，係指毛筆與烟膠之墨，《筆墨祭》祇在祭五四運動之前的"毛筆文化"。今日當將毛筆文化與鋼筆文化并祭，乃最徹底的"筆墨祭"。面對這世紀性的"筆耕文化"向"電腦文化"的轉換，面對這徹底的"筆墨祭"，老一輩學人沒有觀望，沒有退縮，同青年作者一道，毅然決然，全力以赴，終於跟上了時代的步伐！筆者爲我老一輩學人驕傲！回眸曩日，步履維艱，隨同筆墨轉型，書稿也隨之經歷了大修改、大增補，其繁雜艱辛，實難言喻。天地逆旅，百代過客，如夢如幻，三十餘年來，那些老一輩學人全部白了頭，却無暇"含飴弄孫"，又在指導後代參與其事。那些"知天命"之年的碩博生導師們皆已年過花甲，却偏喜"舞文弄墨"，又在尋覓指導下一代弟子同步前進。如此前啓後追，無怨無悔，這是何樣的襟懷？憶昔乾嘉學派，人才輩出，時有"高郵王父子，棲霞郝夫婦"投入之佳話，今《通考》團隊，於父子合作、夫婦合作之外，更有舉家投入者，四方學人，全力以赴。但蒼天無情，繼匡老之後，另有幾位同仁亦撒手人寰。上海那位《天宇卷》主編年富力强，却在貧病交加、孩子的驚呼聲中，英年早逝。筆者的另一位老友爲追求舊稿的完美，於深夜手握鼠標闃然永訣，此前他的夫人曾勸其好好休息，答說"我没有那麽多時間"！可謂鞠躬盡瘁，死而後已，這又是何樣的壯志，思之怎能不令人心酸！這就是我的同仁，令我驕傲的同仁！

　　自 2012 年之後，因面臨多種意外的形勢變化，筆者連同本書回歸原所在單位山東師範大學，于是增加了第一位副總主編——文學院副院長、古籍整理研究所所長韓品玉，解決了編務與財力方面的諸多困難，改變了多年來的孤苦狀況。時至 2017 年春，爲盡快出版、選定新的出版社，又增加了天津人民出版社總編輯、南開大學客座教授陳益民，中國職工教育研究院常務副院長、全國職工教育首席專家俞陽，臺北大學人文學院東西哲學與詮釋學研究中心主任賴賢宗教授三位爲副總主編，於是形成了現今的編纂委員會。

在全書編纂過程中，編纂委員會和學術顧問，以及分卷正副主編、主要作者所在單位計有：中國國家博物館、中國國家圖書館、中央文史研究館、中國佛教圖書文物館、全國總工會、中聯口述歷史研究中心、河北省文物與古建築保護研究院、河北省文物考古研究院、河北閱讀傳媒有限責任公司、北京大學、浙江大學、南京大學、南京師範大學、東北師範大學、鄭州大學、河北大學、河北師範大學、河北醫科大學、廈門大學、佛山大學、山東大學、中國海洋大學、山東師範大學、曲阜師範大學、山東中醫藥大學、濟南大學、山東財經大學、山東體育學院、山東藝術學院、山東工藝美術學院、山東省社會科學院、山東博物館、山東省圖書館、山東省自然資源廳、山東省林業保護和發展服務中心、濟南市園林和林業綠化局、濟南市神通寺、聊城市護國隆興寺、臺北大學、臺灣成功大學、臺灣大同大學、臺北中國文化大學、臺灣中華倫理教育學會，以及澳大利亞國立伊迪斯科文大學等，在此表示由衷的謝忱！

本書出版方——上海交通大學領導以及上海交通大學出版社領導，高瞻遠矚，認定《通考》的編纂出版，不祇是可推動古籍整理、考古研究的成果轉化，在傳承歷史智慧，弘揚中華文明，增强民族凝聚力和認同感，彰顯民族文化自信等各個方面具有重要意義。出版方在組織京滬兩地專家學者審校文字的同時，又付出時間精力，投入了相當的資金，增補了不少插圖，這些插圖多來自古籍，如《考工記解》《考工記圖解》《考工記圖説》《考古圖》《續考古圖》《西清古鑑》《西清續鑑》《毛詩名物圖説》《河工器具圖説》等等，藉此亦可見出版方打造《通考》這一精品工程的決心。而山東師範大學各級領導同樣十分重視，社科處高景海處長一再告知筆者："需要辦什麼事情，儘管吩咐。"諸多問題常迎刃而解，可謂足智善斷。筆者所屬文學院孫書文院長更親行親爲，給予了全面支持，多方關懷，令筆者備感親切，深受鼓舞，壯心未老，必酬千里之志。此前，著名出版家和龔先生早已對本書作出權威鑑定，并建議由三十二卷改爲三十六卷。本書在學術界漂游了三十餘載終得面世，并引起學界的關注。今有國人贊之曰：《通考》是中華優秀傳統文化創造性轉化、創新性發展的優异成果，是一部具有極高人文價值的通代史論性的華夏物態文化專著，凝聚了中華民族的深層記憶，積澱了民族精神和傳統文化的精髓。又有國際友人贊之曰：《通考》如同古老中國一樣，是世界唯一一部記述連續數千載生機盎然的人類生活史。國内外的評論祇是就本書的總體面貌而言，但細予探究，缺憾甚爲明顯，因本書起步於三十餘年前，三十餘年以來，學術界有諸多新的研究成果未得汲取，田野考古又多有新的發現，國内外的各類典藏空前豐富，且檢索方式空前便捷，而本書作者年齡與身體狀况又各自不同，多已是古稀之年，或已作古，或已難執筆，交稿又有先後之别，故而三十六卷未能統一步伐與時俱進，所涉名物，其語源、釋文難能確切，一些舊有地名或相關數據，亦未及修改，而有些同物异名又未及增補。這就不能不有所抱憾，實難稱完美！以上，就是本書編纂團隊的基本面貌，也是本書學術成就的得失狀况。

　　筆者無盡感慨，卅載一瞬渾似夢，襟懷未展，鬢髮盡斑，萬端心緒何曾了？長卷浩浩，古奥繁難，有幾多知音翻閲？何處求慰藉？人道是紅袖祇揾英雄泪！歲月無情，韶光易逝，幾位分卷主編未見班師，已倐而永别，何人知曉老夫悲苦心情？今藉本書的面世，聊以告慰匡老前輩暨謝世的同仁在天之靈！

張述錚

丙子中吕初稿於山東師範大學映月亭
甲辰南吕增補於歷下龍泉山莊東籬齋

凡　例

一、本書係通代史性的中華物態文化學術專著，旨在對構成中華博物的名物進行考釋。全書三十六卷，另有附錄一卷。各卷之基本體例：第一章爲概論，其後據內容設章，章下分節，爲研究考釋文字，其下分列考釋詞目。

二、本書所涉博物，分兩種類型：一曰“同物异名”，二曰“同名异物”。前者如“女牆”，隨從而來者有“女垣”“女堞”“女陴”“城堞”“城雉”“陴堞”等，盡皆爲“女牆”的同物异名；後者如“衼”，其右上分別角標有阿拉伯數字，分別作“衼¹”（指衣襟）、“衼²”（指衣服胸前交領部分）、“衼³”（指衣服兩旁掩裳際處）、“衼⁴”（指衣袖）、“衼⁵”（指下裳）等，皆爲“衼”的同名异物。

三、各卷詞目分主條、次條、附條三種。次條、附條的詞頭字型較主條小，并用【　】括起。主條對其得名由來、産生年代、形制體貌、歷史演進做全面考釋，然後列舉古代文獻或實物爲證，并對疑難加以考辨，或列舉諸家之説；次條往往僅用作簡要交代，補主條不足，申説相佐；附條一般衹用作説明，格式如即“××”、同“××”、通“××”、“××”之單稱、“××”之省稱，等等。

四、各卷名物，或見諸文獻記載，或見諸傳世實物，循名責實，依物稽名，於其本稱、別稱、單稱、省稱，務求詳備，代稱、雅稱、謔稱、俗稱、譯稱，旁搜博采。因中華博物的形成、演化有自身規律，實難做人爲的斷代分割。如“朝制”之類名物，隨同帝王的興起而興起，隨同帝王的消亡而消亡，因而其下限達於辛亥革命；"禮俗"之類名物起源於上古，其流緒直達今世；而"冠服"之類名物，有的則起源甚晚，如"中山裝"之類。故各卷收詞時限一般上起史前，下迄清末民初，有的則可達現當代。

五、各卷考釋條目中的文獻書證一般以時代先後爲序；關乎名物之最早的書證，或揭示其淵源成因之書證，尤爲本書所重，必多方鈎索羅致；二十五史除却《史記》《漢書》外，其他諸史皆非同朝人編纂，其書證行用時間則以書名所標時代爲準；引書以古籍爲主，探其語源，逐其流變，間或有近現代書證爲後起之語源者，亦予扼要采用。所引典籍文獻名按學術界的傳統標法。如《詩》不作《詩經》，《書》不作《尚書》，《說文》不作《說文解字》等；若作者自家行文爲了强調或區別於他書，亦可稱《詩經》《尚書》《說文解字》等。文獻卷次用中文小寫數字：不用"千""百""十"，如卷三三一，不作卷三百三十一；"十"作○，如卷四○，不作卷四十。

六、本書使用繁體字。根據 1992 年 7 月 7 日新聞出版署、國家語言文字工作委員會發布的《出版物漢字使用規定》第七條第三款、2001 年 1 月 1 日施行的《中華人民共和國通用語言文字法》第二章第十七條第五款之規定，本書作爲大量引徵古籍文獻的考釋性學術專著，既重視博物的源流演變，又重視對同物异名、同名异物的考辨，故所有考釋條目之詞頭及文獻引文，保留典籍原有用字，包括异體字，除明顯錯別字（必要時括注正字訂誤）之外，一仍其舊。其中作者自家釋文，則用正體，不用异體，但關涉次條、附條等异體字詞頭等，仍予保留。繁體字、异體字的確定，以《規範字與繁體字、异體字對照表》（國發〔2013〕23 號附件一）及《通用規範漢字字典》爲依據。

七、行文叙述中的數字一律采用漢字小寫，但標示公元紀年及現代度量衡單位時，用阿拉伯數字。如"三十六計"，不作"36 計"；"36 米"，不作"三十六米"。

八、各卷對所收考釋詞條設音序索引，附於卷末，以便檢索。

目　録

序　言

　　《中華博物通考》（下稱《通考》）是一部通代史論性的華夏物態文化專著，係“十四五”國家重點出版物出版專項規劃項目，并得到 2020 年度國家出版基金資助。全書共三十六卷，另有附録一卷，達三千萬字，《香奩卷》即其中的一卷。

　　本卷主編於《概論》中首釋“香奩”之義云：“香奩，是中國古代婦女盛放化妝物品的匣形器具。此借指婦女妝飾，兼及妝飾用品。”本卷中以“香奩”代指髮飾、首飾、耳飾、頸飾、手飾、面飾等婦女妝飾，兼指脂粉、香及妝具等妝飾所用物品。具體而言，髮飾指頭髮妝飾，包括髮式、假髻、鬢額髮式；首飾乃頭上妝飾，包括頭飾、頭面；耳飾、頸飾乃耳部、頸部妝飾；手飾指手、腕、臂等部妝飾；面飾乃面部妝飾，包括眉飾、面飾。妝飾所用物品，除脂粉、香外，還有妝具，包括奩具、梳篦、鏡鑒等物品。附録部分收《妝臺記》等有關著作八篇，并作譯注，以供參考。本卷可視爲一部貫通古今的中華婦女妝飾通史與考論兼辭書性質之專著。

　　妝飾是伴隨人類物質生活的提高和精神領域的擴大而產生的，其起源可追溯到距今一萬年前的舊石器時代。如北京周口店山頂洞遺址曾出土獸牙、石珠、穿孔礫石、骨管、帶孔蚌殼、青魚上眼骨等妝飾品。至新石器時代，中華先民開始了穿衣、戴冠、佩飾的文明生活，其飾品不僅有骨、角、牙、玉、石、陶、貝等各種材質，而且形式多樣，美觀，髮飾有笄、梳，耳飾有玦、耳環，頸飾有串珠、項鏈，臂飾有臂環、手鐲，手飾有指環，佩飾有璧、瑗、環，妝飾用具有銅鏡。

　　進入階級社會以後，服飾文化成爲禮制的重要内容，被作爲"分貴賤，別等威"的工具。河南安陽出土的石人、玉人，其衣着式樣不同，顯然是不同身份的人。周代禮制完備，在服飾制度上等級分明。如王后的禮服與國王的冕服相對應，各種禮服的頭飾有副、編、次，還有追、衡、笄。考古出土的西周妝飾物，有笄、梳、玉玦、耳墜、項飾、玉佩等，皆有等級的區別。單就笄而言，有的祇是在一端刻上幾道凸起的綫箍，有的則飾以眼部加嵌綠松石的水鳥，還有用白玉刻成龍形的，顯然適用於不同等級的人。

　　在整個封建社會中，服飾制度始終存在着等級制。婦女的妝飾亦是如此。如漢代，皇后的假髻用簪固定後，再用貼翠的熊、虎、赤羆、天鹿、辟邪、牛等六種動物的飾片和孔雀及九種花勝爲飾，髻頂再飾以白珠串成的桂枝，兩側飾白珠耳璫，額前飾黃金山題，走動時桂枝和耳璫都能搖動，稱"副笄六珈""步摇、簪珥"。太皇太后、皇太后入廟，其首飾中所用髮簪，以玳瑁製成，長一尺，一端可搔頭，稱擿。公、卿、列侯、中二千石、二千石夫人，則用魚鬚擿。又如明代，皇后、皇妃、九嬪、命婦等，皆按品級配不同規格的首飾。洪武三年（1370）規定，皇后禮服，冠用圓框冒以翡翠，上飾九龍四鳳，大花十二樹，小花數如之。兩博鬢，十二鈿。常服，雙鳳翊龍冠，首飾、釧鐲用金玉、珠寶、翡翠。皇妃禮服，冠飾九翬四鳳，花釵九樹，小花數如之。兩博鬢，九鈿。

　　除宫廷婦女外，綜觀整個封建社會，一般貴族婦女的妝飾較少受到禮制的約束，呈現出全面整體、多姿多彩、花樣翻新等特點。

　　愛美，是婦女的共性。特別在封建社會中，婦女地位低下，所以更注重妝飾自己，以博得男子的青睞和愛慕。她們全面地、整體地妝飾自己。服飾之外，有髮飾、首飾、冠飾、面飾、耳飾、頸飾、手飾、腰飾、足飾等。可以説，從頭到足，無處不飾。無論何種妝飾，皆能够發展到極致。以髮飾爲例，戰國時期，婦女即有梳雙辮的習俗，且垂至腰部以下。自秦漢以後，在整個封建社會中，婦女的髮型大抵是梳成各種各樣的髮髻。其髮型有各種名目，綜合起來，有上百種之多。如漢代最爲流行的是椎髻、墮馬髻。椎髻爲一撮，狀如椎；墮馬髻是下垂至背，側在一邊，如從馬上摔下之狀。魏晉南北朝時期，髮髻以危、斜、偏、側爲尚。至隋唐時期，在繼承前代已有髮式的基礎上，婦女髮式又刻意求新，創出許多新式樣，如雙環望仙髻、囚髻、圓鬟椎髻、峨髻、拋家髻、鬧掃妝髻等。唐代婦女髮髻競尚高大，如峨髻，其式高聳，似陡峭之山峰，高度可達 30 厘米。宋初婦女髮式亦尚高大，如朝天髻、同心髻、流蘇髻等。明朝婦女的髮髻，高度有所收斂，主要有杜韋娘髻、挑心髻、桃尖頂髻、鵝心膽髻、一窩絲杭州纘、牡丹頭等。清朝，除滿族婦女的旗髻之外，漢族婦女仍保留明代髮式，還在牡丹頭的基礎上演變出荷花頭、鉢盂頭。清朝中期，蘇州婦女的蘇州撅爲南北各地婦女所效仿。清朝後期，流行牛角纂、揚州桂花頭、獅子望長江、抓髻等髮式。歷代婦女爲梳各種各樣的髻，還藉助假髮。如漢代的"幗"，即以假髮和布帛做成，可戴可脱。魏晉以後，婦女髮髻向高大發展，故盛行假髻。宋代婦女中流行的花髻也是一種假髻。歷代婦女還注重鬢髮修飾，如盛唐婦女的鬢髮，或理成尖狀，或剪成圓角，還在南北朝婦女鬢式的基礎上，作鴉鬢、蟬鬢等式。宋代婦女還注重額髮修飾，崇寧年間流行"大鬢方額"，宣和年間又流行"雲尖巧額"。

多姿多彩也是中國古代婦女妝飾的一大特點。就婦女的面部妝飾而言，有眉飾、額飾、面飾、頰飾、唇飾等。眉飾即對眉毛的妝飾。戰國時期，婦女已有畫眉習俗，當時流行畫長眉。此後，自秦漢始，婦女中流行的眉式，有八字眉、闊眉、黛眉、蛾眉、桂葉眉、却月眉、倒暈眉、柳葉眉、一字眉、連心眉等。額飾即對額部的妝飾。有額黃，即以黃色顏料在額間染畫；有花子，亦稱"花鈿"，即以金箔、黃紙剪成星、月、花、鳥等圖案，貼於額間。面飾即對面部的妝飾，主要有面靨，亦稱"妝靨"，是以胭脂或顏料點畫於面部兩側的酒窩處。頰飾即對面頰的妝飾，主要有斜紅，即用胭脂在太陽穴前沿描繪成彎月形的妝飾。還有點唇，即以唇脂等化妝品塗抹在嘴唇上。古代婦女面部妝飾，一是塗粉，二是抹胭脂。常脂、粉并用，或濃或淡。

花樣翻新是中國古代婦女妝飾的又一大特點。就中國古代婦女頭髮妝飾而言，不僅髻式名目繁多，富於變化，而且髮上飾物也極爲豐富，不斷創新。據出土文物，早在戰國時期，婦女的首飾就有用石、蚌、荆、竹、木、玉、銅、金、象牙、牛角、玳瑁等多種材料製成的笄，形狀除圓柱體外，還有扁平狀者，上刻花紋。秦漢及以後，婦女首飾製作日益精美。髮上飾物以簪釵爲主，多以金銀爲之。還有步搖、鑷子、花鈿、金鈿、勝（金勝、玉勝、寶勝、彩勝、花勝等）、花（鮮花、假花）、梳、篦，以及玉梅、雪柳、鬧蛾兒、燈球等，其製作材料，除金、銀之外，另有銅、玉、象牙、犀角、翡翠、琥珀、珍珠、寶石、玻璃等。其形制多變，可謂別出心裁。如釵的形制，在魏晉南北朝時期發生了變化，釵股之間有了距離，彎曲部分捶扁，呈馬蹄形；或將釵股尖端向外扭曲成一彎鈎，可防脱落。至隋唐時期，隨着婦女中高髻的流行，簪釵的應用更爲普遍，造型更爲華美，有玉首銀釵、刻花銀釵、鎏金銀花釵等。髮釵以兩種或兩種以上的材料製成，或釵首作各種形狀的花朵。用於妝飾的髮釵，演變成一種鬢花，衹是釵股較長。晚唐還流行長髮釵，長達30至40厘米。宋代，已出現玻璃簪，還有耳挖簪，兼具挖耳、簪髮兩種用途。釵股又恢復并列形狀，夾得很緊，至元末，又將釵股重新分開。明清時期，髮簪的變化集中在簪首，有圓頂形、花頂形、如意形、動物形等。簪頭飾鳳的鳳簪，通常爲一對，製作精緻，還有通簪、小鈴簪，均別出心裁。髮釵的製作花樣翻新，工藝精巧，考古發現的，如纍絲金鳳釵、仙人閣金釵、掐絲鑲嵌金花釵等，皆令人贊嘆。

在中國古代婦女妝飾史上，也如同服飾一樣，呈現出流行性。某一種婦女妝飾，往往先在宮廷中出現，然後京都婦女效仿，再在京都以外地區婦女中流行。如婦女畫眉之風，秦漢時始於宮廷婦女，後普通官吏和士庶之妻亦多效仿。漢武帝時，長安城中婦女畫闊眉，流傳到各地。東漢梁冀之妻作愁眉，京都婦女效之。魏晉南北朝時期，曹魏宮中流行青黛眉、連頭眉，齊、梁間皆效之。隋煬帝寵姬善畫蛾眉，宮中數千佳麗群起效之。封建社會後期，由於交往的頻繁，某一地區的婦女妝飾，會很快在另一地區，乃至全國流行。如清朝中期，蘇州婦女以善梳髮髻著稱，著名的蘇州撅很快爲南北各地婦女所模仿。婦女妝飾的流行性也具有名人效應，并與最高統治者的推崇和提倡有很大的關係。如西漢時，司馬相如之妻卓文君眉如遠山，時人效之，畫遠山眉。南朝宋武帝壽陽公主有落梅之异，宮女效之，作“梅花妝”。唐玄宗喜婦女畫眉，曾令畫工畫《十眉圖》，致使畫眉之風盛行，有的婦女甚至將原眉剃去，重新畫自己喜愛的眉式。

在中國古代，中原地區婦女和周邊少數民族地區婦女在妝飾上是互相影響的。這種影響在早期呈緩慢的態勢。如髮飾，中原地區的婦女從新石器時代後期開始，已從披髮改爲梳髮結辮，歷夏、商、西周三代，至春秋、戰國時期，仍以梳辮爲主，而周邊的匈奴、羌、東夷、滇、甌越等民族，仍沿襲披髮的古老習俗。戰國中後期，中原地區的婦女開始流行髮髻，而邊遠地區的各民族婦女則梳辮。隨着中原和少數民族地區頻繁的交往和接觸，在婦女妝飾上影響更加直接。魏晉南北朝時期，少數民族入主中原，胡漢雜居，使北方游牧民族文化、西域地區的文化和華夏文化相互碰撞、相互影響，也相互吸收、相互融合，婦女妝飾出現新的時尚。如耳墜在此時從少數民族地區傳入中原，漢族婦女也開始使用。隨着佛教的傳入，佛教徒用的念珠，作爲頸飾流行起來，婦女以挂念珠爲時髦裝束。隋唐時期，國家强大，對外來文化采取開放政策，與周邊少數民族、國家交往頻繁。强大的民族自信心，使大唐文化能在包容外來异質文化的同時，异彩紛呈。唐代婦女髻式花樣繽紛，其中的回鶻髻、烏蠻髻，即借鑒少數民族髮式而創出的新髮式。

近代以來，中國婦女妝飾發生了重大變化。就髮式而言，民國初年，婦女開始去除髮髻而梳短髮。約在 20 世紀 30 年代，中國大城市的婦女開始學習西方婦女，流行燙髮。在廣大農村，青年女子多梳辮，結婚後則綰纂，髮上飾物大爲减少。改革開放以來，隨着經濟的發展和人民生活水平的提高，廣大婦女更加不懈地追求自然美，在妝飾上呈現出隨意化、個性化的特徵。

本卷主編在編寫《通考》之《冠服卷》的過程中，已積纍大量相關資料。接受本卷編寫任務後，在原有基礎上繼續搜集有關資料，使資料更加完備。這些資料，既有正史中的資料，也有别史、雜史中的資料；既有經書中的記述，也有文學著作中的描寫；既有古代學者的著作，也有當代專家的專著；既有傳世之畫作，也有當代考古的新發現。尤其值得一提的是，當代研究服飾的專家周汛、高春明的著作《中國歷代婦女妝飾》一書，使作者深受啓發，從分類到資料，多所借鑒。作者在前人研究的基礎上，又深入研究，綜合分析，故能又前進一步，有所創新，使本卷呈現出以下基本特點。

一、分門别類，眉目清楚。全卷除《概論》之外，分爲《髮飾説》《首飾説》《耳飾、頸飾説》《手飾説》《面飾説》《脂粉、香説》《妝具説》等七章，并附古典名篇譯注八篇。每章又分二至三節。章是大類，節是小類，類别分明。如《髮飾説》一章分爲“髮式考”“假髻考”“鬢、額髮式考”三節，每節除專論之外，分爲若干條目，做到類别明，眉目清。

二、追溯源流，明其沿革。作者對每一婦女妝飾名物，皆溯其源流，叙其沿革。如“簪花”這種頭面，作者據考古文物指出漢代已見，又據傳世畫作、塑像及詩文證明魏晋至隋唐、五代，婦女簪花歷久不衰，還據《宋史·輿服志》及文學作品，指出宋代簪花甚盛，直至清代，婦女仍見簪花。

三、實證確據，令人信服。作者對每一種婦女妝飾的流行情況，皆儘可能舉出證據。這些證據，或爲傳世文獻資料，或爲考古所發現的文物，令人信服。如“珥”是古代女子之耳飾，作者在這一條目下列舉了《説文·玉部》《玉篇·玉部》《韓非子·外儲説右上》《列子·周穆王》《史記·外戚世家》《漢書·東方朔傳》《漢書·王莽傳》《後漢書·輿服志下》及南朝陳張正見樂府詩《采桑》、徐陵《勸進梁元帝表》、唐代韓愈《殿中少監馬君墓志》

等文獻。又如"玉玦"是古代婦女耳飾之一種，因其係中國婦女最原始的耳飾，遂以四川巫山大溪新石器時代一百二十八號墓所見證其在新石器時代已見。爲説明其在商周時期形狀的變化，又以河南新鄭西周墓出土實物爲證。爲説明其在戰國時期形狀的變化，又舉四川涼山喜德拉克漢墓出土實物爲證。還舉其他墓葬實物説明其"成組"的新特色，并以出土青銅器上戴玉玦的婦女形象資料證之，使人更加信服。

四、插圖精美，賞心悦目。本卷的插圖，皆由富有專長、經驗豐富的美術專業人員所繪。繪圖所據，或爲傳世畫作，或爲墓葬壁畫，或爲出土實物（玉人、陶俑、木俑、泥俑、彩繪俑、塑像、石刻、綫刻、絹畫等），或爲傳世文物，故圖片不僅有根有據，真實可靠，而且賞心悦目。

本卷最初由南京師範大學圖書館館長袁華先生做了部分條目，後因其借調教育部工作，無暇顧及，遂交由山東師範大學歷史文化學院耿天勤教授承擔。耿教授不僅熟悉中國歷史文獻，而且在主編《冠服卷》時，既積纍了編寫經驗，又搜集了大量資料，故承擔編寫任務之後，無論整體構思，分章設節，還是撰寫概述，詮釋條目，皆胸有成竹。成書之後，又多次修訂，反復校對，可謂爲出精品，不辭辛勞。今呈於讀者面前，敬請賜教。

張述錚

太歲上章攝提格菊月上浣於山東師範大學映月亭初稿
太歲重光赤奮若陬月下浣於歷下龍泉山莊東籬齋定稿

第一章 概　論

第一節　中國歷代婦女妝飾研究的意義及研究現狀

香奩，是中國古代婦女盛放化妝物品的匣形器具。此借指婦女妝飾，兼及妝飾用品。

妝飾，即通過化妝來美化自己。它是伴隨人類物質生活的提高和精神領域的擴大而產生的，是人類審美意識的表現。作爲一種社會產品和現象，它和一個社會政治的變革、經濟的發展和風俗的變遷，有密切的關係。它也反映了文化發展的水平，受本民族特殊文化傳統的影響。周汛、高春明在《中國歷代婦女妝飾·前言》中說："人類對自身的妝飾美化，是一種複雜的社會現象。它的傳承和衍變，直接反映人類社會的政治變革、經濟變化和風俗變遷，標志着人類文化的發展水平，顯示着各個時代、各個民族的精神面貌，在人類文明發展中占有相當重要的地位。"（學林出版社 1997 年版，第 11 頁）

從人類祖先有意識地妝飾自己以來，我們可以發現，婦女比男子更重視妝飾，她們的妝飾也更具特色。這種現象，是受社會制度、生產方式、道德觀念、民族精神、風俗習慣的影響而形成的。内容豐富、光彩照人的妝飾，顯示了中國歷代婦女美化自己的智慧和本領，是中國文化寶庫的重要組成部分。研究中國婦女化妝，有助於探索我國古代各時期、各地區、各民族、各階層人民的生活狀況，有助於歷史、文學、藝術、考古、科技等學科領域的深入研究，有助於弘揚傳統文化，有助於指導當今人們的審美實踐和文化生活。

我國古代有關婦女妝飾的記載非常豐富，早在《詩》中就有關於婦女妝飾的描寫，如"君子偕老，副笄六珈"（見《鄘風・君子偕老》）。此後，從楚辭、漢賦，到唐詩、宋詞、元曲以及明清小說，都有大量的關於婦女妝飾的描寫。其他如政治、經濟、哲學、宗教、科技等各類典籍中，也有大量記述。這些記載雖然無序而零碎，但給我們留下了十分寶貴的原始資料。

在我國古代，也有許多文人、學者對婦女妝飾的有關資料進行了分類整理和專題研究。這明晰地反映於字書、詞書、類書、政書等著作中。歷代的筆記小說中常突出地反映這方面的研究成果。在宋人朱翌《猗覺寮雜記》中有對婦女髮髻的研究，在吳曾《能改齋漫錄》中有對婦女臂飾的研究；在元末明初陶宗儀《南村輟耕錄》中有對婦女上頭、穿耳習俗的研究；在明人都卬《三餘贅筆》中有對婦女戴戒指的研究，在田藝蘅《留青日札》中有對婦女面飾的研究；在清人趙翼《陔餘叢考》中有對婦女染指甲風俗的研究；等等。這些研究，徵引廣博，考證賅洽，是我們研究古代婦女妝飾的重要材料。

當然我們必須認識到，古人關於婦女妝飾的記載并不完備，缺乏系統；古人對某一事物起源的説法，往往附會，故相互之間多有牴牾；古人采用的以書證書的方法，往往片面，得出的結論也不一定正確。

近代以來，隨着田野考古的大規模開展，大批地下文物重見天日，利用出土文物以證文獻記載，進行深入研究，可以厘清古人的臆測或一些片面看法，甚至推翻古人已有的結論。沈從文先生身居斗室，撰成《中國古代服飾研究》這一皇皇巨著。他對考古資料進行排比，結合文獻進行比較探索、綜合分析，提出了不少新的觀點。他研究的是古代服飾，對古代婦女妝飾多有涉及。尤其值得稱道的是，當代研究服飾的專家周汛、高春明，費時十餘載，查閱古籍資料，跋涉祖國各地搜集文物圖片，經過研究，寫成《中國歷代婦女妝飾》一書，此書圖文并茂，對於中國歷代婦女妝飾研究做出了重要貢獻。

我們在研究歷代婦女妝飾的過程中，參閱了古代文獻中的有關記載，并證以出土文物和傳世圖畫等。考鏡源流時，對近現代學者的研究成果多有參考，從《中國歷代婦女妝飾》一書中汲取尤多。關於對婦女妝飾的分類，我們在前人研究的基礎上，綜合妝飾部位、手法、用品、用途等特點，分爲髮飾、首飾、耳飾、頸飾、手飾、腕飾、臂飾、面飾、妝具等，至於冠飾、服飾、佩飾、足飾等衣裝諸物，則歸入《冠服卷》，以避重複。

第二節　妝飾的起源和先秦時期的婦女妝飾

在舊石器時代晚期，中華祖先已經能够根據不同用途來製造石器，從而提高了石器的功能，促進了漁獵采集的進步。與此同時，人類美化自己的欲望和審美觀念亦相伴而生。由於獲取食物較容易，故可騰出閑暇時間，用獸骨、獸牙、貝殼、石珠等經過打磨的物品製作各種飾物打扮自己。如遼寧海城小孤山遺址曾出土穿孔的獸牙、蚌飾，河北陽原虎頭梁遺址曾出土用赤鐵礦製的小飾珠，山西朔州峙峪遺址曾出土用墨石製成的橢圓形扁平光滑有孔的飾物，北京周口店山頂洞遺址曾出土獸牙、石珠、穿孔礫石、骨管、帶孔蚌殼、青魚上眼骨等妝飾品。這說明，人類妝飾的起源可以追溯到距今一萬年前的舊石器時代。

至新石器時代，中華祖先改進了生產工具和生存方式，開始農耕、畜牧，主動繁殖食物資源，并營造房屋定居下來，開始了穿衣戴冠佩飾的比較文明的生活，人們的精神領域擴大了，審美能力也有新的發展。單就佩飾品而言，不僅有各種材質的製品，而且形式多樣、美觀。這時，人們佩戴骨、角、牙、玉、石、陶、貝等飾品，髮飾有笄、梳，耳飾有玦、耳環，頸飾有串珠、項鏈，臂飾有臂環、手鐲，手飾有指環，佩飾有璧、瑗、環，妝飾用具有銅鏡。如仰韶文化和龍山文化遺址中曾發現陶笄、骨笄，良渚文化遺址出土有玉項鏈，齊家文化發現有銅鏡。在陝西臨潼姜寨新石器遺址一位少女墓中出土的串飾，以八千五百七十七顆骨珠製作而成；安徽潛山薛家崗新石器時代遺址出土的串飾，以六十九枚空心、內裝有小陶丸、外刺花紋的陶球製成，非常精美，搖動時還可發聲。這說明，此一時期妝飾品的製作工藝已達到一定的水平。

公元前21世紀，中國進入奴隸社會，服飾文化成爲禮制的重要內容，被作爲"分貴賤，別等威"的工具。夏代的情形知之不詳，考古曾發現夏朝的銅耳環和項飾。殷商時期，從出土實物來看，有玉、石、陶等材料做的俑，此外，多限於作爲當時裝飾品佩戴的附件，如玉佩等，常見有裝飾性變形的人像。河南安陽殷墟出土的石人、玉人，其衣着式樣不同，顯然是不同身份的人。手負桎梏的陶俑，顯然是奴隸，頭髮像是編成辮子再盤於頭頂；穿小袖而衣長不及踝的人形雕像，其頭髮剪齊至頸後，於頂上束之，腦後垂總。藏於故宮博物院的商代雕玉女人形佩，上施雙笄，兩鬢垂髮捲曲如蝎子尾。殷商時期的墓葬中還出土有骨笄、玉笄、象牙笄、銅笄、金笄以及銅梳、玉梳等，耳璫、耳環、腕環也有發現。笄上有精美的雕飾，說明當時人們對頭髮梳理和妝飾的重視。

周代禮制完備，包括服飾在內的各項制度，皆有等級的分別。國王舉行祭禮時穿冕服，有六冕，王后的禮服與冕服相對應，也有六種。各種禮服的頭飾也不同，在頭上加假髮并戴全副華麗的首飾，稱"副"；加假髮後戴一些首飾，稱"編"；將頭髮依次長短梳編打扮，稱"次"。還有追、衡、笄。追是玉石首飾；衡是垂於兩旁當耳之處，下以紞懸瑱；笄是橫貫髮髻之簪。考古出土的西周妝飾物，有笄、梳、玉玦、耳墜、項飾、玉佩等。這些實物有等級的分別，如骨笄，製作簡單的，衹是在一端刻上幾道凸起的綾箍；製作精美的，多在一端刻一上聳冠毛的水鳥，有的眼部還加嵌兩粒小小綠松石，狀似鴛鴦。還有以白玉刻成近似龍形的笄，使用者必是特種身份人物。

春秋戰國時期，五霸迭興，七國爭雄，眾諸侯國各據一方，衣冠异制，服飾文化呈現多元形式，但由於戰争連綿不斷，各國之間接觸頻繁，各地區的服飾文化又出現融合的態勢。中原地區和四邊少數民族的服飾文化習俗有很大差异，如髮飾，中原地區從新石器時代後期開始，已從披髮改爲梳髮結辮，歷夏、商、周三代，至春秋戰國時期，仍以梳辮爲主，而周邊的匈奴、羌、東夷、滇、甌越等民族，仍沿襲披髮的古老習俗。戰國婦女有梳雙辮的習俗，長度也有增加，多垂於腰部以下。河南洛陽金村出土的女銅俑，梳雙股長辮，垂於臀部。有的婦女爲加長髮辮，還繫接假髮，四川成都百花潭出土的嵌錯銅壺紋飾可看到這種情況。戰國中後期，中原地區的婦女開始流行髮髻，而邊遠地區的各民族婦女則梳辮，如雲南晋寧石寨山出土的一件青銅貯貝器上，就有梳長辮的滇族婦女形象。這種不同民族的不同髮式習俗長期延續。此一時期出土的首飾：有笄，用石、蚌、荊、竹、木、玉、銅、金、象牙、牛角、玳瑁等多種材料製成，形狀多爲圓柱體，也有扁平狀者，上刻花紋；有釵，在春秋時期的墓葬中已有發現，如山西侯馬春秋墓出土有骨釵；有梳、篦，在春秋戰國時期的墓葬中有發現，以竹、木爲主，在山西長治分水嶺古墓發現的春秋後期竹篦，是目前發現最早的篦。出土的項飾有金項圈、銀項圈，說明這時已有戴項圈的習俗。項鏈的墜飾也有發現。出土的手飾實物有鐵指環，腕飾實物有玉鐲、金臂釧。河北懷來北辛堡戰國墓出土的金臂釧，是考古發現的早期臂釧實物。戰國時期，婦女畫眉的習俗已經出現。從出土文物圖像看，當時婦女多畫長眉，如河南信陽楚墓和湖南長沙楚墓出土的女木俑，皆作此眉式。婦女妝粉的産生有多種説法，比較確切地説，戰國時婦女已用粉來妝飾面容。作爲照面飾容之具的銅鏡，春秋戰國時期的實物有大量發現，戰國銅鏡發現尤多。從鏡背主題紋飾圖案來看，種類繁多，内容豐富多彩。紋飾有幾何圖紋、植物紋、動物紋、人物圖像等。紋飾的表現技法多樣，有淺浮雕、高浮雕、透空雕、金銀錯、嵌石、彩繪等。紋飾的布局，常見的有雙圈式、對稱式、環繞式三種。

第三節　秦漢魏晋南北朝時期的婦女妝飾

秦、漢先後兩次統一中國，至漢文帝時期，經濟得到恢復和發展，社會風氣也開始由儉轉奢，當時由絲綢貿易換來珠玉犀象、琥珀玳瑁等高貴飾品，供京師高官貴戚使用，后妃及達官婦人皆重妝飾，并影響至京城之外。

秦漢時期，婦女的髮式是梳各種髮髻。秦始皇時，妃嬪有凌雲髻、望仙九鬟髻、參鸞髻，宫女有神仙髻、望仙髻、迎春髻等。其形制如何，已難瞭解。漢代，婦女髮髻樣式更多，如垂雲髻、奉聖髻、瑶臺髻、飛仙髻、迎春髻、分髾髻、縷鹿髻、椎髻、墮馬髻、盤桓髻等。其中，椎髻、墮馬髻最爲流行，影響最大。婦女還用假髮做成假髻直接戴在頭上。有一種假髮和布帛做成的假髻，稱“幗”，亦作“簂”“蔮”，可白天戴上，晚上脱下。廣東廣州漢墓發現的一件舞俑即戴這種幗。貴族婦女用的有翡翠蔮、紺繒蔮。

秦漢時期，婦女的首飾、頸飾、手飾製作精美。固定髮髻的簪（即笄，漢以後多稱“簪”）、釵，多以金、銀爲之。還在華勝（古代婦女的一種花形首飾）上貼金葉或翡翠鳥毛，使呈閃光的翠綠色，謂之“貼翠”。皇后的假髻用簪固定後，再用這種貼翠的熊、虎、赤羆、天鹿、辟邪、牛六種動物的飾片和孔雀及九種華勝爲飾，髻頂再飾以白珠串成的桂枝，兩側飾白珠耳璫，額前飾黄金山題，走動時桂枝和耳璫都能摇動，稱“副笄六珈”“步摇”“簪珥”。髮簪中還有一種用玳瑁製成的一端可搔頭的擿，長一尺，太皇太后、皇太后入廟，首飾用之。公、卿、列侯、中二千石、二千石夫人，用魚鬚擿。東漢時，金質項鏈的製作已十分精緻，如湖南長沙五里牌東漢墓出土一件用一百九十三顆金珠串成的項鏈，還有一個花穗形金墜。漢代已出現金指環，并已有鑲寶石的，如新疆吐魯番漢墓即出土一件金托上鑲寶石的指環。東漢還出現印章形指環，造型比較少見。腕上飾物有鐲，西漢主要流行銅鐲，東漢的手鐲有的已用多根細金絲交織成絢繩形，近似現代的"鱔魚骨"式手鐲。臂釧也有使用。

秦漢時期，婦女中盛行畫眉之風。始於宮廷婦女，後普通官吏和士庶之妻亦多效仿。秦始皇時，宮中皆翠眉；西漢初，婦女畫長眉；漢武帝時，宮人畫八字眉，時人還效卓文君畫遠山眉，時長安城中婦女畫闊眉，流傳至各地；東漢元嘉年間，京都婦女效梁冀之妻畫愁眉。婦女對面部化妝亦甚重視，妝粉已普遍使用，胭脂於西漢中期從西北地區傳入中原，女子多作紅妝。相傳梁冀之妻作啼妝，一度在京都婦女中流行。唇脂在漢墓中有出土，説明婦女已有點唇習俗。

照面多用銅鏡，漢代是繁榮鼎盛期，在漢代銅鑄造品中最多，考古出土數量也最多，説明使用相當普遍。就鏡背主題紋飾而言，最流行的銅鏡有十五類，其製作形式和藝術表現手法都有很大發展，透光鏡爲古今中外所矚目。香開始使用，或焚或熏，以驅疫避邪，亦煮湯洗浴。

魏晉南北朝時期，社會分裂，動蕩不安，戰争頻繁，促使胡漢雜居，南北交流，於是北方游牧民族文化、西域地區的文化和中原文化相互碰撞、相互影響，也相互吸收融合，婦女妝飾也出現了新時尚。婦女的髮式逐漸向高大發展，故盛行假髻。婦女頭梳高大的髮髻，如靈蛇髻、飛天髻、盤桓髻、十字髻等，還有髻鬟高竪的單環髻、雙環髻及丫髻、螺髻等。其他髮式還有反綰髻、百花髻、纈子髻、流蘇髻、凌雲髻、偏髾髻等。漢之墮馬髻仍然流行，并演變爲倭墮髻。髮髻還以危、斜、偏、側爲尚，如靈蛇髻，似游蛇盤曲扭轉，其式不定；倭墮髻，於頭頂正中縮髻，朝一側傾斜墮落；偏髾髻，作髮覆眉之狀，似少女髮髻。婦女還注重鬢髮修飾，貴族婦女流行"緩鬢傾髻"。婦女的鬢髮樣式有彎鈎狀的，還有長鬢、薄鬢。

婦女髮髻上的飾物，有簪、釵、鑷子、步摇、花鈿，或插鮮花，戴勝。簪、釵以金、銀、銅、玉、翡翠、玳瑁、琥珀等爲之。釵的形制在兩晉南北朝時期發生了變化，釵股之間有了距離，彎曲部分捶扁，呈馬蹄形；或將釵股尖端向外扭曲成一彎鈎，可防脱落，更加實用。髮上所插釵甚多，詩中有"頭上金釵十二行"的描寫。步摇之上垂珠，再加以翡翠金玉之飾，更增行步動態之美。鈿是以金、銀、珠、玉等做成的花朵形飾物，晉代已見用。貴族婦女在假髻上插鈿，有嚴格的制度規定，以鈿之質料和多寡區别品秩。婦女頭上簪花，始見於漢代，魏晉南北朝時期其風不衰。真花之外，還有假花。婦女戴勝繼漢代以後十分普遍，有金勝、玉勝、寶勝、彩勝、花勝等。南北朝時期還形成了歲時節日戴勝的習俗，立春日戴春勝，人日戴人勝。

兩晉南北朝時期，耳墜從少數民族地區傳入中原，漢族婦女也開始使用。項飾有項圈。隨着佛教的傳入，佛教徒用的念珠，作爲頸飾在南北朝時流行起來，婦女以挂念珠爲時髦裝束。手飾流行金、銀指環，亦有鑲寶石的金指環，金鑲綠松石獸形指環，表現出鑲嵌技術的進步。以指環作爲男女定情禮物，此時已形成風氣。作爲腕飾的環、釧，多以金、銀、玉爲之，或以金、銀絲彎成圓環，或製成圓管狀，有紋飾或鑲寶石。

魏晉南北朝時期，婦女畫眉之風甚熾。曹魏宮中流行青黛眉、連頭眉，齊、梁間皆效之。還流行蛾眉。婦女面飾，流行額黃，或染畫，或粘貼。這種妝飾，和佛教盛行有密切關係。貼花鈿，作斜紅、面靨，也始於此時。

魏晉南北朝時期，梳、篦仍沿用漢代形制，上圓下方，形似馬蹄，多以竹、木爲之，上有紋飾。銅鏡的形制、紋飾、布局方式主要延續漢代銅鏡系統，佛像圖紋的出現是一新的特徵，神獸鏡極爲盛行。三國時，魏、吳銅鏡還輸往日本。秦漢以來的木製漆奩繼續流行，亦稱"香奩""妝奩"。這種盛放化妝用品的用具，秦漢時已很精緻，不僅有彩繪，而且盒中有盒，不同形狀的小漆奩，可盛放不同形狀的化妝用品，如馬蹄形的梳、篦，圓形的銅鏡等，還可雜置香料等物。貴族之家盛行香熏，晉代大貴族石崇家之厠內，常置甲煎粉、沉香汁之屬，中外异品，無不畢備，乃其中典型。各種异香從國外傳入。焚香之器仍沿用漢代博山香爐。

第四節 隋唐五代宋元時期的婦女妝飾

隋唐時期，特別是唐代，國家强大，對外來文化采取開放政策，與周邊少數民族、國家交往頻繁，强大的民族自信心，使大唐文化异彩紛呈。

隋唐婦女的髮式，在繼承前代已有式樣的基礎上，又創造出許多新式樣。尤其是唐代，婦女髮式更是刻意求新，可謂花樣繽紛。隋有迎唐八鬟髻、祥雲髻、朝雲近香髻、反首髻等。其中，祥雲髻和朝雲近香髻爲隋代婦女主要髮式。唐有倭墮髻、螺髻、反綰髻、半翻髻、驚鶴髻、雙環望仙髻、圓鬟椎髻、峨髻、抛家髻、烏蠻髻、盤桓髻、同心髻、交心髻、拔叢髻、回鶻髻、歸順髻、鬧掃妝髻、反綰樂游髻、叢梳百葉髻、高髻、低髻、鳳髻、小髻、側髻、囚髻、偏髻、花髻、雲髻、雙髻、寶髻、飛髻等，名目繁多。唐代婦女新創的髮式，有雙環望仙髻、囚髻、圓鬟椎髻、峨髻、抛家髻、鬧掃妝髻等。還有借鑒少數民族髮式而創新的髮式，如回鶻髻、烏蠻髻。唐代婦女髮髻競尚高大，如半翻髻、雙環望仙髻、峨髻等。特別是峨髻，其式高聳似陡峭之山峰，高度可達 30 厘米。直至五代，西蜀、南唐皆以高髻爲尚。爲使髮式高聳，便以假髻代替，稱爲“義髻”。這種義髻，上可加綴珠寶或畫彩，新疆吐魯番阿斯塔那唐墓出土有實物。至盛唐時，婦女開始注重鬢髮的修飾，或理成尖狀，或剪成圓角，還在南北朝婦女鬢式的基礎上，作鴉鬢、蟬鬢等式。

隋唐婦女髮髻上的飾物，有簪、釵、步搖、翠翹、金鈿、梳、篦等。由於高髻盛行，簪釵的應用更爲普遍。出土實物中，有隋代的玉首銀釵、唐代的刻花銀釵、鎏金銀花釵等。髮釵以兩種或兩種以上的材料製成，或釵首作各種形狀的花朵，是這一時期髮釵的特徵。用於裝飾的髮釵，實際上是一種鬢花，祇是釵股較長。中晚唐時期更加重視釵首的裝飾。晚唐以後，還流行一種長髮釵，釵首不飾花樣，釵梁刻有圖紋，專用來穩定髮髻，長度達 30~40 厘米。唐代婦女對步搖的使用極爲普遍，這時的步搖，一般多用金玉製成鳥雀之狀，鳥雀口中銜珠串，隨人走動，則珠串搖顫，直至五代婦女戴步搖者仍很普遍。隋唐時期，婦女簪花之風仍盛行不衰，四季花卉，皆可插戴。唐代婦女盛行插金鈿，加工工藝有新的進步；還喜在金鈿上貼以翠綠的鳥羽，即“翠鈿”；還在金鈿上鑲以寶石，或直接用寶石製成花朵，即“寶鈿”，後代婦女一直沿用。隋唐五代婦女亦喜以梳、篦爲髮飾，其製作材料有金、銀、銅、玉、象牙、犀角等。用於插髮的梳、篦，重視裝飾，製作工藝講究，如江蘇揚州唐墓出土的金梳，梳把上透雕雙鳳圖紋。

隋唐婦女畫眉已成習尚。隋煬帝寵姬善畫蛾眉，宮中數千佳麗群起效之。畫眉需用螺黛，隋煬帝竟不惜加重賦稅，從波斯國進口。唐代婦女化妝首重畫眉，眉式尚闊與濃。畫成柳葉狀者爲“柳眉”，比柳眉稍寬而更彎曲者爲“月眉”。唐初流行長式，眉式多變；盛唐流行短式，形如桂葉。一般黛色濃重。有時亦流行眉色淡而細者。畫眉之風的盛行，和最高統治者的推崇和提倡有關。唐玄宗曾令畫工畫《十眉圖》，有鴛鴦眉（亦稱“八字眉”）、小山眉（亦稱“遠山眉”）、五岳眉、三峰眉、垂珠眉、月棱眉（亦稱“却月眉”）、分梢眉、涵烟眉、拂雲眉（亦稱“橫烟眉”）、倒暈眉等。婦女爲了畫眉，甚至將原眉剃去，重新畫自己喜愛的眉式。

隋唐婦女對面部化妝亦甚重視。除化紅妝外，流行於南北朝時期的額黃，至隋唐而大盛。亦有靨間塗黃的，稱"靨黃"；還有靨如射月的，稱"黃星靨"。唐代婦女還盛行面貼花鈿，晚唐更盛。或衹在額部飾一小紅圓點，或以金箔片、黑光紙等剪成鳥、蟲、花葉之狀，貼於額上或眉間。作斜紅亦在唐代婦女中盛行，通常是在太陽穴部位描繪成月牙狀，如同傷痕，傳世圖畫和出土文物皆可見到。面靨的施行方法，唐初沿用漢代以來的方法，即在面頰兩側以胭脂點成圓點，或粘貼花鈿。盛唐以後，面靨範圍擴大至嘴唇兩邊、酒窩之處和鼻翼兩側；式樣豐富，或形如錢幣、星辰，或狀如棗核、梅花。晚唐、五代，面靨愈繁，又增鳥獸圖形，甚至滿臉粘貼。唐代，婦女點唇亦名目繁多，或爲大紅色，或爲淺紅色，亦流行過黑色。

唐代婦女不尚穿耳，故既不戴耳環，也不戴耳墜。頸飾有項鏈、瓔珞。項鏈在隋代已甚精美，陝西西安玉祥門外隋墓出土的一串鑲寶石金項鏈，取材珍异，製作精巧，造型別緻。

唐代婦女已用染指甲的方法裝飾手指，使之美觀。此風氣沿襲至五代、兩宋，至元明時期而又大盛。戒指仍然沿用，多爲金製。隋唐五代時期，婦女戴的手鐲製作精緻，形式多樣。僅雲南大理崇聖寺出土的實物，就有串珠形、絞絲形、辮子形、圓環形及竹節形等多種。陝西西安何家村出土的唐代窖藏手鐲，更爲精巧別緻。它以白玉鑲金製成，玉環分爲三段，每段兩頭皆以金花鉸鏈連接，可以開啓。這一時期的手鐲多開有豁口，可根據各人手腕的不同粗細而調節，脫卸方便。隋唐婦女戴腕釧者比較普遍，從出土陶俑和傳世圖畫皆可看到。

隋唐時期是我國銅鏡發展的極盛時期。這一時期的銅鏡種類繁多，計有十多種；紋飾複雜，隋和初唐以瑞獸爲主，唐代中期以禽鳥爲主，晚唐、五代則含有宗教旨趣。由於婦女化妝對銅鏡的廣泛使用，唐代隨之出現了貯放鏡子的專用器具——鏡奩。

宋代，婦女髮髻的式樣也較多，有朝天髻、同心髻、流蘇髻、芭蕉髻、大盤髻、小盤髻、雙蟠髻（亦稱"龍蕊髻"）、盤福龍髻、懶梳頭、包髻、三髻丫、螺髻、雙鬟髻等名目。初期承晚唐、五代之風，髮式亦尚高大，朝天髻、同心髻、流蘇髻等皆高髻。如蜀中流行的同心髻，高達兩尺。此外，小盤髻，盤髮三圈；大盤髻，盤髮五圈；雙蟠髻，髻心特大；盤福龍髻，形大而扁。爲使髮髻高大，大多借他人剪下之髮添入自己髮中。宋代流行的花髻，實是一種假髻，可事先做好，上插首飾花朵，亦可插時令鮮花，還有插翠鳥羽毛的。在鬢髮的修飾方面，宋代宮廷婦女流行"攏鬢"，亦稱"暈攏鬢"。在額髮的修飾方面，不同時期流行不同的式樣。如北宋崇寧年間，流行"大鬢方額"；宣和年間，又流行"雲尖巧額"。值得一提的是，宋代，階級矛盾和民族矛盾都比較尖銳，統治者大力鼓吹封建倫理道德以強化思想統治，朝廷官府有一套完備的禮服制度，命婦妝飾有明確的等級規定。

與宋并存的有遼、金等政權。建立遼的契丹族，男女皆"髡髮"。男子髡髮式樣，從傳世圖畫中可以見到。女子髡髮形象不易見，從內蒙古烏蘭察布豪欠營遼墓出土的女尸的髮型中，可見其制。皇后首戴百寶花髻。老年婦女以皂紗籠髻若巾狀，上散綴玉鈿，謂之"玉逍遙"。建立金的女真族，皆辮髮垂肩，婦女則辮髮盤髻。年長婦女飾玉逍遙。淪入金的漢族婦女多綰髮髻，貴者以珠瓏瓏冒之。亦作包髻。此後建立元朝的蒙古族，男子皆剃婆焦。婦女喜梳雲髻，南方漢族婦女仍沿用宋代婦女髻式，如盤龍髻。

宋代婦女的髮上飾物，仍然沿用簪、釵、步搖、梳、篦等。簪、釵多以金、銀爲之，還有玻璃簪。宋元時期的墓葬中出土的耳挖簪，兼挖耳、簪髮兩種用途。宋代的釵，其股又恢復并列形狀，夾得很緊。金元沿其制。元末又將釵股重新分開。宋元時期，梳子多爲半月形，篦則出現兩排齒。婦女亦用梳、篦作髮飾，且喜插大梳。宋仁宗時，宮中婦女白角冠上插白角梳，梳長一尺，以致朝廷不得不做出規定，加以限制。仁宗以後，此風復盛，且改用象牙梳和玳瑁梳。宋代盛行簪花之風，婦女之外，男子亦簪戴，此風元代猶存。鮮花之外，亦插假花。不僅插一種，而且把桃、荷、菊、梅等代表一年四季的花卉編爲一頂戴之，謂之"一年景"。勝，也是婦女頭上的飾物，此時的方勝是由兩個菱形疊壓相交組成，其形制與漢、魏時期的金勝、玉勝不同。這種菱形飾物寓連綿不斷之意，象徵男女間的愛情，明清言情小說中多有描寫。歲時節日戴勝，宋代尤盛。約從元代起，祇於端午節戴彩勝，且多挂於腰際。宋代婦女於元宵節盛行戴玉梅、雪柳、鬧蛾兒、燈球。戴鬧蛾兒的風俗，至明清時猶存，并用於元旦。宋代以珍珠爲首飾已較流行，以珠飾冠、飾簪、飾髻。婚娶之家所備珠翠團冠、珠翠特髻等皆以珠爲飾，特別是皇室貴族之家所飾北珠甚大。

宋代，婦女穿耳戴環之風又盛行起來。耳環本來一直在少數民族中流行，遼、金、元時期，各少數民族的婦女仍皆喜佩戴，甚至男子亦不例外。耳環多爲金質，其製作工藝已達很高水平。從出土實物來看，或在金薄片上浮雕出花卉圖紋，或以瓜果爲飾，或製成鳳形，或在圓形托座上鑲嵌寶石，或於前半部分長方形框架內鑲嵌寶石而又於頂部飾金製花朵。在金代甚爲流行的分爲前後兩部分的耳環，影響到元明時期，但元代這種耳環的前半部分通常以瑪瑙、白玉或綠松石等製成各式花樣。宋代漢族婦女不喜耳墜，但少數民族中仍流行，如內蒙古通遼遼代陳國公主墓出土的耳墜，以珍珠、琥珀組成。頸飾，主要有項圈，出土實物有銀、銅製品，形制較簡，或僅爲圓形金屬環，或扭成麻花狀。念珠也是宋代婦女流行的頸飾。遼寧法庫葉茂臺遼墓出土的一件水晶珠琥珀項飾，長約 40 厘米，由二百八十五顆水晶珠和七件琥珀相間穿成，紅白相間的穿繫造型，産生出很强的藝術效果。

宋元時期的婦女沿襲了唐、五代以來染指甲的風氣，以塗紅指甲爲飾。戒指仍然是婦女手上飾物。作爲腕飾的手鐲，兩宋及遼金時期，主要有三種：一種以金、銀模壓後彎製而成圓環形，一端開豁口，開口處略細，中間略寬，鐲身鏨刻花紋；另一種以銀片壓印後彎製而成，鐲面中部寬，兩端窄，中有槽紋及花紋；第三種以金、銀條捶扁後彎成環狀，兩端以金銀絲編成的套環連綴。宋代，腕釧這種飾物相當普遍，除貴族婦女外，普通勞動婦女也可佩戴。

宋元時期，婦女仍行畫眉之風。眉式雖不如唐代豐富，但也有自己的特色，如宋代后妃、宮女的暈染眉，元代后妃的一字眉。所用畫眉材料，已經能製造烟墨，并取代螺黛。婦女仍有作額黃的習尚，宋遼時期北方地區稱之爲"佛妝"。蒙古族婦女喜用黃粉塗額。承唐、五代之風，宋代婦女亦貼花鈿，一般以金屬薄片和彩紙剪成小花、鳥形狀，以阿膠粘貼於額上或兩頰。宋淳化年間，京師婦女以黑光紙剪團靨飾面部，或以魚鰓骨爲之，稱"魚媚子"。金代婦女亦貼花子，但少見。

宋代，盛放婦女化妝品的妝奩使用漸少，而妝匣開始廣泛應用，并出現瓷製鏡盒，宋代的景德鎮窯、磁州窯、龍泉窯皆可燒製精美的瓷質妝具。如現藏南京博物院的一件白釉褐花鏡盒，甚爲精美，爲北宋磁州窯燒製；江蘇淮安宋何氏墓出土的影青瓜形胭脂盒，造型別緻，爲宋代燒製瓷器；宋代景德鎮、龍泉窯燒製的"子母盒"，精巧實用。婦女梳妝用的銅鏡，形制多樣，除傳統的圓形、方形、葵花形、菱花形外，多亞字形，還出現了帶柄鏡以及長方形、鷄心形、盾形、鐘形、鼎形等。從鏡背紋飾來看，亦有十多種，題材多爲纏枝花草、神仙人物故事、八卦等。銘文鑄製商標字號也是宋代銅鏡的一個特點，開啓了中國古代銅鏡重實用、不重圖紋的新階段。金代銅鏡主題紋飾多樣化，主題紋飾既仿漢、唐、宋，又創新的式樣，雙魚鏡、童子攀枝鏡最爲流行。元代銅鏡，多采用宋代的六菱花形和六葵花形，但紋飾漸趨粗陋。

隋唐至宋元時期，各地及諸國香料，通過納貢或貿易大批運入京都。香料除用作熏香外，還大批焚燒和充當建築材料，如隋宮除夜可焚沉香二百餘乘、甲煎二百餘石，唐代宗楚客、楊國忠皆以香料泥壁。香水開始使用，由大食、占城、爪哇等國傳入的薔薇露，大受貴族婦女歡迎，供不應求。國內遂以茉莉花汁代之，稱"薔薇水"。還有以木香花汁製成的酴醾露亦爲婦女所喜愛。焚香之器有創新，唐代製作出由蓋、爐、座三部分組成的形體高大的熏爐，還有仿麒麟、狻猊等形狀的獸爐，以及製作精美、可置被中或袖中的香球等；唐宋時期的瓷製品均甚精美。

第五節　明清和民國以來的婦女妝飾

明朝是推翻了蒙古族貴族的統治而建立起來的封建王朝，强烈的民族意識促使其服飾制度轉向恢復漢唐文明的歷史傳統。據《明史・輿服志》記載，皇后、皇妃、九嬪、命婦皆有禮服、常服，并按品級配不同規格的首飾。如洪武三年（1370）規定，皇后禮服，冠用圓框冒以翡翠，上飾九龍四鳳，大花十二樹，小花數如之。兩博鬢，十二鈿。常服，雙鳳翊龍冠，首飾、釧鐲用金玉、珠寶、翡翠。皇妃禮服，冠飾九翬四鳳，花釵九樹，小花數如之。兩博鬢，九鈿。永樂三年（1405）又有新規定，更爲具體。洪武五年定內命婦冠服，三品以上花釵、翟衣，四品、五品山松特髻。明代上流社會婦女的一般妝飾是，額裏眉勒，頭梳假髻，插戴釵、鈿、簪、梳和珠子箍兒，手戴釧鐲、戒指，耳戴耳環、耳墜。

明代，封建理學觀念深入人心，也影響到社會美學的每一角落，婦女妝飾也受到影響。從婦女髮髻的高度來看，比唐宋時有所收斂，除某些地區和個別時期曾流行高髻之外，一般髻式較低。婦女髮式主要有杜韋娘髻（後訛爲"茴香髻"）、挑心髻、桃尖頂髻、鵝心膽髻、一窩絲杭州纘、牡丹頭等。一窩絲杭州纘和牡丹頭是明代婦女常見的髮式。一窩絲杭州纘，即在腦後綰一小窩，以網罩之，貫之以簪；牡丹頭，形如盛開的牡丹，其梳法影響至清初。明末還流行鬆鬢扁髻。女子未出嫁者作三小髻，婢使等綰高頂髻，小婢使縮雙髻。

　　清朝滿族原爲女真族，有自己的服飾文化，入關後，滿族統治者想以自己的民族服飾同化漢人，强令漢族人民按照滿族習俗剃髮垂辮，改穿滿族服裝，遭到漢族人民的强烈反抗。爲緩和民族矛盾，清廷默許明遺臣金之俊"十不從"的建議，其中有"男從女不從"一說，故漢族婦女仍保留明代髮式，如鬆鬢扁髻、牡丹頭等，并在牡丹頭的基礎上，演變出荷花頭、鉢盂頭。清代中期，蘇州婦女以善梳髮髻著稱，著名的有蘇州撅、元寶頭。蘇州撅爲南北各地婦女所模仿。清朝後期流行牛角纂、揚州桂花頭、獅子望長江、抓髻等髮式。至清末，又有螺髻、包髻、連環髻、朝天髻、元寶髻、鮑魚髻、香瓜髻、空心髻、盤辮髻、麵包髻、一字髻、東洋髻、墮馬髻、舞鳳髻、蝴蝶髻、散心髻、巴巴頭、雙盤髻、圓髻以及圓月、長壽、風涼、麻花、雙飛蝴蝶諸髻式。中年以上婦女所梳則有圓盤髻、大盤頭等名目。清代，滿族女子梳旗髻。清初梳平髻，又有一字頭、如意頭、兩把頭等稱；清中期兩平髻中間插支髮架子，稱"架子頭"；晚清，旗髻逐漸增高，兩邊角不斷擴大，上面套一頂形似扇形的冠，用青素緞、青絨或青直徑紗做成，稱"旗頭"或"宮裝"，俗稱"大拉翅"。婦女的額髮式，至清朝後期，年輕女子作蚌珠頭，一般婦女流行前劉海（亦稱"劉海頭"）。光緒以後，劉海頭花樣翻新，有一字式、垂絲式、燕尾式、捲簾式等。至民國初年，又流行滿天星，是一種極短的前劉海。

　　明代，婦女戴假髮的現象極爲普遍，有鬆髻、鬏髻等名稱，京師和各大小城鎮皆有製作假髻的作坊和銷售各種假髻的店鋪。清代，婦女亦用假髻，樣式很多，如揚州所産假髻，就有蝴蝶、望月、花藍、折項、羅漢鬏、懶梳頭、雙飛燕、到枕鬏、八面觀音等名目。滿族婦女的"架子頭""大拉翅"皆添假髮爲之。

　　明清婦女首飾用的簪多以金、銀製成，髮簪的變化主要集中在簪首部分。從明代看，有圓頂形，頂端作球體或半球體，少數刻有旋紋；有花頂形，頂端鏤鑿梅、蓮、菊、桃等花紋；有如意形，簪首朝前彎轉，呈如意頭狀；有動物形，簪首飾以飛禽走獸，所飾以鳳爲多。簪首飾鳳之簪謂之"鳳簪"，鳳簪一般爲一對，兩支并用，分插於雙鬢，製作精緻，如江西南城明益王朱祐檳夫婦墓出土的金鳳簪就是如此。首爲花朵形的簪，花蕊部分還鑲嵌珠玉，如北京定陵出土的鑲珠寶金簪。這種簪清代亦流行，如臺北故宮博物院收藏的清銀鍍金纍絲點翠嵌珠寶花蝶簪、清銀鍍金點翠嵌珠寶菊花簪。鳳簪在清代亦流行，故宮博物院收藏有不少清代實物。清末，南方滬地流行一種通氣簪，北方流行一種小鈴簪，設計、製作均別出心裁。明代，髮釵的製作花樣翻新，明墓出土的實物中，有纍絲金鳳釵、仙人閣金釵、掐絲鑲嵌金花釵等。這些髮釵製作工藝精巧，令人贊嘆。如重慶大竹林明蹇芳墓出土的一枚金釵，釵首爲朵雲形，正面有浮雕三騎馬人物，背景爲樓臺亭樹、虹橋樹木及花草等，背面精刻兩首詩，構圖之巧妙，技術之高超，實屬罕見。清代髮釵有較多的實物傳世，其製作工藝也有很高的水平。明清時期，步搖演變爲珠釵，即在鳥雀口中銜挂珠串的首飾。這種首飾不僅命婦穿禮服用，一般婦女在家居時亦喜插戴。明清婦女插梳的風氣仍存，但不像唐宋婦女那樣普遍和痴迷。

　　頭上簪花的習俗，明清仍沿襲下來。平時限於婦女，男子限於科舉中選之時。清代，嶺南婦女髻上戴成串鮮花。北方，豐臺多種鮮花，以供京師婦女使用。江南婦女用的鮮花，多來自蘇州、常州等地。除簪鮮花之外，亦插假花。明清時，假花的製作達到幾可亂真的程度，稱"像生花"。清代，北京有花兒市街，以通草所製像生花，精巧絕倫；江南地區吳門所製像生花，窮精極巧。珠花仍受到婦女喜愛，連皇后、皇太后亦喜歡簪戴。如清朝慈禧太后在除下重重的首飾後，常喜換上些小巧的珠花。在金鈿上鑲以寶石的寶鈿，在婦女首飾中仍然沿用。這種寶鈿實物，在湖南鳳凰明彭氏墓出土兩件，以金屬製成四朵小花，花旁附有花葉，葉上嵌有十顆彩色寶石。金片製成的菱形疊壓相交的方勝，成爲青年女子頭上的重要飾物。歲時節日戴勝的風俗，元代演變爲端午節戴彩勝，明清沿襲下來。節日中於首上插鬧蛾兒的風俗，宋以來相沿成習，明清兩代仍見，并用於元旦。珠翠頭面，作爲婦女貴重的首飾，明清時均甚流行。

　　明代婦女既戴耳環，也戴耳墜。明代耳環，多以金銀製作，一般爲花形，并在花葉、花瓣部分鑲嵌寶石，或在花蕊中間鑲嵌珍珠。有的信仰佛教的婦女，還將佛像裝飾在耳環上。出土實物有穿珠金耳環、葫蘆形耳環、鏤絲葫蘆形金耳環、金鑲玉佛像耳環等。明代耳墜，造型各異，製作精美。如北京定陵出土的金鑲寶石玉兔搗藥耳墜，設計巧妙，工藝甚精。清代婦女亦戴耳環、耳墜，貴族之家的婦女擁有上百副，可根據季節、場合不同，進行選擇搭配。造型製作亦甚講究，如臺北故宮博物院收藏有翠玉耳環、金點翠嵌珠福在眼前耳環，有銀鍍金點翠嵌珠料石如意耳墜、金嵌珠翠葡萄耳墜、金嵌珍珠耳墜、銀嵌珊瑚松石大耳墜。在滿族婦女中，則有一個耳垂上懸挂三件墜飾的習俗，稱"一耳三鉗"。據《清史稿·輿服志》記載，皇后耳飾，左右各三，每具金龍銜一等東珠各二；皇貴妃耳飾用二等東珠，皇妃耳飾用三等東珠，嬪耳飾用四等東珠。"一耳三鉗"的習俗，在民國初年仍存，後漸廢。

明代婦女的項飾有念珠。至清代，念珠演變爲朝珠，形制複雜。上從皇帝、親王，下至文官五品、武官四品等，穿禮服時皆得佩挂。以珠的質料、飾物、縧之顏色區分等級。皇太后、皇后、皇貴妃、妃、嬪等，朝服朝珠三盤，吉服朝珠一盤，縧皆明黃色。公主、福晋，下至五品官命婦皆可用，縧爲金黃色及石青色。明清婦女戴金銀項圈，製作考究，多以赤金纍絲絞成，有的上面鑲嵌珠寶，故宮博物院就收藏一批清代傳世實物。由於佩挂念珠、朝珠，故戴項鏈者少見。長命鎖在明清時期成爲兒童頸飾，以金銀製成，上鏨吉祥語。明清時期，貴族婦女常在項圈下以瓔珞爲飾，民間富家女子亦有戴瓔珞者。

明清時期，指環仍爲婦女手指上的重要飾物。一般爲金製，并鑲嵌珠寶，造型講究，工藝進步。如江蘇揚州機械廠明顧氏墓出土的合金鑲猫眼石指環、江蘇淮安季橋鳳凰墩明孫氏墓出土的金鑲綠翠石指環、湖北蘄春明劉娘井墓出土的金鑲寶石指環等，皆爲珍品。清代各式嵌寶指環多有傳世，精美至極。如臺北故宮博物院收藏的金嵌珠雙龍戲珠戒指，戒環上飾金纍絲雙龍紋及雲紋，中心火焰座上嵌一珠，戒環可伸縮。還有金嵌珠鏤空鳳紋戒指、瑪瑙戒指、開金鏤空古錢紋戒指、金嵌珠寶戒指、金嵌寶石戒指等。清代婦女，特別是貴族婦女，還以護指爲飾，以金製，或以玉製。江蘇揚州市郊清墓出土有金護指。還有一種指甲套，通長 10 厘米，可將整個手指套住，一般由玳瑁鏤空製成，裝飾精美。臺北故宮博物院藏有清玳瑁嵌米珠團壽指甲套、玳瑁嵌珠寶花蝶指甲套、玳瑁嵌珠寶翠玉葵花指甲套。扳指在清代亦普遍用作手飾，多以玉爲之。以金、銀所製的頂針也成爲類似的手上飾物。明代文獻中結束了鐲、釧混稱的現象。明清手鐲形制，或沿用元代的缺口圓環形，環形爲聯珠狀，或環狀兩端作龍首形。手鐲用料、造型均甚考究，製作精巧。或纍金絲爲龍鳳形，金絲細如蝦鬚；或在器物中嵌以細小珠粒，動則有聲。史書中所見的，有金貫珠鐲、金螭頭鐲、金鑲珠寶摺絲大手鐲、金鑲玉嵌珠寶手鐲、金摺絲鐲、金纍絲嵌珠鐲、金八方鐲等名稱。江蘇淮安新渡清墓出土有鏨花銀手鐲。清代傳世品中，有鏤空鍍金銀手鐲、銀鍍金鑲寶石手鐲、伽楠香鑲金裹嵌米珠壽字花絲鐲、金嵌珠寶鐲、金嵌珊瑚珠翠鐲、金雙龍戲珠鐲等。釧，有腕釧、臂釧之分，元明時的墓葬中皆有臂釧實物出土，或以銀製，或以金製。製作釧的金、銀條，根據有無紋飾，分爲花、素兩種，故明代有金花釧、金素釧之別。

明清時期，婦女在化妝時，仍喜畫眉，眉式通常纖細而彎曲，稱爲"曲眉"。面部妝飾，多作紅妝。一般是先塗妝粉，再抹胭脂，後塗唇脂。妝粉的品種增多，明代有以紫茉莉花籽製成的珍珠粉，清代有用滑石及其他細軟礦石研製成的石粉等。

明清婦女儲放梳妝用品的器具，既有鏡奩，又有鏡臺。鏡臺製作講究，一般由鏡和臺座組成，鑲鏡之框多有雕飾，臺座上有抽屜。在銅鏡繼續流行的同時，玻璃水銀鏡使用漸多，至清乾隆以後，玻璃水銀鏡取代銅鏡，成爲婦女化妝的必需品。

民國初年，婦女開始剪去髮髻梳短髮。剪髮以後，或束以緞帶，或套以髮箍。鬢髮修飾則流行極短的前劉海，名"滿天星"。約在 20 世紀 30 年代，中國大城市的婦女開始學習西方婦女的髮式，流行燙髮。滿族婦女的大拉翅已廢。在廣大農村，青年女子梳辮，分單辮、雙辮兩種；結婚後則綰纂，即將髮在腦後綰成一團，以黑綾網罩之，貫以簪。隨着髮髻的消亡，簪、釵、梳、篦、步搖等髮上飾物，以及花、勝、鈿等頭面一般也不再使用。梳辮子的女子在辮梢束以紅頭繩，梳短髮的婦女僅用上幾個髮卡（釵的遺制），梳纂的婦女仍使用簪。結婚時，新娘還有簪花的習俗。

民國時期，婦女戴耳環、耳墜的現象仍相當普遍。穿耳曾一度被廢止，但經過對耳墜上部圓環的改制，仍可佩戴。婦女頸飾，除項圈外，項鏈極爲流行。項鏈多金製，以金絲編成鏈條狀。墜飾亦以金製爲貴，或爲鎖片狀，上刻吉祥語；或爲可開合的心形小盒，內裝慈母或丈夫照片，寓銘記在心之意。後者受到西洋文化影響。戴結婚戒指的古老習俗仍然沿襲，還被賦予新的內容，即女子接受男子贈送的戒指，即説明身有所屬，其他男子應視其所戴戒指而自覺不再追求。婦女戴手鐲在民國時期亦甚流行。手鐲多以金、銀製成，除傳統式樣外，多作鏈條狀。或在數塊金屬片上鑲嵌各色珠寶，再以金、銀鏈條連綴；或每塊飾片以鉸鏈連接，打開之後呈長條形，兩端以金屬搭扣連接。樣式千變萬化，近代小説中有大量描寫，亦有大量實物傳世。

民國時期，除貧窮的勞動婦女外，富家的太太、小姐仍舊化妝。使用的畫眉材料，改用一種化學調製的黑色油脂，祇需用筆蘸上少許即可使用。面部妝飾，富貴人家的婦女仍是塗妝粉，抹胭脂，作紅妝。點朱唇的習俗仍存。青年女子，特別是女學生，則化淡妝，或不化妝。祇有青樓女子方濃妝艷抹。婦女盛放化妝品的用具，沿用明清以來的梳妝臺，形制無多大變化，一般由鏡臺、妝匣組成，置於桌上。鏡臺上鑲玻璃水銀鏡，妝匣內盛放梳、篦、髮卡、妝粉、胭脂、唇脂、剪刀、頭繩等。梳、篦已不作髮上飾物，僅作爲梳理頭髮的工具。其形制無多大變化，多以竹、木製作，顏色以褐色爲主，少紋飾。

明代以來，多用合香，有綫香、香餅等。佩香荷包的習俗較盛行，傳世實物有清代各式荷包。

中華人民共和國成立以後，生活上提倡艱苦樸素，批判資產階級生活作風，廣大勞動婦女皆以樸素爲榮。城市中的婦女，在 20 世紀 50 年代初尚多燙髮者，至 50 年代中期已罕見，代之以短髮。在廣大農村，未婚女子多梳辮，結婚後改梳短髮。中年以上的婦女仍梳纂。髮上各種飾物鮮見，青年女子髮上唯紅頭繩、蝴蝶結而已。耳環、耳墜等耳飾，項圈、項鏈等項飾，戒指、手鐲等手飾，以及描眉畫目、塗脂抹粉的化妝，在 50 年代初期尚可見到，50 年代中期以後則逐漸絕迹。這種情況一直持續到 70 年代末。自 20 世紀 80 年代改革開放後，思想比較活躍，受歐美和我國港、澳、臺地區風氣的影響，也由於經濟的發展，人民生活水平的提高，廣大婦女開始追求美，完善自我，妝飾上呈現出多樣化、個性化特徵。婦女髮式，或梳辮，或披髮，或燙髮，或縮髻，唯以個人所好選擇。髮上飾物講究實用美觀、乾净利落，或用髮夾，或用髮卡，或用絲繩，或用綢帶。穿耳之風又興，技術先進，如激光穿耳，無痛感。隨之，耳環、耳墜又開始佩戴。項鏈又逐漸流行起來，青年婦女尤爲喜愛，由東南沿海地區逐漸向全國蔓延。項鏈一般爲純金製品，造型多樣。就鏈索而言，有波紋鏈、絞絲鏈、金魚鏈、蜈蚣鏈、坦克鏈等。項墜部分，也出現鑲寶石、瑪瑙、水晶的高級品。還有仿真製品，效果亦甚佳，價格便宜，深受工薪階層女性喜愛。戒指復又流行，多純金製品。既有大衆化的製品，如戒圈、一元式、臺面式、蓮苞式；也有豪華型製品，如鑲嵌寶石、鑽石等。戒指也是男女青年訂婚時，男子向女友贈送的紀念品。手鐲又成爲婦女腕上飾物。描眉、畫目、妝靨、塗唇等面部妝飾也開始成爲婦女的日課。婚房中必有梳妝臺。新型的梳妝臺將鏡臺與寫字臺相連。化妝用品，一應俱全。有眉筆，可直接用筆描畫；有各色唇膏，可直接用來塗唇；有面脂，可直接塗面。名目繁多的化妝品充斥商場，琳琅滿目，使年輕女性趨之若鶩；化妝品廣告在電臺、電視臺連續播放，有能去頭皮屑、使頭髮烏黑光亮的洗髮用品，有能使面部白嫩的洗面用品，還有去斑、防皺、抗衰老之類物事，使追求時髦的女性無限嚮往，又無所適從，於是多以自身做實驗，有成功的經驗，也有失敗的教訓。在這種情況下，很多婦女開始聽專家講座，學習美容技術，謹慎選擇適合自己的化妝品。這便促進了美容業的發展，美容講座相繼舉辦，美髮廳、美容院陸續開業。前去美容的女士絡繹不絕，有割雙眼皮者，有隆鼻者，有去斑者，有染髮者，不一而足，出現了空前的美容熱。

在我國這個多民族的大家庭中，漢族之外的少數民族，一直保持着自己民族的歷史傳統，婦女化妝也各具特色，改革開放以來，也逐漸爲外部世界所瞭解。其豐富多彩的妝飾，五彩繽紛、製作精美的首飾，爲中華民族婦女增添了光彩。

第二章　髮飾説

第一節　髮式考

在史前社會，人類不分男女，皆蓄髮不剪，長髮披散，垂肩搭背。考古工作者曾在甘肅秦安大地灣發掘出一件人頭形器口彩陶瓶，器口的人頭形呈披髮之狀。這件文物爲史前器具，屬仰韶文化廟底溝時期，距今五千餘年。

披髮給生活帶來許多不便，於是將頭髮編成髮辮。梳髮結辮，早在新石器時代已經出現。在青海大通孫家寨文化遺址出土的一件彩繪陶盆上，繪有梳辮的舞蹈人物形象。這件文物屬馬家窰文化時期，距今亦有五千餘年的歷史。

新石器時代以後，人類進入文明社會，我國的中原地區，婦女的髮式以結辮爲主。辮髮從夏、商、西周三代，直至春秋戰國時期。但周邊的少數民族，如匈奴、東夷、甌越等，仍然沿襲披髮的習俗。

商代辮髮的人物形象，從河南殷墟出土的一件跪坐玉人可以看到。這件玉人的頭髮彙集於頭頂，腦後垂一條短辮。至東周時期，婦女辮髮出現了雙辮，而且蓄得很長，直垂至腰或臀部。四川成都百花潭出土嵌錯銅壺紋飾，有梳長辮的戰國婦女形象。

　　辮髮在生活中也會有一些不便，於是將頭髮盤縮成結，這就是髮髻。大約從戰國開始，漢族婦女流行髮髻，梳辮者漸少。但在少數民族地區，却長期保留着辮髮的舊習。漢代，西南地區的昆明人"皆編髮，隨畜遷徙"（《史記・西南夷列傳》）。晋代，北方的鮮卑人"辮髮縈後，綴以珠貝"（《晋書・吐谷渾傳》）。南北朝時期，南朝稱北方匈奴、鮮卑等族髮式爲"索頭"（《南齊書・魏虜傳》）。隋唐時期，西域的少數民族婦女"辮髮垂後"（《舊唐書・西戎傳》）。五代十國以後，與宋并存的有北方的遼、金等少數民族建立的政權。遼代以契丹族爲主，金代以女真人爲主，其髮式皆編髮結辮。契丹族的髮式叫"髡髮"，亦稱"髡頭"。其樣式，將頭頂的頭髮剃去，留兩邊鬢髮或前額部分餘髮，并修剪成各種形狀，或編成小辮，從傳世的《卓歇圖》（現藏於故宮博物院）、《契丹人狩獵圖》及內蒙古通遼庫倫旗一號遼墓出土壁畫皆可看到。契丹族婦女亦作髡髮，內蒙古烏蘭察布豪欠營遼墓出土女尸的髮型可證實。金代，女真人"辮髮垂肩，與契丹異"（《大金國志》卷三九）。元代，蒙古族"上至成吉思，下及國人，皆剃婆焦，如中國小兒留三搭頭在顱門者"（宋孟珙《蒙韃備録》）。婆焦的做法，先在頭頂正中交叉剃出兩道直綫，再將腦後一部分頭髮剃去；正面一束或剃去，或修剪成各種形狀，任其自然覆蓋額部；左右兩側的頭髮編成辮子，結環垂於肩。這種髮式，從故宮南薰殿舊藏元代帝王像可以看到。清爲金人後裔，同屬女真族，亦辮髮。特別是入關以後，强令漢族人民按照滿族習俗剃髮垂辮，在"留頭不留髮，留髮不留頭"的高壓政策下，漢族男子也祇好梳起滿族的髮式。其髮型是，將頭頂四周全部剃光，僅留頭頂中心之髮，將這些頭髮再結辮下垂，辮梢結扎上紅、黑絲繩。直到清朝滅亡，纔結束了剃髮垂辮之習。辮髮，作爲一種婦女髮式，一直延續到現代。現代，梳辮者多爲未婚青年女子，20 世紀 20 年代至 40 年代流行在腦後梳一股的粗大長辮，上扎紅頭繩。50 年代至 60 年代，又流行在頭後兩側梳雙股的短小辮，扎黑色皮筋。

　　戰國、秦漢時期，婦女中開始流行髮髻。所謂髮髻，即縮束頭髮，將其盤結於頭頂或顱後。由於縮束的方式不同，產生的效果也不同，古人便給這些不同的髮髻，賦予了不少美妙的名稱。傳世文獻中提到的，如秦始皇時，宮女有神仙髻、望仙髻、迎春髻等；后妃有凌雲髻、望仙九鬟髻；九嬪有參鸞髻。漢代，流行的婦女髮髻，比較常見的有垂雲髻、奉聖髻、瑶臺髻、欣愁髻、飛仙髻、九環髻、分髾髻、慵妝髻、三角髻、縷鹿髻、椎髻、墮馬髻、四起大髻、盤桓髻等。其中，椎髻、墮馬髻享有盛名。

　　椎髻，即一撮之髻，其狀如椎。雲南晋寧石寨山遺址出土的青銅貯貝器蓋上，有一女性銅人梳這種髻，説明戰國時期生活在這一帶的滇人已梳椎髻。這種椎髻，先在楚國婦女中流行，後中國中部、北部地區的居民也争相仿效（見《漢書·陸賈傳》《漢書·朝鮮傳》）。漢代婦女梳椎髻，東漢仍流行。《後漢書·梁鴻傳》載梁鴻之妻孟光"乃更爲椎髻，著布衣，操作而前"，纔使梁鴻高興起來。直至唐代，仍流行椎髻。

墮馬髻的特點是下垂至背，側在一邊，似從馬上摔下之狀，故名，爲漢桓帝時大將軍梁冀之妻孫壽所創，一時争相仿效（見《後漢書·梁冀傳》《後漢書·五行志》）。考古發現的大量漢代文物，如山東臨沂銀雀山漢墓出土木俑、陝西西安任家坡出土木俑、湖南長沙馬王堆漢墓出土着衣木俑等，皆可見到這種髻式。這種髮髻在唐代重又流行，唐以後亦可見到，但發生了一些變化。

漢代婦女中流行的"分髾髻"，與墮馬髻有相似之處，即從髮髻中分出一撮頭髮，下搭於顱後，但此髻爲高髻，綰髻於頂，分出餘髮即所謂"分髾"，呈下垂之勢。河南洛陽燒溝西漢墓壁畫、河北滿城中山靖王劉勝夫婦墓出土鎏金長信宫燈銅人，可看到這種髮式。魏晋時期的婦女亦喜梳"分髾髻"，并增添了雙股、三股及多股等式。甘肅酒泉、嘉峪關魏晋墓壁畫中的女侍奴婢等，即梳此髮式。

魏晋南北朝時期的婦女髮髻，據文獻記載，魏有靈蛇髻、反綰髻、百花髻、芙蓉歸雲髻、涵烟髻；晋有纈子髻、倭墮髻、流蘇髻、翠眉驚鶴髻、芙蓉髻；南朝宋有飛天髻，梁有回心髻、歸真髻、鬱葱髻，陳有凌雲髻、隨雲髻；北朝北齊有偏髾髻等。

靈蛇髻，相傳爲三國時魏文帝皇后甄氏所創。此髻乃據盤蛇之狀而爲之，其式不定，但基本特徵似游蛇盤曲扭轉。宫人皆擬而爲之。至晋代仍然流行。

倭墮髻，是從東漢時流行的墮馬髻演變而來，除仍保留墮馬髻的基本特徵外，又有新的變化。這種髮式，總髮於頂，於正中綰髻，朝一側傾斜墮落，髮髻低垂。至隋唐時期婦女仍喜歡梳這種髮髻。

飛天髻（亦稱"飛天紒"），是一種高髻，始創於南朝宋文帝時，從宫中傳到民間（見《宋書·五行志》）。南北朝以後，直至宋、明等朝仍可見到。

偏髾髻，北齊後宫女官八品梳的一種髮式，較有特色。其式作髮覆眉之狀，似少女髮式，頂心長髮，繞爲卧髻。唐、明各代均流行。

隋唐時期，婦女髮式在繼承前代髮髻式樣的基礎上，又刻意創新。尤其是唐代，婦女髮式確是豐富多彩。據文獻記載和詩詞描繪，隋有迎唐八鬟髻、凌虚髻、翻荷髻、坐愁髻、九真髻、側髻、盤桓髻、祥雲髻、朝雲近香髻、反首髻、歸秦髻、奉仙髻；唐有倭墮髻、鳳髻、螺髻、反縮髻、烏蠻髻、同心髻、交心髻、側髻、囚髻、椎髻、拋家髻、鬧掃妝髻、偏髻、花髻、寶髻、拔叢髻、叢梳百葉髻、雙環望仙髻、半翻髻、回鶻髻、反縮樂游髻、歸順髻、峨髻、高髻、雲髻、低髻、小髻、雙髻、雙螺髻、驚鶴髻、飛髻等。

盤桓髻是魏晋時流行的一種高髻，隋代仍然流行，并在此基礎上發展出祥雲髻和朝雲近香髻，這兩種髮髻是隋代婦女的主要髮式。

唐代婦女的髮髻名目繁多，花樣翻新。除有些詩詞中描繪的，難詳其樣式外，大部分可根據文獻記載并參照文物圖像得以瞭解。如雲髻呈朵雲之狀，從唐代畫家閻立本的《步輦圖》中可見到具體形象；半翻髻，狀如翻捲的荷葉，從江蘇揚州城東林莊唐墓及湖南長沙咸嘉湖唐墓出土的陶俑可見；螺髻，形似螺殼，從山西太原金勝村唐墓出土壁畫、陝西乾縣唐永泰公主墓出土石椁綫畫和新疆吐魯番阿斯塔那唐墓出土帛畫，均可見這種髮髻的形象。

除唐代以前已有流行的髮髻，如雲髻、驚鶴髻、同心髻、側髻等髮式之外，唐代婦女創造不少新髮式，今略舉幾種常見者。

雙環望仙髻，是一種雙環形的高髻。高聳於頭頂兩側，有瞻然望仙之狀。初唐、盛唐甚流行。湖北武昌唐墓出土陶俑、陝西西安唐墓壁畫可以看到梳這種髮髻的婦女形象。

囚髻，衹束緊髮根而上梳出髮髻式樣，形如囚犯之髮式。中唐時，僖宗之宮人梳此髮式，後至成都，蜀地婦人多效行（見《新唐書・五行志》）。

圓鬟椎髻，其樣式是，先將頭髮束縛，再盤捲一環聳竪於頭頂。中唐時，在長安婦女中流行。梳這種髮髻，"不設鬢飾，不施朱粉，惟以烏膏注唇，狀似悲啼者"（《新唐書・五行志》），此即唐代詩人白居易所描繪的"時世妝"。

峨髻、拋家髻，在中晚唐時期婦女中非常流行。峨髻，髻式高聳，似陡峭之山峰，高度可達30厘米。其形狀，從傳世繪畫唐周昉《簪花仕女圖》中可以看到。拋家髻，是將頭髮彙集於頭頂，束髻之後拋向一側的髮式，其特點是"兩鬢抱面，狀如椎髻"（《新唐書・五行志》）。這種髮式，從唐人周昉所繪的《揮扇仕女圖》上可以看到。

鬧掃妝髻，中晚唐宮中流行的一種髮髻。其髮式是，四周散亂，中間一束髮髻扶搖直上。陝西咸陽唐代李賢墓壁畫有此髮式。

此外，反縮樂游髻，是取宮殿名而名之，流行於唐武德年間；花髻是插有鮮花的髮髻，唐周昉《簪花仕女圖》中有將牡丹簪於髻上的形象，唐人羅虬《比紅兒》詩中有"奈花似雪簪雲髻，今日天容是後身"句，描繪的是將茉莉花插於髻上的形象；寶髻是綴以花鈿、釵簪等飾物的花髻。

唐代婦女還借鑒少數民族婦女髮式，加以改造，創新髮式。回鶻髻和烏蠻髻就是這樣出現的。回鶻髻是仿效西北地區回鶻族婦女的髮髻。這種髮髻樣式，是將頭髮集束於頂，高高聳起，根部扎以紅絹。烏蠻髻是引進南方少數民族的椎髻加以改造，這種髮髻樣式，是將頭髮掠向後腦，在頭頂綰成一髻，然後朝額前垂下。

五代盛行高髻，宋代婦女襲五代之風，所作髮髻競尚高大，朝天髻、同心髻、流蘇髻皆屬高髻。

朝天髻始見於五代，流行於宋代。其髮髻式樣，是先梳兩個圓柱形高髻於頭頂，再朝前反搭，伸向前額。山西晉祠聖母殿宋代彩塑中的宮女梳這種髮髻。

同心髻，是綰髮於頂，編成一個圓形髻。始見於蜀中，具有地區性特點，宋初流行於全國。據文獻記載，這一髮式反映了人民渴望結束分裂、實現統一的心願。四川成都、江西景德鎮、山西太原等地宋墓出土的陶俑、瓷俑、木俑等皆有這種髮式。

流蘇髻，是由同心髻演化而來的一種高髻，在宋代貴族婦女中流行。這種髻式，是在頭頂綰一大髻，上聳而略向後傾，并垂兩條紅色飄帶。宋人《半閑秋興圖》中有梳此髻的女子形象。

此外，宋代還流行小盤髻，髻式凡三圍；大盤髻，髻式凡五圍；雙蟠髻，髻心特大，有雙根；芭蕉髻，橢圓形，四周環以綠翠；盤福龍髻，形大而扁；不走落，梳高髻於頂。

元明時期，婦女髮髻的高度，較唐宋時相對低些。明弘治年間髻式高寸餘，正德年間又逐漸增高。某些地區仍流行高髻，如太康地區（今河南開封一帶）的婦女髮髻在嘉靖初作高髻，以鐵絲爲胎，高六七寸；蜀郡地區的婦女在萬曆年間用綾緞等圍頭，亦高八九寸，不用簪髻。天啓年間宮內尚高髻，而江南則尚低髻。這些地區性流行的髮式，可能是受傳統的影響。這一時期的主要髮式有杜韋娘髻、挑心髻、桃尖頂髻、鵝心膽髻、一窩絲杭州纘和牡丹頭等。

明嘉靖年間，樂妓杜韋娘梳一種實心髻，低小尖巧，不易蓬鬆，可保持曉妝形態，吳中婦人皆仿效之，稱"杜韋娘髻"，後又訛作"茴香髻"。至隆慶年間，婦女髮髻尚圓扁，在髻頂上用寶石花，叫作"挑心"，兩邊有棒鬢，此即"挑心髻"。年輕婦女用頭箍，上綴以團花方塊，從後面翻梳出桃尖式頂髻，稱"桃尖頂髻"；如梳作鵝心膽長圓形，即"鵝心膽髻"。

一窩絲杭州㰖，爲明代婦女流行的髮式。將頭髮在腦後盤縮成一個蓬鬆的小窩，以網罩住，插以簪釵。所罩之網，即所謂"㰖"，以杭州所產者爲佳，故稱。《金瓶梅詞話》第五九回描寫鄭愛月的髮式，"頭上挽着一窩絲杭州㰖"。

牡丹頭，是一種蓬鬆的髻，也是明代婦女常見的髮式。其梳法，是將頭髮掠至頂部，以絲帶扎緊，再分成數股，每股單獨上捲至頂心，再用髮簪縮住。梳成的髮髻，如一朵盛開的牡丹。明人所繪《縫衣圖》中的婦女有此髮式。用此方法還可梳出"荷花頭"一類髮式。明末清初流行的鉢盂頭，與牡丹頭的梳法也大同小异，祇是外形似鉢盂而已。

明末崇禎年間，又流行鬆鬢扁髻，爲一種蓬鬆髮式，髮際高捲、虛朗。清代仍見流行。

清代婦女髮式，初期沿用明式，如牡丹頭、荷花頭、鉢盂頭等，都是明末清初流行的髮式。

清代，蘇州地區的女子善梳髮髻，聞名遐邇。著名的髮式有"蘇州撅"，亦稱"蘇州罷"，是將頭髮集於腦後，盤爲三股，再編成一個拋在後面翹起的長髻。這種髮式出現以後，各地爭相模仿，俗尚高髻的杭州也改梳蘇州式，北方亦有效仿者，稱"平頭"，流行於嘉慶至咸豐年間。時蘇州還興元寶頭，將頭髮盤旋叠壓，翹起前後兩股，中間加簪釵，旁插珠花。咸豐年間還有牛角纂、揚州桂花頭、獅子望長江諸髻式，同治年間又流行抓髻。清末還流行連環、巴巴頭、雙盤、圓髻、圓月、長壽、風凉、麻花、雙飛蝴蝶諸髻式。中年以上婦女一般將頭髮縮成圓形，以網罩、簪釵固定，有圓盤髻、大盤頭等名目。清代小説多有記述，民間繪畫也有描繪。直至 20 世紀四五十年代，華北一帶農村中老年婦女仍流行"縮纂纂"，爲清代這種髮式的遺制。

民國初年，中國婦女開始剪髮。剪髮以後，一般以緞帶束之，或套以髮箍。20 世紀 30 年代，燙髮流傳到中國，大城市的婦女多以燙髮爲時髦髮式。50 年代至 70 年代，未婚女子通常梳辮，一般梳雙辮，結婚後留短髮。80 年代始，未婚青年女子一般留長髮，長至肩，女學生多梳短髮，結婚後以燙髮者爲多。

我國少數民族的髮式，受自己民族傳統的影響，各有特色，如侗族的右髮髻、拉祜族的剃光頭、京族的砧板髻、土家族的粑粑髻等。

我國古代，凡是未成年的孩子，不分男女，多將頭髮集束於頂，結成左右各一小髻，

狀如牛角，故名“總角”。這種風俗，在先秦時期已經形成。《詩·齊風·甫田》有“婉兮
孌兮，總角丱兮”的詩句，河南安陽殷墟婦好墓出土玉人亦有形象反映。

　　總角到一定階段，男童作角，女童作羈。男子到二十歲，則舉行冠禮，梳髮爲髻，戴
冠；女子到十五歲，則舉行笄禮，梳髮爲雙髻，形似樹枝丫杈，故稱“丫髻”，或稱“丫
頭”。考古發現梳丫髻的形象資料很多，如江蘇揚州邗江唐墓出土舞伎陶俑、四川洪雅宋
墓出土幼女陶俑、雲南大理明墓出土陶俑等，説明未及笄女子梳丫髻，歷代皆如此。久
之，“丫頭”便成爲年輕女子的代稱。

　　丫髻多梳成圓環之狀，故又稱“丫鬟”，亦作“鴉鬟”。一般地説，少女梳丫髻，成
年後改梳丫鬟，出嫁時再改梳髮髻。梳丫鬟的女性形象，從江蘇常州戚家村六朝墓出土
畫像磚、河北贊皇南邢郭李希宗夫婦墓出土北齊陶俑和唐人《搗練圖》《弈棋仕女圖》《調
琴啜茗圖》中，皆可看到。舊時稱婢女爲“丫鬟”，也由此而得名。歷代民間少女多梳雙
垂環髻，宋代又有三鬟髻，清代又有蚌珠頭。參閲周汛、高春明《中國歷代婦女妝飾·髮
飾篇》。

早期先民及上古婦女髮式

披髮

　　古代先民最古老的髮式。即蓄髮不剪，披
搭於肩。在史前社會，人類不分男女皆如此。
在我國的西北地區尤爲常見。考古工作者在
甘肅、青海等地羌人活動地區，曾發掘出繪有
披髮人物形象的史前器具，如甘肅秦安大地灣
出土的人頭形器口彩陶瓶，瓶口呈人頭像，五
官及髮式清晰可見，額前垂短髮，其餘頭髮則
自然垂落，呈披髮之狀。這件文物屬仰韶文化
廟底溝時期，距今約有五千年的歷史。人類進
入文明社會以後，中原地區改爲辮髮，但在西
北地區廣大婦女仍保留披髮的習俗，并且長期
延續。我國北方的少數民族，如匈奴、突厥
等皆有披髮的習俗。亦作“被髮”。《論語·憲
問》：“微管仲，吾其被髮左衽矣！”《周書·異
域傳下·突厥》：“其俗被髮左衽……猶古之匈
奴也。”我國古代東方的少數民族亦披髮。《禮
記·王制》：“東方曰夷，被髮文身，有不火食
者矣。”我國古代南
方的少數民族，如
越族、滇族等皆披
髮。《淮南子·原道
訓》：“九疑之南，
陸事寡而水事衆，
於是民人被髮文身，
以像鱗蟲。”北魏酈

仰韶文化時期披髮樣式

道元《水經注・溫水注》引《交廣春秋》："朱崖、儋耳二郡……人民可十萬餘家……被髮雕身，而女多姣好白皙，長髮美鬢。"雲南江川李家山西漢墓出土青銅杖飾，可見到滇族婦女披髮形象，然這時已經過整理，向後梳掠，中間以帶繫束，再披搭於肩。現代女子亦披髮，一般長至肩。

【被髮】

同"披髮"。此體始見於先秦時期。見該文。

辮髮

我國上古時期婦女髮式的一種。即梳髮結辮。早在新石器時代已見。在青海大通上孫家寨文化遺址出土的一個彩繪陶盆上，繪有三組（每組五人）携手舞蹈的人物形象，在每個人的腦後都垂有辮子。經考證，此文物屬馬家窑文化

新石器時代辮髮樣式

時期之物，距今已有五千年的歷史。甘肅廣河出土陶器人頭像亦有新石器時代辮髮樣式。新石器時代之後，商、西周至春秋等時代，婦女的髮式以辮髮爲主。商代作辮髮的人物形象，從河南殷墟出土的一件玉人可以見到。這件玉人兩腿跪坐，雙手撫膝，頭髮彙集於頭頂，腦後垂一條短辮。這種辮髮樣式，在商周時比較流行。東周時期，婦女辮髮樣式有了新的變化，即把辮髮梳成雙股，并蓄得很長，直至腰際，有的垂至臀部。河南洛陽金村戰國墓出土的青銅女俑，作此髮式。爲了加長髮辮長度，有的

還在髮辮尾端接一段假髮，以充長辮。四川成都百花潭戰國墓出土的嵌錯銅壺紋飾上，繪有這種形象。戰國以後，漢族婦女中開始流行髮髻，辮髮者日漸減少，但在少數民族中却一直保留

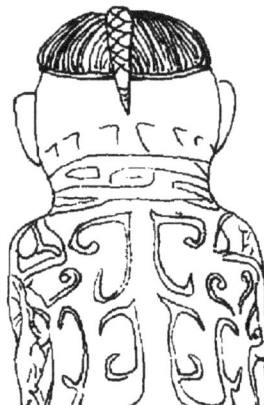

商代辮髮樣式

着辮髮習俗。《晉書・吐谷渾傳》："婦人以金花爲首飾。辮髮縈後，綴以珠貝。"《舊唐書・吐谷渾傳》所記與《晉書》同。金代的女真族人，以辮髮爲主。《大金國志》卷三九《男女冠服》："金俗好衣白。辮髮垂肩，與契丹異……婦人辮髮盤髻，亦無冠。"清爲金之後裔，亦辮髮。入關之後，强令漢族人民剃髮垂辮。亦稱"編髮"。《史記・西南夷列傳》載時西南夷："皆編髮，隨畜遷徙，毋常處。"

【編髮】

即辮髮。此稱始見於漢代。見該文。

【索頭】

即辮髮。古代漢族對北方鮮卑等少數民族辮髮之稱。因其俗將辮子分股編成，狀如繩索，故稱。《宋書・索虜傳》《南齊書・魏虜傳》皆有北方少數民族髮式爲"索頭"的記載。《資治通鑑・魏紀一・世祖文皇帝上》："宋、魏以降，南北分治……南謂北爲索虜，北謂南爲島夷。"元胡三省注："索虜者，以北人辮髮，謂之索頭也。"

髡髮

古代契丹族髮式。髡髮，即剃髮。《説

文・髟部》："髡，髡髮也。"清王筠注："髡，
剔也。"其特點是：把頭頂部之髮剃去，所留垂
髮，或祇留額前左右各一綹而垂於耳前頤旁，
或留頭顱四圍短髮而將長髮散披於兩耳旁。這
種髮式，從傳世的《卓歇圖》《契丹人狩獵圖》
和内蒙古通遼庫倫旗一號遼墓出土壁畫上皆可
看到。髡髮習俗始見於漢魏時期生活在北方的
烏桓、鮮卑等民族男女。《後漢書・烏桓傳》：
"以髡頭爲輕便。"又《鮮卑傳》："其言語習俗
與烏桓同。唯婚姻先髡頭。"意即鮮卑族女子結
婚時纔髡頭。烏桓、鮮卑皆東胡族的一支，契
丹亦東胡族後裔，故繼承了這種習俗。内蒙古
烏蘭察布豪欠營遼墓出土一少婦女尸，髮型爲
髡髮樣式：前額剃去 55 厘米寬的一圈，餘髮合
爲一股，束之頭頂，中間以帶結扎。又從這股
頭髮的右側分出一小綹，編爲小辮，繞至前額，
再盤回顱頂，再叠壓在髮束上結扎之。耳後及
腦後的長髮，則任其下垂。

歷代婦女髮式

髮髻

古代婦女最常見的一種髮式。即縮束頭髮，
將其盤結於頭頂或顱後。上古婦女披髮，因生
活不便，改爲辮髮。辮髮亦有不便，改爲髮髻。
現有資料證明，髮髻始見於西周。甘肅靈臺白
草坡西周墓出土的玉人，其頭頂有一個盤縮成
一堆的髮髻。春秋戰國以後，梳髮髻者漸多。
由於髮髻的縮束方式不同，故產生的效果各異，
於是產生了名目繁多的髮髻。如秦始皇時，宮
女有神仙髻、望仙髻、迎春髻等；皇后則有凌
雲髻；三妃則有望仙九鬟髻；九嬪有參鸞髻。
漢代髮髻很流行，史書記載的有十多種，最有
名的是椎髻、墮馬髻。漢代以後，魏晉至隋唐
五代，婦女崇尚倭墮髻。唐代以前，除梳在腦
後的垂髻之外，還流行高髻，著名的有靈蛇髻、
飛天髻和盤桓髻。唐代髮髻名目繁多，常見的
有雲髻、螺髻、半翻髻、反綰髻、三角髻、雙
環望仙髻、驚鶴髻、回鶻髻、烏蠻髻和峨髻等。
宋代婦女髮髻亦具特色，主要有朝天髻、同心

髻及流蘇髻等。元明時期，婦女髮髻高度稍降，
有挑心髻、桃尖頂髻、鵝心膽髻、一窩絲杭州
纘和牡丹頭等。清代婦女髮髻，則有鉢盂頭、
鬆鬢扁髻等。現代婦女梳髮髻者，多爲中老年
婦女。

馬鞍翹

戰國婦女的一
種髮式。髮髻向後
傾，梳理成銀錠塊
式樣，故亦稱"銀
錠式髻"。遠望形似
馬鞍翹式，故名。
古作何稱，不得而
知。主要流行於楚
國婦女中。湖南長

馬鞍翹

沙陳家大山楚墓出土帛畫中的婦女梳這種髮髻。
甘肅天水麥積山石窟壁畫亦有此種髮式形象。

【銀錠式髻】

即馬鞍翹。此髮式始見於先秦時期。見該文。

垂髻

古代婦女髮式的一類。其式，是先將頭髮掠在腦後，再在其末端縮成一把，結成一個小團。這種髮式在漢代很流行，如椎髻、墮馬髻皆屬垂髻。後歷代沿襲，但髻式有變。如漢代的垂髻，髮團在背後，而明代髮團則在頸後或腦後。湖北荆州鳳凰山一百六十七號西漢墓出土彩繪木俑，爲梳垂髻的婦女形象。

三角髻

古代婦女的一種髮式。漢代民間傳説中上元夫人梳的一種髮髻。《太平廣記·神仙三·漢武帝》："〔上元〕夫人年可二十餘……頭作三角髻，餘髮散垂至腰。"因髮髻作成三搭，分列於頭部三處，故名。至唐代，婦女擬此式而爲之。一般將髮分爲四組：前額部分編爲一髻；左右兩側各作一髻，垂於耳際；腦後之髮則任其下垂。河南洛陽澗西穀水唐墓出土三彩女俑作此髻式。

三鬠

古代婦女服喪期間的三種髮式。鬠，指用麻布條縮髮，爲婦女喪髻。先秦時期已見。《禮記·喪服小記》："男子免而婦人鬠。"孔穎達疏："鬠者，形有多種，有麻，有布，有露紒也。其形有異，同謂之鬠也。"

椎髻

古代婦女髮式。一撮之髻，形狀如椎，故名。戰國時期，西南地區的婦女已有梳椎髻的習俗。雲南晋寧石寨山遺址出土的青銅貯貝器蓋上，有一女性銅人，其髮朝後梳掠，在後頸縮成一髻，其狀如椎。這個遺址的相對年代爲戰國至西漢時期，説明居住在這裏的滇人梳椎髻。戰國時滇人與楚國關係密切，故椎髻一度在楚國婦女中流行。湖南長沙陳家大山楚墓出土帛畫有梳椎髻的婦女形象。秦漢時期，椎髻傳至中原，中國中部、北部婦女爭相仿效，并盛行於世。《史記·貨殖列傳》："程鄭，山東遷虜也，亦冶鑄，賈椎髻之民，富埒卓氏，俱居臨邛。"《後漢書·梁鴻傳》："〔孟光〕乃更爲椎髻，著布衣，操作而前。"其形象資料，有陝西西安臨潼始皇陵出土的秦代女俑、廣東廣州動物園工地出土的漢代鎏金女銅俑等。唐代亦較流行，其式爲在圓鬟上面再梳椎髻。《新唐書·五行志一》："元和末，婦人爲圓鬟椎髻，不設鬢飾……圓鬟者，上不自樹也。"

高髻

古代婦女髮式的一類。這類髮髻梳在頭頂，髻式高聳，故稱。周汛、高春明《中國歷代婦女妝飾·髮飾篇》："在古代中國，婦女髮髻的形制雖然豐富，但總體上也不外乎兩種類型，一種梳在顱後，一種梳在頭頂。與梳在顱後的垂髻相比，梳在頭頂的髮髻顯然要高些，於是又有'高髻'之名。唐代以前的高髻，比較著名的有靈蛇髻、飛天髻和盤桓髻。"漢代已有"高髻"之名。《後漢書·馬援傳》："長安語曰：'城中好高髻，四方高一尺。'"唐代流行高髻，名目繁多，常見的有雲髻、螺髻、半翻髻、反綰髻、三角髻、雙環望仙髻、驚鶴髻、回鶻髻、烏蠻髻和峨髻等。唐代詩歌中有大量描寫，如

梳高髻的唐代女子

唐劉禹錫《贈李司空妓》詩："高髻雲鬟宮樣妝，春風一曲杜韋娘。"一般地説，初唐時高髻纏得較緊，盡立在頭頂上；盛唐時，出現蟬鬢，亦盡立在頭頂；中晚唐高髻，聳竪於頂，如白居易《江南喜逢蕭九徹因話長安舊游戲贈五十韵》詩所謂"時世高梳髻"。陝西長安唐代韋洞墓出土壁畫有梳高髻的婦女形象。

墮馬髻

古代婦女髮式。其特點是下垂至肩背，側在一邊。初流行於漢代宮中。五代馬縞《中華古今注·頭髻》："至漢高祖，又令宮人梳奉聖髻。武帝又令梳十二鬟髻，又梳墮馬髻。"一説，爲漢桓帝時梁冀妻孫壽所創。亦作"憻馬髻"。《後漢書·梁冀傳》："〔孫〕壽色美而善爲妖態，作愁眉，嗁粧，憻馬髻，折腰步，齲齒笑，以爲媚惑。"李賢注引《風俗通》曰："憻馬髻者，側在一邊……始自冀家所

梳墮馬髻的漢代女子

爲，京師翕然皆放效之。"漢代風靡一時。考古發現的漢代文物資料中，可以看到大量梳墮馬髻的婦女形象。如山東臨沂銀雀山漢墓出土陶俑，陝西長安洪慶村、西安任家坡等地出土陶俑，廣西貴港市羅泊灣漢墓出土木俑，湖北雲夢、荆州等地出土彩繪木俑，湖南長沙馬王堆漢墓出土着衣木俑等。亦稱"墜馬髻"。南朝陳江總《梅花落》詩："天姬墜馬髻，未插江南

璫。"唐代天寶年間再度出現，貞元年間重又流行。唐李頎《緩歌行》詩："二八蛾眉梳墮馬，美酒清歌曲房下。"唐以後仍見，但稍有變化。如宋人《宮樂圖》中有梳此髻的婦女形象。明代亦有後垂的髮式，似墮馬髻，但略有不同，改側垂爲後垂。清代亦有"墮馬髻"之名，其式亦當爲側垂之狀。參閲周錫保《中國古代服飾史》第十四章"清代服飾"（中國戲劇出版社1984年版）。

【憻馬髻】

同"墮馬髻"。此體始見於漢代。見該文。

【墜馬髻】

即墮馬髻。此稱始見於南北朝時期。見該文。

分髾髻

古代婦女髮式的一種。形似墮馬髻，亦是從髮髻中分出一撮頭髮，下搭於顱後，但不垂後背，而掠髮於頂，編縮成髻，又在梳縮時留出一撮餘髮，即所謂"分髾"。始見於漢代。唐代段成式《髻鬟品》："漢元帝宮中有百合分髾髻。"河南洛陽燒溝西漢墓壁畫中女媧像，河南洛陽西漢卜千秋墓壁畫，河北滿城中山靖王劉勝夫婦墓出土的鎏金長信宮燈銅人，可看到這種髮式。魏晉時期婦女亦喜作此髮式，并將單股髮髻發展爲雙股、三股及多股等式，有時還和長鬢、飛髻等髮型配合，更顯得瀟灑飄逸。晉顧愷之《女史箴圖》

梳分髾髻的漢代女子

《列女仁智圖》中的貴婦，梳此髮式；甘肅酒泉、嘉峪關魏晋墓壁畫中的女侍奴婢，亦梳此髮式。

纚鹿髻

古代婦女髮式。流行於漢代。其式，如建華冠，逐層如輪，下大上小。《後漢書·輿服志下》："建華冠，以鐵爲柱卷，貫大銅珠九枚，制似纚鹿。"劉昭注："《獨斷》曰：'其狀若婦人纚鹿。'薛綜曰：'下輪大，上輪小。'"王先謙集解："逐層如輪，下大上小，其設飾亦必有柱。"周錫保《中國古代服飾史》第五章"漢代服飾"："漢時婦人髻式中有與此冠（指建華冠）略同者。此言髻式既下大上小而高，則髻中必有柱以立之。張揖說'錯其羽毛以爲首飾'或亦似纚鹿式之類的髻式。此是婦女髻式中有類似建華冠之纚鹿式者，爲漢婦人髮式的另一式樣。"周氏認爲，山東孔廟中有一婦人像，髻式與此相符，當即漢時婦人的纚鹿髻。

四起大髻

古代婦女髮式。東漢明帝明德馬皇后所梳之髻。四髻并列，餘髮繞髻三匝。《後漢書·明德馬皇后》："〔馬〕援有三女……儀狀髮膚，上中以上。"李賢注引《東觀漢記》曰："明帝馬皇后美髮，爲四起大髻，但以髮成，尚有餘，繞髻三匝。"後有效之者。以髮不足，但以義髻。

項髻

古代越族的一種髮式。以布包髮爲髻，圍於項上。《後漢書·南蠻傳》："凡交阯所統……項髻徒跣，以布貫頭而著之。"

盤桓髻

古代婦女髮髻的一種。其髮髻大多堆集於頭頂，似層層叠雲，并且彎曲、盤旋，故名。始見於東漢，爲梁冀妻孫壽所創，長安城中婦人效之，漢以後仍見。五代馬縞《中華古今注·梁冀盤桓釵》："盤桓釵，梁冀婦之所制也……長安婦女好爲盤桓髻，到於今其法不絕。"陝西西安、安徽亳州等地的隋墓出土陶俑及甘肅敦煌莫高窟的隋代壁畫，皆可見到梳盤桓髻的婦女形象。唐代亦見此髻式。唐代吳融《個人三十韵》詩："髻學盤桓縮，床依宛轉成。"

倭墮髻

古代婦女髮式的一種。由墮馬髻演變而來。仍保留着墮馬髻低垂、傾斜、側在一邊的特徵，但又有新的變化。東漢已見。從河南洛陽東郊漢魏故城遺址出土的泥塑供養人頭像，可見這種髮髻特徵。其梳結方式是總髮於頂，正中縮一髮髻，并朝一側傾斜墮落，再用簪縮住。髮髻縮得很低。至魏晋時期，墮馬髻已不見，倭墮髻大行。五代馬縞《中華古今注·梁冀盤桓釵》："墮馬髻今無復作者，倭墮髻，一云墮馬之餘形也。"從魏晋至隋唐五代，倭墮髻一直受到婦女青睞。古樂府《陌上桑》："秦氏有好女，自名爲羅敷……頭上倭墮髻，耳中明月珠。"唐溫庭筠《南歌子》詞："倭墮低梳髻，連娟細掃眉。"亦作"鬌髻髻"。唐顧況《宜城放琴客歌》詩："頭髻鬌髻手爪長，善撫琴瑟有文章。"亦作"咼墮髻"。唐白居易《寄微之》詩："何處琵琶弦似語，誰家咼墮髻如雲？"

【鬌髻髻】

同"倭墮髻"。此體始見於唐代。見該文。

【咼墮髻】

同"倭墮髻"。此體始見於唐代。見該文。

驚鶴髻

古代婦女髮式。其形如鳥振雙翼之狀。始見於三國魏。五代馬縞《中華古今注·魏宮人長眉蟬鬢》："魏宮人好畫長眉，令作蛾眉、驚鶴髻。"兩晉南北朝時期亦見流行。

梳驚鶴髻的唐代女子

如甘肅天水麥積山北魏壁畫伎樂天的髮髻，作兩扇羽翼形，似仙鶴受驚，展翅欲飛，故名。隋唐時期，長安城內婦女中流行這種髮式。陝西乾縣永泰公主墓出土石槨綫刻中的婦女作此髻式。

靈蛇髻

古代婦女髮式的一種。始見於三國時期的魏國。相傳爲魏文帝皇后甄氏所創。甄后寢宮有一綠蛇，后每梳妝則盤爲一團，后便據盤蛇之狀而爲髻，其式不定，但基本特徵似游蛇盤曲扭轉。《古今圖書集成》卷三七五引佚名《采蘭雜志》："甄后既入魏宮，宮庭有一綠蛇，口中恒有赤珠，不傷人，人欲害之，則不見矣。每日后梳妝，則盤結一髻形於后前，后異之，因效而爲髻，巧奪天工，故后髻每日不同，號爲靈蛇髻。宮人擬之，十不得其一二。"晉顧愷之《洛神賦圖》中的洛神，將頭髮掠至頭頂，然後梳成一股、雙股或三股等多種形狀，此當由靈蛇髻發展而成。

芙蓉歸雲髻

古代婦女髮式。其形似高聳頭頂之荷花。初流行於三國魏宮中。五代馬縞《中華古今注·頭髻》："魏文帝令宮人梳百花髻、芙蓉歸雲髻。"

百花髻

古代婦女髮式。其形似滿頭盛開之百花。初流行於三國魏宮中。見"芙蓉歸雲髻"文。

雲髻

古代婦女髮式的一種。呈朵雲之狀，故稱。其名始見於三國時期。三國魏曹植《洛神賦》："雲髻峨峨，修眉聯娟。"（但東晉顧愷之《洛神賦圖》中的女子髮髻爲望仙髻。）其稱南北朝亦流行。南朝梁范靖婦《咏步摇花》詩："但令雲髻插，蛾眉本易成。"至唐代，爲婦女盛行的一種髮髻。唐代閻立本繪《步輦圖》中的九個宮女，髮髻皆朵雲之狀，爲雲髻的典型式樣。

纈子髻

古代婦女髮式。見於晉代。髻作成後，以繒束其環。始自宮中，後傳至民間。晉干寶《搜神記》卷一四《纈子髻》："元康中，婦人結髮者，既成，以繒束其環，名曰纈子髻。始自宮中，天下翕然化之也。"

梳纈子髻的晉代女子

亦作"擷子紒"。《晉書·五行志上》："惠帝元康中……是時婦人結髮者既成，以繒急束其環，名曰擷子紒。始自中宮，天下化之。"

【擷子紒】

同"纈子髻"。此體始見於晉代。見該文。

飛天紒

　　古代婦女髮式的一種。當由靈蛇髻發展而成，髮内常暗藏支持之襯物，起於頭頂正中爲環形，自一環、雙環至五環不等。飛天紒之名始見於宋文帝時，其時多爲三環，原爲貴婦所作，後傳至民間。《宋書・五行志一》："宋文帝元嘉六年，民間婦人結髮者，三分髮，抽其鬟直向上，謂之飛天紒。始自東府，流被民庶。"河南鄧州南北朝墓出土的壁畫及畫像磚上，有梳此髻的婦女形象。後宋、明各朝均流行。《通雅・衣服》："宋元嘉飛天紒，始自東府，即孫壽墮馬也。"按，墮馬髻倒垂肩側，飛天紒上盤而起，方氏之説或另有據。唐代段成式《髻鬟品》中稱之爲"望仙髻"。

【望仙髻】

　　即飛天紒。此稱始見於唐代。見該文。

雙環望仙髻

　　古代婦女髮式。望仙髻之一種。其梳結方式是，由正中分髮爲兩股，先在頭頂兩側各扎一結，然後將餘髮彎曲成環狀，以絲縧束縛，再將髮梢編入耳後髮内。高聳於頭頂兩側，有瞻然望仙之狀，故名。東晋顧愷之《洛神賦圖》中女子髮髻中有此髻式，説明至遲晋代此髻已見。初唐、盛唐均甚流行。湖北武昌唐墓出土

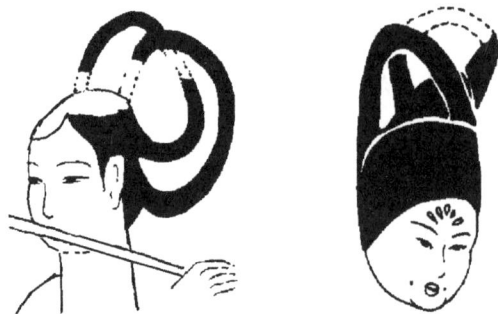

梳雙環望仙髻的唐代女子

陶俑及陝西西安唐墓壁畫，新疆吐魯番阿斯塔那唐代墓出土木俑，皆可見到此種髮髻。梳這種髮髻者以青年女子爲多見。據唐代段成式《髻鬟品》記載，唐玄宗時，宮中盛行雙環（一作"鐶"）望仙髻。至宋代，此髻仍見流行。

十字髻

　　古代婦女髮式的一種。髮髻呈"十"字形，故名。其梳法是，先於頭頂正中將髮盤成一個"十"字形的髻，再將餘髮在頭的兩側各盤一環直垂至肩，上用簪梳固定。南北朝時期的貴族婦女中已十分流行。陝西西安草場坡出土的北魏彩繪陶俑中，有一身穿窄袖襦、長裙、披花帔、作彈琴狀的女俑，另一作呼喊狀者，其髮式即此。

梳十字髻的北魏樂伎

偏髾髻

　　古代婦女髮式。其式如少女髮式，作髮覆眉之狀，但覆額短而覆眉則垂下較長。始見於北齊，後宮女官八品、九品梳此髮式。《隋書・禮儀志六》："〔北齊〕又有宮人女官服制……八品、九品，俱青紗公服，偏髾髻。"高昌壁畫中可見這種髮式。唐代亦見流行。河南洛陽唐墓石刻畫有此髮式。明代仍見。

側髻

　　古代婦女髮式。一種高髻。髻側垂而向下，

類似墮馬髻而稍有不同，較墮馬髻高而又作下垂之勢。流行於隋唐時期。唐岑參《敦煌太守後庭歌》"美人紅妝色正鮮，側垂高髻插金鈿"，描繪的即這種髻式。唐周昉《揮扇仕女圖》可見此髮式。

小髻

古代婦女的一種髮式。不加髮髢，祇將自己的真髮梳成小而低的髮髻。見於唐代。唐羅虬《比紅兒》詩："輕梳小髻號慵來，巧中君心不用媒。"陝西長安南里王村唐韋泂墓、山西太原金勝村出土唐代壁畫，有梳小髻的婦女形象。

慵來

古代婦女的一種小髻。漢代已將婦女的簡易妝飾稱"慵來妝"。漢代伶玄所撰《趙飛燕外傳》載，漢成帝妃趙合德捲髮作新髻，施薄眉，號"遠山黛"；施小朱者，號"慵來妝"。唐代有稱小髻爲"慵來"者。唐羅虬《比紅兒》詩："輕梳小髻號慵來，巧中君心不用媒。"亦稱"慵妝髻"。《紅樓夢》第五八回："晴雯因走過去拉了他（芳官），替他洗净了髮，用手巾擰乾，鬆鬆的挽了一個慵妝髻。"

【慵妝髻】

即慵來。此稱始見於清代。見該文。

鳳髻

古代婦女髮式。一種似鳳形的高髻。見於唐代。五代馮延巳《如夢令》詞："塵拂玉臺鸞鏡，鳳髻不堪重整。"亦稱"鸞鳳髻"。唐劉禹錫《和樂天柘枝》詩："鬆鬟改梳鸞鳳髻，新衫別織鬥雞紗。"髻上飾有鳳凰者亦可稱鳳髻。唐歐陽炯《鳳樓春》詞："鳳髻綠雲叢，深掩房櫳。錦書通。"這兩種鳳髻，從甘肅敦煌唐代壁畫中可見到。

【鸞鳳髻】

即鳳髻。此稱始見於唐代。見該文。

螺髻

古代婦女髮式的一種。本爲兒童髮式，形如螺殼狀，故名。唐代，成年婦女亦梳此髻，且甚流行。唐代和凝《宮詞》有"螺髻凝香曉黛濃"的描寫。其形象，在山西太原金勝村唐墓出土的壁畫、陝西乾縣永泰公主墓出土的石槨綫刻及新疆吐魯番阿斯塔那唐墓出土的帛畫上皆有展現。一說，本指佛頂之髻，傳言佛頂之上有肉髻，其髮旋曲如螺紋。又古印度傳説梵天王頂髮結爲螺形，婆羅門等"外道"出家者皆效仿。麥積山石窟北魏比丘塑像梳螺髻。唐白居易《繡阿彌陀佛贊》："金身螺髻，玉毫紺目。"這種髻式，至宋、明時仍見。宋辛棄疾《水龍吟·登建康賞心亭》詞："遙岑遠目，獻愁供恨，玉簪螺髻。"

梳鳳髻的唐代女子

梳螺髻的唐代女子

反綰髻

古代婦女髮式的一種。梳髮於後，集爲一束，由下反綰於頂。流行於唐初。唐宇文士及

《妝臺記》："唐武德中，宮中梳半翻髻，又梳反綰髻、樂游髻。"江蘇揚州城東林莊唐墓和湖南長沙唐墓出土陶俑，皆有梳此髻式的婦女形象。唐顧況《險竿歌》："宛陵女兒擘飛手，長竿橫空上下走……反綰頭髻盤旋風。"可知，這種髮髻不蓬鬆下垂，比較利落，便於從事各項活動。

半翻髻

古代婦女髮式的一種。唐初婦女盛行的一種高髻。其狀如翻捲的荷葉，從側面視之，尤為相似。梳時，由下而上，至頂部突然翻轉，并做出傾斜之勢。唐段成式《髻鬟品》："高祖宮有半翻髻。"唐宇文士及《妝臺記》："唐武德中，宮中梳半翻髻。"湖南長沙咸嘉湖唐墓出土瓷俑、江蘇揚州城東林莊唐墓出土陶俑，有梳半翻髻的初唐婦女形象。

回鶻髻

本古代回鶻族婦女髮式，唐代婦女中亦流行。回鶻，原稱"回紇"，唐代西北地區少數民族，為現在我國維吾爾族前身。回鶻婦女總髮為髻，出嫁時加戴氈帽。《新五代史・四夷附錄・回鶻》："婦人總髮為髻，高五六寸，以紅絹囊之；既嫁，則加氈帽。"其形制，甘肅安西榆林窟壁畫可見，其中有一組供養人形象，據畫上題記，畫中女主人為五代"回鶻國聖天公主曹夫人"。其髮髻集束於頂，高約 20 厘米，髮髻根部，以紅絹繫扎，此即回鶻髻。唐代開元年間，這種髮式在漢族婦女

梳回鶻髻的五代女子

中廣為流行。尤其貴族婦女和宮廷婦女，皆喜作此髮式。唐宇文士及《妝臺記》："開元中，梳雙鬟望仙髻及回鶻髻。"有的還在原來基礎上進行加工，如將集於頭頂的頭髮束成雙髻，河南洛陽關林唐墓出土三彩俑即梳此髮髻。梳此髻時，還另戴一頂綴滿珠玉的桃形金冠，上綴鳳鳥；兩鬢一般還插有簪釵，耳邊及頸項各佩許多精美首飾；并配穿回鶻裝。參閱周汛、高春明《中國歷代服飾・隋唐》（學林出版社 2002 年版）。

烏蠻髻

本少數民族髮式，唐代婦女仿而為髻。烏蠻，是唐代南方的少數民族。其髮式為椎髻，髮髻高叠作尖銳狀。唐代婦女將這種髮髻進行改造，梳時將髮掠向顱後，在頭頂綰成一髻，然後朝前額搭下。它

梳烏蠻髻的唐代女子

與椎髻的不同之處是椎髻將髻綰在頭頂，而改造後的烏蠻髻則垂在顱後。陝西西安鮮于庭誨墓出土三彩俑作此髮式。新疆吐魯番出土唐俑亦作此髮式。

單刀髻

古代婦女髮式。其髮為片狀，形似單刀，高聳，故稱。亦稱"刀形半翻髻"。1952 年陝西西安曾出土隋代梳此髮式的彩繪女俑，可證隋代已見興起。初唐時流行於宮中，後傳於貴族婦女間。陝西乾縣永泰公主墓壁畫的侍女和

禮泉縣張士貴墓出土女俑皆有此髮式。

【刀形半翻髻】

即單刀髻。此稱始見於唐代。見該文。

雙刀髻

古代婦女髮式。其髮爲片狀，形似雙刀，高聳，故稱。亦稱"刀形雙翻髻"。1952年陝西西安曾出土隋代梳此髮式的彩繪女俑，可證隋代已見興起。初唐時流行於宮中，後傳於貴族婦女間。陝西乾縣永泰公主墓壁畫的侍女和禮泉張士貴墓出土女俑皆有此髮式。

【刀形雙翻髻】

即雙刀髻。此稱始見於唐代。見該文。

偏梳髻

古代婦女髻式。即髻偏於一方，故稱。流行於唐代。亦稱"偏梳朵子"。楊貴妃曾梳此髮式。五代馬縞《中華古今注·頭髻》："貞觀中梳歸順髻。又太真偏梳朵子，作啼粧。"

【偏梳朵子】

即偏梳髻。此稱始見於唐代。見該文。

囚髻

形如囚犯所梳的一種髮髻。祇把髮根束緊，而上梳出髮髻的式樣。流行於中唐時期。《新唐書·五行志一》："僖宗時，内人束髮極急，及在成都，蜀婦人效之，時謂爲'囚髻'。"

梳囚髻的唐代女子

圓鬟椎髻

古代婦女髮式。先用絲縧將頭髮束縛，再盤捲一環聳竪於頂。中唐時在長安婦女中流行。《新唐書·五行志一》："元和末，婦人爲圓鬟椎髻，不設鬢飾，不施朱粉，惟以烏膏注唇，狀似悲啼者。圓鬟者，上不自樹也。"梳這種髻，鬢無飾物，臉不施紅粉，而爲赭者，以黑膏塗唇，有悲啼狀，稱"時世妝"。唐白居易《時世妝》詩："圓鬟無鬢椎髻樣，斜紅不暈赭面狀……元和妝梳君記取，髻椎面赭非華風。"這種妝梳或是由西域傳入長安。參閲向達《唐代長安與西域文明》（重慶出版社2009年版）。

峨髻

古代婦女髮式。髮髻高聳，似陡峭山峰。有的高度一尺以上。這種髮髻在中晚唐時期婦女中流行。唐李賀《河南府試十二月樂辭·二月》中有"金翅峨髻愁暮雲"之語。唐代周昉《簪花仕女圖》中有此髮式。五代亦有這種髮式。江蘇南京南唐李昇陵出土陶俑、揚州七里甸五代墓出土的木俑，皆可見梳此髻的婦女形象。

梳峨髻的唐代女子（唐周昉《簪花仕女圖》）

抛家髻

古代婦女髮式。其特點是兩鬢抱面，頭頂再梳成椎髻之狀，并抛向一側，猶如匆忙弃家遠去之貌，故名。流行於中晚唐時期。《新唐書·五行志一》："唐末，京都婦人梳髮以兩鬢抱面，狀如椎髻，時謂之抛家髻。"唐代周昉《揮扇仕女圖》有梳此髻的形象。清代亦有將兩鬟抱面作椎髻樣的拋家髻。參閱周錫保《中國古代服飾史》第十四章"清代服飾"。

盤鴉髻

省稱"盤鴉""盤鵶"。古代婦女髮式。其形似鴉翅，盤結於頭頂兩側。初流行於唐代宮中。唐孟遲《蓮塘》詩："脉脉低回殷袖遮，臉橫秋水髻盤鴉。"宋郭祥正《麗人曲贈鍾離中散侍姬》詩："髮如盤鴉面如玉，飄飄羅袖長芬馥。"清張英《同館友人花燭詩》："仙樂譜來調引鳳，宮妝説與教盤鴉。"宋梅堯臣《次韵和酬永叔》："公家八九姝，鬢髮如盤鴉。"亦作"盤鴉髻"。明楊慎《鶯啼序》詞："洛神襯襪，紅妝涌出青羅蓋。浮修眉，約略黛螺，映盤鴉髻。"

【盤鴉髻】

同"盤鴉髻"。此體始見於明代。見該文。

【盤鴉】

"盤鴉髻"之省稱。此稱始見於唐代。見該文。

【盤鵶】

"盤鴉髻"之省稱。此稱始見於宋代。見該文。

鬧掃妝髻

古代婦女髮式。一種重叠繁雜的髮髻。其特點是散亂而向上。初流行於唐代宮中。唐段成式《髻鬟品》："貞元中有歸順髻，又有鬧掃妝髻。"省稱"鬧掃妝""鬧掃髻""鬧掃"。唐白行簡《三夢記》："唐末，宮中髻號鬧掃妝，形如焱風散鬊，蓋盤鴉、墮馬之類。"唐張氏女《夢王尚書口授吟》："鬟梳鬧掃學宮妝，獨立閑庭納夜凉。"明代楊慎《升庵詩話·鬧掃》："鬧掃，髻名，亦猶盤雅、墮馬之類也。"清吳偉業

《望江南》詞："江南好，鬧掃鬥新妝。鴉色三盤安鈿翠，雲鬟一尺壓蛾黄，花讓牡丹王。"明方以智《通雅·衣服》："唐人稱鬧掃髻，則謂盤鴉、墮馬梳妝也。"陝西乾縣唐李賢墓壁畫可見這種髮式。

【鬧掃妝】

"鬧掃妝髻"之省稱。此稱始見於唐代。見該文。

【鬧掃髻】

"鬧掃妝髻"之省稱。此稱始見於唐代。見該文。

【鬧掃】

"鬧掃妝髻"之省稱。此稱始見於唐代。見該文。

歸順髻

唐德宗貞元年間流行的一種婦女髮式。其樣式不詳。唐段成式《髻鬟品》："貞元中有歸順髻。"

叢髻

古代婦女髮式。將頭髮從頭頂向後梳縮成若干葉狀，成爲一叢，故名。流行於中晚唐時期。唐元稹《夢游春七十韵》"叢梳百葉髻，金蹙重臺履"，即描寫此髻。陝西西安郭家灘唐代張堪貢墓出土陶俑梳此髮式。

拔叢髻

古代婦女髮式。將髮梳於額間，蓬鬆而雜亂，形成障掩額前的式樣。流行於唐末。宋王讜《唐語林·補遺三》："唐末婦人梳髻謂'拔叢'，以亂髮爲胎，垂障於目。"陝西西安小土門唐墓出土唐三彩女俑即梳此髮式。

鬆髻

梳在頭頂兩旁或腦後的髮髻。唐代爲南方

少數民族烏蠻男子髮髻。《新唐書·南蠻傳下》："〔烏蠻〕土多牛馬，無布帛。男子髽髻，女人被髮，皆衣牛羊皮。"宋代，已成爲女子髮式。宋梅堯臣《武陵行》："龙眉髽髻人，倏遇心顏喜。"清代亦行用。清趙翼《蔡節婦》詩："女流中有此鬚眉，髽髻當門隻手支。"近代常爲中老年婦女髮型。

朝天髻

古代婦女髮式。其法爲梳髮於頂，先編成兩個圓柱形髮髻，然後將髮髻朝前反搭，伸向前額。爲使髮髻高聳，通常還在髻下襯以簪釵等物，使髮髻前端高高翹起。始見於五代時期。《宋史·五行志三》："蜀孟昶末年，婦女競治髮爲高髻，號'朝天髻'。"五代婦女的這種髮髻式樣，在四川成都王建墓出土的石刻上可以看到。此髻的真正流行，是在宋代。山西太原晉祠聖母殿宋代彩塑中的宮女髮髻爲此髻的典型式樣。

梳朝天髻的宋代宮女

同心髻

古代婦女髮式。將頭髮縮至頭頂，編成一個圓形髮髻。這種髮髻產生并流行於宋代，據考反映了廣大人民群衆在經歷了五代十國分裂動蕩之後，渴望國泰民安、闔家團圓的心態。四川成都、江西景德鎮、山西太原等地的宋墓所出土的陶俑、瓷俑及木俑等，皆可見到這種髻式。

流蘇髻

古代婦女髮式。宋代流行於貴族婦女中。係於頭頂綰一大髻，髻式上聳而略向後傾，上插珠翠首飾，并有兩條紅色飄帶垂下。由同心髻演化而來。宋人《半閑秋興圖》中有梳此髮髻的女子形象。

梳流蘇髻的宋代女子
（宋人《半閑秋興圖》）

小盤髻

古代婦女髮式。髻式凡三圍，插以金釵，不用網固。宋代較流行。宋人《妃子浴兒圖》中有梳此髮髻的婦女形象。

梳小盤髻的宋代女子
（宋人《妃子浴兒圖》）

大盤髻

古代婦女髮式。髻式凡五圍，緊緊扎牢，間以玉釵，并用絲網固定。宋代較流行。參閱周錫保《中國古代服飾史》第九章"宋代服飾"。

雙蟠髻

古代婦女髮式。髻心特大，有雙根，扎以彩色之繒。見於宋代。宋人《半閑秋興圖》中可見這種髮式。亦稱"龍蕊髻"。參閱周錫保《中國古代服飾史》第九章"宋代服飾"。

【龍蕊髻】

即雙蟠髻。此髮式始見於宋代。見該文。

芭蕉髻

古代婦女髮式。橢圓形，髻之四周環以綠翠。見於宋代。宋人《瑶臺步月圖》中可見此髻式。

包髻

古代婦女髮式。將髮髻作成後，用色絹、繒等包裹之，故名。宋代已見。宋人《瑤臺步月圖》及山西太原晋祠宋代彩塑像中均可見梳包髻的婦女形象。金代婦女亦作包髻，山西介休金代墓磚雕可見。元代婦女亦作此髻。元關漢卿《望江亭》第三折："許他做第二個夫人，包髻、團衫、綉手巾，都是他受用的。"明代亦見。《金瓶梅詞話》第三一回："書童也不理，只顧扎包髻兒。"中國國家博物館藏明代婦女圖可見扎包髻的婦女。

梳包髻的宋代女子
（宋人《瑤臺步月圖》）

不走落

宋代宮妃的一種髻式。出現於宋理宗朝。《宋史・五行志三》："理宗朝，宮妃繫前後掩裙而長窣地，名趕上裙；梳高髻於頂，曰不走落。"

盤福龍髻

古代婦女髮式。其形大而扁。宋徽宗崇寧年間所創。宋人《女孝經圖》中有梳此髮髻的婦女形象。因髻扁，不妨礙睡眠，故亦稱"便眠覺"。參閱周錫保

梳盤福龍髻的宋代女子
（宋人《女孝經圖》）

《中國古代服飾史》第九章"宋代服飾"。

【便眠覺】

即盤福龍髻。此髮式始見於宋代。見該文。

龍盤髻

古代婦女髮式。髮髻上捲，形如龍盤。始見於元代。山西太原小井峪元墓壁畫中，有一彈琴女子梳此髮式。明代亦見。亦稱"盤龍髻"。元楊維楨《鐵崖樂府・貧婦謠》："龍盤有髻不復梳，寶瑟無弦爲誰御？"又其《上頭》詩："新年攏鬢及笄期，雲綰盤龍一把絲。"明代吳中鄉間有山歌云："大個梳做盤龍髻，小個梳做楊籃頭。"是説姊妹二人，姐姐梳的是"盤龍髻"。參閱周錫保《中國古代服飾史》第十三章"明代服飾"。

【盤龍髻】

即龍盤髻。此稱始見於明代。見該文。

杜韋娘髻

古代婦女髮式。髻式實心低下，不易蓬鬆。明代嘉靖年間樂妓杜韋娘始作此髻，當時吳中婦人效之，稱"杜韋娘髻"。後又訛爲"茴香髻"。參閱周錫保《中國古代服飾史》第十三章"明代服飾"。

【茴香髻】

即杜韋娘髻。此稱始見於明代。見該文。

挑心髻

明代婦女的一種髮式。其式圓扁，髻頂用寶石花爲飾，叫作"挑心"，故名。兩邊有棒鬢。以後又將髮髻梳高，以金銀絲綰結，上飾珠翠。流行於明隆慶年間。參閱周錫保《中國古代服飾史》第十三章"明代服飾"。

桃尖頂髻

明代婦女的一種髮式。在頭箍上綴以團花

方塊，從後面翻梳出桃尖式頂髻。流行於明隆慶年間。參閱周錫保《中國古代服飾史》第十三章“明代服飾”。

鵝心膽髻

明代婦女的一種髮式。在頭箍上挑出圓尖髻，呈鵝心膽長圓形，故名。流行於明代中期。山西高平出土明代女俑梳此髮式。

一窩絲杭州纘

明代婦女崇尚的髮式。將頭髮梳理整齊，聚集於後，盤縮成一個蓬鬆的小窩，插上簪釵首飾。爲不使髮髻散亂，以網子罩住，此即所謂“纘”。以杭州産者爲佳，故稱“杭州纘”。《金瓶梅詞話》第五九回：“鄭愛月兒出來，不戴髲髻，頭上挽着一窩絲杭州纘，梳的黑鬖鬖、光油油的，烏雲霞着四鬢，雲鬢堆縱，猶若輕烟密霧，都用飛金巧貼，帶着翠梅花鈿兒，周圍金纍絲簪兒，齊插後鬢。”

牡丹頭

明清時期婦女梳的一種蓬鬆的髮式。其梳法爲，先將頭髮掠至頭頂，用一根絲帶或髮箍扎緊，再將頭髮分成數股，每股單獨上捲至頂心，并用髮箍縮住。梳成後的髮髻，猶如一朵盛開的牡丹，每股彎曲的捲髮，如同牡丹花的花瓣，故名。明人《縫衣圖》中有梳牡丹頭的

梳牡丹頭的清代女子
（清禹之鼎《女樂圖卷》）

婦女。清代，蘇州盛行此式，後漸流行於北方。清褚人穫《堅瓠集·三集》卷一：“吾蘇〔州〕婦人梳頭有‘牡丹’‘鉢盂’之名，鬢有‘蘭花’‘如意’之號。”清禹之鼎《女樂圖卷》有梳牡丹頭的婦女形象。

荷花頭

明清婦女梳的一種狀如荷花的髮式。其梳法，與牡丹頭相同，衹是梳成的“花瓣”形狀不同。狀似荷花，故名。流行於明清時期。清李漁《閑情偶寄·聲容部·修容第二》：“今之所謂‘牡丹頭’‘荷花頭’‘鉢盂頭’，種種新式，非不窮新極異，令人改觀。”

鉢盂頭

明末清初流行的一種婦女髮式。其梳法與牡丹頭大同小異，所梳髮髻，狀如覆盂，故名。清初在蘇州尤爲流行。清褚人穫《堅瓠集·三集》卷一：“吾蘇〔州〕婦人梳頭有‘牡丹’‘鉢盂’之名，鬢有‘蘭花’‘如意’之號。”清代皇帝妃嬪亦梳此髮式。清人《雍親王題書堂深居圖屏》中可見梳此髮髻的形象。

鬆鬢扁髻

明末清初漢族婦女髮式。將全部頭髮從額部、兩鬢向上梳起，使蓬鬆高聳，并在腦後扎束，給人以莊重、高雅之感。始見於明崇禎年間。清葉夢珠《閱世編》卷八《内裝》：“崇禎之間，始爲鬆鬢扁髻，髮際高卷，虛朗可數，臨風栩栩，以爲雅麗。”清代亦見。清楊晋《山水人物圖》中有梳此髻的婦女形象。

蘇州撅

清代婦女髮式。將頭髮集中腦後，盤爲三股，精心編製成一個長而後翹、拋離髻心的髮髻，始興於蘇州，故名。因髻搭於背後，故亦

稱 "拖後髻"，又稱 "蘇州罷"。徐珂《清稗類鈔 · 服飾類》："順、康時，婦女妝飾，以蘇州為最時，猶歐洲各國之巴黎也……咸豐時，東南盛為拖後髻，曰 '蘇州罷'（讀若派）。"此髻傳到北方，又稱 "平頭"。清李虹若《朝市叢載》卷七《時尚 · 平頭》云："跑行老媼亦平頭，短布衫兒一片油。長髻下垂遮脊背，也將新樣學蘇州。"

【拖後髻】

即蘇州撅。此稱始見於清代。見該文。

【蘇州罷】

即蘇州撅。此稱始見於清代。見該文。

【平頭】

即蘇州撅。此稱始見於清代。見該文。

元寶頭

清代婦女髮式。始興於蘇州，多見於年輕的姑娘。梳縮時，將頭髮盤旋疊壓，然後翹起前後兩股，中間加一些簪釵，旁插鮮花或珠花。周錫保《中國古代服飾史》第十四章 "清代服飾"："清代中期在蘇州又興元寶頭。鬢髮如翼兩張而髻則疊髮高盤，翹起前後兩股，中間插簪，略似十二三歲姑娘的髮髻；後來改為平二股，直疊三股在髻心之上，下股壓髮簪，其上再加金銀針貫插；後又改作平盤三股於髻心之外，叫做 '平三套'。"

平三套

清代婦女髮式。元寶頭的一種。作平盤三股於髻心之外。見 "元寶頭" 文。

揚州桂花頭

清代婦女髮式。以黑絨繞細鐵絲盤成種種花樣，間有襯金紙者。燕尾多用馬尾製之，也間有用真髮者。咸豐年間流行於揚州。參閱周錫保《中國古代服飾史》第十四章 "清代服飾"。

盤心髻

清代婦女髮式。將頭髮盤縮成圓形，再以網罩、簪釵固定。通常由內向外盤縮，也有先縮成一個外圈，再逐圈朝中間盤攏的。中年以上婦女多梳此種髮式。圓盤大的髮髻，也稱 "大盤頭"。參閱周汛、高春明《中國古代服飾大觀 · 髮式》（重慶出版社 1994 年版）。

大盤頭

圓盤大的盤心髻。見於清代。見 "盤心髻" 文。

油花頭

近代婦女髮式。將髮束於腦後，飽心團狀，用綾或絲編織的網束定。因其形狀與青海麵食中的油花相似，故稱。上插押花、閃簪、別針等首飾。流行於青海河湟等地區。從 20 世紀 20 年代中期起，逐漸取代大攥（一種束髮髻的頭飾）。

縮纂纂

近代婦女髮式。纂纂為老年婦女縮於腦後的圓形髮飾，上套黑色網罩，以簪貫之。冬天戴黑色軟帽時常將纂纂露外。流行於陝西、河北等地。在農村中，中年婦女亦有梳者。

近現代少數民族婦女髮式

杲

傣語音譯，意謂婦女髮髻。近代傣族婦女髮式。將頭髮綰成髮髻頂於腦後，或稍偏於腦之一側。不束帶，大多插一把梳子、一枝鮮花、一個簪子，或頂一塊花頭巾。亦有髮梢自然下垂，形似孔雀尾巴者，故亦稱"孔雀髻"。

【孔雀髻】

即杲。傣族婦女對自己所梳髮髻之稱。因形似孔雀尾巴，故稱。此稱行用於近現代。見該文。

右髮髻

近代侗族婦女髮式。將頭髮在頭頂前部略偏右的部位盤髻，故名。未婚女子在綰髮裏纏一條紅毛綫，以示有別。流行於貴州黎平、榕江、從江等地區。

剃光頭

近代拉祜族婦女髮式。不留髮，將頭剃光。相傳很久以前，婦女常跟男子進山打獵，爲防備虎、豹、熊等野獸抓住頭髮，故將頭髮剃光。後來，婦女雖然不再跟男子上山打獵了，但仍覺剃光頭舒適，且以爲美。凡已婚的婦女皆剃光頭，以示已婚；未婚的姑娘一般不剃，以示還是少女。流行於今雲南雙江拉祜族佤族布朗族傣族自治縣。

烏喬恩

近代獨龍族中老年婦女的一種髮式。頭頂中間留下一掌多寬的頭髮，披至額、眉間，將四周的頭髮剪光。也有的老年婦女將頭髮全部剪光，再包以布巾。

粑粑髻

近代土家族已婚婦女髮式。姑娘結婚後，將長辮改梳爲髮髻，其形如粑粑，盤於腦後，故名。髻上插銀簪，外套青髻網，頭上還插銀梳、瓜子針、茉莉針、芭蕉扇、蓮蓬花等銀飾。流行於湖南西部和湖北西部。

砧板髻

近代京族民間婦女髮式。將頭髮從正中平分，於腦後結辮，用黑布條或黑絲帶纏於辮上，再於頭頂盤繞一圈。流行於廣西防城港各族間。

古代少年兒童髮式

總角

古代未成年男女的髮式。束髮爲兩結，左右各一，形狀如角，故稱。先秦時期已見。《詩·齊風·甫田》："婉兮孌兮，總角丱兮。"毛傳："總角，聚兩髦也。"孔穎達疏："《内則》云：'男女未冠筓者，總角，衿纓。'冠所以覆髮，未冠則總角，故知'總角，聚兩髦'。言總，聚其髦以爲兩角也。"這種髮式，分立於頭頂，其狀如丱，故亦稱"丱髮"。河南安陽殷墟婦好墓出土的玉人，不分男女，頭頂皆高聳一對角飾，即梳丱髮的童子形象。後代，未成年男女、童僕梳此髮式。南朝宋劉義慶《世説新語·文學》:"衛玠總角時,問樂令夢,樂云:'是想。'"

【丱髮】

即總角。古代未成年男女髮式,其狀如丱,故稱。此髮式始見於先秦時期。見該文。

髻丱

古代兒童髮式。古代幼童作總角後,餘髮自然垂下,稱"髻"。髻與總角合稱"髻丱"。久之,髻丱亦代指幼童。《梁書·武帝紀上》"獨夫(東昏侯)……挺虐於髫齔之年,植險於髻丱之日",是說東昏侯在梳髻丱時就很惡劣。唐劉餗《隋唐嘉話·序》"余自髻丱之年,便多聞往説,不足備之大典,故繫之小説之末",也是指梳髻丱的幼年時代。

兩髦

古代兒童髮式。古代幼童作總角,所餘短髮下垂至眉兩邊,故稱。先秦時期已見。《詩·鄘風·柏舟》:"髧彼兩髦,實維我儀。"毛傳:"髧,兩髦之貌。髦者,髮至眉,子事父母之飾。"這種幼童髮式,後代一直沿襲。宋蘇軾《和陶答龐參軍》詩:"丱妙侍側,兩髦丫分。"詩中描寫的即這種童髮。

羈

古代兒童髮式。古代習俗,女嬰出生三個月,要選擇吉日,剪除胎髮,頭上留一塊十字形餘髮,如馬絡頭,故名。先秦時期始見。《禮記·內則》:"擇日剪髮爲鬌,男角女羈。"鄭玄注:"午達曰羈。"孔穎達疏:"一從一橫曰午。今女剪髮,留其頭上縱橫各一,相交通達,故云午達。"

丫髻

古代年輕女子梳的髮髻。其式爲雙髻,左右對稱,狀如樹枝丫杈,故名。先秦時期已見。河南洛陽出土的商代玉雕人像,頭上即梳這種髻。後代沿用,侍婢、童僕或男女兒童常梳這種髮式,貧家未婚女子亦有梳者。《太平廣記》卷五四《神仙·劉晏》:"道士命晏曰:'山棲求道,無必裹巾。'晏遂丫髻布衣,隨道士入羅浮山。"宋洪邁《夷堅志·夷堅支庚卷·揚州茅舍女子》:"白皙女子四五輩,綰烏雲丫髻,玉肌雪質。"梳丫髻的形象資料,在考古中多有發現。如江蘇揚州邗江唐墓出土的舞伎陶俑,四川洪雅宋墓出土的幼女陶俑,雲南大理明墓出土的陶俑,皆梳丫髻。亦稱"髻丫"。宋劉克莊《跋李伯時畫十國圖》:"其王或蓬首席地,或戎服踞坐,或剪髮露骭,或髻丫跣行。"因有兩髻,故亦稱"雙髻丫"。宋陸游《浣溪女》詩:"江頭女兒雙髻丫,常隨阿母供桑麻。"元申屠衡《西湖竹枝詞》:"白苧衫兒雙髻丫,望湖樓子是儂家。"亦作"鴉髻"。宋闕名《潛居錄》:"巴陵俗,元旦梳頭,先以櫛理鴉之羽毛,祝曰:'願我婦女,鬒髮髟髟;惟百斯年,似其羽毛。'故楚人謂女髻爲鴉髻。"

【髻丫】

即丫髻。此稱始見於宋代。見該文。

【雙髻丫】

即丫髻。此稱始見於宋代。見該文。

梳丫髻的唐代舞女

【鴉髻】

同"丫髻"。此體始見於宋代。見該文。

【丫頭】

即丫髻。因在頭上梳兩髻，又呈丫形，故稱。唐劉禹錫《寄贈小樊》詩："花面丫頭十三四，春來綽約向人時。"後遂將女孩稱"丫頭"。亦作"鴉頭"。唐白居易《東南行一百韻》詩："綉面誰家婢，鴉頭幾歲奴？"

【鴉頭】

同"丫頭"。此體始見於唐代。見該文。

三髻丫

古代頭頂上梳有三髻的年輕女子髮式。宋李嵩《聽阮圖》中有此髻式。

雙垂髻

古代年輕女子髮式。其式，係將頭髮分成兩部分，在頭的兩側各盤捲一垂髻。省稱"雙髻"。一般未婚女子或侍女、婢伎、童僕等皆梳此種髮式。自戰國始，直至唐宋元明時期，均流行。從新疆吐魯番唐墓出土《弈棋仕女圖》及五代周文矩《宮中圖》中的人物中可見到這種髮式。

【雙髻】

"雙垂髻"之省稱。此髮式始見於先秦時期。見該文。

垂螺

古代年輕女子髮式。因捲曲如螺，故稱。始見於宋代。宋張先《減字木蘭花》詞："垂螺近額，走上紅裀初趁拍。"後代亦見。明楊慎《丹鉛總録·詩話·角妓垂螺》："垂螺、雙螺，蓋當時角妓未破瓜時額飾，今搬演淡（旦）色猶有此制。"

丫鬟

古代年輕女子的一種髮式。一般多梳成圓環之狀，左右各一。漢代已見。如漢辛延年《羽林郎》詩"兩鬟何窈窕，一世良所無。一鬟五百萬，兩鬟千萬餘"，即咏這種髮式。後代沿襲。其形象資料，有江蘇常州戚家村六朝墓出土畫像磚上的侍女像，河北贊皇南邢郭李希宗夫婦墓出土的北齊武平年間的侍女陶俑等。此外，唐人所繪《搗練圖》《弈棋仕女圖》及《調琴啜茗圖》中，皆有作丫鬟的婦女形象。丫鬟爲一種空心的髮環，緊貼於雙鬢或耳際，梳時需藉助於專門的工具。南朝梁簡文帝《戲贈麗人》詩："同安鬟裏撥，異作額間黃。"撥是一種梳丫鬟的工具，形如棗核，木製，長約二寸。少女梳丫髻，成年後則梳丫鬟，出嫁後改梳髮髻。舊時稱婢女爲"丫鬟"，即因此髮式而得名。亦稱"雲鬟"。唐杜甫《月夜》詩："香霧雲鬟濕，清輝玉臂寒。"宋張耒《七夕歌》："自從嫁後廢織紝，綠鬢雲鬟朝暮梳。"亦作"鴉鬟"。唐于濆《擬古意》詩："鴉鬟未成髻，鸞鏡徒相知。"五代鹿虔扆《思越人》詞："珊瑚枕膩鴉鬟亂，玉纖慵整雲散。"

【雲鬟】

即丫鬟。此稱始見於唐代。見該文。

【鴉鬟】

同"丫鬟"。此體始見於唐代。見該文。

雙環

古代少女髮式。將頭髮分成兩部分，在頭的兩側各盤捲一髻和一垂環。一般未婚女子或侍女、婢伎、童僕等都梳這種髮式。自漢至明民間較流行。唐杜甫《負薪行》詩："至老雙環（一作'鬟'）只垂頸，野花山葉銀釵並。"

髳

亦稱"髻"。古代少女髮式之一。以短髮覆眉，長髮結束爲偏髻。原爲少數民族髮式。《正字通·髟部》："髳，莫亳切音，毛髮覆眉也。《北齊〔書〕·禮服志》'八品女官偏髳髻'，注：'夷中少女之飾，四垂短髮，僅覆眉目，頂心長髮，繞爲臥髻。'"明楊慎《丹鉛總録·冠服類·偏髳髻》："北齊後宮之服制，'女官八品偏髳髻'。注云：'髳，所交切，髮覆目也。蓋夷中少女之飾，其四垂短髮，僅覆眉目，而頂心長髮繞爲臥髻。'"

【髻】

即髳。此稱始見於明代。見該文。

蒲桃髻

古代兒童一種髮式。文獻記載始見於唐代。唐馮贄《雲仙雜記》引李明之《衡山記》："小兒髮初生，爲小髻十數，其父母爲兒女相勝之辭曰：蒲桃髻，十穗勝五穗。"唐以後仍見。按，"蒲桃"即"葡萄"，此髮式爲小髻十數，形若葡萄，故稱。

三鬟髻

宋代未出嫁少女梳的一種髮式。宋代未出嫁少女多梳雙鬟髻，亦有梳成多鬟者。梳成三個，即三鬟髻。南宋人作《林下月明圖》中有此髻式。

偏頂

宋代兒童一種髮式。於頭頂左留一片比錢大一些的頭髮。見於宋理宗時。《宋史·五行志三》："理宗朝……剃削童髮，必留大錢許於頂左，名偏頂。或留之頂前，束以綵繒，宛若博焦之狀，或曰'鵓角'。"按，"博焦"或即"婆焦"之音轉。參見本卷《髮飾説·髮式考》"婆焦"文。

婆焦

宋代兒童一種髮式。剃髮時於頂前留髮，以絲繒束之，若蒙古族之婆焦狀。見於宋理宗時。亦作"博焦""勃角""鵓角"。參見本卷《髮飾説·髮式考》"偏頂"文。參閲《宋史·五行志三》。

蚌珠頭

梳蚌珠頭的清代女子（《海上青樓圖記》）

清末少女的一種髮式。在額旁綰一螺髻，像蚌中的圓珠，故名。也有作成左右二螺髻并飾以珠翠者，還有在額正中作一小螺髻者。流行於光緒年間。一般年未及笄的少女梳此髮式。參閲周錫保《中國古代服飾史》第十四章"清代服飾"。

近現代少數民族少年髮式

馬髮

舊時蒙古族少年髮式。嬰兒出生至剃頭時，將大部分頭髮剃盡，僅留頭頂腦門兒上的一撮，因形似馬鬃，故名。蒙古族以爲吉祥之徵。過一段時間剃剪一次，直至十多歲。清朝至民國時，主要流行於内蒙古土默特等地。

約如目葵奇

維吾爾語音譯。維吾爾族少女的一種髮辮。三歲至十四、十五歲的姑娘，將頭髮編成數條至十數條小辮，宛如春柳，天真可愛，直至結婚時方可拆散，編成兩條大辮。這是昔日維吾爾族姑娘與少婦之間區別的標志。流行於維吾爾族、哈薩克族中。

第二節　假髻考

中國古代婦女梳髻，以頭髮的長短、疏密作爲衡量婦女美貌的標準之一。那些頭髮短而疏的婦女，則在髮間結些假髮，於是出現了假髻。

假髻，亦稱"假頭""義髻"，是以假髮梳成的髮髻。一般有兩種：一種是在本身頭髮的基礎上添些假髮梳成，在先秦已見，稱"副"，亦作"髲"，亦稱"編""次"等，所用的假髮稱"髢""髮"等。另一種則以金銀絲編成框架，或用木頭製成髮髻式樣，外裱繒帛，或塗以黑漆，使用時不需梳掠，套在頭上即可。秦漢以後多見。

古代名目繁多的髮髻，特别是高髻，一般在製作過程中，髻中都襯有飾物。考古發現的用以支撐髮髻的飾物，有鐵、銅、銀等製品，造型各异。有單股髮釵狀；有雙股髮釵狀，但股間距離大，頂部彎成豁口；有兩頭對稱的三齒形，中間有雙梁橫搭。漢代崔瑗有《三子釵銘》，文中還提到"三珠橫釵"，皆襯髮飾物。唐代墓葬中還出土一種"鐶釵"，呈橢圓的環形，爲銀製襯髮飾物。明代的"髮鼓"也是襯髮飾物，爲圓形，金屬絲編成，外覆髮，江蘇無錫、揚州明墓有完整出土實物。

以假髮製成的假髻，演變出很多名稱。"巾幗"即對假髻稱呼的一種，它以假髮爲之，可直接戴在頭上。漢代婦女戴的巾幗，雖尚未發現實物，但却有形象資料可尋。如廣東廣州市郊東漢墓出土的一件舞俑，頭戴特製大髮髻，當爲巾幗。漢末，諸葛亮與司馬懿對陣，司馬懿不出戰，諸葛亮派使者送去巾幗婦人之飾，以辱之（見《三國志·魏書·明帝紀》裴松之注）。巾幗爲婦女專用首飾，後遂成爲婦女之代稱。幗，亦作"簂""蔮"。漢代，太皇太后、皇太后入廟服，用翦氂（牦）蔮；公、卿、列侯、中二千石、二千石夫人，用紺繒蔮（見《後漢書·輿服志下》）。牦爲毛織物，繒爲絲帛，不同的質料區別婦女的身份和等級。

假髻，在兩晉南北朝稱"蔽髻"。貴族婦女在蔽髻上插的首飾有嚴格規定。如晉代規定，以金鈿多寡爲別：三夫人用七鈿，九嬪及公主、夫人用五鈿，世婦用三鈿（見《晉書·輿服志》）。南北朝沿襲此制，以蔽髻上所飾花釵之鈿的質料及多寡辨別品秩。普通婦女一般不用假髻，特殊情况下亦有借用，但不可使用金鈿首飾。

唐代，假髻稱"義髻"。相傳楊貴妃常以爲首飾（見宋樂史《楊太真外傳》）。陝西西安韋頊墓石椁畫像中有戴義髻的婦女形象。唐代義髻還有實物發現，如新疆吐魯番阿斯塔那唐張雄夫婦墓出土一件木製義髻，上塗以黑漆，底部有插髮簪的小孔。同墓出土的女俑，亦戴義髻。當地唐墓還出土有紙製義髻。

宋遼時期，婦女中流行"花髻"，也是一種假髻。據宋代吳自牧《夢粱錄》記載，南宋都城臨安，民間男女成親之前，男方向女方送的聘禮中，就有"花髻"，時稱"催妝花髻"。

元明時期，婦女戴假髻的現象非常普遍，有"鬏髻""鬏髻"（亦作"鬏髻"）等名稱。不分貴賤，皆可戴用。明代，京城和一些中小城鎮，都設有專門製作假髻的作坊和銷售的店鋪，形制各異。

清代婦女亦用假髻，當時以揚州所產假髻爲佳，形制多樣。據清李斗《揚州畫舫錄》記載，有蝴蝶、望月、花藍、折項、羅漢鬏、懶梳頭、雙飛燕、到枕鬏、八面觀音等名目。清代後期，滿族婦女在架子頭的基礎上，增高擴大，進而發展成一種牌樓式的固定飾物，俗稱"兩把頭"或"大拉翅"，漢族則稱其爲"旗頭"，從傳世圖照中可看到其樣式。

民國初年，隨着剪髮的流行，大拉翅漸絕。現代，除因禿髮等特殊原因外，一般婦女不用假髮。參閱周汛、高春明《中國歷代婦女妝飾·髮飾篇》。

古代婦女襯髮飾物

襯髮飾

古代婦女用來襯墊高髻的器物。在崇尚高髻的年代，髮髻的名目相當繁多，故襯髮的飾物也很多。襯髮飾在漢至南北朝的考古發掘中時有出現。如四川寶興瓦西溝東漢墓出土的一件鐵飾，以兩股鐵條合并彎製而成，外用細鐵絲纏繞，呈獨腳釵狀，全長12.5厘米，寬10.4厘米，出土時正好在人骨的頭部。又貴州平壩南朝墓發現一批造型奇特的銀飾。這些飾物各呈式樣，有單股，中間綴有丫叉；有雙股，形如髮釵，但釵股之間距離很大，頂部朝下彎曲成一個或兩個豁口。這些飾物都是用來承受支撐髻的簪釵，以便搭成各種形狀的框架。北京順義大營村西晉墓曾出土一件銅髮飾，兩頭作對稱的三齒，中間有雙梁橫搭，長15厘米，寬4厘米，亦是襯墊髮髻的飾物。在唐代墓葬中還曾出土一種"鑷釵"，也是一種襯髮飾物。

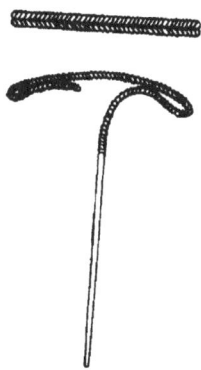

鐵襯髮飾

除出土文物外，文獻也有類似上述襯髮飾的記載，如漢崔瑗《三子釵銘》："元正上日，百福孔靈。鬒髮如雲，乃象衆星。三珠橫釵，鑷髮鑽塋。"按，《北堂書鈔》卷一三六《釵六十九》引作《三珠釵銘》，"橫釵"作"璜釵"，當是。這裏所說的"三子釵"，或"三珠橫釵"，或即指這種襯髮飾。至明代，婦女常用髮鼓作襯髮飾物。

三珠釵

古代婦女襯髮髻的飾物。始見於漢代。《北堂書鈔》卷一三六《釵六十九》引漢崔瑗《三珠釵銘》："元正上日，百福孔靈。鬒髮如雲，乃象衆星，三珠璜釵，鑷髮鑽塋。"

鑷釵

古代婦女用來襯墊髮髻的飾物。多以金、銀薄片彎曲成橢圓形。《北堂書鈔》卷一三六《釵六十九》引《東宮舊事》云："太子納妃，有金鑷釵。"亦作"環釵"。唐元稹《離思五首》之一："自愛殘妝曉鏡中，環釵謾嚲綠絲叢。"在發掘的唐墓中，這種襯髮飾物常有發現。廣東廣州皇帝崗唐墓中出土的一件鑷釵，以銀製成，表面鎏金，中部為一葉形薄片，葉的兩端延伸出一長條，尾端又分支成兩股，相

互扣結緊實，呈橢圓形。圓框徑長約21厘米，寬1.5厘米。出土時與頭骨和釵飾相鄰。類似的飾物，還見於陝西西安等地的唐墓、貴州平壩馬場南朝墓。這種襯托髮髻的飾物，與"篦"同時流行。

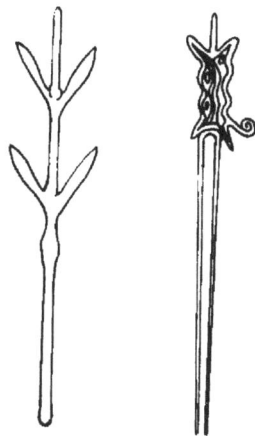

銀髮飾

【環釵】

同"鑷釵"。此體始見於唐代。見該文。

髮鼓

古代婦女用的襯髮飾品。即在本身的頭髮上摻以部分假髮，并襯以特製的髮托，以抬高髮髻的高度。其形制似秦漢之"篦"。《正字通·竹部》："篦，婦人首飾，猶今之髮鼓。"多見於明代。明顧起元《客座贅語·女飾》曰："今留都婦女之飾在首者……以鐵絲織為圈，外編以髮，高視髻之半，罩於髻而以簪綰之，名曰鼓。"顧氏所謂"鼓"，即是髮鼓之一種。明代墓葬中出土的髮鼓形制較多。如江蘇無錫明墓曾出土一件髮鼓，墓主是位命婦，出土時髮鼓保

鎏金銀髮鼓

存完好，在髮鼓內部襯有一個銀絲編成的飾物，飾物的周圍留有幾個插簪用的小孔，外覆以髮，并以銀簪等首飾插之。類似的飾品，江蘇揚州的明墓中也有出土。參見本卷《髮飾說·假髻考》"篦"文。

歷代婦女假髻

副

先秦時期貴族婦女之首飾。編髮爲假髻，上另飾他物，其制如漢之步搖。《釋名·釋首飾》："王后首飾曰副。副，覆也，以覆首；亦言副貳也，兼用衆物成其飾也。"《詩·鄘風·君子偕老》："君子偕老，副笄六珈。"毛傳："副者，后夫人之首飾，編髮爲之。笄，衡笄也。珈，笄飾之最盛者，所以別尊卑。"鄭玄箋："珈之言加也，副既笄而加飾，如今步搖上飾。"《周禮·天官·追師》："掌王后之首服，爲副、編、次，追衡、笄。"鄭玄注："副之言覆，所以覆首爲之飾，其遺象若今步繇矣。服之以從王祭祀。"近人尚秉和《歷代社會風俗事物考·三代以來首服·漢婦首上步搖》云："《詩》：'副笄六珈。'傳云：'既笄而加飾，如今步搖上飾。'錢氏曰：'今人步搖加飾，以珠飾之。小者六，多者倍蓰至三十六。'疏云：'步搖，副之遺象。'……據是則漢之步搖，周副之遺也。"參見本卷《首飾説·頭飾考》"步搖"文。亦作"䯻"。《廣雅·釋器》："假結謂之䯻。"《玉篇·髟部》："䯻，《周禮·追師》：'掌王后之首服爲䯻。'本亦作副。"

【䯻】

同"副"。此體始見於三國時期。見該文。

髢[1]

古時對假髮之稱。以人之髮或動物毛髮製成。《詩·鄘風·君子偕老》："鬒髮如雲，不屑髢也。"《莊子·天地》："有虞氏之藥瘍也，禿而施髢，病而求醫。"《左傳·哀公十七年》："初，公自城上見己氏之妻髮美，使髡之以爲呂姜髢。"亦作"鬄"。《周禮·天官·追師》"掌王后之首服，爲副、編、次，追衡、笄"，漢鄭玄注引《詩》："鬒髮如雲，不屑鬄也。"此稱歷代沿用，至今方言猶用之。曲藝中之武安落子《借髢髢》："要是有了髢髢戴，大會上一走笑迷迷。"

【鬄】

同"髢[1]"。此體始見於漢代。見該文。

【髲】

同"髢[1]"。此體始見於宋元前後。劉知遠《諸宮調·君臣弟兄子母夫婦團圓》："子每沒亂殺，一個髲髻撮不住。"清陸以湉《冷廬雜識·周孟侯先生宮詞》："翠髲寶鬟玉膏新，一對菱花一愴神。"

假髻

供婦女妝飾或代假髮用的髮髻。先秦時期已見，稱"編"。漢作"假紒"。《周禮·天官·追師》："掌王后之首服，爲副、編、次，追衡、笄。"鄭玄注："編，編列髮爲之，其遺象若今假紒矣。"《後漢書·東平憲王蒼傳》："今送光烈皇后假紒、帛巾各一。"漢魏以降，婦女髮飾流行高髻，《後漢書·馬援傳》有"城中好高髻，四方高一尺"之説，所作高髻皆以假髻爲之。晋代名"假髻"，亦稱"假頭"。《晋書·五行志上》："太元中，公主、婦女必緩鬢傾髻，以爲盛飾。用髮既多，不可恒戴，乃先於木及籠上裝之，名曰假髻，或名假頭。"唐代稱"義髻"。楊貴妃常以義髻作首飾。參閲《楊太真外傳》。唐代以後亦見，明代的髮鼓、鬆髻皆假髻。現代稱"假髮"，有各種質料，多種髮型，并代襯物，以成其形，可任意選取。

【編】

即假髻。此稱始見於先秦時期。見該文。

【假紒】

同"假髻"。此體始見於漢代。見該文。

【假頭】

即假髻。此稱始見於晋代。見該文。

【義髻】

即假髻。此稱始見於唐代。見該文。

【假髮】

即假髻。此稱行用於現代。見該文。

巾幗

古代婦女用絲織品或髮絲等製成的一種假髻。在盛行高髻的時代，假髮的使用非常普遍。爲使髮髻高聳，或於髮髻中襯墊飾物，或純用髮絲等製成類似假髮的飾物，"巾幗"當屬後一種情形。其用時祇要套在頭上即可。秦漢婦女所戴的巾幗，目前尚未見實物，但從漢墓出土的一些女子土陶俑上可以得到證明。如廣東廣州市郊東漢墓出土的一件舞俑，頭上戴有一個特大的"髮髻"，髻上插髮簪數枝，在"髮髻"底部近額頭處有一道明顯的圓箍，完全是一種臨時戴在頭上的假髻。這大約即"巾幗"。《後漢書·東平憲王蒼傳》："今送光烈皇后假紒、帛巾各一。"這裏所説可以贈送的假髻，當即

戴巾幗的漢代女子

指此類飾物。從某種意義上説，"巾幗"有點類似帽子，可以贈送。魏晋時期，這種假髮飾物甚爲流行。《三國志·魏書·明帝紀》："諸葛亮出斜谷。"裴松之注引《魏氏春秋》云："亮既屢遣使交書，又致巾幗婦人之飾，以怒宣王。"《晋書·宣帝紀》："亮數挑戰，帝不出，因遺帝巾幗婦人之飾。"此後，這種假髮飾逐漸被其他假髻替代。但由於巾幗爲婦女專用，故後世引申爲婦女之代稱。參見本卷《髮飾説·假髻考》"副""簂"文。

簂

古代婦女罩髮用的裝飾品。多以絲麻織品爲之。《釋名·釋首飾》云："簂，恢也。恢廓覆髮上也。"漢代皇后及貴族婦女以爲首飾。亦作"蔮"。《後漢書·輿服志下》："太皇太后、皇太后入廟服……翦氂蔮，簪珥。"又："下有白珠，垂黃金鑷，左右一横簪之，以安蔮結。"又："公、卿、列侯、中二千石、二千石夫人，紺繒蔮，黃金龍首銜白珠。"亦作"幗"。《後漢書·烏桓傳》："婦人至嫁時，乃養髮，分爲髻，著句決，飾以金碧，猶中國有簂步摇。"李賢注云："簂……字或爲'幗'，婦人首飾也。"其形制類似後世之髮鼓。《晋書·輿服志》："公特進侯卿校世婦、中二千石、二千石夫人，紺繒幗。"《正字通·巾部》："幗，婦人首飾，猶今之髮鼓。"參見本卷《髮飾説·假髻考》"巾幗""髮鼓""副"文。

【蔮】

同"簂"。此體始見於漢代。見該文。

【幗】

同"簂"。此體始見於晋代。見該文。

蔮氂簂

古代用細長的馬尾製成的巾式頭飾。秦漢時皇后及貴族婦女在舉行祭祀大典時戴之。《後漢書·輿服志下》:"太皇太后、皇太后入廟服……蔮氂簂,簪珥。"又:"下有白珠,垂黃金鑷,左右一橫簪之,以安蔮結。"

紺繒蔮

古代用黑紅色絲織品製成的巾式頭飾。秦漢時貴族婦女在舉行祭祀大典時戴之。《後漢書·輿服志下》:"公、卿、列侯、中二千石、二千石夫人,紺繒蔮,黃金龍首銜白珠。"晋代貴族婦女亦用。亦作"紺繒幗"。《晋書·輿服志》:"公特進侯卿校世婦、中二千石、二千石夫人,紺繒幗。"南朝貴族婦女亦用。參閱《宋書·禮志五》《隋書·禮儀志六》。

【紺繒幗】

同"紺繒蔮"。此體始見於晋代。見該文。

髢

古時對假髮之稱,以他人頭髮或動物毛髮製成。《三國志·吳書·薛綜傳》:"珠崖之廢,起於長吏睹其好髮,髡取爲髢。"亦作"髲"。南朝宋劉義慶《世說新語·賢媛》:"〔陶侃母〕湛頭髮委地,下爲二髢,賣得數斛米。"注文:"一作髲。"唐段成式《酉陽雜俎·廣動植·毛篇》:"〔狒狒〕血可染緋,髮可爲髢。"此稱沿用至近代,俗稱"髢子"。胡祖德《滬諺外編》卷下引清人顛公《三百六十行營業謠·賣髢子》:"髢子本是頭髮扎,可將假髮濟真髮。"亦作"髲",見於明代以後。明周履靖《錦箋記·閱錄》:"〔净:〕是不屑髲也。〔小旦:〕滿口胡柴。"清李漁《閑情偶寄·聲容部·修容第二》:"肖龍之法,如欲作飛龍、游

龍,則先以己髮梳一光頭于下,後以假髲製作龍形,盤旋繚繞覆于其上。"一本"髲"作"髮"。

【髲】[2]

同"髢"。此體始見於南北朝時期。見該文。

【髢子】

即髢。此稱始見於清代。見該文。

【髲】

同"髢"。此體見於明代以後。見該文。

蔽髻

魏晋南北朝時期的一種假髻。戴這種假髻,一般插有各種首飾。晋代爲三夫人(貴人、夫人、貴嬪)助蠶首飾。《晋書·輿服志》:"貴人、貴嬪、夫人助蠶,服純縹爲上與下,皆深衣制。太平髻,七鐼蔽髻,黑玳瑁,又加簪珥。九嬪及公主、夫人五鐼,世婦三鐼。"南北朝時期沿襲此制。《宋書·禮志五》:"今皇后謁廟服桂襊大衣,謂之褘衣。公主、三夫人大手髻,七鐼蔽髻。九嬪及公夫人五鐼,世婦三鐼。"《隋書·禮儀志六》:"〔陳制〕公主、三夫人大手髻,七鐼蔽髻。九嬪及公夫人五鐼,世婦三鐼。"

漆髻

塗漆的假髻。假髻以木料或其他材料製成,上塗以黑漆,或用彩漆上花紋。見於唐代。除貴婦使用外,常用於宮娥舞姬。新疆吐魯番阿斯塔那唐張雄夫婦墓出土一個用木料製成的漆髻,外表塗以黑漆,兩側繪有忍冬花紋樣,下鑿若干小孔,插髮簪之用。同墓還出土女俑,頭上戴這種假髻,髻上有花紋。

花髻

遼宋時婦女戴的假髻。上飾各式珠寶製的

花卉。遼代皇后戴之。遼王鼎《焚椒録》："〔懿德皇后燕居〕上戴百寶花髻，下穿紅鳳花靴。"南宋都城臨安，民間男女婚嫁，在成親之前，男方向女方送的聘禮中，就有花髻，時謂"催妝花髻"。宋吳自牧《夢粱録·嫁娶》："自聘送之後，節序不送，擇禮成吉日，再行導日，禮報女氏，親迎日分。先三日，男家送催妝花髻、銷金蓋頭。"

催妝花髻

宋代婚姻聘禮中的一種花髻。時在民間流行。見"花髻"文。

鬆髻

古代婦女假髻的一種。以全部假髻製成，可直接戴於頭上，無須梳掠。多用於已婚婦女，居家、外出均可戴之。始見於元代。元關漢卿《調風月》第二折："見我這般氣絲絲偏斜了鬆髻。"明代亦廣爲流行。當時京城和一些中小城鎮，均設有專門作坊和銷售店鋪，名目繁多，形制各异。《金瓶梅詞話》第二〇回："〔李瓶兒〕拿出一頂金絲鬆髻，重九兩，因問西門慶：'上房他大娘衆人有這鬆髻没有？'西門慶道：'他們銀絲鬆髻倒有兩三頂，只没編這鬆髻。'"直到清朝初年，仍爲婦女所好。亦稱"鬆勒"。清李斗《揚州畫舫録》卷九："揚州鬆勒，异于他處，有蝴蝶、望月、花藍、折項、羅漢鬆、懶梳頭、雙飛燕、到枕鬆、八面觀音諸義髻。"

【鬆勒】

即鬆髻。此稱始見於清代。見該文。

鬏髻

古代婦女假髻之一種。以假髮製成，外加套網及裝飾。形制或同鬆髻，流行於元明以降。元馬致遠《青衫淚》第二折："娘呵！你早則皂裙兒拖地，柱杖兒過頭，鬏髻兒稍天。"《儒林外史》第五四回："〔聘娘〕要尋刀刎頸，要尋繩子上吊，鬏髻都滚掉了。"亦作"鬏髻"。《西游記》第二三回："時樣鬏髻皂紗漫，相襯著二色盤龍髮。"

【鬏髻】

同"鬏髻"。此體始見於明代。見該文。

架子頭

清代滿族普通旗女的頭飾。將頭髮平分爲兩把，以鐵絲做成架子，將髮盤結在架子上，使之成爲扁平形。清得碩亭《草珠一串》詩："頭名架子甚荒唐，腦後雙垂一尺長。"自注："近時婦女，以雙架插髮際，挽髮如雙角形，曰'架子頭'。"亦稱"一字頭""把兒頭"。周錫保《中國古代服飾史》第十四章"清代服飾"："因其二髻間插以雙架成雙角，所以又叫做'架子頭'；望之如'一'字，又稱之爲'一字頭'。其間名稱不同，形式或也有稍异，但大體是相類的。一般左右橫出的長度（即髻之長度）約一尺許。另有名'把兒頭'者，大致也屬此類型。形成這種髻式大致在清代中葉。"

【一字頭】

即架子頭。此稱始見於清代。見該文。

【把兒頭】

即架子頭。此稱始見於清代。見該文。

大拉翅

清代滿族婦女頭飾。亦稱"兩把頭"。由架子頭演變而來。清代咸豐以後，滿族婦女的髮髻不斷增高，"雙角"不斷擴大，逐漸發展成一種高如牌坊式的裝置，上面以綢緞爲之，戴時祇須套在頭上，再加插一些絹花即可，無須梳掠。周錫保《中國古代服飾史》第十四章"清代服飾":"關於'兩把頭''大拉翅'的梳法，據臺灣省出版的《歷代婦女袍服考實》所載，是先將長髮向後梳，分爲兩股，下垂到達項部，然後分股向上反摺，摺叠時粘以黏液，覆壓使之扁平，微向上翻。餘髮摺上，合爲一股，反覆至前頂，隨以頭繩（紅色棉繩），周繞髮根一圈結扎固定。髮根成短柱狀，繞以闊約三四公分的帛條，覆裹髮根，其上橫插長約 4×20 公分有餘的版片，名曰'扁方'。即以餘髮繞扁方，使與髮根之柱狀合成 T 字形。前戴大紅花，側面垂流蘇。"民國初年漸廢。

【兩把頭】

即大拉翅。此稱始見於清代。見該文。

【大扁方】

即大拉翅。凡梳兩把頭，須將大扁方（盤繞頭髮的版片）襯在下面，故稱。清文康《兒女英雄傳》第二○回："頭上梳着短短的兩把頭兒……彆着一枝大如意頭的扁方兒。"

第三節　鬢、額髮式考

古代婦女除將頭髮綰成各種髮髻之外，還非常重視鬢髮、額髮的修飾，故婦女鬢髮、額髮的樣式亦有各種不同的形制。

從形象資料來看，秦代婦女已注意對鬢髮進行修飾，其形狀多爲直角，鬢角下部的頭髮全部剃去。陝西臨潼出土女陶俑，多作此妝式。直至西漢，這種妝式仍然流行。

東漢末年至魏晋時期，婦女的鬢髮多整理成彎曲的鈎狀，朝鮮樂浪（東漢時期的屬地）彩篋冢出土的漆畫、甘肅嘉峪關魏晋墓出土的壁畫，有作這種鬢髮式的婦女形象。六朝時期還流行長鬢，其長可過耳、至頸、搭肩，有的還將鬢髮梢修剪成分叉式，一長一短，左右各一，遠望如扎兩根飄帶。還有一種蓬鬆的鬢髮，其大可遮住兩耳，并與腦後髮相連，稱"緩鬢"。緩鬢，一般配上假髮製的"傾髻"，總稱"緩鬢傾髻"。這是當時貴婦作的一種鬢式，顯得雍容華貴。陝西西安草場坡北朝墓出土的陶俑，鬢髮作此樣式。直至唐代，仍有人仿效這種妝式。還有一種"鴉鬢"，是一種如雛鴉展翅的鬢式。配這種鬢式的髮髻，也呈鴉首之狀。江蘇南京西善橋晋墓出土陶俑，可見到鴉鬢的具體形狀。唐代仍流行這種鬢式。

魏晋南北朝時期，婦女還梳一種"薄鬢"，極具特色。這種鬢式，是將鬢髮梳理成薄薄的一片。因其輕薄透明，形如雲霧，亦稱"雲鬢""輕鬢""霧鬢"。其中，薄如蟬翼的薄鬢又稱"蟬鬢"。相傳爲三國時魏文帝宮人莫瓊樹所創（見晋崔豹《古今注》）。南北朝時，婦女作蟬鬢，特將鬢髮朝兩面展開，形如蒲扇，江蘇南京城郊六朝墓出土陶俑作此鬢式。至唐代，婦女仍作蟬鬢，但鬢髮僅至耳際，并朝臉部靠攏，形成"兩鬢抱面"的形象，陝西西安市郊龐留村、郭家灘唐墓出土陶俑，均有此鬢式。

初唐婦女一般不注重鬢髮的修剪；至盛唐時多整理成尖狀，長至耳垂；中晚唐婦女則將鬢髮留長，修剪成圓角，或附於耳部，或垂於頸間；唐末，還流行不設鬢髮的髮式，即將頭髮掩住鬢角，使頭髮、額髮、鬢髮和腦後髮混爲一體。這種髮式，影響了五代至宋婦女的妝式。北宋流行的"大鬢"爲其遺制。

宋代宮廷婦女中還流行"攏鬢"，亦稱"暈攏鬢"，即將鬢髮修理成虛實不同的形狀，產生出深淺不同的效果，呈暈染之狀，還配以倒暈眉的妝式。北京故宮南薰殿舊藏《歷代帝后像》中的宋代宮女作此鬢式。

受宋代暈攏鬢的影響，明代出現了描畫水鬢的風俗。即用黑色顏料，把鬢角畫長，以改變面部輪廓形象，《金瓶梅詞話》第四回描寫潘金蓮即作此妝式。

此外，北宋末年婦女還流行對額髮的修飾，有"大鬢方額""雲尖巧額"等名目。將額髮修剪成一字形，橫於眉上，額髮兩角平齊方正，即所謂"大鬢方額"；將額髮盤成朵雲之狀，橫於額前，兩邊與鬢髮相連，即所謂"雲尖巧額"（見宋袁褧《楓窗小牘》）。宋李嵩《聽阮圖》中可看到這種髮式。

清朝後期，年輕婦女喜將一綹頭髮覆額，稱"前劉海"或"劉海頭"。光緒以後，前劉海花樣翻新。有"一字式"，橫抹一綫，長達二寸，覆於眉間；有"垂絲式"，將額髮剪成圓角形，由上而下，呈垂絲之狀；有"燕尾式"，將額髮分爲兩綹，修剪成尖角，形如燕尾；有"捲簾式"，將額髮捲裹，使之彎曲，作隆起高捲狀。至民國初年，又盛行一種極短的前劉海，若有若無，俗稱"滿天星"。這些鬢式，從傳世圖照中皆可見到。

20 世紀 90 年代，有些婦女在燙髮時，將兩鬢各留一綹，經過燙髮處理，呈彎曲下垂狀，也是一種流行的鬢髮新式樣。參閱周汛、高春明《中國歷代婦女妝飾·髮飾篇》。

鬢髮式

緩鬢

古代婦女鬢髮妝式的一種。寬且大，可將兩耳遮住，并與腦後頭髮相連。兩晋南北朝流行。梳這種鬢髮的婦女，多爲貴婦。這種鬢髮，配上假髮以成傾髻，可顯出雍容華貴之態。《晋書·五行志上》：“太元中，公主、婦女必緩鬢傾髻，以爲盛飾。”陝西西安草場坡北朝墓出土的女俑，作這種鬢髮式。這是一種蓬鬆的鬢髮，故後世亦稱“鬆鬢”。唐韓偓《新上頭》詩：“學梳鬆鬢試新裙，消息佳期在此春。”

【鬆鬢】

即緩鬢。此稱始見於唐代。見該文。

鴉鬢

古代婦女鬢髮妝式的一種。梳時，將鬢髮朝兩側擴展，形似展翅欲飛的雛鴉，故名。作此鬢髮的婦女，往往將髮髻也梳成鴉首之狀。江蘇南京西善橋晋墓出土的陶俑，作此鬢髮式。唐代仍見流行。唐陸龜蒙《偶作》詩“雙眉初出繭，兩鬢正藏鴉”，描繪的就是這種鬢式。

梳鴉鬢的晋代女子

薄鬢

古代婦女鬢髮妝式的一種。將鬢髮梳理成薄薄的一片。流行於魏晋南北朝時期。南朝陳徐陵《玉臺新咏·序》：“妝鳴蟬之薄鬢，照墮馬之垂鬢。”至唐代仍然流行。唐李百藥《戲贈潘徐城門迎兩新婦》詩：“雲光鬢裏薄，月影扇中新。”因輕薄透明，形如雲霧，故亦稱“雲鬢”。《樂府詩集·橫吹曲辭五·木蘭詩二首》之一：“當窗理雲鬢，對鏡帖花黄。”南朝梁沈約《少年新婚爲之咏》詩：“羅繻金薄厠，雲鬢花釵舉。”亦稱“輕鬢”。南朝梁沈滿願《映水曲》：“輕鬢學浮雲，雙蛾擬初月。”亦稱“霧鬢”。宋蘇軾《題毛女真》詩：“霧鬢風鬟木葉衣，山川良是昔人非。”

【雲鬢】

即薄鬢。此稱始見於南北朝時期。見該文。

【輕鬢】

即薄鬢。此稱始見於南北朝時期。見該文。

【霧鬢】

即薄鬢。此稱始見於宋代。見該文。

蟬鬢

古代婦女鬢髮妝式的一種。薄鬢的一種。將鬢髮梳成薄片，如同蟬翼。蟬身黑而光潤，故有此稱。始見於三國時期，爲魏文帝寵幸的宮人莫瓊樹所創。五代馬縞《中華古今注·魏宮人長眉蟬鬢》：“魏文帝宮人絶所愛者，有莫瓊樹、薛夜來、陳尚衣、段巧笑，皆日夜在帝側。瓊樹始制爲蟬鬢，望之縹緲如蟬翼，故曰蟬鬢。”傳爲晋顧愷之《列女圖》中的貴婦，有不少作此妝式。其樣式，多梳成狹窄的薄片，長度一般在頸間。南北朝時期仍流行。南朝梁元帝《登顔園故閣》詩：“妝成理蟬鬢，笑罷斂蛾眉。”南北朝流行的蟬鬢，樣式有變，即將鬢髮朝兩面展開，形如蒲扇。江蘇南京市郊六朝墓出土陶俑，梳這種鬢髮樣式。隋唐時期，蟬鬢繼續流行。隋薛道衡《昭君辭》詩：“蛾眉非本質，蟬鬢改真形。”唐白居易《婦人苦》詩：“蟬鬢加意梳，蛾眉用心掃。”唐代婦女蟬鬢的樣式是鬢髮位置提高，多處於耳際；朝臉部靠攏，俗稱“兩鬢抱面”。陝西西安市郊

梳蟬鬢的唐代女子

龐留村唐墓、郭家灘唐墓出土的陶俑，作此鬟式。

長鬟

古代婦女鬟髮妝式的一種。即將鬟髮梳得很長，下長過耳，或長至頸部，甚至披搭肩上。漢代已出現長鬟，但是將鬟髮作成彎鈎狀，朝鮮樂浪（東漢時期的屬地）彩篋冢出土漢代漆畫有此鬟髮樣式。魏晉南北朝時期，婦女流行梳長鬟。晉顧愷之《女史箴圖》、甘肅嘉峪關魏晉墓壁畫，皆有梳長鬟的婦女形象。有的長鬟作分叉式，一長一短，敦煌莫高窟二百八十五窟西魏供養人壁畫有梳此鬟髮式的婦女形象。唐代以後，至宋明各朝，衹有孩童、少年男女、侍婢、童僕梳長鬟，成年婦女少見。

彎鈎式長鬟

古代婦女長鬟的一種。將鬟髮作成彎鈎狀，其長過耳。始見於漢代。朝鮮樂浪（東漢時期的屬地）彩篋冢出土漢代漆畫，可見到其樣式。魏晉時仍流行，甘肅丁家閘古墓出土壁畫有此樣式。

步搖鬟

古代婦女長鬟的一種。將鬟髮作成分枝的長鬟，走路時，可隨步節而動，形如步搖，故名。流行於西晉末年。宋高承《事物紀原·冠冕首飾部》："馮鑑《後事》云：晉永嘉中，以髮爲步搖之狀，名曰鬟，以爲禮容。即今纏髮特髻，乃其遺象也。"

分叉式長鬟

古代婦女長鬟的一種。將鬟髮的髮梢修剪成分叉式，一長一短，左右各一，遠望似扎着兩條飄帶。流行於北朝。敦煌莫高窟二百八十五窟西魏供養人壁畫有梳此鬟髮式的婦女形象。

兩博鬟

古代婦女鬟髮妝式的一種。下垂過耳，鬟上飾有花鈿、翠葉之類的飾物，爲一種假鬟。始見於隋代。貴族婦女以之表貴賤、別等級。《隋書·禮儀志七》："〔皇后〕褘衣……首飾花十二鈿，小花耗十二樹，并兩博鬟。"三妃、九嬪、婕好、美人、才人、寶林等皆兩博鬟，首飾花依次減爲九鈿、七鈿、五鈿。唐代，皇后服褘衣，首飾花十二樹，并兩博鬟；皇太子妃，首飾花九樹，并兩博鬟；内外命婦服花釵，施兩博鬟。參閱《舊唐書·輿服志》。宋代，后妃、命婦皆施兩博鬟。參閱《宋史·輿服志三》。明代，皇后禮服，兩博鬟，十二鈿；皇妃、皇嬪及内外命婦，兩博鬟，九鈿。參閱《明史·輿服志二》。

攏鬟

宋代宮廷婦女的一種鬟髮妝式。其特點是將鬟髮修理成虛實不同的形狀，可產生出深淺不同的色調，靠臉頰處較深，至耳邊則逐漸變淺，由深入淺，呈暈染之狀，故亦稱"暈攏鬟"。這種鬟髮妝式，一般還配以倒暈眉等妝飾。北京故宮南薰殿舊藏《歷代帝后像》中的宋代宮女，梳這種鬟髮樣式。

【暈攏鬟】

即攏鬟。此髮式始見於宋代。見該文。

水鬟

古代婦女鬟飾。以黑色顏料，把鬟角畫長，以改變面部輪廓形象。見於明代。作此妝式者多爲年輕婦女。《金瓶梅詞話》第四回："這西門慶仔細端詳那婦人，比初見時越發標致……兩道水鬟描畫的長長的。"

額髮式

大鬢方額

　　古代婦女的一種額髮樣式。其特點是，將額髮修剪成一字形，橫列於眉上，額髮的兩角平齊方正，故名。興於宋徽宗崇寧年間。宋袁褧《楓窗小牘》卷上："汴京閨閣，妝抹凡數變，崇寧間，少嘗記憶，作大鬢方額。"宋李嵩《聽阮圖》中可見這種額髮式樣。

雲尖巧額

　　古代婦女的一種額髮樣式。其特點是，將額髮盤成朵雲之狀，橫列於額前，兩邊與鬢髮相連。興於宋徽宗宣和年間。宋袁褧《楓窗小牘》卷上："汴京閨閣，妝抹凡數變，崇寧間，少嘗記憶，作大鬢方額。政、宣之際，又尚急把垂肩。宣和已後，多梳雲尖巧額，鬢撐金鳳。"宋李嵩《聽阮圖》中可見這種額髮式樣。

前劉海

　　晚清婦女的一種額髮式樣。在梳髮時，留一綹頭髮覆於額際。因這種下垂的額髮與民間繪畫《劉海戲蟾》中的劉海髮式相似，故稱。亦稱"劉海頭"。見於晚清時期。梳這種額髮者，多爲年輕婦女。光緒以後，前劉海花樣翻新。有"一字式"，長達二寸，覆蓋全額，在眉下或眼下剪齊；有"垂絲式"，將額髮剪成圓角形，梳理時由上而下，如垂絲；有"燕尾式"，將額髮分成兩綹，修剪成尖角，形如燕尾；有"捲簾式"，將額髮捲裹，使之彎曲。至民國初年，將額髮剪得極短，遠遠望去，若有若無，俗稱"滿天星"。這些額髮樣式，從傳世圖照中皆可見到。

【劉海頭】

　　即前劉海。此稱始見於清代。見該文。

第三章 首飾説

第一節 頭飾考

　　古代婦女將頭髮縮成髻鬟後，還必須以簪、釵貫連固定之，以防鬆散。簪、釵也隨之成爲頭上重要飾物。

　　簪，本名"笄"。考古資料證明，早在新石器時代的婦女已經使用，仰韶文化和龍山文化層中皆曾發現陶笄和骨笄。新石器時代古墓中出土的骨笄，均以動物肢骨磨成，扁長體，頂部稍寬，一端磨製成圓形。亦有使用木笄者，在河南光山寶相寺附近一座春秋早期墓中，曾發現一保存完好的髮髻，即插兩根木笄。從出土的笄的質料來看，還有石、蚌、荆、竹、玉、銅、金、象牙、牛角、玳瑁等多種。石笄亦出現於新石器時代，比較典型的是廣東清遠滃江支流新石器時代遺址出土的實物，以綠松石磨製而成，器身扁平，插入髮髻的一端略呈鈎狀。蚌笄，在河南商丘龍山文化遺址曾有出土，笄身圓柱體，首端有一道凹槽。玉笄出土較多，如河南淅川下寺春秋晚期墓出土的玉笄，笄身呈圓柱體，四周有紋飾。銅笄出土也較多，山西忻州連寺溝商墓出土的一件，笄身扁平，首端以蛙形爲飾。金笄，在北京平谷劉家河商墓有發現，器身一面平滑，一面有脊，截斷面呈三角形。竹笄，當出現較早，但易朽，故最早僅可見到戰國時的實物，四川青川戰國古墓出土較多，有三棱形、圓柱形多種。秦和西漢時期的竹笄也有發現。

先秦時期，女子插笄是成人的標志，并要舉行笄禮，如同男子年滿二十歲時舉行冠禮一樣。周代，女子年滿十五歲，即可許嫁，梳髻插笄；如無許嫁，至遲在二十歲也要舉行笄禮。直至宋代，此俗仍存，并影響到明清時期。

秦漢以後，笄之名逐漸爲"簪"所取代。簪的選料、設計、加工，皆因貴族婦女的需要而有更高的要求。上古時期使用的石笄、蚌笄、竹笄、木笄和骨笄等逐漸被淘汰，而代之以玉簪、金簪、銀簪、琉璃簪、玳瑁簪和翠羽簪等。玉簪，漢代以後爲婦女主要首飾，古詩中對此有大量描繪，考古也有較多發現，并有傳世實物。金簪、銀簪，考古發現和傳世品均較多，形制繁簡不一。簡單者以金銀絲爲之，一頭磨尖，一頭扭成一小結即成，如北京通州金墓出土的實物。稍複雜者，簪頭做成一定的形狀，并有紋飾，如江蘇宜興出土的金簪，頭部呈圓球形，四周鏤刻花紋，周圍有鑲嵌飾物的小孔。唐宋以後，金、銀簪造型更爲複雜，主要表現在簪首部分，或爲花朵狀，或爲球狀，或爲半球狀，或爲耳挖形，或爲如意形，或爲鳳鳥形，或飾以花卉、飛禽、走獸，或鑲嵌寶石。從出土實物來看，鳳簪最多，製作也最精緻。翠羽簪，是最爲精美的簪，以鳥類羽毛裝飾，多爲翠綠色，有的還鑲寶石，極爲華貴。

釵，本作"叉"，亦古代婦女首飾，其作用同簪，即都用於插髮。釵與簪在形制上的區別是：簪爲一股，釵爲雙股。從出土實物來看，新石器時代已有笄，但尚無釵，這說明釵的出現晚於簪。現在能見到的較早的髮釵實物，是山西侯馬春秋墓出土的骨釵。釵的分類，就質料而言，有金釵、銀釵、銅釵、玉釵、翡翠釵、玳瑁釵、鑞釵、寶釵、靈釵等；就式樣而言，有素釵、花釵、長釵、短釵等；就釵首裝飾而言，有蟠龍釵、鸞釵、鳳釵、爵釵、燕釵等。釵的安插方法，有橫插法、竪插法、斜插法、倒插法等。可插兩支，左右各一；亦可插數支。最多者插十二支。對此，古籍中有不少記載，古詩文中亦有大量描繪。

髮釵出現以後，至西漢末逐漸普及。漢代，髮釵一般以金銀絲爲之，兩端捶尖，中部扭曲，形成并列雙股。三國時仍沿用此形制。至兩晋南北朝時期，髮釵形制開始發生變化。先是釵股之間有了距離，頭部略方；後又將彎曲部分捶扁，呈馬蹄形。亦有將釵股的尖端向外扭曲，製成一彎鉤的，這樣可防墜落。隋代沿用，但有的將釵上的彎鉤去掉，或將一根釵股縮短。用兩種或兩種以上材料製成，釵首製成各種形狀的花朵，是隋唐時期髮釵的特徵。晚唐以後，用於固定高髻的長髮釵，可長達30~40厘米，釵首不飾花樣，僅於釵梁上刻有花紋。這種髮釵，在陝西西安、浙江長興和江蘇丹徒的唐代遺址中皆有發現。宋代，釵股又恢復爲并列形狀，并且夾得很緊，釵股中間較細，尖端較粗，以防使用時脱落。金、元沿其形制。元末，釵股又重新分開。明清時期，髮釵的製作，既繼承了前代的風格，又花樣翻新。如江西南城明益王朱祐檳彭氏棺出土的纍絲金鳳釵，又其長子朱厚燁墓出土的仙人樓閣金釵，北京海淀八里莊明武清侯李偉夫婦墓出土的掐絲鑲嵌金花釵，皆這一時期首飾珍品。其製作工藝巧奪天工，令人嘆爲觀止。現代婦女用的髮卡，即由古代髮釵演變而來。

步摇是在簪、釵的基礎上發展而來的。如果在髮釵上裝綴一個可以活動的花枝，并在花枝上垂以珠玉等飾物，就成了步摇。因其上有垂珠，可隨着走路邁步而摇曳，故名。步摇出現於戰國時期（見戰國楚宋玉《諷賦》）。春秋時期，婦女首飾中的“珈”爲其原始形制。漢代，步摇以金玉爲之，呈樹枝狀，上綴玉珠或花鳥禽獸等（見《後漢書·輿服志下》）。湖南長沙馬王堆一號漢墓出土的帛畫上有一名貴婦，頭上插有步摇。兩晋南北朝沿用，這在當時的詩文中有較多描繪，并在遼寧北票晋墓中出土有實物。唐代婦女講究妝飾，步摇的使用非常普遍，既有文獻記載，亦有形象資料。其形制异於漢魏，一般多用金玉製成鳥雀之形，鳥雀口中銜一挂珠串。五代婦女承晚唐遺風，步摇的使用仍很普遍。至明清時期，仍存在這種首飾，如明代命婦戴的鳥雀口中銜挂珠串的首飾，即步摇的遺制。對此，文學作品中有大量描繪。

古代婦女還在髮髻上插梳篦爲飾。梳篦本是梳理頭髮的工具。有齒，齒疏者爲梳，齒密者爲篦。篦又可清除髮垢。由於婦女梳不離身，久之，便形成插梳之風氣。考古工作者在山西襄汾陶寺遺址清理新石器時代的墓葬時，墓中出土的梳在人骨頭部，這證明早在四千年前，我們的祖先已開始插梳。春秋戰國時期插梳的實證，考古也有發現。在秦漢時期的墓葬中，梳篦裝入妝奩，似無插梳之習。魏晋以後，插梳之風又興，唐代盛極一時，既插梳，又插篦。梳篦製作講究，製作材料豐富。其插法，或在髻前橫插一把梳篦，梳篦露出髮外；或在髮髻上同時插幾把小梳篦。中唐以後，則喜歡插兩把大梳，梳齒上下相對。這些插梳樣式，在唐人畫像中皆可見到。宋代婦女插梳，較唐代有過之而無不及。北宋時期，京都婦女以漆紗及金銀珠翠製成髮冠，上綴數把白角大梳，有的長一尺餘（見宋孟元老《東京夢華錄》）。宋代西南地區的婦女，喜在髻後插大象牙梳，如手大（見宋陸游《入蜀記》）。元代以後，插梳漸少。明清時期，基本不見。參閱周汛、高春明《中國歷代婦女妝飾・首飾篇》。

清末，婦女仍梳各種髮髻，上插簪、釵等飾物。民國初年，一度流行剪髮，婦女剪髮以後，一般用緞帶束髮，也有用珠翠寶石做成各種髮箍套在髮上的，多見於富貴人家的婦女。民間婦女通常梳纂，即將頭髮在頸後盤成一團，用網子罩住，以簪貫之。年輕女子梳辮子，扎以紅頭繩。大約在20世紀30年代，西洋婦女的燙髮傳到中國，大城市中婦女多效仿，燙髮的婦女因不需束髮，故髮上飾物漸少。

中華人民共和國成立以後，生活上提倡艱苦樸素，廣大勞動婦女多剪短髮，青年女子則梳雙辮，髮上飾物幾絕，僅有用以束髮的頭繩、髮卡之類。改革開放以來，婦女又流行燙髮，青年女子則流行披肩長髮，或在腦後將髮扎一下使之垂於背後，梳辮者不多，束髮飾物一度流行各種髮夾、髮帶。

在少數民族地區，本族婦女傳統的髮飾仍然流行。如土族婦女的"那彥"、裕固族婦女的"薩達爾格"等，皆爲辮上飾物。白族、土族婦女的髮飾均別具一格。

首飾名稱及原始束髮飾物

首飾

頭上飾物之總稱。始兼男女而言，後婦女專用。徐珂《清稗類鈔・服飾類・首飾》云："首飾，所以飾首之物，本兼男女而言之……其後乃專指婦女頭上所飾者而言。"據宋高承《事物紀原・冠冕首飾部・首飾》云："自燧人之始，婦人束髻，舜加首飾，文王又加翠翹步搖也。"由此可知，婦人束髮是首飾出現之源。考古資料亦表明，新石器時代即有束髮器的實物出土。如山東寧陽大汶口遺址，曾出土用二十七塊長方形器相連的束髮器，器頭皆鏤有用以串繩的小圓孔。其距今約四千年，足與文獻相證。此後各種首飾，如笄（簪）、釵、步搖、勝、鈿、項鏈、耳環等不斷涌現，精彩紛呈，成爲婦女日常生活中不可或缺的實用性很強的裝飾品。《後漢書・輿服志下》："後世聖人……見鳥獸有冠角頷胡之制，遂作冠冕纓蕤，以爲首飾。"三國魏曹植《洛神賦》："戴金翠之首飾，綴明珠以耀軀。"宋王讜《唐語林》卷六《補遺》："長慶中，京城婦人首飾，有以金碧珠翠，笄櫛步搖，無不具美，謂之'百不知'。"近代，全身的裝飾品皆稱首飾。徐珂《清稗類鈔・服飾類・首飾》："今（近代）則臂釧、指環之屬，雖不施於首，亦通謂之首飾矣。"

【頭面】

即首飾。宋孟元老《東京夢華錄·相國寺內萬姓交易》："兩廊皆諸寺師姑賣綉作、領抹、花朵、珠翠頭面、生色銷金花樣襆頭帽子、特髻冠子、條線之類。"宋以後亦見此稱。元秦簡夫《晋陶母剪髮待賓》第一折："我將些衣服頭面，都做了文房四寶、束脩錢。"

笄

古代婦女首飾。始見於先秦時期。《周易·既濟》："婦喪其笄。"王弼注："笄，首飾也。"亦作"髵"。《廣韻·入物》："髵，婦人首飾。"後世亦見。宋歐陽修《班班林間鳩寄內》詩："又云子亦病，蓬首不加髵。"

【髵】

同"笄"。此體始見於宋代。見該文。

大汶口文化束髮器

原始串形束髮飾物。山東寧陽大汶口遺址出土，距今約四千年。束髮器用二十七塊長方形器相連，長方形器頭皆鑽有小圓孔，可以用繩串聯。

簪類頭飾

簪

古代用來插定髮髻或連冠於髮的一種針形飾物。後專指婦女插髻的首飾。本源於"笄"。《說文·竹部》："笄，无也。"段玉裁注："无，各本作簪，今正。无下曰：首笄也，俗作簪。"古代插笄，男女皆然。男子用笄拘冠，使之不墜；女子用笄固髻，以免鬆散。在先秦時期，女子插笄還被視作成年的標志。《禮記·內則》："十有五年而笄，二十而嫁。"鄭玄注："謂應年許嫁者，女子許嫁，笄而字之；其未許嫁，二十則笄。"其實，早在新石器時代，婦女就已經使用髮笄了。如江蘇常州圩墩新石器時代遺址曾出土五枚骨笄，廣東清遠滬江支流新石器時代遺址出土了一枚石笄等。其基本形狀為圓錐狀。當時插笄，完全是出於實用。考古資料和文獻記載表明，上古之笄多以獸骨、竹木、石料製成，後漸代之以玉、金、銀、銅、珠寶等。而且樣式也不斷由簡變繁。如河南安陽殷墟婦好墓出土的骨笄，端首多作夔形或鳥形，此外尚有端首作幾何形和傘形的，紋飾較為精緻。秦漢以後，笄始稱為"簪"。其製作材料、圖案設計、製造工藝，都更為考究。且簪首飾有各種珠寶。《史記·春申君列傳》："趙使欲誇楚，為瑇瑁簪。"江蘇宜興晋墓曾出土一枚金簪，頭部高 1.5 厘米，徑 1.4 厘米，呈圓球狀，四周鏤刻花紋，周圍另有鑲嵌珠寶用的小孔，惜嵌物無存。唐宋之簪，多用金銀、玉石等貴重材料製成。金銀簪的製作更趨精美，除鏨花、鏤花外，還有用細金銀絲製作的盤花簪。元明清三代，髮簪之製作均以細巧見長，簪頭大都製成梅花、菊花、鳥頭、龍頭等形狀，嵌飾亦豐富多彩。如雲南昆明王家營明墓出土的一枚金花簪，簪頭繫一朵盛開之牡丹，花瓣與葉均用薄金片製成，花心部鑲嵌一枚紅寶石，姿態生動。吉林通榆清公主陵出土的一對髮簪，以金絲編成，通長 12.8 厘米，簪頭作松、竹、梅，寓爲"歲寒三友"，造型別具匠心。北京小西天一座清代貴婦墓中，曾出土的黃金首飾重達450多克，僅簪釵就有三十三件之多。簪有金鳳簪、花瓶頂簪、花瓣簪、萬事如意簪、二龍戲珠簪、麒麟簪、盤絲鏤空簪、朵雲頂簪、菊花頂簪等名目，足見當時婦女簪飾之盛。徐珂《清稗類鈔·服飾類·卍字簪》云："孝欽后好妝飾……宮簪翡翠之深綠，爲世所罕有，兩端各鑲赤金卍字七個，曰卍字簪。"亦稱"第"。《集韻·入勿》："第，箭也。一曰笄謂之第。"簪，雖爲古代之縮髮器，然今仍有婦女用以束髮，以存古風。

【笄】

即簪。上古對"簪"之稱。此稱始見於先秦時期。見該文。

【第】

即簪。此稱始見於宋代。見該文。

【搔頭】

即"簪"。傳言漢武帝過李夫人，以簪搔首，宮人效之，後或以爲名。參閱《西京雜記》卷二。漢繁欽《定情詩》："何以結相於，金薄畫搔頭。"唐韓愈《短燈檠歌》："裁衣寄遠淚眼暗，搔頭頻挑移近床。"元張雨《東風第一枝·玉簪》詞："蜻蜓飛上搔頭，依前艷香未歇。"《通雅·衣服》："搔頭，一名摘頭，導亦可簪。"

【雙尖】

即簪。明代始見此稱。元顧瑛《書畫舫席上聯句》詩："寶帶圍腰星萬點，黃柑傳指玉雙尖。"

筐

小簪。《淮南子·齊俗訓》："柱不可以摘齒，筐不可以持屋。"高誘注："筐，小簪也。"

鬠

古代束髮之骨製飾物。具體形制已不可詳考，或說即骨製之笄簪。《說文·骨部》："鬠，骨擿之可會髮者。从骨會聲。《詩》曰：'鬠弁如星。'"明王育《說文引詩辨證》："鬠，簪也，象骨爲之，故從鬠。"然今本《詩》《周禮》皆作"會"。《周禮·夏官·弁師》"王之皮弁，會五采玉璂，象邸，玉笄"，漢鄭玄注："故書'會'作'鬠'。"并引漢鄭衆注："讀如馬會之會。謂以五采束髮也。《士喪禮》曰：'檜用組，乃笄。'檜讀與鬠同，書之異耳。說曰以組束髮乃著笄謂之檜。沛國人謂反紒爲鬠。"是鄭衆認爲以五采束髮并簪插笄之裝束就是鬠。然鄭玄注《詩》《周禮》，既不用故書"鬠"字，亦不采鄭衆舊說，其於《詩·衛風·淇奧》"充耳琇瑩，會弁如星"箋云："會，謂弁之縫中，飾之以玉，礫礫而處，狀似星也。"又於《周禮》注云："會，縫中也。璂，讀如薄借綦之綦。綦，結也。皮弁之縫中每貫結五采玉十二以爲飾，謂之綦。"此說雖非髮飾，亦首飾之屬。後世作"鬠"者，多取束髮義，《廣韻·去泰》："鬠，五采束髮。鬐，上同。"而作"會"者，多采鄭玄之說。《晉書·輿服志》："《禮》：'王皮弁，會五采玉璂，象邸，玉笄。'謂之合皮爲弁，其縫中名曰會。"清段玉裁《說文解字注·骨部》："蓋《毛詩》本作'鬠弁'，《傳》本云'鬠，所以會髮；弁，皮弁'，正同《周禮》故書'皮弁，鬠五采'，謂先束髮而後戴弁，其光耀如星也。自鄭箋《毛詩》，乃易'鬠'爲'會'，釋爲弁之縫中，與注《周禮》從今書不從故書正同。後人據箋改傳，致有此不通耳。毛、許、

先鄭説《詩》《禮》皆與後鄭不同，其義則後鄭
爲長。"

骨笄

骨製之笄。早期髮髻飾物。新石器時代遺
址出土實物達千件。其製作原料，多爲牛、羊、
猪、鹿等動物骨骼，亦有少數以人骨製成。其
形狀多呈圓柱體，亦有扁平狀者，一般一頭尖
鋭，一頭截平，其上端有時還有條紋。至商周
時期，骨笄更注重外形的裝飾，特別是笄首的
造型，有傘形、幾何形、鷄雛形、夔龍形等。
出土實物也很多，僅殷墟婦好墓一個木盒内就
裝有四百餘件，簪帽多作夔形、鳥形、圓蓋形、
方牌形等，器身刻有多種圖案，有的還用綠松
石鑲嵌。1980 年陝西扶風召陳西周宮室建築群
遺址出土了兩件蚌雕人頭像骨笄，雕像是作骨
簪帽使用的，爲圓雕，一頭像高 2.9 厘米，另
一頭像高 2.8 厘米，均爲男像。其中一件頭像
下頜頦部以下，被鋸掉，中間有圓孔，孔内殘
留一截骨笄杆。爲這類笄飾之代表作。此後，
雖然金屬和玉石爲製簪之材料，但骨簪亦被沿
用。漢桓寬《鹽鐵論·散不足》："虞夏之後，
蓋表布内絲，骨笄象珥。"《隋書·禮儀志六》：
"〔喪，〕九族已下皆骨笄。"

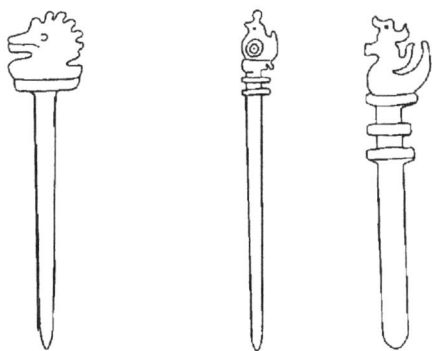

骨　笄

蚌笄

蚌製之笄。早期綰定髮髻的飾物。新石器
時代已見。出土實物不多。河南商丘黑堌堆龍
山文化遺址出土一件，其身呈圓柱體，首有一
凹槽，已殘斷，殘存的上端長 4.1 厘米。

玉簪

玉質或玉飾之簪。古代婦女綰定髮髻的飾
物。始稱"玉笄"。新石器時代已見。出土實
物較多，江蘇新沂花廳新石器時代遺址出土一
件玉笄，以湖綠色透閃石軟玉製成，長 42.4 厘
米，寬 1.2~1.5 厘米，身上有紋飾。河南安陽殷
墟婦好墓出土商代玉笄二十八件，有的頂端有
凸起之榫或凹入之孔，可與笄帽套合。平頂者
爲多。杆呈扁長條形，由上而下漸細。河南淅
川下寺春秋晚期墓出土的玉笄，長 13.5 厘米，
身呈圓柱體，一端較粗，呈喇叭形，另一端較
尖鋭。四周雕有雲雷及蟠螭圖紋。周代，以玉
笄爲冕弁之飾。《周禮·夏官·弁師》："皆五采
玉十有二，玉笄朱紘。"又："王之皮弁，會五
采玉璂，象邸，玉笄。"從戰國時期開始，逐漸
改稱"玉簪"。《韓非子·内儲上·七術》："周主
亡玉簪，令吏求之，三日不能得也。"漢代，主
要爲貴族婦女所用。《西京雜記》卷二："武帝
過李夫人，就取玉簪搔頭，自此後宮人搔頭皆
用玉。"漢以後，一直是婦女的主要首飾。《水
滸傳》第七四回："左侍下玉簪珠履，右侍下
紫綬金章。"亦作"玉篸"。南朝梁沈約《江南
曲》："羅衣織成帶，墮馬碧玉篸。"唐韓愈《送
桂州嚴大夫》詩："江作青羅帶，山如碧玉篸。"

【玉笄】

即玉簪。此稱始見於先秦時期。見該文。

【玉篸】

同"玉簪"。此體始見於南北朝時期。見該文。

【玉搔頭】

即玉簪。此稱始見於漢代。《西京雜記》卷二:"武帝過李夫人,就取玉簪搔頭,自此後宮人搔頭皆用玉。"從此,玉簪亦名"玉搔頭"。唐劉禹錫《和樂天春詞》:"行到中庭數花朵,蜻蜓飛上玉搔頭。"唐白居易《長恨歌》:"花鈿委地無人收,翠翹金雀玉搔頭。"徐珂《清稗類鈔·服飾類·大同婦女之服飾》云:"麒玉符都統有《出塞紀程》詩,其《大同道上書所見》二首曰……又曰:'布裙椎髻亦風流,窄窄雙蓮曲似鈎。記得大明天子事,至今爭戴玉搔頭。'蓋大同冬日苦寒,婦女多戴皮冠,更飾小簪,殆仿搔頭遺制也。"

銅笄

銅製髮笄。古代婦女綰定髮髻飾物。考古發現有商代實物。山西忻州連寺溝商墓出土一件,長 16.7 厘米,身扁平,首端作蛙形。

竹笄

竹製髮笄。爲古代髮笄的最早形式,故"笄"字從"竹"。但因竹木難以保存,現在考古發現的竹笄,多爲戰國至漢代的遺物。四川青川戰國古墓出土較多竹笄,有三棱形、圓柱形等多種。湖北雲夢睡虎地九號墓出土有秦代竹笄,由五根纖細的竹針合成,粗 0.8 厘米。頂端包有一段銅頭,全長 22 厘米。湖北襄陽擂鼓臺一號墓出土有西漢竹笄,與秦代竹笄大體相同。這種形式的竹笄,古代專用於服喪,稱"箭笄"。參見下條"箭笄"文。

箭笄

箭竹所製之笄。古代婦女服斬衰時所戴。長一尺。始見於先秦時期。《儀禮·喪服》:"女子子在室爲父,布總箭笄髽,衰三年。傳曰……箭笄長尺,吉笄尺二寸。"鄭玄注:"箭笄,篠竹也。"清翟灝《通俗編·服飾》:"古喪制:婦人笄用篠竹,曰箭笄。或用白理木,曰櫛笄,亦曰惡笄,其吉笄乃用象骨爲之。"

惡笄

木簪。古代婦女服齊衰時所戴,與"吉笄"相對。用料,或以榛木,或以櫛木,故亦稱"榛笄""櫛笄"。長一尺。始見於先秦時期。《儀禮·喪服》:"女子子適人者爲其父母,婦爲舅姑,惡笄有首,以髽卒哭,子折笄首,以笄布總。傳曰:笄有首者,惡笄之有首也。惡笄者,櫛笄也。"鄭玄注:"櫛笄者,以櫛之木爲笄,或曰榛。有首者,若今時刻鏤摘頭矣。"《禮記·喪服小記》:"齊衰,惡笄以終喪。"孔穎達疏:"惡笄者,榛木爲笄也。"

【榛笄】

即惡笄。此稱始見於先秦時期。見該文。

【櫛笄】

即惡笄。此稱始見於先秦時期。見該文。

金簪

金質髮簪。商代已見金笄。在北京平谷劉家河商墓曾出土實物一件,長 27.7 厘米,寬 0.9~2.9 厘米。漢代以後,金簪多見。其形制繁簡不一,簡單者僅以金絲爲之,一端磨尖,另一端扭一小結作簪頭。北京通州金墓出土有實物。比較複雜者,將金絲的上端捶壓成彎鈎狀,這種金簪有晉代的實物發現,如江蘇南京象山的晉墓有出土,江蘇宜興出土的金簪則更爲複雜，僅存的頭部呈圓球形，四周鏤刻花紋，四周還有鑲嵌飾物的小孔。南北朝時期，金簪的使用已較普遍。南朝梁簡文帝《楚妃歎》詩："金簪鬢下垂，玉筯衣前滴。"唐代，金簪造型更爲講究，或爲花朵形，或爲龍鳳形，亦有用樹木、山水、人物裝飾簪頭者。製作亦更加精緻，有鑿花、鏤花和金絲盤花。今故宫博物院藏有唐代金簪。唐代詩文中亦有描繪。唐韋莊《閨怨》詩："良人去淄右，鏡破金簪折。"宋元以後，金簪雕刻花紋更加多樣，如花卉與鳥頭、獸頭等。浙江永嘉北宋遺址出土金簪可見其工藝。明清時期，金簪更富特色，有的講究裝飾，造型別緻，甚至鑲嵌寶石。如在北京海淀八里莊明武清侯李偉夫婦墓曾出土一件蝶戀花金頂簪，頂花以白玉作花瓣，大紅寶石作花心，旁有金蝶，蝶鬚嵌珍珠兩顆，花四周飾紅、藍寶石。在甘肅蘭州西郊上西園還曾出土明代雙龍戲珠金簪，全體鏤空成雲形，雲朵中鑲嵌着紅、綠寶石，頂端從雲中伸出一隻龍頭，回首向後，簪身上另有一隻小行龍，同大龍作戲珠狀。龍的頸部和背部也都鑲嵌着寶石。清代金簪，製作亦甚精

金　簪

金　簪

巧，如吉林通榆興隆山清公主陵出土一對，以金絲編成，簪首以松、竹、梅爲裝飾，寓意爲"歲寒三友"。

瑇瑁簪

用瑇瑁爲擿的簪子。擿，簪股。始見於先秦時期。《史記·春申君列傳》："趙平原君使人於春申君，春申君舍之於上舍。趙使欲誇楚，爲瑇瑁簪，刀劍室以珠玉飾之，請命春申君客。"這種簪子在兩漢尤盛。《後漢書·輿服志下》云："〔太皇太后、皇太后入廟服〕簪以瑇瑁爲擿，長一尺，端爲華勝，上爲鳳凰爵。"宋葉廷珪《海録碎事·衣冠服用》亦云："漢制，皇后簪以瑇瑁爲擿，公卿二千石列侯夫人魚須（鬢）擿，長一尺，爲簪珥。"後世亦多插此簪。亦稱"玳瑁簪"。唐杜牧《送杜顗赴潤州幕》詩："還須整理韋弦佩，莫獨孫誇玳瑁簪。"省稱"玳簪"。唐溫庭筠《寄河南杜少尹》詩："十載歸來鬢未凋，玳簪珠履見常僚。"明李昌祺《剪燈餘話·賈雲華還魂記》："珠履玳簪，不減昔時之豐盛。"

【玳瑁簪】

同"瑇瑁簪"。此體始見於唐代。見該文。

【玳簪】

"玳瑁簪"省稱。此稱始見於唐代。見該文。

蓍簪

用蓍草製成的簪。始見於先秦時期。爲貧賤婦女所戴。《韓詩外傳》卷九："有婦人中澤而哭，其音甚哀。孔子使弟子問焉，曰：'夫人何哭之哀？'婦人曰：'鄉者刈蓍薪，亡吾蓍簪，吾是以哀也。'弟子曰：'刈蓍薪而亡蓍簪，有何悲焉？'婦人曰：'非傷亡簪也，蓋不忘故也。'"後世亦見用。《南史·虞玩之傳》：

"今日之賜，恩華俱重，但蓍簪弊席，復不可遺，所以不敢當。"

犀簪

一種用犀牛角製成的髮簪。始見於漢代。舊題漢伶玄《趙飛燕外傳》："廣榭上，后歌舞《歸風》《送遠》之曲，帝以文犀簪擊玉甌。"後代亦見。相傳此簪可以辟塵。唐吳融《和韓致光侍郎無題三首十四韵》之一："珠佩元消暑，犀簪自辟塵。"相傳有種犀牛角可以辟寒。五代王仁裕《開元天寶遺事》卷上《辟寒犀》："開元二年冬至，交趾國進犀一株，色黃如金，使者請以金盤置于殿中，溫溫然有暖氣襲人。上問其故，使者對曰：'此辟寒犀也。'"故後世又稱犀簪爲"辟寒犀簪"。宋李清照《浣溪沙》詞中所云"通犀還解辟寒無"，即是指此。

五兵佩

晋代婦女一種仿兵器狀的笄。《晋書・五行志上》云："惠帝元康中，婦人之飾有五兵佩，又以金銀瑇瑁之屬，爲斧鉞戈戟，以當笄。"

鳳簪

端部飾有鳳凰形之髮簪。亦稱"鳳凰簪"。這種髮簪，盛行於南北朝以後，如南朝梁吳均《去妾贈前夫》詩中有"鳳凰簪落鬢"之句。後人以其鳳尾多作翻捲上翹的樣式，又冠以"鳳翹"之美稱。元元淮《春閨》詩："倒把鳳翹搔鬢影，一雙蝴蝶過東墻。"古代婦女插鳳簪，通

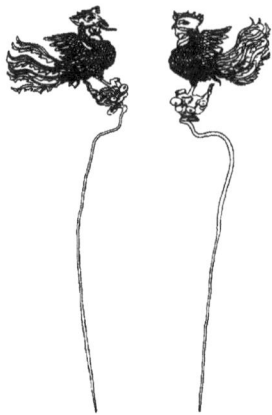

金鳳簪

常兩支并用，分插於雙鬢，故出土物多爲兩支。現存鳳簪實物中，多爲明清墓葬中出土，且多爲金質，極爲精緻。湖北蘄春蘄州明劉娘井墓出土金鳳簪，工藝繁複，是其代表之一。1977年北京海淀八里莊明武清侯李偉夫婦墓出土的兩件金鳳簪，通長29.2厘米，鳳高6.5厘米，寬9.4厘米，以金片合成雙面浮雕，中空；鳳踏流雲，喙銜珠，珠已脫落，僅剩金絲，造型生動。北京小西天（俗稱姑娘墳）清代貴族墓出土的金鳳簪，鳳呈展翅之狀，細部用盤絲、纍絲工藝製作，工巧精細；稍有搖動，其羽翅部分便隨之顫動，堪稱杰作。

【鳳凰簪】

即鳳簪。此稱始見於南北朝時期。見該文。

【鳳翹】

即鳳簪。此稱始見於元代。見該文。

翠羽簪

用翠鳥羽毛裝飾的髮簪。這種髮簪多用"點翠"法製作，即先用金、銀製成中間凹陷之簪架，然後在凹陷部塗上膠水，粘貼各種式樣的翠色羽毛，極爲精美。盛行於唐代。唐孟浩然《庭橘》詩："骨刺紅羅被，香黏翠羽簪。"一說翠羽簪即"翠翹"。參見本卷《首飾説・頭面考》"翹"文。

耳挖簪

耳挖形髮簪。耳挖本爲日常生活用品，然古代婦女亦特製作簪飾，以綰髮。多以金屬或玉製成，器身略扁，上端較闊，至頸部明顯收束，正面彎轉，呈耳挖狀。這種簪飾約自宋元始流行。如浙江衢州南宋墓曾出土一枚金耳挖簪，製作較簡。山東嘉祥元曹元用墓出土的一枚銀耳挖簪，製作精細，上鏤有花樣。1977年

北京海淀八里莊明武清侯李偉夫婦墓出土的兩件龍首紋金耳挖簪，堪稱這類簪飾中的杰作。器身通長10厘米，上端爲龍首銜一小杓，製作精緻。明清以後，多被製成體身細長，一頭尖細，一頭粗扁，頂端作小杓的樣形，故俗稱之爲"一丈青"。《紅樓夢》第五二回："晴雯便冷不防，欠身一把將他的手抓住，向枕邊拿起一丈青，向他手上亂戳。"《兒女英雄傳》第二〇回："頭上梳着短短的兩把頭兒，扎着大壯的猩紅頭把兒，彆着一枝大如意頭的扁方兒，一對三道綫兒玉簪棒兒，一枝一丈青的小耳挖子。"後逐漸消逝。

銀耳挖簪

【一丈青】

即耳挖簪。此稱始見於清代。見該文。

通簪

空心簪。兩端通氣，或四周有孔，橫插髮髻，使髻心通氣。亦稱"氣筒"。元王禎《農書》卷一五《農器圖譜·通簪》："通簪，貫髮虛簪也。一名氣筒，以鹿角梢尖作之。長可三寸餘，筒之周圍橫穿小竅數處使俱相通，故曰通簪。田夫田婦暑日之下，折腰俛首，氣騰汗出，其髮髻蒸鬱，得貫此簪一二，以通風氣，自然爽快。"由此可知，這種簪飾最初爲下層婦女之首飾，然後亦流行於時髦女性之中，且多爲金製。亦稱"氣通"。徐珂《清稗類鈔·服飾類·金氣通》云："金氣通，婦女之飾於首者也。光緒初，上海盛行之。似簪而中空，兩端貫氣以達。橫於髻，可使空氣輸入髮際。"

【氣筒】

即通簪。此稱始見於元代。見該文。

【氣通】

即通簪。此稱始見於清代。見該文。

卍字簪

飾有"卍"字的簪。清孝欽后所用。徐珂《清稗類鈔·服飾類·卍字簪》："孝欽后好妝飾……宮簪翡翠之深綠，爲世所罕有，兩端各鑲赤金卍字七個，曰卍字簪。宮粉既塗，翠簪畢插，輒取鏡顧照數四也。"

釵類頭飾

釵

舊時婦女的一種插髮飾物。即兩股之簪。釵與笄（簪）的作用相同，但笄（簪）通體爲一錐形，釵至尾則必分成雙股。始作"叉"。《釋名·釋首飾》云："叉，枝也，因形名之也。"其製作材料也與簪相同。亦稱"釵子"。五代馬縞《中華古今注·釵子》："釵子，蓋古笄之遺象也。至秦穆公以象牙爲之，敬王以玳瑁爲之，始皇又金銀作鳳頭，以玳瑁爲脚，號曰鳳釵。又至東晋，有童謠言：'織女死，時人插白骨釵子，白妝，爲織女作孝。'至隋煬帝，宮人插細頭釵子，常以端午日賜百僚玳瑁釵冠。"

插釵之法多爲橫插，如五代後蜀閻選《虞美人》詞所云"小魚銜玉鬢釵橫"，也即兩鬢對插。亦有斜插法，若隋羅愛愛《閨思詩》中所說的"金釵逐鬢斜"。還有一種由下向上的倒插法。現存較早的實物，是山西侯馬燒陶窯春秋墓出土的一枚骨釵，原件作枝叉狀，長12厘米，約於三分之一處分叉，又端烙有火印圖案。戰國時期的實物，有湖南常德楚國墓出土的一件木釵。

骨釵

至兩漢，釵作爲婦女髮飾之一種，不比簪子遜色，其首常飾以玉。但這時釵的形制比較簡單，通常以金銀絲爲之，兩端捶尖，中部扭彎，形成并列的雙股。西漢司馬相如《美人賦》有云："玉釵挂臣冠，羅袖拂臣衣。"兩晋南北朝時期，釵兩股之間的距離明顯分開，頭部略方，彎曲部分捶扁呈馬蹄形，如湖南長沙黃土嶺晋墓出土的"馬蹄形"金釵。亦有將釵的一股或兩股的尖端朝外彎曲，製成彎鉤，以便更好固髮者。隋唐五代，釵子基本沿襲前制，但由於高髻的盛行，爲了便於使用，或將釵股上的彎鉤去掉，或將其中一根釵股縮短，或兩根釵股同時拉長，等等。製作材料大多在兩種或兩種以上，如湖南長沙隋墓出土的玉首銀股釵。且在釵首鏨刻或製成各種各樣的花紋或花朵，時稱"花釵"。至宋代，婦女插釵還成爲一種婚俗。宋孟元老《東京夢華錄・娶婦》即云："若相媳婦，即男家親人或婆往女家看中，即以釵子插冠中，謂之插釵子。"此時釵的製作又似兩晋南北朝的形制，端處由尖變得粗鈍，但釵股夾得很緊，如浙江永嘉南宋窖藏出土的一件銀釵。明清時期，釵的花樣更多，如重慶大竹林明蹇芳墓出土的一件金釵，釵首爲朵雲彩，并雕有宮殿、虹橋、人馬、樹木等。釵的背面還刻有兩首詩。整件飾品可謂巧奪天工。同時期的文學作品中也有大量的釵飾記載。如《金瓶梅詞話》第五八回："一回又取下他頭上金魚撇杖兒來瞧。""金魚撇杖兒"即是一種飾有金魚圖案的髮釵。又如《紅樓夢》第三回："這個人打扮與姑娘們不同，彩繡輝煌，恍若神妃仙子，頭上戴着金絲八寶攢珠髻，綰着朝陽五鳳挂珠釵。"這裏的"朝陽五鳳挂珠釵"，其形爲一釵分出五股，每股一隻鳳凰，作朝陽之態，口衡珠串。古代婦女釵飾演進至今，即成現代婦女插髮飾物中的髮夾，多爲鋼製，一股略彎較長，一股中部彎曲稍短，全長一般在6厘米左右。亦有在這種鋼製髮夾上加飾他物的，可謂琳琅滿目。

【叉】

同"釵"。此體始見於漢代。見該文。

【釵子】

即釵。此稱始見於晋代。見該文。

鳳釵

釵頭作鳳形之釵。據傳始於秦朝。五代馬縞《中華古今注・釵子》："始皇又金銀作鳳頭，以玳瑁爲脚，號曰鳳釵。"此後，這種釵子非常流行，無論貴賤均戴之，成爲婦女最普遍的一種首飾。唐王建《失釵怨》詩："貧女銅釵惜於玉，失却來尋三日哭。嫁時女伴與作妝，頭戴此釵如鳳凰。"宋歐陽修《南鄉子》詞："劙襪重來，半軃烏雲金鳳釵。"明張秉文妻方孟式《美人梳頭》："鳳釵橫上下，鸞鏡舞雌雄。"以上皆是歌咏這種釵子之詩詞。鳳釵的出土實物，各地均有大量發現。江西南城明益王朱祐檳墓彭氏棺內曾出一對纍絲金鳳釵，一俯一仰，鳳頭部分以金葉製成，軀幹部分均用細如髮絲的金綫製成長鱗狀的羽毛。背上雙翅羽如刀形，上長下短。尾羽從體後迴旋向上，及於鳳首。脚脛用金絲纏繞而成，脚趾抓於雲體，尾尖向後，用大小金絲編組而成。雲體下端爲釵股。釵背另鐫有小字一行。金器纖細秀麗，爲這種首飾中之珍品。

金釵

金質釵。釵的製作材料，早期用骨、木，漢以後多用金、銀。湖南長沙黃土嶺晋墓曾出土馬蹄形金釵。南朝宋鮑照《擬行路難》詩："還君金釵玳瑁簪，不忍見之益愁思。"南朝梁佚名《古樂府·河中之水歌》："頭上金釵十二行，足下絲履五文章。"唐以後更爲多見。唐白居易《長恨歌》："惟將舊物表深情，鈿合金釵寄將去。"宋王珪《宮詞》："階前摘得宜男草，笑插黃金十二釵。"元白樸《唐明皇秋夜梧桐雨》第一折："這金釵兒教你高聳聳頭上頂，這鈿盒兒把你另巍巍手中擎。"江西南城明益王朱祐檳長子朱厚燁墓曾出土仙人樓閣金釵，凡九種。釵上樓臺層叠，飛檐、小橋、曲徑畢現，嘉花异草環繞，仙人優游其中，纍絲工藝，精工細作，爲明代首飾之珍品。清人金釵實物尤多。

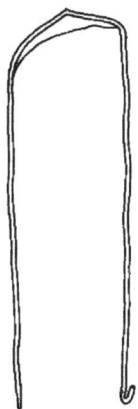

馬蹄形金釵

銀釵

銀質釵。釵的製作材料，早期用骨、木，漢以後多用金、銀。相傳秦始皇始用金、銀作鳳頭釵，參閲五代馬縞《中華古今注·釵子》。漢以後多見。南朝宋劉義慶《幽明録》："東陽道斯新娶得婦相愛，婦梳頭，道思[斯]戲以銀釵。"湖南長沙隋墓曾出土玉首銀股釵。陝西西安惠家村唐大中二年墓中出土鎏金銀釵一枚，釵頭飾以飛蝶、獸頭和菊花形圖案花紋。唐代詩歌多有描繪。唐杜甫《負薪行》詩："至老雙鬟只垂頸，野花山葉銀釵並。"按，此處謂老嫗貧苦，插"野花山葉"以與銀釵比并。非實有也。唐薛逢《觀競渡》詩："兩岸羅衣破鼻香，銀釵照日如霜刃。"唐以後仍多見。江蘇邗江蔡莊五代墓出土銀釵造型精美。浙江永嘉南宋窖藏曾出土一件銀釵。明清銀釵實物更爲多見。

銀　釵

玉釵

玉製之釵。始見於漢代。漢郭憲《漢武洞冥記》卷二："神女留玉釵以贈帝，帝以賜趙婕妤。"漢司馬相如《美人賦》："玉釵挂臣冠，羅袖拂臣衣。"後代亦見。南朝梁何遜《苑中見美人》詩："羅袖風中捲，玉釵林下耀。"唐李白《白紵辭三首》之三："高堂月落燭已微，玉釵挂纓君莫違。"

玉燕釵

玉製的燕形釵，或玉釵的一端作燕形。據傳始於漢代之昭帝。漢郭憲《漢武洞冥記》卷二云："神女留玉釵以贈帝，帝以賜趙婕妤。至昭帝元鳳中，宮人猶見此釵……既發匣，有白燕飛昇天。後宮人學作此釵，因名玉燕釵，言吉祥也。"這種釵飾主要流行於唐宋時期，詩詞中多有歌咏。唐李白《白頭吟》詩："頭上玉燕釵，是妾嫁時物。"宋毛滂《踏莎行》詞："玉燕釵寒，藕絲袖冷。"後多不行。省稱"燕釵"。唐李賀《湖中曲》："燕釵玉股照青渠，越王嬌郎小字書。"王琦彙解曰："燕釵，釵上作燕子形。"宋秦觀《風流子》詞："正駝褐寒侵，燕釵春嫋。"

【燕釵】

"玉燕釵"之省稱。此稱始見於唐代。見該文。

玉蟬

玉釵之一種。擬如蟬形，故名。始見於唐代。唐王建《宮詞》："玉蟬金雀三層插，翠髻高叢綠鬢虛。"

玉鴉叉

形似鴉翅的玉釵。見於清代。清納蘭性德《浣溪沙》詞："魂夢不離金屈戌，畫圖親展玉鴉叉。"亦作"玉丫叉"。清龔自珍《小重山令》詞："今年愁到莫愁家，黃金少，典去玉丫叉。"

【玉丫叉】

同"玉鴉叉"。此體始見於清代。見該文。

爵釵

端首飾有雀形的髮釵。《釋名・釋首飾》："爵釵，釵頭及上施爵也。"三國魏曹植《美女篇》詩："頭上金爵釵，腰佩翠琅玕。"這種釵子在魏晉南北朝時期十分流行。據史載，晉制，宮人六品以上得服爵釵以插髻。爵通"雀"，故亦作"雀釵"。其製作非常華麗，如晉夏侯湛《雀釵賦》所云："覽嘉藝之機巧，持精思於雀

釵，收泉珍於八極，納瓌異以表奇，布太陽而擬法，妙團團而應規。於是妍姿英妙之徒，相與競譬飛寵。"隋唐間婦女亦多以之束髮。唐李端《襄陽曲》："誰家女兒臨夜妝，紅羅帳裏有燈光。雀釵翠羽動明璫，欲出不出脂粉香。"唐以後漸被鳳釵取代。

【雀釵】

同"爵釵"。此體始見於晉代。見該文。

金雀

金製雀形釵。晉代始見稱。晉陸機《日出東南隅行》詩："金雀垂藻翹，瓊珮結瑤璠。"後世亦見用。唐崔顥《雜詩》："羅袖拂金雀，綠屏點紅妝。"唐白居易《長恨歌》："花鈿委地無人收，翠翹金雀玉搔頭。"

荊釵

用荊枝做的髮釵。爲古代貧家婦女所用。據晉代皇甫謐《列女傳》載，後漢梁鴻、孟光夫婦，避世隱居，孟光常荊釵布裙，食則舉案齊眉。唐李商隱《重祭外舅司徒公文》："紵衣縞帶，雅睨或比於僑吳；荊釵布裙，高義每符於梁孟。"元柯丹丘曾作《荊釵記》傳奇，述宋王十朋以荊釵聘錢玉蓮爲妻，幾爲孫汝權所奪，終於夫婦團圓的故事。古人常以"荊釵布裙"形容貧家女子的裝束。

玳瑁釵

以玳瑁做的釵。傳說爲舜帝首創，漢代爲貴人助簫首飾。《太平御覽》卷八〇七引《續漢書・輿服志》："貴人助簫玳瑁釵。"亦作"玳瑁釵"。五代馬縞《中華古今注・釵子》："《後漢書》貴人助簪［簫］玳瑁釵。"明董斯張《廣博物志・服飾》："女媧作竹簪，堯作銅簪，舜作象牙簪、玳瑁釵。"後民間亦見用爲妝飾

品。漢繁欽《定情詩》："何以慰別離？耳後玳瑁釵。"

【玳瑁釵】

同"玳瑁釵"。此體始見於五代時期。見該文。

花釵

釵之一種。以金、銀花爲飾的釵。首鏤刻有各種形狀的花樣，故名。這種釵子主要流行於南北朝以後。南朝梁吳均《古意》詩："花釵玉宛轉，珠繩金絡紈。"一般製作精緻，如南朝梁元帝《謝東宮賚花釵啓》中贊曰："況以麗玉澄暉，遠過玳瑁之飾；精金曜首，高踐翡翠之

鎏金銀花釵

名。"又《爲妾弘夜姝謝東宮賚合心花釵啓》中有"仍代爵釵，還勝翠羽，飾以南金，裝兹麗玉"之句。至隋唐五代，花釵流行得更盛。這時期花釵的形狀，製作得較爲複雜，用於固定高髻的花釵，一般釵股較長，如浙江長興唐墓出土的一對鎏金銀花釵即是。此外還流行過一種純裝飾用的花釵，其外形多呈花葉狀，中間鏤有圖案，似"花鈿"。《舊唐書·輿服志》："內外命婦服花釵。"注云："施兩博鬢，寶鈿飾也。"即謂此。這種花釵之實物也有大量的出土。如江蘇邗江蔡莊五代墓出土的一對銀花釵，圖案相似，方嚮相反，正好配對，"施兩博鬢"。1979年山西平魯屯軍溝唐墓出土的柳葉形金飾，爲婦女飾頭之物，共十五件，狀如柳葉，大小不等，一般長16厘米左右，每件器物

上均有花樣，或許即屬於這種類似花鈿之花釵。宋代後宮中曾流行一種以花釵組成的"冠飾"。據《宋史·輿服志三》載："中興，仍舊制。其龍鳳花釵冠，大小花二十四株，應乘輿冠梁之數，博鬢，冠飾同皇太后，皇后服之。紹興九年所定也。花釵冠，小大花十八株……皇太子妃服之，乾道七年所定也。"宋代以後，一般的釵飾之端均鏤刻有花樣。明清時期，製作工藝更爲精細。1977年在北京海淀八里莊明武清侯李偉夫婦墓出土的掐絲鑲嵌金花釵，總長14.3厘米，花長6.6厘米，寬5厘米，正面嵌白玉番蓮花，花心嵌紅寶石，周飾紅、藍寶石，背面爲掐絲圖案，寓"吉慶有餘"之意。爲明代首飾之精品。

鸞釵

釵首雕飾有鸞鳥形的花釵。始見於唐代。唐李商隱《河陽詩》："濕銀注鏡井口平，鸞釵映月寒錚錚。"元喬吉《揚州夢》第二折："高插鸞釵雲髻聳，巧畫蛾眉翠黛濃。"據傳唐同昌公主出嫁時，所受之禮中有一種"九鸞釵"極爲華麗。唐蘇鶚《杜陽雜編》卷下云："九玉釵上刻九鸞，皆九色，上有字曰玉兒，工巧妙麗，殆非人工所製。"按，"九玉釵"，《古今圖書集成·閨媛典》卷三七五引作"九鸞釵"。後一般以鳳取而代之。一般多飾一對鸞鳥，稱"對鸞釵"或"雙頭鸞釵"。

九鸞釵

釵首雕刻九鸞之形的髮釵。見於唐代。唐代同昌公主出嫁時，嫁妝中有九鸞釵。參閱唐蘇鶚《杜陽雜編》卷下。見上條"鸞釵"文。

對鸞釵

釵首飾一對鸞鳥的髮釵。亦稱"雙頭鸞

釵"。在古代，民間以鷥鳥爲吉祥之禽，在結婚首飾中，多用以鷥鳥裝飾的髮釵，且成雙成對。如《金瓶梅詞話》第七回記西門慶娶孟玉樓時，所下的聘禮中，就有雙頭鷥釵。

【雙頭鷥釵】

即對鷥釵。此稱始見於明代。見該文。

鎞

釵之一種。因可用於梳髮，故稱。其物多爲金屬，亦可爲竹木之類。《玉篇·金部》："鎞，釵也。"始見於南北朝時期。《周書·孝義傳·張元》："如此經七日，其夜，夢見一老公，以金鎞治其祖目。"唐皮日休《鴛鴦》詩："鈿鎞雕鏤費深功，舞妓衣邊繡莫窮。"宋蘇軾《荆州》詩："上客舉雕俎，佳人搖翠鎞。"明陶宗儀《輟耕録》卷一一《金鎞刺肉》："妻以小金鎞刺臠肉，將入口，門外有客至。"

鑞釵

鑞製之釵。鑞爲錫鉛合金，色白如銀，故用以製釵。見於元代。元張國賓《薛仁貴榮歸故里》第三折："可不的失掉了鑞釵鈄，歪斜着油鬏髻。上墳的須有許多人，也不似你。"

絲帛、頭繩

纚

一種質薄網疏的束髮絲帛。古人不露髮，男女均用纚裹之。《説文·糸部》："纚，冠織也。"段玉裁注曰："冠織者，爲冠而設之織成也。凡繒布不須剪裁而成者，謂之織成。"始見於先秦時期。《儀禮·士冠禮》："緇纚，廣終幅，長六尺。"鄭玄注："纚，今之幘梁也。終，充也。纚一幅長六尺，足以韜髮而結之矣。"又《士昏禮》："姆纚笄。"鄭玄注："纚，綰髮；笄，今時簪也。纚亦廣充幅，長六尺。"此爲婦人之用纚韜髮者。漢代亦見。《漢書·江充傳》："充衣紗縠襌衣……冠襌纚步搖冠。"顏師古注云："纚，織絲爲之，即今方目紗是也。"《宋書·禮志五》亦云："古者有冠無幘，冠下有纚，以繒爲之。後世施幘於冠，因裁纚爲帽。"漢代以後，男女裹髮均不用纚。

頭帬

繫髮用的頭繩。宋高承《事物紀原·冠冕首飾部·頭帬》："頭帬。《三儀實録》曰：燧人時爲髻，但以髮相纏，而無物繫縛，至女媧之女，以羊毛爲繩，向後繫之。後世易之以絲及綵絹，名頭帬，繩之遺狀也。"宋洪邁《夷堅志補·余三乙》："徙居臨安外沙，撲賣頭帬篦掠。"

近現代民間婦女傳統頭飾

大攞

民間婦女傳統頭飾。一種束髮髻之物。其形制是：上下兩層用鐵絲圈作模型，四周用布褙成硬殼，做成上大下小、前高後低、中空的馬鞍翹式形狀。把頭髮梳成相適應的髻，裝入攞内，用銀簪横貫之。流行於青海地區。

甩簪

民間婦女傳統頭飾。大攞上的一種銀飾物。其形狀與大攞相似，上面鏨有龍鳳圖，或麒麟送子圖，或松鶴圖，以示吉祥。後垂有十二或十六條銀索，索尖爲銀質緑葉。簪内有短銀柄，插在貫入攞内的髮髻上。行走時，銀索顫動，熠熠發光。流行於青海河湟等地區。

閃簪

民間婦女傳統頭飾。婦女油花頭髮式插的一種銀首飾。油花頭，是將髮束在腦後，飽心團狀，用綾或絲編織的網束定。上插銀首飾，閃簪即其中一種。簪頭上或立一朵銀菊，兩面各有一蓓蕾，枝葉俱全；或立一鳳，鏨在樹上，兩面各有一蝴蝶立在枝上。人行走時，花或鳳閃動，故名。流行於青海河湟等地區。

雙層尵子

民間婦女傳統頭飾。大攞前額裝飾的一種銀首飾。其形制是：分上下兩層，上小下大，中間用雙柄箍起。每層中間爲斜四邊形，兩面齊有兩個對等的橢圓形，上面鏨有各種圖案，非常美觀。流行於青海地區。

現代婦女束髮飾物

髮夾

現代婦女束髮的夾子。由古代髮釵演變而來。以扁金屬絲製作，富有彈性。有的還在上面鑲以條狀的有機玻璃、水鑽、珠片等。造型各異，花色很多。爲現代婦女的主要髮飾。

髮帶

現代青年婦女、女子扎束頭髮的帶狀飾物。多爲彩色緞帶，亦有彩色尼龍花邊製成的。扎在頭上，既可使頭髮不散，又有裝飾作用，爲現代婦女一種重要頭飾。

簪、釵之加飾

珈

古代王后及貴夫人髮笄上的加飾。質地多爲金、玉，形制不一。商周時期，貴族婦女編髮爲假髻，用笄別於頭上，笄上加玉等飾物稱之爲“珈”，并以珈數的多寡來區别地位的高低。侯伯夫人用六珈。《詩·鄘風·君子偕老》：

"君子偕老，副笄六珈。"毛傳："笄，衡笄也。珈，笄飾之最盛者，所以別尊卑。"鄭玄箋曰："珈之言加也，副既笄而加飾，如今步搖上飾。古之制所有未聞。"孔穎達疏："言珈者，以玉珈於笄爲飾，后夫人首服之尤尊，故云'珈，笄飾之最盛者'。此副及衡笄與珈飾，唯后夫人有之，卿大夫以下則無，故云'所以別尊卑'也。"《周禮·天官·追師》："掌王后之首服……追衡、笄。"鄭玄注："〔衡〕垂於副之兩旁當耳，其下以紞懸瑱。"玉瑱或即指商周時期副笄之珈。這種珈飾後來演變爲漢之步搖上的各種加飾，如《後漢書·輿服志下》所云"熊、虎、赤羆、天鹿、辟邪、南山豐大特六獸"。參見下條"步搖"文、本卷《髮飾說·假髻考》"副"文。

步搖

古代一種附着於簪、釵之上，垂有串珠的首飾。製作華麗，質地多爲金玉，稍動則搖曳不止，正如《釋名·釋首飾》所云"步搖上有垂珠，步則搖也"，故稱。大都爲后妃或貴婦所戴。源於春秋戰國時期的"珈"飾。《詩·鄘風·君子偕老》："副笄六珈。"鄭玄箋："珈之言加也，副既笄而加飾，如今步搖上飾。"戰國時期已有其稱。戰國楚宋玉《諷賦》："主人之女……垂珠步搖。"盛於漢魏六

金鑲玉步搖

朝。《後漢書·輿服志下》："〔皇后〕步搖，以黃金爲山題，貫白珠爲桂枝相繆，一爵九華，熊、虎、赤羆、天鹿、辟邪、南山豐大特六獸。"清人王先謙集解引陳祥道云："漢之步搖，以金爲鳳，下有邸，前有笄，綴五采玉以垂下，行則動搖。"魏晉南北朝時頗崇尚金質步搖，故曹植《七啓》詩云："戴金搖之熠耀，揚翠羽之雙翹。"又晉代傅玄《艷歌行有女篇》曰："頭安金步搖，耳繫明月璫。"步搖，初行於貴婦之間，後亦流於民間，衹是製作材料、稱呼有異罷了。晉時亦稱"珠松"。《晉書·輿服志》有此記載，其云："首飾則假髻，步搖，俗謂之珠松是也。"在我國古代少數民族中亦曾流行類似步搖的頭飾，名曰句決。《後漢書·烏桓傳》："婦人至嫁時，乃養髮，分爲髻，著句決，飾以金碧，猶中國有簂步搖。"足見步搖非爲漢民族所固有。步搖至唐及五代十國時也曾流行過一時。據載，唐玄宗曾用鎮庫之寶紫磨金琢成步搖，至楊貴妃妝閣前親爲其插鬢。事見宋樂史《楊太真外傳》卷上。唐白居易《長恨歌》中亦有"雲鬢花顏金步搖，芙蓉帳暖度春宵"之句。1956年安徽合肥西郊南唐墓曾出土保大年間金鑲玉步搖與四蝶銀步搖各一件。前者長28厘米，金釵上端爲一對展開的鳥翅，鑲有玉片，滿飾梅花，并嵌有珠玉的穗狀串飾，分組下垂，稍動則搖。後者則長18厘米，上有四隻蝴蝶展翅飛舞，下亦有垂飾。足可證史書所載。明清時期，婦女首飾中的珠釵，爲步搖之遺制。

【珠松】

即步搖。此稱始見於晉代。見該文。

句決

漢代烏桓婦女之首飾。猶步搖。烏桓爲我

國古代一個民族，東胡別支。漢初徙至烏桓山，故稱。《後漢書·烏桓傳》："婦人至嫁時，乃養髮，分爲髻，著句決，飾以金碧，猶中國有簂步搖。"

山題

漢代婦女首飾之底座，制如山形，着於額前，故名。《後漢書·輿服志下》："皇后謁廟服……步搖，以黃金爲山題，貫白珠爲桂枝相繆，一爵九華。"清林頤山《經述·釋王后首服四》："步搖上有垂珠，步則搖，因其貫白珠爲桂枝相繆，古八爵、九華、六獸列於黃金山題之上，行步則搖。"

珠釵

明清婦女的一種首飾。在金製鳥雀口中銜挂珠串，爲步搖之遺制。《明史·輿服志三》："〔洪武〕五年更定品官命婦冠服。一品，禮服用山松特髻，翠松五株，金翟八，口銜珠結……二品，特髻上金翟七，口銜珠結……三品，特髻上金孔雀六，口銜珠結。"這種金翟、金孔雀等口銜珠結的首飾，即珠釵。《紅樓夢》第三回："〔王熙鳳〕頭上戴着金絲八寶攢珠髻，綰着朝陽五鳳挂珠釵，項上戴着赤金盤螭瓔珞圈。"

髮髻上之梳類裝飾

插梳

在髮髻插梳爲飾。始見於四千年前的新石器時代。山西襄汾陶寺遺址新石器時代墓葬出土的石梳、玉梳，出土位置在人骨頭部，可證。春秋戰國時期仍見插梳，新疆鄯善蘇巴什、四川昭化寶輪院等地墓葬有發現。魏晋以後，插梳之風大興，到唐代達到高潮。如甘肅敦煌莫高窟一百〇七窟壁畫中的婦女，於高髻上插梳一把。唐張萱《搗練圖》中的婦女，則插若干把小梳。中唐以後的婦女，則插兩把大梳，梳齒上下相對，唐周昉《揮扇仕女圖》中有此形象。宋代婦女亦崇尚插梳。宋陸游《入蜀記》卷六："未嫁者率爲同心髻，高二尺，插銀釵至六隻，後插大象牙梳，如手大。"元朝以後，婦女插梳之風漸息。現代，在某些少數民族中，仍有於髮髻上插梳的風俗。如貴州三都水族自治縣等地民間婦女就在髮髻上插梳。中青年婦女將長髮梳成一把，斜綰在頭上，側面插一把梳；老年婦女則綰髮於頂，上插一把梳。梳爲木製，長形，染色。又如新疆維吾爾等族婦女，常用一把弧形小梳綰定髮髻。今梳齒細巧、形狀各异之塑料梳子，亦常用作城鄉婦女固定髮型之用具或飾物。

比余

用來整理、固定頭髮的梳、篦類飾物。梳和篦起源甚早。考古發現有新石器時期之骨梳；篦之實物於春秋時期墓葬中亦有發現。梳、篦最初統稱爲"櫛"，後以齒疏者爲"梳"，齒密者爲"比"（"比"是"篦"字較早的一種寫法）。梳、篦連言漢代已習見，并用以指金屬製成之辮髮飾物。"比余"是梳、篦連言的多種稱謂及寫法中之一種。《史記·匈奴列傳》："服繡袷綺衣、綉袷長襦、錦袷袍各一，比余一……使中大夫意、謁者令肩遺單于。"裴駰集解引徐廣曰："或作'疏比'也。"司馬貞索隱："比音鼻。小顏云：'辮髮之飾也，以金爲之。'《廣雅》云：'比，櫛也。'《倉頡篇》云：'靡者爲比，粗者爲梳。'按，蘇林説，今亦謂之'梳比'，或亦帶飾者也。"《漢書・匈奴傳上》作："服綉袷綺衣、長襦、錦袍各一，比疏一……使中大夫意、謁者令肩遺單于。"顏師古注："辮髮之飾也，以金爲之。比音頻寐反，疏字或作余。"按，《漢書》一本作"比疎"。"比疏""比疎""比余"古通，唯用字异耳。倒言則作"疏比""梳比"等，亦始見於漢代文獻。漢史游《急就篇》卷三："鏡籢疏比各異工。"顏師古注："櫛之大而粗，所以理鬢者謂之疏，言其齒稀疏也；小而細，所以去蟣虱者謂之比，言其齒密比也。皆因其體而立名也。"亦作"梳枇"。《太平御覽》卷七一四引漢崔寔《政論》："無賞罰而欲世之治，是猶不畜梳枇而欲髮之治也。"此稱後代沿用，唯字有變异，亦作"梳箆"。宋葉夢得《避暑録話》卷下："和尚置梳箆，亦俚語，言必無用也。"亦稱"梳背兒"。《金瓶梅詞話》第二〇回："金蓮在旁拿把抿子，與李瓶兒抿頭，見他頭上戴着一副金玲瓏草蟲兒頭面，並金纍絲松竹梅歲寒三友梳背兒。"

【比疏】

即比余。此稱始見於漢代。見該文。

【比疎】

同"比疏"。此體始見於漢代。見該文。

【疏比】

即比余。此稱始見於漢代。見該文。

【梳比】

同"疏比"。此體始見於漢代。見該文。

【梳枇】

同"疏比"。此體始見於漢代。見該文。

【梳箆】

同"疏比"。此體始見於宋代。見該文。

【梳背兒】

即疏比。此稱始見於明代。見該文。

冠梳

宋代婦女的髮髻裝飾。以漆紗、金銀、珠玉等做成兩鬢垂肩的高冠，上插白角長梳。始於宋初，先在宮中流傳，後傳於民間。冠梳的樣式，在敦煌壁畫中可以看到。通常在冠之兩側垂有舌狀飾物，以掩雙耳及鬢髮，長垂至頸或肩。頂飾金色朱雀，四周插簪、釵。在額髮部位插白角梳，梳齒上下相合，其數或四或六。至宋仁宗年間，宮中以白角爲冠并加白角梳，冠大至三尺，梳亦長尺餘，以致影響乘轎和走路。參閱周汛、高春明《中國歷代服飾・宋代》。

近現代少數民族婦女頭飾

那彦

土族語音譯。土族婦女髮飾。其形制是：兩塊相等的長方形薄銅片，長四寸，寬二寸，上有紋飾，用絲綫將其一頭相連，從頭頂向斜前方壓在鬢髮辮上，齊至眉梢，可起髮夾作用。流行於今青海互助等地。

薩達爾格

裕固語音譯。裕固族女子辮上飾物。其製法是：在一塊長方形紅布上，綴滿貝殼及各色大小珊瑚。女子十五歲時戴在辮子上，以示成人。流行於甘肅地區。

格堯則依提

裕固語音譯。裕固族女孩首飾。其形制是：在一條長紅布帶上綴有各色珊瑚珠，紅布帶的下緣用紅、黃、白、綠、藍五色珊瑚或玉石小珠，穿成許多珠穗，像珠簾似的齊眉垂於前額。流行於甘肅地區。

登機

白語音譯。意爲"頂吉""戴吉"。白族民間婦女首飾。將條形銀飾連接成方格圖形，邊沿鑲嵌圓形銀鈕扣，十分醒目。年輕姑娘做客、趕街、訪友、參加節日活動、與情人幽會，皆戴之。流行於雲南洱源等地。

達拉瑪

高山語音譯。舊時高山族排灣、魯凱貴族婦女首飾。據黃叔璥《番俗六考》記載，女士官頭戴竹方架，四周用紅雨纓織成，中有黃花紋，遠望如錦，纏繞竹上，名達拉瑪。亦有飾孔雀毛者。非士官，不敢加首。流行於臺灣鳳山（今高雄、屏東）一帶。

鳳凰頭

土族婦女首飾。相傳爲單陽公主和雙陽公主的頭飾。其形制是：先製兩寸寬額箍，蒙以面料，其上鑲若干銀花，銀花之間飾珊瑚、小珍珠串構成的圖案，還於下沿飾寸許珍珠串成的穗，在額前正中插一隻用簧頂起的銀製小鳳凰。戴此頭飾走路時，鳳凰不斷點頭搖擺，故亦稱"鳳凰三點頭"。流行於今青海民和等地區。

【鳳凰三點頭】

即鳳凰頭。此稱行用於近現代青海少數民族地區。見該文。

第二節　頭面考

在中國古代婦女首飾中，除簪、釵、步搖等頭飾物外，還有被稱爲"頭面"的種種飾物，如簪花、戴勝（玉勝、金勝、彩勝、方勝、幡勝等）、插玉梅、雪柳、燈球、鬧蛾兒及珠翠等。

首上簪花，是古代婦女的頭面。所簪之花，有鮮花、假花兩種。首簪鮮花，至遲始於漢代。四川境內的東漢墓中曾多次發現簪插花朵的女俑。漢代以後，從魏晉到隋唐，其風不衰。所簪花朵，有牡丹、茱萸、薔薇、梅花、菊花、杏花、棠梨、玫瑰、茉莉等，四季花卉，皆可插戴。從傳世畫作和塑像中常可看到，詩文中也有生動描繪。宋代，簪花之風甚盛，不僅婦女簪花，男子亦簪戴，特別是喜慶之日，從皇帝到群臣禁衛吏卒，無不簪花（見宋周密《武林舊事》）。宋代以後，其風在元代猶存。至明清時期，簪花多見於女性，男子衹有科舉考試中選者纔插花以示榮耀。

鮮花易敗，而假花則有經久耐用的特點，故假花亦備受青睞。製作假花的材料，通常有絹、羅、紗、綾、絨、紙和通草等。北周時期，三妃九嬪在頭上插"五色通草蘇朵子"（見五代馬縞《中華古今注》）。所謂"通草蘇朵子"，即後世所稱"通草花"。宋代，插假花和簪花一樣盛行，除單枝獨朵外，還有將代表春、夏、秋、冬四季的桃、荷、菊、梅諸花合編爲一頂花冠套在頭上者，名曰"一年景"（見宋陸游《老學庵筆記》）。到明清時期，假花的製作更加精細，北方的北京、南方的蘇吳地區所製假花，幾可亂真，被稱爲"像生花"。

除像生花外，還有用各種珠寶模仿花朵形狀做成的假花。常見的有所謂"珠花"（亦作"珠華"），即用珍珠串綴而成。考古工作者曾發現晋代實物，直至清末仍受到婦女喜愛。

金鈿也是一種假花，是用金、銀、銅等金屬材料製成的花朵形飾物。其形制有兩種：一種在金花的背面裝有釵梁，可直接插入髻中；一種背後沒有釵股，僅在花蕊或花瓣上留有小孔，用時以簪釵固定於髻上。江蘇南京、湖南長沙等地晋墓有實物出土。唐代，金鈿盛行，外形設計、工藝加工，都有新的發展。或製成假花，或製成折枝花，亦有單支小花。唐代，還流行翠鈿，是在金鈿上貼一層翠綠色的鳥羽製成的，深受婦女喜愛。在金鈿上鑲上寶石，或直接用寶石製成花朵，即爲"寶鈿"。唐代婦女亦用爲飾物，後代沿用，如明代寶鈿有實物出土。

勝是古代婦女的一種重要頭面。相傳西王母即以勝爲首上飾物（見《山海經·西山經》）。從考古發現的漢代雕塑來看，這種飾物的造型是以一個圓形爲中心，上下各附一個梯形翼翅；兩個飾物分別固定在簪、釵之首，從左右兩側對插入髻中。漢代勝的形制即如此。漢魏時期，婦女戴勝的現象十分普遍。有金製的金勝、玉制的玉勝、寶石雕成的寶勝、剪絲而成的彩勝、彩紙和金箔製的花勝等。金勝、玉勝都有實物發現。宋代以後有方勝，其形制與漢魏時期的金勝、玉勝不同，它是由兩個菱形叠壓相交組成的飾物，寓連綿不斷之意。考古曾發現藍色玻璃製的宋代方勝和金片製的明代方勝。在元明言情小説中多有關於"同心方勝"的描寫，即這種菱形飾物。

　　古代，勝還被當作歲時、節日首上的應景飾物。如元旦、立春、端午、人日（正月初七日）等節序，民間男女皆戴勝爲飾，或彼此相贈，以圖吉利。其造型生動，有剪紙飛燕、鷄雛等形象的，并飾以珠翠，五彩斑斕，稱“彩勝”。有製成一挂，形似小幡的，稱“幡勝”。立春日所戴的幡勝，則稱“春幡”。人日所戴的人形彩勝則稱“人勝”。歲時、節日戴勝的風氣始於南北朝時期（見南朝梁宗懍《荆楚歲時記》）。唐代沿襲，宋代最盛。約從元代起，彩勝逐漸變爲端午節所戴的飾物，多挂於腰際，後代一直延續着這種習俗。

　　玉梅、雪柳、鬧蛾、燈球等，皆宋代婦女過元宵節時所戴的頭面。玉梅、雪柳爲白色綾帕或白紙所製，分別做成梅樹、柳樹之形狀。鬧蛾，亦作“鬧鵝”，通常用竹篾、綾絹等製成花朵，另用硬紙剪成蝴蝶、飛蛾之狀，再粘於細竹篾上，綴於花朵周圍，插於髮髻之上，行走時震動花朵，牽動竹篾，蝶蛾顫動，如圍花朵飛舞。這種飾物，唐代已見，宋代盛行，至明清兩代仍見，并用於元旦。燈球爲圓形飾物，以珍珠或料珠串於鐵絲或竹篾上而成，如幾個珠子并形串組，形如所挂燈籠，故名。

　　珠翠作爲婦女頭面，漢代已見。它包括珍珠和翡翠，爲貴族婦女所用。漢以後歷代皆見，北宋、宋元之際、明清時期，均甚流行，文學作品中有大量描繪。

　　在古代婦女首飾中，還有一種稱“寶鑷”的飾物。鑷本是婦女修飾面容的一種工具，有時也用於插髮。漢代，太皇太后、皇太后入廟服的首飾，垂黃金鑷（見《後漢書·輿服志下》）。其實物，在廣東廣州漢墓出土有鐵鑷，多以扁鐵彎製而成，有的頂端彎曲成各種花樣，當爲插髮所用。漢以後仍見用，陝西西安郭家灘唐墓出土有銅鑷，其頂端飾有螺絲鈕形圓球六個，組成一串，出土時在女性頭骨附近，當爲頭上飾物。參閲周汛、高春明《中國歷代婦女妝飾·首飾篇》。

　　現代，婦女簪花、戴勝等頭面已基本不見。在特殊場合，如在婚禮上，新娘簪花仍可見到，可視爲古代遺俗。相比之下，在少數民族的婦女中，頭上飾物則豐富多彩。如土族婦女的“扭達爾”，種類繁多，造型各异，或形如圓餅，或形似簸箕，或形似犁鏵等，故名稱亦有多種。

簪花類

簪花

在髮髻上插花。漢代已見。四川成都楊子山漢墓出土的女俑，髮髻上插一朵大菊花，兩旁還有幾朵小花。魏晋至隋、唐、五代，婦女簪花歷久不衰，從傳世的畫作及塑像中皆可見到婦女簪花的形象。如山西大同北魏司馬金龍墓出土漆畫、唐周昉《簪花仕女圖》、五代周文矩《玉步搖仕女圖》等。詩文中亦有大量描繪。南朝梁劉緩《看美人摘薔薇詩》："釵邊爛熳插，無處不相宜。"唐元稹《村花晚》詩："三春已暮桃李傷，棠梨花白蔓菁黃。村中女兒爭摘將，插刺頭鬢相誇張。"五代李建勳《春詞》："折得玫瑰花一朵，憑君簪向鳳皇釵。"所簪花朵，四季花卉皆可見到。宋代，簪花之風甚盛，婦女之外，男子亦簪戴。喜慶之日，百官巾帽皆簪之。《宋史・輿服志五》："幞頭簪花，謂之簪戴。中興，郊祀、明堂禮畢回鑾，臣僚及扈從並簪花，恭謝日亦如之。"直到清代，婦女仍見簪花。清净香居主人《都門竹枝詞》："一條白絹頸邊圍，整朵鮮花鈿上垂。"除簪鮮花外，亦簪假花。製作材料，多以羅絹，亦用通草、彩紙。《宋史・輿服志五》又曰："大羅花以紅、黃、銀紅三色，欒枝以雜色羅，大絹花以紅、銀紅二色。羅花以賜百官，欒枝，卿監以上有之；絹花以賜將校以下。太上兩宮上壽畢，及聖節、及錫宴、及賜新進士聞喜宴，並如之。"明清時期，假花製作，異常精巧。

通草花

以通草製成的假花。古代婦女髮髻上簪戴的飾物。通草，質地輕，富彈性，面有一層細

簪花的五代女子
（五代周文矩《玉步搖仕女圖》）

茸，適合製作假花。古代的花匠將其染上深淺不同的顏色，然後精心編製成花朵之形，以供簪插。相傳南北朝時期已經用通草製假花。初稱"通草朵子"。五代馬縞《中華古今注・花子》："秦始皇好神仙，常令宮人梳仙髻，帖五色花子……至後周，又詔宮人帖五色雲母花子，作碎妝以侍宴。如供奉者，帖勝花子作桃花妝，插通草朵子，著短袖衫子。"歷代沿襲。至清代，製造通草花的技藝高超，插在頭上足以亂真。清樊彬《燕都雜咏》："姹紫嫣紅映，花枝愛像生。鬢邊嬌欲語，活色畫難成。"自注："花兒市街，在東城，像生花用通草染作，精巧絕倫，海內所無。"

【通草朵子】

即通草花。相傳此稱始見於南北朝時期。見該文。

匄

古代婦女髮髻的花飾。亦稱"匄綵"。《玉篇・勹部》："匄，匄綵，婦人頭花髻飾也。"亦作"匄彩"。《廣韵・去合》："匄彩，婦人髻飾花也。"唐杜甫《麗人行》詩："頭上何所有？翠微匄葉垂鬢唇。"仇兆鰲注："趙曰：'翠微匄葉，言翡翠微布於匄綵之葉。'"明湯顯祖《紫簫記・協賀》："金堂客至，下紅樓，翠匄銀箆。"

【匄綵】

即匄。此稱始見於南北朝時期。見該文。

【匄彩】

同"匄綵"。此體始見於宋代。見該文。

匄葉

匄彩上的花葉。始見於唐代。唐杜甫《麗人行》詩："頭上何所有？翠微匄葉垂鬢唇。"

仇兆鰲注：“趙曰：‘翠微蔔葉，言翡翠微布於蔔綵之葉。’”後代亦見。清陳維崧《望江南·商丘雜咏》詞：“蔔葉綠轉縈兔鵑，鬧花錦袋貯鵪鶉。”

珠花

古代婦女首飾之一種。多以珠穿綴成花狀，附於簪釵之上，故稱。其製作材料以珍珠爲主，也包括其他材料，如金珠、瑪瑙珠、水晶珠、琉璃珠等。考古曾發現晋代實物。1965年湖南長沙黃泥塘晋墓中曾出土了一批金珠飾品，皆空心，最小的直徑約 0.5 厘米，最大的直徑不足 2 厘米。有作垂露狀者，外表用極小之金粒組成幾何圖案；有作多角形者，鏤空成花紋；有作圓形、扁圓形者，上鑲嵌寶石。還有兩件近似花籃形的，以極細之金絲編結而成，出土時位於尸骨的頭部和足部。位於頭部者，即是珠花；位於足部者，或爲“革履”之裝飾。南朝梁江洪《咏歌姬》詩：“寶鑷間珠花，分明靚妝點。”後歷代皆見。陝西西安東郊韓森寨發掘的唐天寶九載（750）之雷宋氏墓中，曾出土一件精緻的珠花。花的外圍是用幾個花朵組成的，在花朵的一邊用極細小的金珠連綴成花葉，花朵之間也各用許多細小的金珠盤繞着，中鑲翠玉，可惜出土時翠玉大部脱落不見。珠花的中心有隆起的龐大花朵，艷麗的花朵上還飾有一隻玲瓏的小鳥。這件金飾或當爲珠花之屬。宋元而後，珠花見諸文獻記載和實物出土的更多。元薩都剌《上京即事》詩之四：“昨夜内家清暑宴，御羅凉帽插珠花。”1960年江蘇無錫元墓中出土的一件飾有珠花的簪，包括六顆瑪瑙圓珠，色彩鮮紅，大小不一，甚爲簡單。明清兩朝的珠花製作，多由珍珠穿綴成各種花朵和幾何圖案，并且間以紅綠寶石；或與冠飾相配，走起路來可以摇動，頗有“步摇”之遺意。清末尚珠花，又盛行一種茉莉針，用金翠寶玉、珊瑚等製成，排於髮髻上端或成半圓形。現代婦女也常以珠花綴飾髮際，但製作材料和形制則更加豐富。亦作“珠華”。南朝梁范靖妻沈滿願《咏步摇花》詩：“珠華縈翡翠，寶葉間金瓊。”

【珠華】

同“珠花”。此體始見於南北朝時期。見該文。

玉瓏璁

婦女之玉製頭飾。狀似步摇或珠花。始見於唐代。唐温庭筠《握柘詞》詩：“繡衫金腰裹，花髻玉瓏璁。”亦作“玉籠鬆”。唐王建《唐昌觀玉蕊花》詩：“一樹籠鬆玉刻成，飄廊點地色輕輕。”宋代亦見。亦稱“玉瓏鬆”。宋曾鞏《霧凇》詩：“記得集英深殿裏，舞人齊插玉瓏鬆。”

【玉籠鬆】

同“玉瓏璁”。此體始見於唐代。見該文。

【玉瓏鬆】

即玉瓏璁。此稱始見於宋代。見該文。

鈿

古代女子佩戴的一種用金、玉等製成的花狀首飾。《説文新附·金部》：“鈿，金華也。”

折枝花形金鈿

我國古代婦女有簪花的習俗，早在漢代已見風行。此後，歷代相沿成俗。但鮮花易凋謝，不如假花方便，故假花更受婦女歡迎。鈿就是這樣產生的。清鄭珍《說文新附考》云："漢已前書無鈿，《釋名》止言華勝，王嘉《拾遺記》載魏明帝宮人云：'不服辟寒鈿，那得君王憐。'是漢魏間有此名。"亦作"鎮"。《晋書·輿服志》："貴人、貴嬪、夫人助蠶……九嬪及公主、夫人五鎮，世婦三鎮。"魏晋南北朝時期，鈿飾很盛行，大都爲金質之鈿，故常稱"金鈿"。南朝梁劉孝儀《咏織女》詩："金鈿已照曜，白日未蹉跎。"南朝陳徐陵《玉臺新詠序》："反插金鈿，橫抽寶樹。"這種金鈿有兩種類型，一種在金花背面裝有釵梁，同時可直接插於髮際。如南京北郊東晋墓出土的一件金鈿，用六片鷄心形花瓣組成，每片花瓣上鑲有金粟；在花蕊的背後綴有一根棒形短脚，用以簪髮。另一種則是無脚，在花蕊部分或花瓣上留有小孔，祇有用時纏以簪釵固定在髻上。如南京北郊郭家山晋墓及中華門外南山頂晋墓出土的金鈿那樣。至唐代，金鈿更是風行。唐劉長卿《揚州雨中張十宅觀妓》詩："殘妝添石黛，艷舞落金鈿。"唐韓翃《贈別太常李博士兼寄兩省舊游》詩："玉鐙初回酸棗館，金鈿正舞石榴裙。"而且在外形設計、工藝加工上也更爲精巧。如現存日本大和文華館的一件金鈿，在一朵葵花形的花蕊周圍，分製出八瓣立體的花瓣，花瓣中部凹進一層；至於凸出的部分，則用金絲編成網紋。花瓣的背後還襯托着八片薄形花瓣。直徑5.2厘米。又陝西西安韓森寨雷宋氏墓出土的一件團花金鈿更具特色：以五片花瓣組成一朵小花，又以八朵小花組成一朵大花。花朵的四

周則用細小的金珠連綴成花葉，花與花之間也以各種細小的金珠相連。在花蕊的中部還鑄有一隻展翅欲飛的小鳥，十分精緻。除團花金鈿之外，還有折枝花形者。如廣東廣州皇帝崗唐墓出土的一件就是。整件飾物由四枝花朵組成，外加花葉，長11.8厘米，寬5.2厘米。其本身很薄，但壓模出凸凹的花紋，花葉空隙處亦被鏤空，是件完美的藝術精品。因金鈿的形制多爲花狀，故亦有"花鈿"或"鈿朵"之稱。南朝梁沈約《麗人賦》："陸離羽珮，雜錯花鈿。"唐元稹《送王十一郎游剡中》詩："百里油盆鏡湖水，千峰鈿朵會稽山。"宋元以後，戴鈿飾的婦女漸少，祇有江南部分古墓中有實物出土，文獻甚少記載。明清小説和戲曲中祇偶有提及，如孔尚任《桃花扇·題畫》："裹殘羅帕，戴過花鈿，舊笙簫無一件。"清代而後，鈿飾已很罕見了。

【鎮】

同"鈿"。此體始見於晋代。見該文。

【金鈿】

即鈿。此稱始見於南北朝時期。見該文。

【花鈿】[1]

即鈿。以其多爲花形，故稱。此稱始見於南北朝時期。見該文。

【鈿朵】

即鈿。此稱始見於唐代。見該文。

【鈿花】

即花鈿，以金玉製成的花朵狀首飾。明宋應星《天工開物·珠玉》："凡玉器琢餘碎，取入鈿花用。"鍾廣言注："鈿花，用貴重物品做成的花朵狀的裝飾品，如金鈿、螺鈿、寶鈿、翠鈿、玉鈿等。"鈿花多用作髮飾簪於頭上，故

早有"鈿頭"之稱。唐白居易《琵琶行》:"鈿頭雲篦擊節碎，血色羅裙翻酒污。"

【鈿頭】

即鈿花。此稱始見於唐代。見該文。

翠鈿[1]

古代婦女之插髮飾物。以翠玉製成或於金鈿上粘貼翠綠鳥羽。這種鈿飾，古代詩文圖像中有大量描述。《樂府詩集·雜曲歌辭·西洲曲》:"樹下即門前，門中露翠鈿。"多見於唐代。唐許渾《贈蕭鍊師》詩:"紅珠絡繡帽，翠鈿束羅襟。"唐李珣《西溪子》詞:"金縷翠鈿浮動，妝罷小窗圓夢。"新疆吐魯番阿斯塔那唐墓出土的《弈棋仕女圖》中，也有幾個於高髻上插翠鈿的婦女形象。後世以其顏色多爲綠色，故又稱之爲"碧鈿"。元方回《南詔風俗》詩:"碧鈿懸珠珥，銀鈎摘象馱。"

【碧鈿】

即翠鈿[1]。此稱始見於元代。見該文。

寶鈿

在金鈿上鑲以寶石，或直接用寶石製成的鈿朵。這種鈿飾始於唐代。《新唐書·肅宗紀》:"禁珠玉、寶鈿。"唐張柬之《東飛伯勞歌》:"誰家絕世綺帳前，艷粉芳脂映寶鈿。"唐戎昱《送零陵妓》詩:"寶鈿香娥翡翠裙，妝成掩泣欲行雲。"這種鈿飾之實物，後代沿用。在古代

琉璃質牡丹花寶鈿

墓葬中常有發現，如江蘇連雲港東門外五代墓中出土的一件琉璃質牡丹花寶鈿。湖南鳳凰明朝彭氏墓出土的兩件寶鈿，以金屬製成四朵小花，花旁附有花葉，葉上嵌有十粒彩色寶石。寶鈿的背面雕有雲紋，并留有兩個長方形的穿孔，以穿連髮髻用。

翹

古代婦女頭飾。其狀若翹起之鳥尾，故名。據唐宇文士及《妝臺記·女飾》載，"周文王於髻上加珠翠翹花，傅之鉛粉"。可見這種首飾起源甚早。然漢代以前文獻無徵。其後始見記載。三國魏曹植《七啓》:"戴金搖之熠耀，揚翠羽之雙翹。"一般附於釵上。晋陸機《日出東南隅行》:"金雀垂藻翹，瓊珮結瑤璠。"翹的製法，多在金、銀器上粘貼各種翠鳥羽毛，故又稱"翠翹"。唐韋應物《長安道》詩:"麗人綺閣情飄飄，頭上鴛釵雙翠翹。"宋無名氏《憶秦娥》詞:"人如玉，翠翹金鳳，內家妝束。"宋晁冲之《上林春慢》詞:"夜闌飲散，但贏得翠翹雙嚲。"插髻時一般兩支對插，即古詩文中所說的"雙翹""雙翠翹"等。如唐李商隱《偶題二首》之一:"水紋簟上琥珀枕，傍有墮釵雙翠翹。"唐徐凝《鄭女出參丈人詞》:"鳳釵翠翹雙宛轉，出見丈人梳洗晚。"宋元以後，大多不行。

【翠翹】

即翹。此稱始見於唐代。見該文。

翡翠翹

鑲嵌翡翠的翹類婦女頭飾。見於唐代。唐李商隱《碧瓦》詩:"吳市蠐螟甲，巴賓翡翠翹。"

柳葉形金飾

唐代一種金製首飾。形似柳葉，故稱。

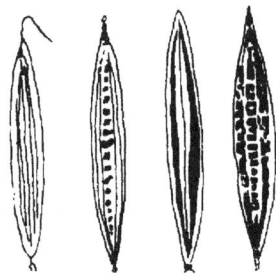

柳葉形金飾

1979 年在山西平魯屯軍溝出土。計十五件，重 439.1 克。其形兩頭尖中間寬，如柳葉，長約 16 厘米，最寬處約 2 厘米，厚約 0.1 厘米。花紋有八式，有的兩端各有一個圓孔，并用金絲在尖部纏繞八至十二圈；有的僅一端有孔，且尖部不用金絲纏繞。據同時出土的金鋌銘文可知，其年代爲唐朝中期。

勝類及節日頭面

勝

　　古代婦女盛妝時戴的一種首飾。相傳西王母曾戴之。《山海經·西山經》："西王母其狀如人，豹尾、虎齒而善嘯，蓬髮戴勝。"晋郭璞注："蓬頭，亂髮；勝，玉勝也。"故知最早的"勝"爲玉質，亦稱"玉勝"。《漢書·司馬相如傳下》："〔西王母〕暠然白首戴勝而穴處兮，亦幸有三足烏爲之使。"唐顏師古注："勝，婦人首飾也，漢代謂之華勝。"漢代婦女戴勝甚多，在考古發掘中時有發現。漢魏以後，製勝的材料甚繁夥，故有"金勝""綵勝"諸稱，因形狀各異，又各據其特點而命名。南北朝之後作爲風俗物，大多剪彩而成，且多節日佩戴，如夏曆正月七日的"人勝"、立春的"春勝""幡勝"等。唐杜甫《人日》詩之二："樽前柏葉休隨酒，勝裏金花巧耐寒。"

玉勝

　　玉質之勝。相傳西王母所戴勝爲玉勝。《山海經·西山經》："西王母其狀如人，豹尾、虎齒而善嘯，蓬髮戴勝。"晋郭璞注："勝，玉勝也。"漢代玉勝，考古有實物發現，可知其形

制。朝鮮古樂浪漢墓出土一件實物，以一圓體居中，上下各附一梯形翼翅，圓心鑽一方孔，以穿繩帶用。山東嘉祥武氏祠漢代畫像石，刻有玉勝圖樣：以圓形爲中心，上

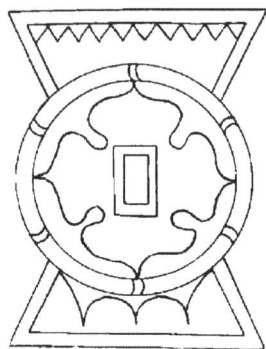

玉　勝

下有作梯形之兩翼，圓心也有孔，兩勝以"杖"連接貫於髮上。南北朝時期，玉勝被視爲吉祥之物。《南齊書·高昭劉皇后傳》："后母桓氏夢吞玉勝生后。"時婦女戴玉勝的現象十分普遍。南朝梁劉孝威《賦得香出衣》詩："香纓麝帶縫金縷，瓊花玉勝綴珠徽。"四川新都漢墓出土的西王母畫像磚上，西王母的兩鬢，各戴着一個勝形飾物，即所謂玉勝。

金勝

　　金質之勝。漢代已見，漢魏以後，婦女戴勝極爲流行，製勝之材料亦豐富多樣，而以金質最爲貴重。如江蘇邗江甘泉漢墓出土的一件

扁平體金勝，形如朝鮮古樂浪漢墓所出土的玉勝，長0.9厘米，寬0.8厘米，圓心之兩面各嵌一塊圓形綠松石。湖南長沙五一路東漢墓出土之金勝，長2.4厘米，寬1.5厘

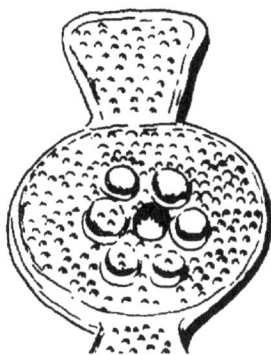

金　勝

米，整件器物以純金製成，通體布滿金珠，橢圓形的中部作六瓣花形，嵌有珠寶。《太平御覽》卷七一九引《晉中興書》則云："晉孝武時，湯穀氏得金勝一枚，長五寸，形如織勝。"此後楚地民間多用鏤金法製作，廣爲流傳，如唐李商隱《人日即事》詩云："鏤金作勝傳荊俗，剪彩爲人起晉風。"元楊維楨《無題效商隱體》詩之一："公子銀瓶分汗酒，佳人金勝剪春花。"

綵勝

剪彩而成的勝狀首飾。"綵"通"彩"。古時多於節日佩戴，爲傳說中西王母戴勝之遺制。據宋高承《事物紀原·歲時風俗部·綵勝》載："《初學記》曰：'人日剪綵爲勝，起於晉代賈充夫人所作，取黃母（即西王母）戴勝之義也。'"清汪汲《事物原會》卷二六亦有類似之記載。至唐宋，這種風俗盛行，詩文中多有敘述。唐孫思邈《千金月令》："唐制，立春賜三宮綵勝各有差。"宋梅堯臣《嘉祐己亥歲旦呈永叔內翰》詩："屠蘇先尚幼，綵勝又宜春。"宋代以後，這種剪彩爲勝之風已經消退，而以各種紙剪花樣爲頭飾。

華勝

飾有花紋之勝。剪五色綢成花朵、花枝狀，婦人戴之，以示吉祥。《釋名·釋首飾》："華，象草木華也；勝，言人形容正等，一人著之則勝也，蔽髮前爲飾也。"漢代始有此稱。皇太后入廟以爲首飾。《漢書·司馬相如傳下》"戴勝而穴處兮"，顏師古注："勝，婦人首飾也，漢代謂之華勝。"亦作"花勝"。《文選·曹植〈七啓〉》"戴金搖之熠耀，揚翠羽之雙翹"，李善注引晉司馬彪《續漢書》："皇太后入廟先爲花勝，上爲鳳凰，以翡翠爲毛羽。"唐宋各代仍沿用。唐元稹《鶯鶯傳》："捧覽來問，撫愛過深……兼惠花勝一合，口脂五寸，致耀首膏唇之飾。"宋孟元老《東京夢華錄·娶婦》："凡娶媳婦……婿具公裳，花勝簇面，於中堂升一榻，上置椅子，謂之高坐。"宋元以後，民間佩戴花勝之習漸少，代之以各式剪紙，如"鬧蛾兒""蛺蝶"等，最後爲"像生花"所取代。

【花勝】

同"華勝"。此體始見於晉代。見該文。

人勝

古代婦女於人日所戴之彩勝。俗以夏曆正月初七爲人日，多於此日天氣陰晴占終歲之災祥。漢魏以後，人們於此日舉行各種活動，祈福避災。南北朝時，民間又剪彩爲人形爲婦女之首飾，以圖吉祥。南朝梁宗懍《荊楚歲時記》："正月七日爲人日，以七種菜爲羹，剪綵爲人，或鏤金箔爲人，以貼屏風，亦戴之頭鬢。又造華勝以相遺。"唐時亦有此俗。如唐崔日用《奉和人日重宴大明宮恩賜綵縷人勝應制》詩所云"金屋瑤筐開寶勝，花箋綵筆頌春椒"之"寶勝"就是。唐温庭筠《菩薩蠻》詞亦云："藕絲秋色淺，人勝參差剪。"此後，人日戴勝之俗似乎漸失。

寶勝

以寶石雕琢成的勝，後泛稱勝之珍貴者。唐代始見。唐崔日用《奉和人日重宴大明宮恩賜綵縷人勝應制》詩："金屋瑤筐開寶勝，花箋綵筆頌春椒。"宋代亦見。宋楊萬里《秀州嘉興館拜賜春幡勝》詩："綵幡耐夏宜春字，寶勝連環曲水紋。"

銀勝

以銀箔剪成的勝。宋代，立春日有賜百官旛勝之俗，或以金製，或以銀製。宋陸游《殘臘》詩之二："乳糜但喜分香鉢，銀勝那思映綵鞭。"錢仲聯校注引周密《武林舊事》："是日（立春）賜百官春旛勝，宰執親王以金，餘以金裹銀及羅帛爲之，係文思院造進，各垂於幞頭之左入謝。"宋代風俗，娶婦亦戴之。宋孟元老《東京夢華錄·娶婦》："裝以大花八朵，羅絹生色或銀勝八枚。"

方勝

方形之勝。多爲兩個菱形套接或叠壓相交而成，取連綿不斷之意。現存最早的實物，爲浙江衢州南宋墓出土的兩件藍色玻璃製成的方勝。而方勝之盛行，則在宋代以後。元王實甫《西厢記》第三本第一折："不移時把花箋錦字，叠做個同心方勝兒。"明代方勝之實物，江蘇南京明初東勝侯汪興祖墓曾有出土。其物以金

金質方勝

片製成，中部爲四瓣的菱形，菱形的角隅及邊緣飾有凸出的圓泡和連珠花紋，通長 8.3 厘米，製作十分精緻。清代的方勝多剪彩爲之。徐珂《清稗類鈔·服飾類·方勝》云："以兩斜方形互相聯合，謂之方勝。勝本首飾，即今俗所謂彩結。彩勝有作雙方形者，故名。"由於方勝具有吉祥之意，故明清的建築裝飾、錦緞、刺繡、陶瓷等工藝上，亦廣泛應用這種菱形套接的格式，不再僅限於婦女首飾之運用。

春勝

古時於立春日所戴之勝飾。以剪紙、絹、綢爲旗幡形，或剪作蝴蝶、金錢等形。南朝梁宗懍《荊楚歲時記》曰："立春之日，悉翦綵爲燕以戴之，貼'宜春'二字。"當爲此俗之始。唐段成式《酉陽雜俎》："立春日，士大夫之家翦紙爲小幡，或懸於佳人之首，或綴於花下；又翦爲春蝶、春錢、春勝以戲之。"亦稱"春幡"。南朝陳徐陵《雜曲》："立春曆日自當新，正月春幡底須故。"宋代亦有此俗。亦稱"幡勝"。宋蘇軾《次韻曾仲錫元日見寄》詩："蕭索東風兩鬢華，年年幡勝剪宮花。"宋孟元老《東京夢華錄·立春》："春日，宰執親王百官皆賜金銀幡勝，入賀訖，戴歸私第。"宋楊萬里有《秀州嘉興館拜賜春幡勝》之詩，中有"綵幡耐夏宜春字，寶勝連環曲水紋"之句。亦作"旛勝"。宋范成大《鞭春微雨》詩："旛勝絲絲雨，笙歌步步塵。"

【春幡】

即春勝。此稱始見於南北朝時期。見該文。

【幡勝】

即春勝。此稱始見於宋代。見該文。

【旛勝】

同"幡勝"。此體始見於宋代。見該文。

禮朋

亦稱"禮鳳"。頭飾。以薄綢帶結爲連環、方勝種種形式。頗似彩勝。西洋婦女以之束髮或飾帽檐、傘柄。清末由日本傳入我國。

【禮鳳】

即禮朋。此稱行用於近代。見該文。

艾虎

古代婦人於端午節所戴的頭飾。多繫於簪、釵之上，以爲壓勝物。舊時俗信艾草能驅邪避毒，故用艾葉作爲端午節的壓勝物和門飾。這種風俗最早見諸典籍記載的是南朝梁宗懍的《荆楚歲時記》，其書云："五月五日……四民並蹋百草之戲，採艾以爲人，懸門户上，以禳毒氣。"以後歷代相沿成俗，如宋孟元老《東京夢華録·端午》曰："又釘艾人於門上，士庶迎相宴賞。"而更多的則是以艾爲虎形，着於髮釵之上以爲飾。宋陳元靚《歲時廣記》卷二一引《歲時雜記》云："端五〔午〕以艾爲虎形，至有如黑豆大者，或剪綵爲小虎，粘艾葉以戴之。王沂公《端五帖子》云：'釵頭艾虎辟群邪，曉駕祥雲七寶車。'"清富察敦崇《燕京歲時記》："每至端陽，閨閣中之巧者，用綾羅製成小虎及粽子……以綵綫穿之，懸於釵頭，或繫於小兒之背。"而江浙一帶則稱之爲"健人"。清吴存楷《江鄉節物詩·健人》詩序中稱："健人即艾人，而易之以帛，作騎虎狀，婦女皆戴之。"其詩云："畫將眉目施襟裾，翦帛先知艾氣除。何物幺麼呼健者，勢成騎虎復何如。"清顧禄《清嘉録·五月》亦云："〔端午節〕市人以金銀絲製爲繁纓、鐘鈴諸狀，騎人于虎，極精細，綴

小釵，貫爲串。或有用銅絲、金箔爲之者，供婦女插鬢，又互相獻賚，名曰健人。"這種風俗，民國期間在鄉間亦很流行，後漸止。

【健人】

即艾虎。此稱始見於清代。見該文。

珠翠

古代婦女頭面，包括珍珠和翡翠兩種飾物。漢代已見。《文選·傅武仲〈舞賦〉》："珠翠的皪而炤耀兮，華袿飛髾而雜纖羅。"李善注："珠翠，珠及翡翠也。"漢以後，歷代皆爲貴族婦女所戴。唐王維《寓言二首》詩："曲陌車騎盛，高堂珠翠繁。"五代杜光庭《富貴曲》："美人梳洗時，滿頭間珠翠。豈知兩片雲，戴却數鄉税？"明清時期的小説、筆記多有描繪和記述。《金瓶梅詞話》第一五回："〔孟玉樓〕頭上珠翠堆盈，鳳釵半卸。"清王韜《淞濱瑣話》："妾頭上珠翠，計可值三千金。"

玉梅

宋代婦女於元宵節時所戴頭飾。以白色綾帕或白紙爲之，呈梅枝狀。宋周密《武林舊事·元夕》："元夕節物，婦人皆戴珠翠、鬧蛾、玉梅、雪柳、菩提葉、燈球。"

雪柳

宋代婦女於元宵節時所戴頭飾。以白色綾絹或白紙爲之，呈柳枝形。宋周密《武林舊事·元夕》："元夕節物，婦人皆戴珠翠、鬧蛾、玉梅、雪柳、菩提葉、燈球。"

鬧蛾

古代婦女節日頭飾。多剪彩爲花或草蟲、蛺蝶等狀，合縛於髮針之上以爲飾。一般爲舊曆年節、元宵節所戴。據清寶光鼐等編《日下舊聞考》引《余氏辨林》云，這種頭飾源於唐

代的"鬧裝"。而見諸文獻記載者，起於宋代，且甚盛行。宋揚无咎《人月圓》詞："鬧蛾斜插，輕衫乍試，閑趁尖要。百年三萬六千夜，願長如今夜！"明清沿其俗，并用於元旦。明劉若愚《明宮史·飲食好尚》："自歲暮正旦，咸頭戴鬧蛾，乃烏金紙裁成，畫顏色裝成者；亦有用真草蟲蝴蝶者，咸簪于首，以應節景。"亦稱"鬧蛾兒"。宋人《宣和遺事》記述元宵禮俗時，云："京師民有似雲浪，盡頭上戴著玉梅、雪柳、鬧蛾兒，直到鰲山下看燈。"《水滸傳》第六六回："却說時遷挾着一個籃兒，裏面都是琉黃、焰硝、放火的藥頭。籃兒上插幾朵鬧蛾兒，趲入翠雲樓後，走上樓去。"清王夫之《雜物贊·活的兒》叙述這種頭飾曰："以烏金紙剪爲蛺蝶，朱粉點染，以小銅絲纏綴針上，旁施柏葉。迎春，元日，冶游者插之巾帽。"清朱彝尊《日下舊聞》卷三八補遺引《璪譚》云："燕地上元節，用烏金紙剪成飛蛾，以猪鬃尖分披，片紙貼之，或五或七，下縛一處，以針作柄，婦女戴之，名曰'鬧蛾兒'。此古之遺俗也。"省稱"蛾兒"。宋辛棄疾《青玉案》詞："蛾兒雪柳黃金縷，笑語盈盈暗香去。"亦稱"鬧嚷嚷"。明沈榜《宛署雜記·民風一》："以烏金紙爲飛鵝〔蛾〕、蝴蝶、螞蚱之形，大如掌，小如錢，呼曰'鬧嚷嚷'。大小男女，各戴一枝於首中，貴人有插滿頭者。"清姚之駰《元明事類鈔·元日·鬧嚷嚷》引《北京歲華記》："元旦人家小兒女剪烏金紙作蝴蝶戴之，名曰'鬧嚷嚷'。"

【鬧蛾兒】

即鬧蛾。此稱始見於宋代。見該文。

【蛾兒】

即鬧蛾。"鬧蛾兒"之省稱。此稱始見於宋代。見該文。

【鬧嚷嚷】

即鬧蛾。此稱始見於明代。見該文。

楸葉

楸樹葉。宋代婦女、兒童立秋日剪裁爲頭飾以應時序，求其吉慶。當時民間有此習俗。宋孟元老《東京夢華錄·立秋》："立秋日，〔汴梁〕滿街賣楸葉，婦女兒童輩，皆剪成花樣戴之。"宋吴自牧《夢粱錄·七月》："立秋日……都城（臨安，今杭州）內外，侵晨滿街叫賣楸葉，婦人女子及兒童輩爭買之，剪如花樣，插於鬢邊，以應時序。"

燈球

用珍珠或料珠串在鐵絲或竹篾上的一種首飾。或用一顆珠子，或用幾顆珠子串組，如挂燈籠。珠子大小如棗栗。流行於宋代。宋代李嵩《貨郎圖》中有戴燈球的婦女形象。參閱宋周密《武林舊事·元夕》。

戴燈球的宋代女子
（宋李嵩《貨郎圖》）

草蟲頭面

明代婦女頭飾上的一種花樣。上以金玉精製成細緻靈巧之草蟲，縛於針上戴之，式樣似鬧蛾兒。《金瓶梅詞話》第二〇回："金蓮在旁拿把抿子，與李瓶兒抿頭，見他頭上戴着一副金玲瓏草蟲兒頭面，並金纍絲松竹梅歲寒三友梳背兒，因説道：‘李大姐，你不該打這碎草蟲頭面。’因其縛於針上，故又稱之爲“草蟲啄針兒”。《金瓶梅詞話》第六一回：“王六兒打扮出來，頭上銀絲髢髻，翠藍縐紗羊皮金流滾邊的箍兒，周圍插碎金草蟲啄針兒。”

【草蟲啄針兒】

即草蟲頭面。此稱始見於明代。見該文。

草裹金

明代宮女春日所戴的一種以真草蟲裹以金屬的鬧蛾兒。明末清初蔣之翹《天啓宮詞》：“襭鬭潛來内上林，羅衣輕試柳邊陰。逡巡避衆閒尋撦，一笑挤輸草裹金。”注：“坤寧宮後園名内上林。時宮人所插鬧蛾，尚用真草蟲夾以葫蘆，形如菀豆大，名草裹金，一枝可值二三十金。”參見本卷《首飾説·頭面考》“鬧蛾”文。

鈿子

清代滿族貴族婦女專用頭飾。制如鳳冠。清福格《聽雨叢談》卷六：“八旗婦人彩服，有鈿子之制，制如鳳冠，以鐵絲或藤爲骨，以皂紗或綾網冒之。前如鳳冠，施七翟，周以珠旒，長及於肩，後如覆箕，上穹下廣，垂及於肩，施五翟……又有常服鈿子，則珠翠滿飾與半飾，不具珠旒。”故宮博物院藏《雍正行樂圖》中的貴妃形象，有此種頭飾。

鑷　類

鑷

即今之鑷子。古時用於拔除毛髮之修容器具。《釋名·釋首飾》：“鑷，攝也，攝取髮也。”亦稱“鉆”。亦作“鉔”。《説文·金部》：“鉆，鐵鉔也。从金占聲。”徐灝箋：“鉆與鉗同類異物。鉗蓋冶器所用鐵夾；鉆訓爲鉔，即今所用鑷子。今世俗二器猶分別厘然也。”又：“鉔，鉆也。从金耴聲。”《玉篇·金部》：“鉔……拔髮也。鑷，同上。”亦作“籋”“鑷子”。《説文·竹部》：“籋，箝也。”段玉裁注：“夾取之器曰籋。

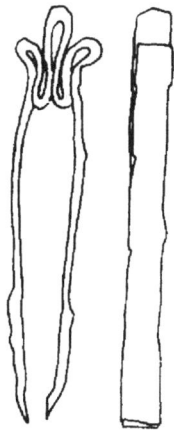
鐵　鑷

今人以銅鐵作之，謂之鑷子。”《南史·鬱林王本紀》：“高帝笑謂左右曰：‘豈有爲人作曾祖而拔白髮者乎？’即擲鏡、鑷。”戲稱“却老先生”。唐馮贄《雲仙雜記》卷四引《南康記》：“王僧虔晚年惡白髮。一日對客，左右進銅鑷，僧虔曰：‘却老先生至矣，庶幾乎？’”鑷子雖爲修容之具，但有時亦是婦女插髮之飾，美稱“寶鑷”。如南朝梁江洪《咏歌姬》詩：“寶鑷間珠花，分明靚妝點。”元龍輔《女紅餘志》：“袁術姬馮方女，有千金寶鑷，插之增媚。”這種以鑷作

銅　鑷

插髮之飾的現象，在考古發掘中屢見。如廣東廣州漢墓出土鐵鑷。陝西西安郭家灘唐墓出土的一件銅鑷，器物的頂端飾有六個螺絲鈕形圓球，從大到小組成一串，通長 14.5 厘米；出土時與金釵等首飾同在女性頭骨附近，可與文獻相印證。今之鑷子五花八門，各有用途。作爲婦女修顏之鑷，一般小巧玲瓏，如"眉鉗""面鉗"之類。

【鉆】

即鑷。此稱始見於漢代。見該文。

【鈔】

同"鑷"。此體始見於漢代。見該文。

【鑈】

同"鑷"。此體始見於漢代。見該文。

【却老先生】

"鑷"之戲稱。此稱始見於唐代。見該文。

【鑷子】

即鑷。此稱始見於清代。見該文。

【寶鑷】

"鑷"之美稱。漢代已見。元龍輔《女紅餘志》："袁術姬馮方女，有千金寶鑷，插之增媚。"南北朝亦見。南朝梁江洪《咏歌姬》詩："寶鑷間珠花，分明靚妝點。"

黃金鑷

金製插髮鑷子。始見於漢代。貴族婦女用之。《後漢書·輿服志下》："太皇太后、皇太后入廟服……簪珥……下有白珠，垂黃金鑷。"後代不見用。

近現代土族婦女頭飾

扭達爾

近現代土族婦女頭飾的總稱。扭達爾的種類很多，名稱各異。如流行於青海省互助紅崖子溝托歡村一帶的稱"托歡扭達爾"，其正面形似圓餅，故漢語俗稱"乾糧頭"；另一種扭達爾的背面形狀像啄木鳥的頭，稱"絆絆切扭達爾"。這是以村名、禽名命名的。以地區性命名的，如哈拉直溝一帶的，稱"索卜斗扭達爾"；那仁溝一帶的，稱"那仁扭達爾"，其後部飾有似箭的飾物三枚，故漢語稱"三叉頭"。以形狀命名的，如"適格扭達爾"，其形似簸箕，故漢語又俗稱"簸箕頭"；還有"加斯扭達爾"，形似耕田的犁鏵，倒過來呈馬鞍形，故漢語又俗稱"鏵尖頭"和"馬鞍橋"；"雪古都扭達爾"，形似房檐上的滴水，土語"雪古都"即漏凹槽之意；"加木扭達爾"，形似漢族婦女的某種頭飾，土語"加木"即漢族婦女。相傳這些扭達爾是從古代頭盔等戎裝兵器演變而來的，有些配套的飾物即古代兵器的縮影。扭達爾須與商圖、藏日等頭飾佩戴。參見本卷《首飾説·頭面考》"托歡扭達爾"諸文。參閱林新乃編《中華風俗大觀·服飾篇》（上海文藝出版社 1991 年版）。

【托歡扭達爾】

土族婦女頭飾的一種。因形似圓餅，故又稱"乾糧頭"。其形制是：先製一直徑爲七寸的圓形布坯，用彩色布條鑲出三角形圖案，中心嵌日月圖。邊緣飾以彩綫細穗兩層，正前飾兩大束長四寸的彩穗。其後下部吊長一尺五寸、寬四寸的綉花帶，帶下端嵌直徑爲七寸的圓盤，面飾以珍珠，邊鑲以齒貝。佩戴時，配以商圖等飾物。流行於今青海省互助紅崖子溝托歡村一帶。

【乾糧頭】

土族婦女頭飾"托歡扭達爾"之漢語俗稱。此稱行用於近現代。見該文。

【那仁扭達爾】

土族婦女頭飾的一種。其形制是：把四尺窄幅紅布雙摺，將一邊縫合，於其後上部鑲二寸長銅管，呈圓形，每隻銅管外端置一束長五寸的紅絲穗，銅管圓的中心鑲一支長一尺的箭，箭頭呈三叉，似三隻箭頭，故漢語亦俗稱"三叉頭"。箭下方吊一尺長、四寸寬的綉花帶，帶下嵌直徑爲七寸的圓盤，面飾以小珍珠，邊鑲以齒貝。佩戴時，需配以商圖等飾物。流行於今青海互助那仁溝一帶。

【三叉頭】

土族婦女頭飾"那仁扭達爾"之漢語俗稱。此稱行用於近現代。見該文。

【加斯扭達爾】

土族婦女頭飾的一種。其形制是：用布做一似鏵的坯，鏵尖朝後，鏵尾朝前。邊沿飾一尺二寸長的絲穗，兩個鏵尾相連的凹槽邊沿飾以短穗，兩個橢圓鏵尾上方飾以金銀箔紙或彩色布條。因形似鏵尖，故漢語亦俗稱"鏵尖頭"。倒過來又似馬鞍形，故又稱"馬鞍橇"。佩戴時，配以商圖等飾物。流行於今青海省互助東溝、那仁溝和哈拉直溝一帶。

【鏵尖頭】

土族婦女頭飾"加斯扭達爾"之漢語俗稱。

此稱行用於近現代。見該文。

【馬鞍橇】

土族婦女頭飾"加斯扭達爾"之漢語俗稱。此稱行用於近現代。見該文。

【適格扭達爾】

土族婦女頭飾的一種。因形似大簸箕，故漢語亦俗稱"簸箕頭"。其形制是：先用芨芨草扎編成簸箕形骨架，再用硬紙和布裱糊成坯，然後正面貼金銀箔紙和五色布條，邊緣鑲一圈六分見方的雲母片，外沿飾兩層紅黃色短絲穗，每層約二十束，額沿飾六寸長紅絲穗，兩側及背後邊沿密挂一行六寸長銅葉。佩戴時，需配以商圖等飾物。流行於今青海省互助東溝、東山、丹麻等地。

【簸箕頭】

土族婦女頭飾"適格扭達爾"之漢語俗稱。此稱行用於近現代。見該文。

商圖

土族語音譯。土族婦女傳統頭飾。其具體形式有兩種：其一，用銅或銀製成，大小約三寸，上有紋飾，形似蘑菇，扣於頂髻，用簪子別住。在家中或勞動時用，外出時須佩戴扭達爾。其二，將髮辮綰在腦勺處，用簪子別住。流行於今青海省互助、民和等地區。

藏日

土族語音譯。土族婦女頭飾。其形制是：六塊銀製等腰三角形薄板，底長一寸，高四寸，面有紋飾，頂角有孔，用紅絲繩將其穿起，分左右倒繫於商圖兩側，看去似孔雀開屏，爲最高規格的飾物。姑娘出嫁若有此頭飾，則被認爲是最高一級婚禮。流行於今青海省互助等地。

第四章　耳飾、頸飾說

第一節　耳飾考

　　耳飾，即耳部飾物，亦首飾中的一類。耳飾主要有玉玦、珥、瑞、耳環、耳墜等。

　　玉玦是我國婦女早期的一種耳飾，在新石器時代已經使用。這時，女子佩戴玉玦，可單獨使用，即袛佩戴一隻。如江蘇常州圩墩新石器時代遺址曾發現玉質和瑪瑙質玦形實物，出土位置在女性人骨耳邊，且一墓一件。原始的耳飾，除玦形以外，還有圓形、梯形、長方形等形狀，其質料除玉外，還有象牙、綠松石等。女子佩戴時，并不要求對稱，左耳戴玉玦，右耳亦可戴其他形狀的耳飾。如四川巫山大溪新石器時代遺址，共出土上述不同形狀和質料的耳飾六十四件。其中一百二十八號墓出土兩件，墓主爲女性，在她的耳部，左邊爲玉玦，右邊爲石耳環。新石器時代的玉玦，多素面無紋，中間的孔徑較大，缺口兩端寬度比中間長。至商周時期，玉玦較前代寬闊，中間孔徑變小，玦身寬窄不明顯，考究者兩面有紋飾，河南新鄭西周墓出土實物可證。戰國至西漢初，玉玦的缺口兩端變窄，中間部分有所放寬，四川涼山喜德拉克漢墓出土實物可證。這一時期，玉玦逐漸不再作婦女耳飾，而改作佩飾。古代婦女以玉玦爲耳飾，亦有挂滿雙耳的，其形象資料，從湖南長沙樹木嶺一號戰國墓出土的青銅器上可以見到。

　　婦女穿耳，通常認爲是少數民族的習俗，後傳入中原，逐漸成爲漢族人民的風尚。實則這種風尚，早在三代以前已經形成。甘肅秦安發現的新石器時代仰韶文化時期的人頭形器口陶塑，耳部有穿洞。但古代穿耳是賤者之事，女子穿耳是被迫的行爲。秦漢時期，皇后嬪妃不用穿耳，一般貴婦也可不穿，但在她們的耳邊亦懸有耳飾。這種耳飾，一般是用玉或琉璃等材料製成一個長 2~3 厘米、徑約 1 厘米的空心圓筒，筒腰收縮，兩端寬大，呈喇叭口，稱"珥"。使用時，用絲繩繫縛，懸於耳邊，故稱"懸珥"。如繫縛在髮簪之首，插於髻，懸於耳際，則稱"簪珥"。這種象徵性的耳飾，其用意如同帝王冕上懸充耳一樣，是爲了提醒人們不聽閑言。一般士庶婦女則在耳上穿孔戴耳飾，時稱"璫"。這類飾物多以琉璃製成，晶瑩透明，故又稱"明璫""明月璫"。亦有做成球體狀者，稱"耳珠"。這種耳飾，是秦漢時從少數民族地區傳入中原的，爲漢族婦女所采用，服飾文化如同飲食文化等一樣，總是相互交融、相互影響，有時亦難以區別孰先孰後，傳出或傳入。

　　古代婦女耳飾，最常見、多見的是耳環和耳墜。

　　耳環是婦女耳部環形飾物，爲婦女耳飾的重要一類。它出現的時間晚於玉玦。河北蔚縣古文化遺址曾發掘出一枚銅質耳環，是迄今爲止所見年代最早的耳環實物，年代相當於夏朝。商代耳環亦有發現，如北京平谷獨樂河商代墓葬中出土的一件金耳環，山西石樓後蘭家溝及永和下辛角商代晚期墓葬中也都曾發現金耳環，其造型和製作工藝都比夏代複雜得多。漢魏時期，婦女一般不戴耳環。唐代，婦女不尚穿耳，亦不用耳環，耳環祇在少數民族中流行。至宋代，婦女中穿耳戴環之風盛行，製作耳環的工藝也更進步。如江西彭澤宋墓出土的一對金耳環，在一端的金薄片上有花卉浮雕圖紋；江蘇無錫宋墓出土的一對金耳環，以瓜果爲裝飾。遼、金、元時期，北方少數民族皆喜佩戴耳環，甚至男子亦戴。耳環主要爲金質。遼寧建平張家營子遼墓曾出土金製鳳形耳環。金代耳環也有不少實物出土。這些實物形狀不一，有的以金絲編成圓形托座，上鑲嵌各種寶石；有的分爲前後兩部分，前半部分以金絲編成一個長方形框架，內鑲嵌珍寶，框架頂部飾金製花朵。這種耳環不僅在金代極爲盛行，還影響到元明時期。元代耳環，形同金代，但前半部分通常以瑪瑙、白玉或綠松石等製成各式花樣。內蒙古烏蘭察布察哈爾右翼前旗古墓有實物出土。明代耳環，多以金銀橫壓出花形，在花葉、花瓣部分鑲嵌寶石，或在花蕊中間鑲嵌珍珠。甘肅蘭州上西園和上海肇嘉浜明墓有出土實物。明代筆記、小說中也可見到關於耳環的記述。信仰佛教的婦女，還有將佛像裝飾在耳環上的情形，江蘇無錫江溪陶店橋明墓有實物出土。清代婦女亦戴耳環，大體沿襲明制。

耳墜，俗稱"墜子"，是連屬於耳環之下的一種飾物。上部爲耳環，下部爲一組墜飾，故名。耳墜和耳環一樣，今人多認爲是少數民族的耳飾。在内蒙古敖漢旗周家地古墓出土的耳墜，據考證當是東胡人所用的耳飾，其年代相當於西周至春秋時期。約在兩晋南北朝時期，耳墜傳入中原，漢族婦女也開始使用。這一時期的出土實物，有河北定縣華塔廢址北魏石函中出土的一對耳墜。唐代婦女不尚穿耳，既不戴耳環，也不戴耳墜。宋代婦女雖喜戴耳環，但不喜戴耳墜。至明代，婦女既戴耳環，又戴耳墜。明代耳墜，質料不同，造型各异，工藝進步。在北京定陵明神宗孝端、孝靖二皇后墓出土的耳墜尤爲精美，如有一件金鑲寶石玉兔搗藥耳墜，設計巧妙，寓意高雅。清代婦女亦戴耳墜，富裕人家的婦女擁有上百副，可根據季節、場所的不同，選擇搭配。在滿族婦女中，則流行一個耳垂上懸挂三件墜飾的習俗，當時稱"一耳三鉗"。這一習俗一直保留到民國初期。近代婦女一度廢止穿耳，爲了戴耳墜，特將耳墜改制，即將上部圓環改成一種弓形軋頭，上有螺紋，佩戴時祇須鬆開軋頭，套入耳垂，旋緊即可。參閱周汛、高春明《中國歷代婦女妝飾・耳飾篇》。

中華人民共和國成立以後，提倡艱苦樸素，穿耳戴飾幾絶。20世紀80年代改革開放以來，愛美女性穿耳戴環、戴墜漸次成爲風尚。

玦、珥、瑞等耳飾

玉玦

古代婦女耳飾之一種。其形如環而有缺口。玉玦是中國婦女最原始的耳飾，新石器時代已見。四川巫山大溪新石器時代一百二十八號墓中，發現兩件耳飾，分別置於女墓主耳部，左爲玉玦，右爲石環。他如江蘇南京北陰陽營新石器時代遺址、常州圩墩新石器時代遺址中也有類似發現。這時期的玉玦，器身較小，中孔較大，缺口兩端較中間爲寬，一般素面無紋。至商周時期，玉玦一般比較闊，中孔較小，器身兩面飾有紋樣。河南新鄭西周墓出土有實物。戰國至漢初的玉玦，一般缺口兩端較窄，中部較寬。四川凉山喜德拉克漢墓出土實物爲此樣式。雲南江川李家山古墓出土的玉玦更有特色：器身較薄，米黄色，扁圓形，上緣平直，下緣内凹，上緣中部有一缺口，缺口兩

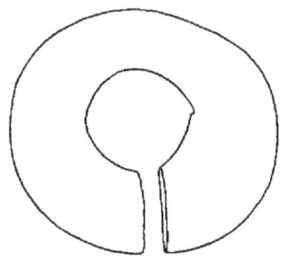
玉 玦

端各鑽一個小孔，用以穿組，出土時堆積在死者耳部，且以成組形式出現，數片至十餘片，大小不等，層層叠壓，大的外徑達4.8厘米，小的則有2厘米。這個時期的其他墓葬中，也常常發現成對的小玉玦位於死者兩耳旁。戴玉玦婦女的形象資料，在雲南晉寧石寨山出土的銅俑、湖南長沙樹木嶺一號戰國墓出土的青銅人形刀柄等一些青銅器上，均可見到。約至漢代初期，已不見作耳飾用，主要用作佩玉。

珥

古代女子之耳飾。多爲懸挂在兩耳旁的珠玉。《説文·玉部》：“珥，瑱也。”又：“瑱，以玉充耳也。”《玉篇·玉部》：“珥，珠在耳。”戰國時期，婦女一般不穿耳，僅在耳際懸挂純粹是一種形式的“珥”，與古代帝王冕冠上之充耳同義。《韓非子·外諸説右上》：“靖郭君之相齊也，王后死，未知所置，乃獻玉珥以知之。”又：“於是爲十玉珥而美其一，而獻之。”使用時，繫縛在笄、簪上，安插於髻，懸挂於耳際。《列子·周穆王》：“設笄珥。”張湛注：“珥，音餌，瑱也，冕上垂玉以塞耳。”漢代婦女亦懸珥。《史記·外戚世家》：“〔武〕帝譴責鈎弋夫人，夫人脱簪珥叩頭。”《漢書·東方朔傳》：“主乃下殿，去簪珥。”顔師古注：“珥，珠玉飾耳者也，音餌。”又《王莽傳》：“珠珥在耳，首飾猶存。”《後漢書·輿服志下》：“太皇太后、皇太后入廟服……翦氂蔮，簪珥。”以後雖演變爲穿耳垂璫之俗，但亦有戴珥者。如南朝陳張正見樂府詩《采桑》云：“迎風金珥落，向日玉釵明。”又南朝陳徐陵《勸進梁元帝表》：“貂珥雍容，尋盟漳水。”唐韓愈《殿中少監馬君墓志》：“幼子娟好静秀，瑶環瑜珥，蘭茁其芽，

稱其家兒也。”

玉珥

耳飾。玉製之珥。先秦時期始見。《韓非子·外儲説右上》：“靖郭君之相齊也，王后死，未知所置，乃獻玉珥以知之。”

珠珥

耳飾。珠製之珥。先秦時期始見。漢劉向《説苑·貴德》：“鄭子産死，鄭人丈夫舍玦珮，婦人舍珠珥，夫婦巷哭，三月不聞竽瑟之聲。”漢代亦見。《漢書·王莽傳》：“珠珥在耳，首飾猶存。”

象珥

耳飾。象牙製成之珥。漢代始見。漢桓寬《鹽鐵論·散不足》：“骨笄象珥。”後世亦見。《北史·任城王澄傳》：“未見綴金蟬於象珥，極羈貂於鬢髮。”

簪珥

耳飾。懸於簪上之珥。秦漢時期，從皇后嬪妃到一般貴婦，均不穿耳，其耳飾繫縛於髮簪之首，插簪於髻，懸珥於耳際，故稱“簪珥”。《史記·外戚世家》：“〔武〕帝譴責鈎弋夫人，夫人脱簪珥叩頭。”《漢書·東方朔傳》：“主乃下殿，去簪珥。”簪珥之意，如同帝王冕冠之充耳，是爲了提醒人們不要妄聽閑言。

金珥

耳飾。金製之珥。見於漢代之後。南朝陳張正見樂府詩《采桑》：“迎風金珥落，向日玉釵明。”

瑱

古代之耳飾。男女通用。《釋名·釋首飾》云：“瑱，鎮也，懸當耳旁，不欲使人妄聽，自鎮重也。”亦稱“充耳”“不瘖”。清王先謙《釋

名疏證補》："或曰充耳。充，塞也，塞耳亦所以止聽也，故俚語曰不瘖不聾，不成姑公。"瑱之狀首直而末銳，戴法與珥相同。《詩・鄘風・君子偕老》："玉之瑱也，象之揥也。"毛傳："瑱，塞耳也。"又《小雅・都人士》："彼都人士，充耳琇實。"鄭玄箋："言以美石爲瑱。瑱，塞耳。"《左傳・昭公二十六年》："以幣錦二兩，縛一如瑱。"孔穎達疏："禮以一條五采橫冕上，兩頭下垂，繫黃綿，綿下又縣玉爲瑱，以塞耳。"《周禮・夏官・弁師》："諸侯之繅斿九就，瑉玉三采，其餘如王之事，繅斿皆就，玉瑱，玉笄。"瑱的實物近來也有發現。如湖南長沙漢墓出土的玉瑱，白色，無光澤，蕈形，一端較大，一端較小，中腰內凹。河南洛陽燒溝漢墓中出土了多件琉璃瑱和骨瑱。其中琉璃瑱共十九件，有兩種類型：一爲圓形，上小下大，腰細，如喇叭形，中間穿一孔，顔色多爲藍色和綠色，半透明；二爲上端呈錐狀，中部猶喇叭形，下端呈珠狀，通體無孔，無色透明，質如今之玻璃。瑱的質地除玉石、琉璃、骨之外，尚有以象牙製成的。《詩・齊風・著》："充耳以素乎而。"毛傳："素，象瑱。"然以玉石者居多。瑱亦作"琪"。《集韵・去霰》："瑱，《說文》：以玉充耳也。……亦作琪。"秦漢而後，瑱飾逐漸消失，取而代之的有耳璫、耳環等。

【充耳】

　　即瑱。此稱始見於先秦時期。見該文。

【不瘖】

　　即瑱。此稱始見於漢代。見該文。

【琪】

　　同"瑱"。此體始見於宋代。見該文。

玉瑱

　　玉製的一種耳飾。戴法同珥，即懸於耳旁。先秦始見。《詩・鄘風・君子偕老》："玉之瑱也，象之揥也。"毛傳："瑱，塞耳也。"漢代的玉瑱，在湖南長沙漢墓有實物出土，爲白色，蕈形，一端大，一端小，中腰內凹。

璫

　　古代婦女之耳飾。漢族婦女穿耳着璫之習，源於少數民族的風俗。《釋名・釋首飾》："穿耳施珠曰璫，此本出於蠻夷所爲也。蠻夷婦女輕浮好走，故以此璫錘之也。今中國人效之耳。"由此可知，"穿耳施珠"是爲了約束婦女行動，以示警戒。亦稱"耳珠"。《太平御覽》卷七一八引漢應劭《風俗通》："耳珠曰璫。"據文獻和出土文物所證，璫的製作材料有金、銀、玉、石等，而以玻璃所製最爲常見。其形制一般作圓筒狀，兩端或一端呈喇叭口形，亦有端首呈球狀的，中有穿孔，質量較輕，體積較小，便於繫佩。如重慶六朝墓出土的一件玻璃耳璫，長約3厘米，兩端呈喇叭口狀，中空，出土時在女性屍體的頭骨附近。又據日本原田淑人《漢六朝の服飾》中一幅耳璫照片所描繪，耳璫的下端以繩繫一小鈴，當是另一種類型。這種耳璫在出土文物中亦有參照。如貴州黔西東漢墓出土的兩件小鈴，以銀片製成球狀，下端張開，上端焊有圓環，直徑爲1.2厘米，或即耳璫之墜鈴。因耳璫多呈圓筒狀，故又稱之曰"圓璫"。南朝梁費昶《華觀省中夜聞城外搗衣》詩："圓璫耳上照，方綉領間斜。"按，人們常把耳璫視爲最初的耳環或耳墜，幷不確切。現有資料證明，耳璫僅是流行於漢魏晋南北朝及唐的一種特定的婦女首飾，與耳環和耳墜幷無前後繼承關係。

【耳珠】

即璫。此稱始見於漢代。見該文。

【圓璫】

即璫。此稱始見於南北朝時期。見該文。

真珠璫

真珠，即珍珠。璫之端部飾有珍珠或以珍珠製成之耳璫。漢代皇后謁廟服以爲耳飾。省稱"珠璫"。《後漢書·輿服志下》："皇后謁廟服……諸爵獸皆翡翠爲毛羽。金題，白珠璫繞，以翡翠爲華云。"南北朝時，北方少數民族用之，南方亦見用。《宋書·索虜傳》："頃者，往索真珠璫，略不相與，今所緘截髑髏，可當幾許珠璫也。"《北史·畢衆敬傳》："〔衆敬〕後以篤老，乞還桑梓，朝廷許之。衆敬臨還，獻真珠璫四具，銀裝劍一口。"南朝梁元帝蕭繹《樹名詩》："柳葉生眉上，珠璫搖鬢垂。"

【珠璫】

"真珠璫"之省稱。此稱始見於漢代。見該文。

明月璫

耳飾。明珠製成的璫。因晶瑩透明，狀若明月，故稱。始見於漢魏時期。《玉臺新詠·古詩無名人爲焦仲卿妻作（并序）》："腰若流紈素，耳著明月璫。"省稱"明璫"。《藝文類聚》卷八七引漢王逸《荔枝賦》："皮似丹罽，膚若明璫。"三國魏曹植《洛神賦》："無微情以效愛兮，獻江南之明璫。"

【明璫】

"明月璫"之省稱。此稱始見於漢代。見該文。

金璫

耳飾，金飾之璫。宋葉廷珪《海錄碎事·商賈貨財》："金璫綴惠。金璫，耳珠也。"始見於漢代。《後漢書·宦者列傳序》："自明帝以後……中常侍至有十人，小黃門二十人，改以金璫右貂。"後代亦見。晋傅咸《贈何劭王濟》詩："金璫綴惠文，煌煌發令姿。"

玉璫

耳飾，玉質之璫。始見於唐代。唐杜牧《自宣州赴官入京路逢裴坦判官歸宣州因題贈》詩："梅花落徑香繚繞，雪白玉璫花下行。"唐李商隱《春雨》詩："玉璫緘札何由達？萬里雲羅一雁飛。"

耳環、耳墜

耳環

女子用於飾耳的一種金屬小環。中國婦女自古就有穿耳戴環的習俗。徐珂《清稗類鈔·服飾類·耳環》云："女子穿耳，帶以耳環，自古有之，乃賤者之事。《莊子》曰：'天子之侍御不穿耳。'杜子美詩：'玉環穿耳誰家女。'其後遂爲婦女之普通耳飾矣。"原始的金屬耳環大多以青銅製成，製作也較爲簡單，僅用一根粗銅絲彎製，或磨尖一端，以便穿過耳孔即可。迄今所見年代最早的實物爲河北蔚縣夏商文化遺址出土的一枚耳環。其後，耳環的製作日趨複雜，且大多爲金質。如北京平谷獨

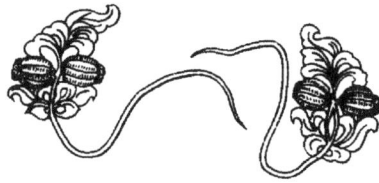

飾有瓜果枝葉紋樣的金耳環

樂河商墓出土的一枚金質耳環，一端爲扁圓形喇叭口，底部有道溝槽，環身直徑約 1.5 厘米，由粗及細，尾部呈尖錐形，重 6.8 克。漢魏至唐，仍有穿耳戴珠之習。《三國志·吳書·諸葛恪傳》："今有恩詔，馬必至也，安敢不謝。"裴松之注引《諸葛恪別傳》曰："恪嘗獻〔孫〕權馬，先鑷其耳。范慎時在坐，嘲恪曰：'馬雖大畜，禀氣於天，今殘其耳，豈不傷仁？'恪答曰：'母之於女，恩愛至矣，穿耳附珠，何傷於仁？'"足見一斑。在少數民族中甚爲盛行。晉常璩《華陽國志·南中志》："夷人大種曰昆，小種曰叟，皆曲頭木耳環。"《南史·林邑國傳》："穿耳貫小環……自林邑、扶南以南諸國皆然也。"宋范成大《桂海虞衡志·志蠻》："蠻皆椎髻跣足，插銀銅錫釵。婦人加銅環耳墜垂肩。女及笄，即黥頰爲細花紋，謂之綉面。"宋以後，由於穿耳之風又盛，耳環成了婦女飾耳的主要妝飾，而且製作講究。如江蘇無錫揚名宋墓出土的一對耳環，係由兩金片合成，金片上壓印有花樣：中間是兩枚對稱的瓜果，上下爲蔓藤和枝葉；用以穿耳的金絲也設計成枝蔓狀，與裝飾部分渾成一體。遼、金、元三代的耳環製作更加精美，不僅女子穿耳戴環，連少數民族的男子也穿耳戴環。如遼寧建平張家營子遼墓出土的一副耳環，飾爲鳳形，鳳作展翅飛舞狀，中空，係兩片合成，製作精巧。陝西西安玉祥門外元墓出土的"金鑲玉人"耳環，裝飾部分爲一玉雕人像，用金絲作渦綫繞於玉人胸前和腹部，背後彎曲爲鈎狀，高 3.3 厘米，重23 克。至明代，耳環崇尚輕巧，貴婦人佩戴的一般以一根粗金絲彎鈎成鈎狀，在金絲的一端穿上兩至三顆大小不等的玉珠，上小下大，上覆一個圓金片，形似葫蘆，俗稱"葫蘆耳環"。如四川成都市郊明墓出土的一副耳環即是。通常用金銀模壓出花形，然後在花瓣或花葉部鑲嵌一些珠寶；或純金銀打製，無他飾。清朝多承明代遺制，耳環無多大變化。歷史上，穿耳之習曾多次被廢，但作爲一種俗文化依然存在，故今天的婦女仍有以耳環爲飾者，祗是不如耳墜那樣盛行。

璩

一種耳環。始以金銀製，字作"鐻"。後以玉製。《説文新附·玉部》："璩，環屬。从玉豦聲。見《山海經》。"鄭珍新附考："《中山經》：'穿耳以鐻。'郭注云：'鐻，金銀飾之名。'……字本从金。《衆經音義》引《字書》：'璩，玉名，耳鐻也。'知漢後字別從玉。大徐云'見《山海經》'，其實出《字書》也。"亦作"璖"。《廣韵·平魚》："璖，耳環。"《集韵·平魚》："璩，環屬，戒夷貫耳。或作璖。"亦作"琚"。《龍龕手鑑·玉部》："璖，或作琚。"亦作"琚"。《字彙·玉部》："琚，耳環。"

【鐻】

同"璩"。此體始見於先秦時期。見該文。

【璖】

同"璩"。此體始見於宋代。見該文。

【琚】

同"璩"。此體始見於遼代。見該文。

【瑛】

同"瓊"。此體始見於明代。見該文。

耳墜

耳飾之一種,是在耳環的基礎上演變而來的一種飾物。其上部是個圓環,環下綴一組或一個墜飾,因形得名,俗稱"墜子"。本是少數民族的飾物,始爲男子佩戴,約在魏晉以後傳至中原。質料多用金、銀、玉、石,一般可活動。

玉兔搗藥耳墜

古耳墜的實物,多爲北地製品。如内蒙古阿魯柴登遺址出土的一對,上部爲金絲彎成的圓環,環下連以墜飾,墜飾上部由兩頭包金的緑松石構成,包金上飾有花點,下垂一組三角形金片,總長 8.2 厘米,重 14.2 克。據考,此爲戰國時期匈奴族的遺物。南北朝以後,漢族婦女也開始佩戴。河北定州華塔廢址北魏石函中出土的耳墜,圓環下是金絲編成的圓柱,兩端挂五塊貼有寶石的圓形金片,中間又挂有五個小球;圓柱的下部飾有六根鏈索,每根鏈索下各垂一尖錘狀飾物。全長約 9 厘米,重 16.6 克。入唐,由於當時不崇尚穿耳,耳墜祇流行於少數歌女舞姬及從事賣笑的下層婦女中間。唐歐陽炯《南鄉子》詞云:"二八花鈿,胸前如雪臉如蓮,耳墜金鐶[鬢]穿瑟瑟。霞衣窄,笑倚江

頭招遠客。"宋朝婦女喜戴耳環,很少有佩戴耳墜者。元、明、清三代的婦女,既用耳環,也用耳墜。1960 年江蘇無錫元墓中,出土琥珀耳墜一副,形如葡萄的橘黄色透明琥珀上,托鑲着銀葉紋飾。北京定陵出土的明神宗孝靖皇后的耳墜,主體爲一隻玉兔搗藥的玉飾,下用彩雲襯托。據明佚名《天水冰山録》載,明代嚴嵩被抄查的衣飾中,有"金纍絲燈籠耳墜""金玉壽字耳墜""金摺絲樓閣耳墜"等名目。明清的文學作品也有大量的有關耳墜的描述。《金瓶梅詞話》第一五回:"李桂姐出來,家常挽着一窩絲杭州攢,金縷絲釵,翠梅花鈿兒,珠子箍兒,金籠墜子。"《紅樓夢》第六三回:"〔芳官〕頭上齊額編着一圈小辮,總歸至頂心,結一根粗辮,拖在腦後;右耳根内祇塞着米粒大小的一個小玉塞子,左耳上單一個白果大小的硬紅鑲金大墜子。"清代的耳墜在造型及裝飾上更爲講究。如江蘇泰州博物館收藏的一對實物,以銀製成,外表鍍金,在圓環的下部挂一精緻的花籃,花籃周圍還有若干串尖角狀飾物下垂,整件飾物均貼有翠羽,別具特色。近世,許多耳墜的上部祇是一種用金屬製成的弓形軋頭(或夾子),使用時祇要將軋頭(夾子)鬆開,夾在耳垂上,旋緊即可。耳墜的製作工藝現今更精,選用的材料亦更廣,如玻璃、木料、塑料等,五彩繽紛。

【墜子】

"耳墜"之俗稱。此稱始見於明代。見該文。

近現代地區性及少數民族耳飾

七上八下

地區性婦女耳飾。其形狀是：耳鈎正面上鏨花紋，邊緣鑲珍珠、瑪瑙，下端等距垂七條銀索，中間是長方形銀塊，面上鏨有吉祥圖案，或篆署"吉祥如意"之類的文字。上有七孔，下有八孔，皆穿上索，索頭爲綠色銀葉，故稱。在慶典、節日、盛會時挂於鬢間髮際中。亦有輕型、簡單者，平時戴用。流行於青海地區，漢、藏等族婦女戴用。

呸來來

地區性婦女耳飾。一種穿耳的銀質飾品。爲一個小圈，圈兩邊各焊一支銀圓泡，泡中心嵌有一小紅珠子。戴此耳飾，象徵家庭富裕。流行於貴州貴陽、安順等地。

面古蘇格

土族語音譯，意爲"銀耳墜"。土族婦女耳飾。如銅圓大小，桃形，正面有刺紋圖案，下沿有五寸長穗鏈，上有彎挂鈎。另有刺紋圖案的薄圓環，下沿亦有穗，將圓環套在挂鈎上，吊於耳墜頭的下方。耳墜頭和圓環上的穗數有上五下七和上七下九之分。最大者重三兩，祇在喜慶節日或探親時戴。戴時還有數串珍珠把兩隻銀耳墜連起來，挂於額帶的挂環上。流行於青海互助土族自治縣等地。

畢吉科

泰雅語音譯。高山族泰雅人婦女耳飾。以白色貝殼製成。有兩種：一種爲梯形，一面磨平，一面作山棱形，上部有一小孔，以繫珠串；另一種爲三角形，頂端有二小孔，以挂深藍色玻璃小珠、銅片及貝殼片穿綴成的串狀物。婦女在平時佩戴。流行於臺灣北部地區。

第二節　頸飾考

頸飾，即婦女頸上飾物。頸飾出現的時代很早，在舊石器時代晚期，山頂洞人已知把經過磨製、鑽孔的獸牙、石珠、骨管及海蚶等物串聯起來做頸飾，這是最原始的頸飾。類似的飾物，在新石器時代的古墓中也有發現。如在内蒙古呼和浩特二十家子新石器時代遺址曾出土五枚鑽孔牙飾，出土時見於人的肋骨和臂骨之間，當是一種頸飾。

到新石器時代，除獸齒、獸骨外，貝、螺等介殼成爲製作頸飾的材料。直至春秋、戰國時期，一直爲人們所佩戴，且多爲女性。考古多有發現。如北京門頭溝東胡林村西側新石器時代早期古墓發掘出一具年輕女子遺骸，其頸部排列螺殼五十餘顆。出土實物還證明，用於頸飾的貝殼多爲海貝。山東青州蘇埠屯商墓出土的貝飾，有三千七百九十枚，皆爲海貝。海貝難得，故備受珍視，還曾作貨幣使用。古代頸飾有“賏”，從二貝；有“嬰”，從女從貝。

　　一件完整的串飾，由數個、數十個或數百個珠穿組而成。做串珠的質料很多，有骨珠、蚌珠、陶珠、石珠、金珠、銀珠、玉珠、琥珀珠、瑪瑙珠、玻璃珠等。如河南鄭州銘功路商墓出土一千多顆蚌珠；河南殷墟、廣西漢墓和雲南石寨山古墓等地都出土瑪瑙項飾；陝西扶風雲塘西周墓出土玻璃珠頸飾共七十七顆。串珠造型，有方形、梯形、球形、六棱形、圓柱形、腰鼓形、扁圓形、橢圓形、棗核形、動物形及各種不規則的形體。穿組方法有雜亂穿組、有序穿組、間隔穿組，考古發掘皆有發現。如廣東徐聞東漢墓出土的項飾爲不規則雜亂穿組；河南偃師二里頭夏文化遺址出土的項飾，從大到小，排列有序；青海布哈河古墓出土的石質珠串，以白色、綠色石珠和黑色玉珠相間，排列有序。

　　念珠是一種特殊珠串頸飾，本是佛教徒誦經念佛時用以計數的串珠，也稱“佛珠”“數珠”。製作材料有香木、核桃、木槵子、寶石及其他材料，數量有十四顆、二十七顆、五十四顆、一百〇八顆。一串念珠的質料基本一致，亦有夾雜其他料珠者。如江蘇無錫元墓出土的核珠，夾有三顆料珠；蘭州西郊上西園明墓出土的木製念珠，夾雜金珠、料珠和琥珀珠各一粒。

　　佛教自東漢傳入中國，至魏晋以後頗盛行，念珠也流行起來，特別是婦女，以挂念珠爲時髦裝束。敦煌莫高窟壁畫繪有不少戴念珠的人物形象。福建福州黃昇墓的墓主是南宋一位貴婦，發掘時在她的頸部發現兩串木質念珠，可反映當時婦女佩挂念珠的普遍情况。念珠，到清代演變爲朝珠。朝珠形制較爲複雜，規定由一百〇八顆珠子組成，每隔二十七顆又有一大珠，即上下左右皆有一顆大珠。兩邊還有三串小珠，每串十顆，一邊一串，另一邊兩串。在背後一顆大珠下還垂有玉飾。朝珠是清朝官吏行禮佩挂的一種飾物，規定：三公以下，文職五品、武職四品以上及翰詹、科道、侍衛、公主、福晋以下，五品官命婦以上可用（見《大清會典》）。有些文吏在特殊場合可以懸挂，但禮畢後不准使用。平民在任何時候皆不准使用。佩挂時，男女有別。三串小珠，男子左二右一，女子左一右二。

　　古代婦女的頸部飾物，除珠串外，還有項圈、項鏈、長命鎖、瓔珞等飾物。

　　項圈，環形，套於項上。一般爲金屬所製，有金、銀、銅等。還有鑲嵌珠玉寶石的。現在能見到的最早的項圈實物，是在內蒙古伊克昭杭錦旗發現的戰國金項圈，在鄂爾多斯古墓還出土有銀項圈，説明當時已有佩戴項圈的習俗。在內蒙古達茂旗西河子還發現一件金龍項圈，據研究當爲魏晋南北朝時期的遺物。隋唐以後，項圈實物多有發現。如貴州清鎮琊隴垻宋墓出土有銀項圈和銅項圈，黑龍江哈爾濱東南郊遼、金墓出土有銀項圈。這一時期的項圈，從出土實物看，造型比較簡單，一般祇將一根圓形金屬條彎成環狀即可，也有將兩根金屬絲扭成麻花狀再彎成環形的。至明清時期，項圈形制較爲講究，一般由金銀製成，上面還有鑲嵌珠寶的。故宮博物院收藏一批傳世實物。

項鏈也是一種頸飾，它由鏈索、項墜、搭扣三部分組成。鏈索是基本部分，項墜和搭扣是主要裝飾部分。古代雖無項鏈之名，但有項鏈存在之實。考古證明，早在新石器時代已有這種飾物。如江蘇武進寺墩遺址出土的一件飾物，是以十三顆玉珠和四個玉管組成一件串飾，下部懸挂一個玉製的墜飾，可視爲原始的項鏈。原始的墜飾，還有石墜、骨墜等，考古中皆有發現。漢代始，項鏈多爲金製。如湖南長沙五里牌東漢墓曾出土用以串組項鏈的金珠一百九十二顆和一個金質花穗飾；陝西西安西郊玉祥門外隋墓曾出土一件製作精巧、造型別緻的鑲寶石金項鏈。這一時期的墜飾也有發現，製作精美。如安徽合肥烏龜墩漢墓出土的金質墜飾，以極細金絲盤繞出篆文吉祥語“宜子孫”三字，邊飾雲形花紋。北京通州城關金墓曾出土金鑲寶石墜飾，爲花朵形。明清時期，貴族婦女懸挂念珠或朝珠，戴項鏈者少見。至民國時期，項鏈大爲流行。其制不同於古：鏈索部分不是串珠組成，而是以金銀絲編成一節節纖細的鏈條，隱喻環環相連、連續不斷；項墜多爲金製，一般做成鎖片形狀，上刻名字或吉語，或做成鷄心形小盒，内放慈母或丈夫照片，隱喻銘記在心。參閲周汛、高春明《中國歷代婦女妝飾・頸飾篇》。

中華人民共和國成立後，從 20 世紀 50 年代至 70 年代，婦女戴項鏈者罕見。80 年代以後，隨着改革開放的深入，項鏈又成爲婦女喜愛的項飾。其通行的項鏈，一般以 24K 或 18K 純金或鉑金製成；鏈索造型多樣，有波紋鏈、絞絲鏈、金魚鏈、蜈蚣鏈、坦克鏈等；墜飾一般有瑪瑙、水晶、寶石等；有長鏈，也有卡脖鏈。還有仿真製品，幾可亂真。

明清時期，在兒童脖子上常挂一種鎖形飾物，名叫“長命鎖”。這種飾物多用金銀製成，上鏨“長命富貴”“福壽萬年”等吉祥語。也有的製成如意頭狀，中間鏤刻壽桃、蝙蝠、金魚、蓮花等圖案，亦取吉祥寓意。一般用紅色絲帶繫挂，講究者用金銀鏈條，還有用珍珠寶石做成串飾再繫挂於鎖上的。

長命鎖的前身是長命縷，亦稱“百索”。其風俗可遠溯漢代。漢代，端午節各家都在門楣上懸挂五色絲繩，以避不祥（見漢應劭《風俗通義》）。至魏晋南北朝時期，這種絲繩則懸於婦女或兒童的臂上，以避兵災、瘟疫。至宋代，從民間傳入宮廷，皇帝還以之賞賜百官。至明代，成年男女使用漸少，演變成爲一種兒童頸飾，一般兒童滿周歲時戴用。後進一步演變，成爲長命鎖。

瓔珞，亦作"瓔珞"。作爲頸飾，本是古代天竺等國的習俗，後隨佛教傳入中國，首先出現在佛教藝術形象上，爲佛菩薩頸上的裝飾，後又進入日常生活，成爲婦女的頸飾。兩晉南北朝時期，一些少數民族地區的女子最早佩挂這種飾物，如當時的林邑國、高昌國女子戴之（見《梁書·林邑國傳》《南史·高昌傳》）。這是一種把項圈（或項鏈）和長命鎖等頸飾組合在一起的飾物。其上部是一個金屬項圈，周圍懸挂各種珠玉寶石；其近胸部位，懸挂一個類似鎖片的飾物。南北朝以後，宮廷中的舞伎和女侍開始佩挂，尤以舞女所佩瓔珞造型複雜、裝飾珠玉豐富。有所謂"七寶瓔珞"（見唐鄭嵎《津陽門》詩自按）。唐詩中的"珠瓔"、宋詩中的"珠落索"亦指這種瓔珞飾物。至明清時期，民間富家女子亦戴瓔珞。貴族婦女所戴，多以赤金纍絲絞成項圈，前有盤螭紋樣，下垂瓔珞爲飾。《紅樓夢》中描寫王熙鳳項戴"赤金盤螭瓔珞圈"，即此物。近代，瓔珞這種飾物已罕見。

串狀飾物

串飾

串狀頸飾。其制，是將各種帶孔的小件飾品，穿之以繩，懸挂於頸，以作裝飾。早在舊石器時代晚期已經出現。原始的串飾，男女通用，大都以獸骨、貝殼、魚骨、獸齒等簡單材料，經過打製、研磨、鑽孔而製成。這在北京周口店山頂洞人遺址中有實物出土。新石器時代，串飾則成爲女性的主要飾品，且多用已加工過的石珠、陶珠、骨珠、海貝、石管、螺殼等製成。1966 年在北京門頭溝東胡林村的新石器時代的古墓裏，發掘了一具少女遺骸，其頸部有規律地排列着五十餘顆磨有小孔的螺殼，當爲一種串飾的遺迹。這種串飾在江蘇邳州劉林遺址中也有發掘。當時女子用作串飾的材料多爲貝殼，且主要是海貝。此後，從商周至春秋、戰國時期，皆有這種頸飾，其構件發展爲金、玉、珍珠、寶石等材料，這些構件的個體，在考古界被統稱爲"珠"，如蚌珠（珍珠）、金珠、銀珠、玉珠、瑪瑙珠、琥珀珠、琉璃珠、珊瑚珠、水晶珠等。1963 年湖南寧鄉發現一商代提梁卣，卣內裝滿玉珠、玉管，計一千一百七十二顆，中間均有小孔。河南鄭州銘功路商墓中也有出土。1976 年陝西扶風

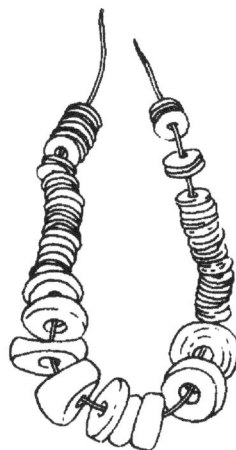

石珠串飾

雲塘西周墓中出土的一件玻璃串飾，由七十七顆四種不同形式的白色玻璃扁珠和綠色玻璃管珠交錯排列，串聯而成。河北懷來北辛堡兩座燕國墓葬中曾出土石串飾，一座二百六十四枚，一座一千九百三十五枚。漢代滇池地區的少數民族統治者死後以串飾覆蓋。雲南江川李家山，出土覆蓋物長1米多，係以不同色彩之瑪瑙、軟玉、綠松石、孔雀石製成的珠飾，多以萬計。串飾之"珠"的造型繁簡不一，有方形、梯形、圓形、菱形、球形、腰鼓形、動物形等多種。其穿組方法也不盡相同，略分爲雜亂穿組、有序穿組、間隔穿組三種。後種如青海布哈河新石器時代古墓出土的石珠串飾，整件器物共有三種顏色組成，以白色爲主，共六十餘枚，配有少量的綠色石珠及黑色玉珠；黑色玉珠居中，兩側依次爲綠色和白色石珠，排列有序，相映成趣。河南三門峽上村嶺虢國墓出土的一件玉珠串飾，亦屬此類。但多數串飾穿組較簡單，即逐個穿組，彙成一串即可。佛教盛行之後，漢族婦女以佩挂念珠（佛珠）爲時髦裝束。入清後，則以佩挂朝珠爲榮，轉以雜色珠寶的串飾。徐珂《清稗類鈔・服飾類・多寶串》："多寶串，以雜寶爲之，貫以綵絲，婦女所用，懸於襟以爲飾。"近人大都以項鏈爲日常裝飾，故隨着時代之更替，普通串飾逐漸取而代之。

賏

古代女子頸飾。串連貝殼做成的飾物。《說文・貝部》："賏，頸飾也。"段玉裁注："駢貝爲飾也。"唐蘇鶚《蘇氏演義》卷上："賏者，貝也。寶貝瓔珞之類，蓋女子之飾也。"亦作"嬰"。《說文・女部》："嬰，頸飾也。"桂馥義證："古人連貝爲嬰。"朱駿聲通訓："〔嬰，〕按，實與賏同字。"

【嬰】

同"賏"。此體始見於漢代。見該文。

金絲瑪瑙管頸飾

以管形金絲與瑪瑙管串成的頸飾。考古發現有金代實物。1988年在黑龍江阿城巨源金代齊國王墓出土一套。由十二件金絲管與十六件瑪瑙管分三組交錯串成。金絲管以細金絲彎繞成圓管形，長2~3.6厘米；瑪瑙管爲長圓管形，棗紅色，長2.4~6厘米。出土時戴於女性頸部。現藏黑龍江省文物考古研究所。

念珠

舊時佛教徒誦經念佛時用以計數之珠串。亦用作頸飾。因其多以木槵子貫串而成，故又名"木槵子"。《木槵子經》云："佛告王言：若欲滅煩惱障、報障者，當貫木槵子一百八，以常自隨，若行若坐若臥，恒當至心，無分散意，稱佛陀、達磨、僧伽名，乃過一木槵子。"木槵子即無患子，色黑而堅。其珠子的數量不一。亦稱"數珠"。唐釋寶思惟譯《數珠功德經》曰："數珠者，要當須滿一百八顆，如其難得，或爲五十四顆，或二十七，或十四顆，亦皆得用。"主要爲佛教徒誦經計數之用，故亦稱"佛珠"。一般由一百〇八顆珠子組成一串，故亦名"百八丸"。宋陶穀《清異錄・器具》："和尚市語，以念珠爲百八丸。"省

佩挂在頸部的念珠

稱"百八"。明黃粹吾《續西廂昇仙記‧自悟》："我將手中百八不相忘,向蒲團跏趺裏時合掌。"平常之時,長串之念珠都懸掛於頸,而顆粒較少的則套於手腕。佛教盛行之時,婦女於頸部佩挂念珠,爲時髦裝束。如敦煌壁畫中就繪有不少戴念珠的婦女形象。考古發掘也多見以念珠爲飾的實例。福建福州宋代黃昇墓中,發現墓主(貴婦)的頸部有兩串木質念珠。江蘇無錫元墓中出土了一串中間夾有三顆料珠的核珠。甘肅蘭州西部明墓也出土了一串木質念珠,中間穿插了金珠、料珠、琥珀珠各一顆。至清代,以念珠爲飾者更盛,不僅以之飾頸,而且以之飾腕。在我國少數民族中,藏族和回族亦使用念珠。常在手腕繞兩三圈,有時也挂於頸上。藏族用的念珠每取數爲一百〇八顆,據說是象徵藏族經典《甘珠爾》定爲一百〇八卷,而回族用的念珠每串九十九顆。徐珂《清稗類鈔‧服飾類‧數珠》："數珠,亦曰念珠,念佛時所用,以記誦讀之數者也……當貫木槵子一百八個,常自隨身……藏人念珠之材料,或內地樹木,或以產於外部喜馬拉雅山某樹之種子,或人之頭蓋骨,尚有玻璃、水晶、蛇脊骨、象腦中硬物質、赤檀香、胡桃等種種製成者。"又《歸化人之服飾》:"亦有耳垂兩環者。項帶銀圈,或數珠。"近代亦有用橄欖核雕刻者。當今,仍見有以念珠爲頸飾和腕飾者。

【木槵子】

即念珠。因念珠多以木槵子貫串而成,故

稱。此稱始見於唐代。見該文。

【數珠】

即念珠。佛教徒念佛號或經咒時,用以計數,故稱。此稱始見於唐代。見該文。

【佛珠】

即念珠。主要爲佛教徒念佛誦經所用,故稱。此稱始見於唐代。見該文。

【百八丸】

即念珠。一般由一百〇八顆珠子串成,故稱。此稱始見於宋代。見該文。

【百八】

即念珠。"百八丸"之省稱。此稱始見於明代。見該文。

香珠

以香料製成的念珠。亦稱"香串""十八子"。徐珂《清稗類鈔‧服飾類‧香珠》:"香珠,一名香串,以茄楠香琢爲圓粒,大率每串十八粒,故又稱十八子。貫以綵絲,間以珍寶,下有絲穗,夏日佩之以辟穢。"清代多見,爲當時貴族間互相贈送的一種禮品。《紅樓夢》中提到的就有香珠、蓁苓香念珠、紅麝香珠、伽楠珠、腕香珠等。如,《紅樓夢》第一五回:"北靜王又將腕上一串念珠卸下來,遞與寶玉道:'今日初會,倉卒無敬賀之物,此係聖上所賜蓁苓香念珠一串,權爲賀敬之禮。'"可戴在腕上,亦可佩挂於胸前。

項圈、項鏈

項圈

　　婦女及小兒所戴之環形頸飾。其質地一般爲金、銀、銅等。明清以前之項圈，中原發現較少，東北地區及西南地區發現較多。哈爾濱東郊、齊齊哈爾泰來縣塔子城等地之遼金時代的墓葬中出土有大量的銀項圈，然其制簡約，中部較粗，直徑達1厘米左右；兩端漸細，并作相背彎曲狀，總成環狀。貴州清鎮之宋墓中亦有類似之銀項圈出土，以兩條粗銀絲扭結成麻花狀，兩端相背彎曲，弧綫較大。元代，項圈爲男女皆佩之頸飾，這在元代壁畫中時常見之。明清兩朝，戴項圈者更爲普遍。《紅樓夢》第三回："〔賈寶玉〕仍舊帶着項圈、寶玉、寄名鎖、護身符等物。"而且製作講究，不乏類似瓔珞之華飾。徐珂《清稗類鈔・服飾類・項圈鎖》云："嘉慶時，揚州玉肆有項圈鎖一，式作海棠四瓣。當項一瓣，彎長七寸，瓣梢各鑲貓睛寶石一，掩鈎搭可脱卸。當胸一瓣，彎長六寸，瓣梢各鑲紅寶石一粒，掩機鈕可叠。左右兩瓣各長五寸，皆鑿金爲榆梅，俯仰以銜東珠，兩花蒂相接之處，間以鼓釘金環。東珠凡三十六粒，每粒重七分，各爲一節，節節可轉。爲白玉環者九，環上屬圈，下屬鎖……鎖下垂東珠九鎏，鎏各九珠。藍寶石爲墜脚，長可當臍。"故宮博物院珍寶館藏有清代貴族戴的項圈，有金製、金包玉、金製鑲寶石等，并附垂飾。現代，苗、壯、瑶等族皆流行戴項圈，各具民族特色和地方特色。如流行於貴州貞豐、興仁、關嶺等地的苗族婦女所戴的銀項圈，以銀絲和銅絲一起扭成，多在平時戴用。有以純

銀製成的葉形項圈、龍形項圈、鳳形項圈、魚形項圈等多種形式，一般祇戴三隻，盛裝時戴五至六隻，有的還配銀鎖。

項鏈

　　婦女鏈條狀頸飾。一般由鏈條、項墜、搭扣三個部分組成。從串飾演變而來，但中國古代項鏈之鏈條出現較晚，至清代始有實物。考古資料表明，早在新石器時代，人們就已經佩戴起類似項鏈的飾品，且初具項鏈的基本特徵。如江蘇武進寺墩遺址出土的一件玉項鏈：由十三顆玉珠、四個玉管組成串飾，串飾下部

鑲寶石金項鏈

懸挂一個圓柱體玉墜。出土時，串飾雖已散開，但仍保持原狀。隨着社會物質生活和工藝的不斷發展，項鏈逐漸以金銀、寶石等打製。1958年湖南長沙五里牌東漢墓出土一批金飾，中有金珠一百九十二顆，分三種類型：一是莧菜籽似的細小金粒，共五十顆；二是用小管壓成的一至五粒不等的聯珠管，共二十三顆；三是八方形金珠，共一百一十九顆。另外有一個金質花穗形墜飾。這些金飾組串起來，便能構成一串精美的項鏈。1957年陝西西安玉祥門外隋李靜訓墓出土的一串鑲寶石金項鏈，無論從質料、工藝、造型任何一方面來看，都是一件不可多得的藝術珍品。項鏈的索鏈由二十八粒金珠構

成，項鏈搭扣鈕上鑲着刻有鹿紋之藍寶石，墜飾分兩層，上層由金鑲寶石製成花形，下層爲金邊垂露形玉石。這表明當時我國首飾製作工藝已達到很高水平。明清時期，許多婦女因以念珠、朝珠爲頸飾，戴項鏈者并不多。至清末民初，項鏈則再度流行。這個時期的項鏈與古制不同，以金銀絲編成一節節纖細之鏈條，取代串飾，美觀實用，亦寓有延續不斷之意。項墜之造型多爲可開合的鷄心形小盒。及至今日，項鏈作爲婦女的日常首飾，質地、品類繁多，以金質項鏈而言，或 24K，或 18K。款式有波紋鏈、絞絲鏈、金魚鏈、桶形鏈、扣花鏈、蜈蚣鏈、坦克鏈等等。各式的墜飾也很多。長度不等。

良渚文化玉項飾

　原始的玉項飾。江蘇新沂花廳遺址十六號墓出土，屬良渚文化時期，距今約五千年，現藏南京博物院。以透閃石、陽起石系列的軟玉製成，鷄骨白色，由琮形管二、冠狀佩二、彈頭形管二十三、鼓形珠十八、鼓形小珠二十四串聯而成，周長 92 厘米。琮形管爲長方柱體，內圓外方，中有對穿圓孔，外表分四節，每兩節飾一組紋飾，上節飾簡化的帶冠人面紋，下節飾簡化的獸面紋，上下節結合成帶冠神人獸面紋。冠狀佩爲扁平體，正反面皆飾凸起的獸

面紋，側緣上下有對穿的圓孔，側緣兩邊有斜鑽的燧孔。每一冠狀佩與琮形管上下串聯在一起，又由十二顆鼓形小珠組成的附加小串飾通過冠狀佩的燧孔連接起來，垂挂於琮形管上方。彈頭形管二十三顆（因串飾對稱，當爲二十四顆，有一顆失落），串聯在串飾下部，垂挂於胸前。這件玉項飾構思奇巧，別具一格。除裝飾之外，當具有宗教信仰意義。

水晶珠琥珀項飾

　考古發現的遼代項飾。遼寧法庫葉茂臺七號遼墓出土，墓主是一位契丹貴族婦女。該項飾長約 40 厘米，由二百五十八顆水晶珠和七件琥珀相間穿成。水晶珠有三種形制：橄欖形小珠二百四十粒，直徑 0.7 厘米，高 1.2 厘米；瓜棱形長珠兩粒，直徑 0.9 厘米，高 1.3 厘米；瓜棱形扁圓珠，大者九粒，小者七粒，直徑分別爲 1.8 和 1.4 厘米，高分別爲 1.5 和 1.1 厘米。琥珀佩珠，除兩件扁平素面外，其餘五件均雕成動物形狀，正中一粒最大，形似一隻俯卧的獅子。穿繫方法是：爲平行五股，每股有八顆橄欖形水晶珠，五股并攏後再在兩端各穿入一瓜棱形扁圓水晶珠，共二十四顆水晶珠爲一段，每段之間穿以琥珀佩飾，共六段，整體對稱，紅白相間，閃熠生輝，爲罕見珍品。

百索、長命鎖

百索

　以五彩絲繩做成的項飾。戴者多爲小兒，古時迷信説法，小兒時期最易夭折，要渡過這

個難關，祇要戴上這種飾物，就能避灾祛病，"鎖"住生命。所以許多幼兒出生不久，頸上就挂之以避灾。這種風俗的産生，可追溯到漢代

之“長命縷”。最初，將五彩絲繩懸於門楣，後又繫於臂上。據漢應劭《風俗通義・佚文》、南朝梁宗懍《荊楚歲時記》等載，夏曆五月初五，家家戶戶門楣上懸掛五色絲繩（縷），以避不祥。以後，婦女們將它繫於兒童的手臂或手腕之上，以爲可以避病除瘟。宋高承《事物紀原》引《風土記》曰：“荊楚人端午日以五綵絲繫臂，闢兵鬼氣，一名長命縷，今百索是也。”至明代，小兒周歲時，已作頸飾掛於項間。如明田藝蘅《留青日札・百索》云：“小兒周歲，項帶五色彩絲繩，名曰百索。”亦稱“端午索”。繩上亦有墜飾。明劉侗、于奕正《帝京景物略・春場》：“〔五月〕五日之午前……項各綵繫，垂金錫若錢者、若鎖者，曰端午索。”至清代，演變爲“長命鎖”。

【端午索】

即百索。此稱始見於明代。見該文。

長命鎖

以繩繫掛的鎖形頸飾。清代始見。由明代百索演變而來。或繫以紅絲帶，或繫以金銀等鏈條。墜飾物大多爲鎖狀，亦有若如意之形的，上鏨有“長命富貴”“福壽萬年”等吉祥字樣，也有鏤刻壽桃、蝙蝠、金魚、蓮花或麒麟送子等圖案，皆取吉祥用意。製作材料通常用金銀，也有用美玉的，如《紅樓夢》中，賈寶玉所戴的“通靈寶玉”，薛寶釵佩的金鎖之類，但以銀質之鎖居多。1949年前仍甚流行，有傳世實物。今之長命鎖，大都是親友作爲送給小兒滿月、百天、周歲時的賀禮，希望下一代健康成長、幸福如意，而迷信之成分幾乎蕩然無存。

玉鎖片

寄名鎖

長命鎖的一種。小兒頸上挂的鎖形飾物。小兒出生後，父母怕其夭折，遂選擇多子女者做寄父、寄母，以求庇護。也有寄名於諸神或僧尼的，以求神靈保祐。寄名之後，即在小兒頸上戴此鎖形飾物。見於清代。《紅樓夢》第三回：“〔賈寶玉〕身上穿着銀紅撒花半舊大襖，仍舊帶着項圈、寶玉、寄名鎖、護身符等物。”這種風俗，直至民國初年仍在民間流行。

瓔　珞

瓔珞

一種用珠玉串成的頸飾。本爲古代印度飾物，佛教菩薩像項間多有此裝飾。《妙法蓮華經・藥草喻品》：“各起塔廟，高千由旬，縱廣正等五百由旬。皆以金、銀、琉璃、車渠、瑪瑙、真珠、玫瑰七寶合成衆華、瓔珞、塗香、末香、燒香、繒蓋、幢幡。”佛教東漸後，這種裝飾亦在中國出現，并進入日常生活，成爲婦女之項飾，但最初祇流行於少數民族地區。《梁書・林邑國傳》：“其王著法服，加瓔珞，如佛像之飾。”亦作“瓔珞”。《晋書·林邑國傳》：“其王服天冠，被瓔珞。”《南史·高昌傳》曰：“女子頭髮辮而不垂，著錦纈瓔珞環釧。”流行於中國的瓔珞，實際上是融

佩挂在佛像頸部的瓔珞

項圈（鏈）、長命鎖等爲一體的一種飾品。上部通常爲一種金屬項圈，其周圍垂繫着珠玉寶石等，或在靠近正前胸處懸挂一個類似鎖片的墜飾，如敦煌莫高窟初唐壁畫上的瓔珞。然隋唐之際，佩戴瓔珞之人主要是僧家和宮廷中的舞姬、女侍。唐鄭嵎《津陽門》詩自按云：“上始以誕聖日爲千秋節，每大酺會，必於勤政樓下使華夷縱觀……又令宮妓梳九騎仙髻，衣孔雀翠衣，佩七寶瓔珞，爲霓裳羽衣之類。曲終，珠翠可掃。”亦稱“珠瓔”。唐劉禹錫《送僧元暠東游》詩：“從此多逢大居士，何人不願解珠瓔。”宋朝亦稱之爲“珠落索”。宋張元幹《臨江仙》詞之二：“荼蘼斗帳罷熏爐，翠穿珠落索，香泛玉流蘇。”明清之際，瓔珞之飾廣泛流

行於民間。《金瓶梅詞話》第八五回：“餘者珠子瓔珞、銀絲雲髻，遍地金妝花裙襖，一件兒沒動，都抬到後邊去了。”北京法海寺可見到明代壁畫上的瓔珞。清代，瓔珞製作也大爲講究，富家女子所戴，多以赤金纍絲絞成項圈，前有盤螭絲樣，下垂飾物。《紅樓夢》第三回：“這個人打扮與姑娘們不同，彩綉輝煌，恍若神妃仙子，頭上戴着金絲八寶攢珠髻，綰着朝陽五鳳挂珠釵，項上戴着赤金盤螭瓔珞圈。”這種赤金盤螭瓔珞，通常被簡稱爲“金螭瓔珞”。近世佩戴瓔珞這種飾品的不多見。

【瓔珞】

同“瓔珞”。此體始見於晋代。見該文。

【珠瓔】

即瓔珞。此稱始見於唐代。見該文。

【珠落索】

即瓔珞。此稱始見於宋代。見該文。

盤螭瓔珞圈

一種由金項圈和瓔珞組合成的項飾。以赤金纍絲絞成項圈，前飾有盤螭紋樣，下垂瓔珞爲飾。製作講究，清代爲貴族婦女項飾。《紅樓夢》第三回描寫王熙鳳的打扮，項上即戴此飾物。參見本卷《耳飾、頸飾説·頸飾考》“瓔珞”文。

近現代少數民族頸飾

尼里

泰雅語音譯。高山族泰雅人婦女頸飾。一種項圈。或用貝殼穿成，用貝珠製作，貫以白色螺錢，稱“貓打臘”；或用黑、白兩色貝珠逐個相間穿成，稱“馬鶴爾”。流行於臺灣北

部地區。

索爾

土族語音譯，意爲“項圈”。土族婦女頸飾。用芨芨草扎成圓環，蒙上紅布面，鑲銅板大小的圓海螺片二十餘枚，戴於項上。流行於

青海互助等地。

蓋格烏

藏語音譯，意爲"項盒"。藏族婦女頸飾。多以金銀壓製而成，有長方形、方形，兩盒相叠而成八角形及菱形等，形狀大小不一，5~20 厘米不等。盒上有花紋，上鑲綠松石、珍珠、瑪瑙等，以銀鏈相連，挂於項部胸前。流行於西藏及甘肅、青海牧區。

第五章　手飾説

第一節　手飾考

我國古代婦女有蓄甲之風，即把指甲留至一定長度。這是一種裝飾手段，其目的在於使手指顯得纖細柔長。唐代文獻中已見蓄甲記載，其源實際更早（見下"護指"文）。至明清時期，此風甚盛，連貴族家的奴婢丫環亦不例外。如《紅樓夢》第七七回中描寫晴雯狠命地將自己"兩根葱管一般的指甲齊根咬下"，交給賈寶玉作紀念，就反映了這種情況。

爲保護長指甲不被折斷，人們便在手指上加罩一個指套，這就是"護指"。護指初以竹管、蘆葦製成，後發展到用金、銀、寶石，遂成爲手上一種飾物。考古發現的最早實物是漢代的金護指，出土於吉林榆樹大坡老河深漢墓。在陝西西安玉祥門外隋墓還曾出土白銀澆鑄的護指。清代護指多有實物傳世，其造型更爲複雜，裝飾更加考究。除實物之外，亦有形象資料，如美國畫家卡爾所繪《慈禧肖像》（現藏故宮博物院）中，慈禧太后左手兩指罩以玉護指，右手罩以金護指。

還有一種扳指，是戴在右手拇指上的環套。它本是古人射箭時拉弓鈎弦的護指用具，古稱"決"，亦作"抉"。亦稱"韘"。以象骨製成，見於先秦。後以玉爲之，成爲手上飾物。至清代，普遍用作手飾，亦有以翡翠、瑪瑙爲之者。與此類似的是頂針。它本是一種縫紉用具，後以金銀爲之，也成爲手上飾物。

我國古代婦女還用染指甲的方法以爲妝飾。這種風俗至遲出現於唐代，唐詩中有具體描寫。五代、宋朝沿襲了這種風氣，到元明時代，此風更盛，詞曲小説多有描繪。如元朝周文質有《賦婦人染紅指甲》詞。染指甲的塗料，是將鳳仙花搗碎，加入少量明礬製成。還有一種指甲花，亦可使用。染指甲之風於近代傳到國外，但所用鳳仙花需到中國覓取，甚爲不便，國外美容專家經過研製，發明了指甲油。指甲油使用方便，色彩濃艷，一度傳入中國，受到婦女青睞。指甲油除傳統的紅色外，還有緋色、白色、玫瑰色、金銀色、純黑色等，可根據愛好選用，還可在指甲上描繪花紋。近代，染指甲者，多是都市從事交際的女性。20 世紀 80 年代以來，染指甲的風氣再度出現。

中國古代婦女手上最重要的飾物是戒指。戒指是套在手指上的環形飾物，原稱"指環"，又稱"彄環""約指"等。早在新石器時代就出現了這種飾物。如江蘇邳州大墩子遺址曾出土用動物肢骨製的指環，山東曲阜城東南西夏侯遺址曾出土用白色大理石鑿成的指環。這兩件指環出土時，都套在指骨上，顯然是手上飾物。又經鑒定，這兩個指環的主人都是男性，説明在新石器時期男子亦戴指環。

人類進入階級社會以後，指環還被作爲后妃進御的標志和當避忌的符號。妃嬪懷有身孕或月經來潮，則於左手套金環，表示不能接受帝王的"御幸"；平時，右手套銀環，表示可以進御（見《詩・邶風・靜女》毛傳）。這和"戒指"的名稱來歷有關。除在帝王宮廷中，指環有這種特殊作用外，它的主要作用仍是手上的裝飾。隨着社會的發展，其製作材料也由天然的骨、石演變爲銅、鐵，又演變爲金、銀、寶石。

銅指環當出現在商周時期，因這時有大量青銅器製造，然目前祇能見到戰國和兩漢時期的遺物。鐵器的製造在春秋末期，鐵指環的出現也應在這一時期，新疆帕米爾高原古墓出土了這一時期的遺物。漢代又出現了金指環。此後，黃金一直是製造指環的主要材料，幾千年後的今天仍然如此。銀指環的出現早於金指環，東漢以後至兩晋時期比較流行，南北朝以後漸少。寶石指環有兩種：一種純以寶石製成，一種是金屬指環上鑲嵌寶石。古文獻中記載的寶石指環，有翡翠指環、玉指環、瑪瑙指環、火齊指環、金剛石指環等。亦有實物出土，如新疆吐魯番漢墓出土的指環，金托上嵌一塊特大寶石；遼寧北票房身村晋墓出土的金指環鑲嵌藍寶石；江蘇揚州明代顧氏墓出土的指環，鑲嵌一塊"猫眼"寶石，十分名貴；江蘇南京象山東晋大家族王氏七號墓出土有金剛石指環。

古代指環，從出土文物來看，主要有圓環形、嵌寶形、動物形和印章形等數種。較早的指環爲圓環形，其形式又可分爲圓箍式、圓環式、圓簧式等。圓箍式多爲骨環，後亦有用金屬片捲曲而成者，形如管狀。至魏晋時期采用模製法後，原先接頭多被固定。有時環面刻以槽紋，以增强裝飾效果。圓環式多以金屬細管彎成，斷面又有圓形、方形、半圓形和橢圓形多種，其接口處，西漢前多不焊死，後則多交合，且難覓接口位置。環面或素式，或刻劃出形如齒輪的縱深綫條。圓簧式以圓形或方形較粗的金屬絲彎製成旋狀。這種指環，商代晚期已見，至東漢仍有戴者。嵌寶形指環出現於漢代，此後鑲嵌技術更加精湛，所嵌寶石更加名貴。動物形指環，通常在環面或環架上塑成獸形。如内蒙古呼和浩特美岱北魏墓出土的金鑲綠松石指環，即在環架上塑一酷似獅子的猛獸形象。印章形指環比較少見，通常是在環上綴一印章。如湖南資興東漢墓出土的一件，上綴一方形印章，刻有篆文“李守”二字。參閲周汛、高春明《中國歷代婦女妝飾·手飾篇》。

戒指作爲手上飾物，一直沿用至今。特別是以戒指充當婚姻信物的習俗也沿襲下來。或以爲今世男女定婚，以戒指爲信物，是受西方文化的影響，其實這是我國早已有之古老習俗。早在東漢時期，我國民間男女已將指環作爲寄情之物（見漢繁欽《定情詩》）。至兩晋南北朝時期，以指環爲婚姻禮物，已形成風俗。至隋唐時期，男女之間以饋贈指環定情，已成通例。近代沿襲了這一古老習俗，并賦予新的内容，即女子戴上男子饋贈的戒指，即表示身有所屬，其他男子不得再向她求愛。現代，人們佩戴婚戒，常作爲結婚的紀念。

20 世紀 80 年代以來，隨着人們生活水平的提高和婦女對美的追求，戒指已成爲婦女的主要手飾之一。目前流行的戒指多爲黄金、鉑金製品，款式多樣，有戒圈、一元式、臺面式、蓮苞式、珠戒、鷄尾戒及各種動植物變形的圖案戒指，其裝飾重點仍在環面上，以鑲嵌鑽石、寶石者爲貴。

護　指

護指

古代婦女保護指甲用的一種飾物。中國

婦女素有蓄甲之風，以長指甲爲美，如《南史·后妃傳下·陳武宣章皇后》：“后少聰慧，美儀容，手爪長五寸，色並紅白。"唐顧況《宜城放琴客歌》云："頭髻鬖鬖手爪長，善撫琴瑟有文章。"至明清時，蓄甲之風更盛。爲了保護長指甲，特地在手指上加罩個指套，稱作護指。其質地初爲竹管、蘆葦管，後爲金、銀等。考古資料表明，出土於吉林榆樹大坡老河深漢墓的一對金片製成的護甲套，用一塊薄金片按指甲的長短製成一個類似指甲的甲片，在甲片的尾部留出一狹條，并將狹條彎曲成螺旋狀套在指上，這可以説是護指的前身。及至清代，護指的造型結構極其複雜，外飾也十分精美。如江蘇揚州清墓出土的一件金指套，長5.5厘米，尾口口徑1.5厘米，表面鏤刻有六個古錢紋樣，正面四個連成一串，左右各有一個，極其精緻。據清裕德菱《清宮禁二年記》載，慈禧太后"右手罩以金護指，長約三寸。左手兩指，罩以玉護指，長短與右手同"。

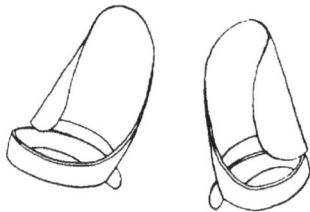

金護指

金指甲

　　金、銀製護指的俗稱。明清時期，護指多以金製、銀製，民間遂稱之爲"金指甲"。徐珂《清稗類鈔·服飾類·金指甲》："金指甲，婦女施之於指以爲飾，欲其指之纖如春葱也，自大指外皆有之。有用銀者，古時彈箏所用之銀甲也。又有用銀而加以砝瑯者。"

決

　　古時射箭爲保護手指，在鈎拉弓弦的大拇指上所套之護套，後漸成爲指上飾物，俗稱"扳指"。《詩·小雅·車攻》："決拾既佽，弓矢既調。"毛傳："決，鈎弦也。"陸德明釋文："夬，本又作決，或作抉。"依陸德明釋文，知其所見《詩》"決"字爲"夬"。《集韵·入屑》："夬，所以闓弦者。《詩》：'夬拾既佽。'或從弓，通作決。"亦作"抉"。《周禮·夏官·繕人》："掌王之用弓弩、矢箙、繒弋、抉拾。"鄭玄注："鄭司農云：'抉者，所以縱弦也。'……玄謂：抉，挾矢時所以持弦飾也，著右手巨指。"可知至遲在漢代，決已兼手飾之用了。決初多以象牙等骨質材料製成，或以玉琢成，故字亦作"玦"。亦稱"韘"。《詩·衛風·芄蘭》："芄蘭之葉，童子佩韘。"毛傳："韘，玦也。能射御則佩韘。"亦作"韘"。《逸周書·器服解》："象玦朱極韋素獨。"清朱右曾校釋："玦，決也；一名韘，以象骨爲之，著右手大指，所以鈎弦闓體。"朱氏校釋中所謂"一名韘"，實爲"韘"之借字。《説文·韋部》："韘，射決也，所以拘弦，以象骨韋系著右巨指。從韋枼聲。《詩》曰：'童子佩韘。'弽，韘或從弓。"韘或作弽，猶決或作抉，皆因其用途而造字；而"韘"字從韋，或許不衹是表圍套之意，蓋早期之決或有以皮革（韋）製成者。《史記·蘇秦列傳》："革抉㖡芮，無不畢具。"司馬貞索隱："謂以革爲射決。決，射韝也。"革製之韘，似僅爲實用；後世以象牙、晶玉爲之，則主要用於裝飾。徐珂《清稗類鈔·服飾類·扳指》："〔扳指〕以象牙、晶玉爲之，著於右手之大指，實即古所謂韘。韘，決也，所以鈎弦也。"參見本卷《手飾説·手飾考》"扳指"文。

【夬】

同"決"。此體始見於先秦時期。見該文。

【抉】

同"決"。此體始見於先秦時期。見該文。

【玦】

同"決"。此體始見於先秦時期。見該文。

【韘】

即決。此稱始見於先秦時期。見該文。

【䪷】

即決。通"韘"。此稱始見於清代。見該文。

扳指

古時戴於右手拇指上的環套。原爲射箭時拉弓鈎弦護指之用具，後轉化爲指上飾物。古稱"決"。以象骨爲之。《周禮·夏官·繕人》"贈弓、抉拾" 清孫詒讓正義："《禮經》'抉'字並作'決'。《鄉射禮》'司射適堂西袒決遂'，注云：'決猶闓也，以象骨爲之，著右大擘指，以鈎弦闓體也。'……段玉裁、胡培翬並謂即今之扳指是也。"後改以翠玉爲之，遂成爲一般飾物。清謝堃《金玉瑣碎》："扳指，即《詩》所云'童子佩韘'之韘也。注：'韘，決也，以象骨爲之，著右手大指，所以鈎弦也。'好事者琢玉爲之，美其飾也。或曰，所製非古，蓋未審韘之義，且見近所製甚多故耳。"玉製扳指實物，在河南安陽殷墟婦好墓和陝西西安隋李静訓墓中均有出土。如婦好墓出土的玉扳指，高3.8厘米，直徑2.4厘米，壁厚0.4厘米，可套入成人拇指。然被稱爲"扳指"，并普遍用作手飾，始興於清代。據清檀萃《滇海虞衡志》云，雲南盛產"玉扳指、玉手圈，官吏無不帶之"。

亦作"搬指""挷指""班指"。徐珂《清稗類鈔·服飾類·扳指》云："扳指，一作搬指，又作挷指，又作班指，以象牙、晶玉爲之，著於右手之大指，實即古所謂韘。"近人趙汝珍《古玩指南續編》曰："宋明之時，重文輕武，扳指之用只限於武夫，且僅於射時用之。清代在表面上似亦重文輕武，但此爲牢籠漢人之政策，實際則仍重武，故重臣權貴居恒以武裝爲得意，因之扳指一物遂變成一種飾物。其質以翡翠玉石爲多，且有香料製者。今已無人佩帶。價值賤者尚可見，其翡翠之佳者已改爲戒指矣。"至今，故宮博物院珍寶館陳列着很多玉扳指，中有翡翠製成者。

【搬指】

同"扳指"。此體始見於清代。見該文。

【挷指】

同"扳指"。此體始見於清代。見該文。

【班指】

同"扳指"。此體始見於清代。見該文。

頂針

戴於指上的金屬小環。表面密繁點紋，縫納硬布時，戴於右手中指上，以頂針具，故名。本爲一種縫紉用的小工具，但戴在指上亦有裝飾意義。古代頂針實物，湖南長沙東渡屯出土一枚，爲東漢遺物。在江蘇宜興周處墓、廣東廣州西郊和遼寧北票房身等地，出土有晋代頂針。這些頂針爲銀製，且出於封建貴族墓葬，當是一種手上飾物。頂針沿用至今，式樣、繁紋無多大變化。現代頂針多以合金爲之，爲手工縫紉用具，已不作飾物。

戒　指

戒指

　　戴於手指上的環形飾物。早在四千年前的新石器時代，我們的祖先已經使用此種飾物。如江蘇邳州大墩子遺址出土的一件，骨製，高3厘米，徑2厘米，管壁較薄，通體光亮。稍後，山東曲阜城東南西夏侯遺址出土一件，白色大理石製，徑3.1厘米，孔徑1.9厘米，製作精美。此種飾物在古代始稱"指環"，後世俗稱"戒指"，約在明代文獻中纔有"戒指"之稱。明都卬《三餘贅筆·戒指》："今世俗用金銀爲環，置於婦人指間，謂之戒指。"亦稱"彄環"。《西京雜記》卷一："戚姬以百鍊金爲彄環，照見指骨。"亦稱"約指"。漢末繁欽《定情詩》："何以道殷勤？約指一雙銀。"戒指一直沿用至今。除作爲飾物之外，還沿襲了古代習俗，作爲婚姻的信物。男女訂婚，男方贈女方戒指；著指不同，表明不同的婚戀身份。現代，男子雖有戴者，但仍以女式戒指爲主。款式多樣，有戒圈、一元式、臺面式、蓮苞式，亦有珠戒、鷄尾戒、天元戒、閃光戒、龍鳳戒等。當前流行者多爲金製，以鑲嵌鑽石、寶石的戒指爲貴。現代亦稱爲"戒子"。

【彄環】

　　即戒指。此稱始見於漢代。見該文。

【約指】

　　即戒指。此稱始見於三國時期。見該文。

【戒子】

　　即戒指。此稱行用於現代。見該文。

【指環】

　　即戒指。手指上的環形飾物。宋高承《事物紀原·衣裘帶服部·指環》："指環。《春秋繁露》曰：紂刑鬼侯，取其指環……今有指環，此之遺事也，本三代之制。"《太平御覽》卷七一八引《拾遺録》："吳王潘夫人以火齊指環挂石榴枝上。"亦作"指鐶"。《晉書·大宛國傳》："其俗，娶婦先以金同心指鐶爲娉。"直至明代，始稱指環爲戒指。古代指環的質料，有骨、石、銅、鐵、金、銀、寶石

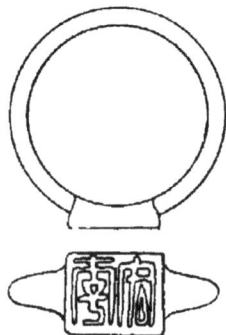
印章形銀指環

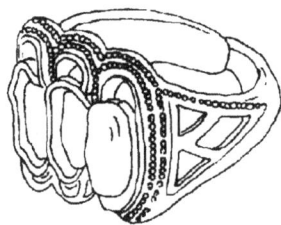
金鑲藍寶石指環

等。進入奴隸社會以後，指環曾被用爲后妃進御的標志和當忌避的符號。《詩·邶風·靜女》"貽我彤管"毛傳："古者……后妃群妾以禮御於君所，女史書其日月，授之以環，以進退之。生子月辰，則以金環退之；當御者，以銀環進之，著于左手；既御，著于右手。事無大小，記以成法。"宋高承《事物紀原》、清汪汲《事物原會》等書所考之辭，亦因毛傳。但主要還是作爲裝飾和充當婚姻的信物。隋丁六娘《十索》詩："欲呈纖纖手，從郎索指環。"徐珂《清稗類鈔·服飾類·指環》云："指環，以貴金

屬或寶石製之，約之於指，以爲美觀。初惟左手之第三、第四兩指，後則惟所欲矣。亦謂之戒指……後世遂用爲普通之指飾……大宛娶婦，先以同心指環爲聘，今乃以爲訂婚之紀念品，則歐風所漸也。"在

金鑲綠翠石指環

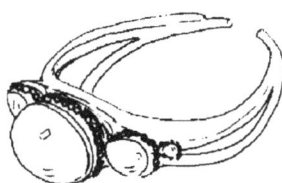

合金鑲貓眼石指環

我國，指環的形制幾千年變化不大，主要於環面增加裝飾，或雕飾，或鑲嵌。兩漢時的金銀指環，於湖南長沙、零陵，廣東廣州、增城等地多有發現，并有於金環上鑲嵌寶石者。形制比較特別者尚有印章形指環，如湖南資興東漢墓出土的一件白銀鑄成的圓環，環上綴一刻有篆體"李守"二字的方形印章。但這種指環所

見不多。晋代指環鏨刻花紋，環面擴大，有的鑲嵌數枚寶石。如南京邁皋橋東晋墓中曾出土一枚嵌金剛石的指環，遼寧北票房身晋墓出土的金鑲藍寶石指環。《南史·南海諸國傳》中説："呵羅單國治闍婆洲。元嘉七年，遣使獻金剛指環。"其制大約似南京東晋墓中所出土者。呼和浩特美岱村曾出土北魏時獸形金指環，其環面動物似獅子模樣，周身用細小金珠粒鑲出花紋，并嵌有綠松石，體積雖小，氣勢頗大。明清時，指環豪華程度大多以鑽石顆粒大小和寶石等次品定。如江蘇揚州機械廠明顧氏墓出土者，以合金材料製成環架，上綴一顆褐黃色貓眼石，被視爲藝術珍品。再如江蘇淮安季橋鳳凰墩明孫氏墓出土金鑲綠翠石指環，亦爲珍品。指環有"戒指"之稱後，雖仍有稱"指環"者，但逐漸被"戒指"一稱所取代。

【指鐶】

同"指環"。此體始見於晋代。見該文。

近現代少數民族手飾

手匝

畲族民間手飾。一種銀製戒指。爲一圓形小圈，有的於面上鏨"囍"或"富貴"等字，或嵌一朵花，亦有於交接處繫兩個小鈴或鏈條者，戴手指上。流行於福建等地。

第二節 腕飾、臂飾考

我國古代婦女的手飾，除指環等手指上的飾物外，還有戴在手腕上的飾物和臂上的飾物，這就是腕飾和臂飾。

腕飾主要是鐲，即現在習稱的手鐲。"手鐲"這一名稱出現得較晚。魏晋時代，這種

飾物稱"環"。臂釧這種手飾出現以後，又稱爲"釧"。環、釧皆可指腕飾，但二者實不相同。因爲釧爲螺旋形，似今之彈簧，富有彈性，可以伸縮調節，衹有金屬纏可製作，而環則不同。"鐲"或"手鐲"的名稱約出現於宋代，從當時的筆記、小說、詩詞中可以見到。但這時仍存在鐲、釧混稱的現象。直到明代，手鐲和臂釧的名稱纔完全分開。

鐲這種腕飾，早在新石器時代已經出現。其實物在我國南北各地均有發現。如山東曲阜西夏侯新石器時代遺址出土的石鐲，出土時還套在人骨的腕部。安徽亳州傅莊新石器時代遺址亦曾出土石鐲。這一時期的手鐲，多用骨、石、牙、玉等天然材料製成，也有個別的陶製品。其形狀有圓管狀、扁形圓環狀、兩個半圓形環拼合狀、花式圓環狀等。

商周時期，手鐲多扁形圓環，其改進是將圓環的中孔周圍加厚，形成一圈凸緣。用銅、金、銀等金屬製造的手鐲也已出現。其造型常以0.3厘米粗的金條彎成環形，兩端捶扁，形如扇面。春秋戰國時期，以玉鐲爲主，環面多用穀紋、雷紋、蟠虺紋等爲飾。

秦漢魏晉南北朝時期，主要流行金屬手鐲。西漢以銅鐲爲主，東漢以後多銀鐲。其形制，或僅以金屬絲彎成圓環；或用模製法加工，外表呈圓管狀，有紋飾或鑲嵌寶石。

隋唐五代時期，手鐲製作精緻，形式多樣。其基本特徵，一是開有豁口，二是鐲面寬窄變化顯著。可根據手腕粗細進行調節，脫卸方便，亦便於鐲面裝飾。陝西西安何家村出土的唐代窖藏白玉鑲金手鐲，鐲身爲三段，每段兩頭皆以金花鉸鏈連接，可以開啓，造型獨特，製作精細。

宋元時期，手鐲多以金、銀模壓後彎製而成圓環形，一端開豁口。鐲面中部略寬，兩端稍窄，中有紋飾。

明清時期，手鐲形制，一種沿用元代，作缺口圓環形，環形爲聯珠狀；一種以金銀條彎成環狀，兩端作龍首形。手鐲用料、造型均甚考究，有金貫珠鐲、金螭頭鐲、金鑲珠寶摺絲大手鐲、金鑲玉嵌珠寶手鐲、金摺絲鐲、金纍絲嵌珠鐲、金八方鐲等。

民國時期，手鐲仍甚流行，形式多樣。基本形制是，在數塊金屬片上鑲嵌珠寶，再用金銀鏈條連綴。或不用鏈條，飾片之間用鉸鏈連接，兩端以金屬搭扣相連。見於小說中的，有翡翠鐲、白玉鑲嵌鐲、金剛鑽鐲、時辰表鐲、風藤鐲、包金鐲、羊脂鐲、金鑲藤鐲等。

古人戴手鐲時，或左手腕，或右手腕，或雙手腕，而且有時在雙手腕同時戴數個，從手腕到手臂依次排列。如雲南江川李家山古墓中，死者雙腕各套着五六隻手鐲，呈圓筒狀，吉林榆樹大坡老河深古墓出土的手鐲，以九個串聯爲一體，排列有序。這種串聯幾個手鐲的飾物，稱作“腕釧”。

　　腕釧，別名“跳脱”，亦作“條脱”，可能是當時北方一種少數民族語的音譯。漢末繁欽《定情詩》中最早提到“跳脱”這一飾物，可知，這種飾物出現得也很早。隋唐時期，這種飾物稱“腕釧”（見宋計有功《唐詩紀事》）。其形象資料，有湖北武昌周家灣隋墓出土陶俑、初唐畫家閻立本《步輦圖》和周昉《簪花仕女圖》。戴腕釧者，并不限於貴婦、宮女，普通婦女也可佩戴。如河南偃師酒流溝宋墓出土的畫像磚上，所繪從事酒店雜役的婦女腕部也套着這種飾物。

　　和腕釧類似的飾物是臂釧。臂釧是古代婦女套在手臂上的一種環形飾物。河北懷來北辛堡戰國墓出土的金臂釧，是考古發現的早期臂釧實物。這件飾品以0.5厘米粗的金絲盤繞成三圈，呈彈簧狀。臂釧纏繞於臂，故亦稱“纏臂金”或“金纏臂”。

　　臂釧長期流行，歷代皆見。安徽安慶棋盤山元墓出土有銀臂釧，江西南城明墓出土的有金臂釧。其基本形制是：將捶扁的金、銀條盤繞成螺旋圈狀，圈數三至十幾；兩端以金、銀絲編成環套，以調節鬆緊。金、銀條上，或鏤刻花紋，或鑲嵌珠寶，故有素、花之別。參閱周汛、高春明《中國歷代婦女妝飾·手飾篇》。

鐲類腕飾

鐲

　　套在手腕上的環形飾物。古代始稱“釧”。《説文·金部》：“釧，臂環也。”亦稱“環”。三國魏曹植《美女篇》：“攘袖見素手，皓腕約金環。”考古出土文物表明，早在新石器時代，我們的先祖就以骨、石、牙、玉等天然材料製成圓環，用以飾腕。後又出現陶製品。其形制大致有四類：其一作圓管狀，壁腔較薄，中間大多内收，呈束腰形，外壁光滑；其二爲扁形圓環狀，形如玉瑗，中間之孔徑大都闊大；其三由兩個半圓環合拼而成，兩端各有一至二個小孔，以繩穿繫聯結；其四作花式圓環形，外壁凹凸成各種花樣，内壁光滑。至商周時期，這種腕飾有了改進，圓環中孔的周圍加厚，形成凸緣，如河南安陽殷墟婦好墓出土的玉環。但仍以扁圓形居多。同時也出現了金屬腕環，如北京平谷獨樂河商墓出土的金腕環，是用0.3厘米粗的金條彎成環狀，兩端捶扁，形如扇面。春秋戰國時期的腕環，多以玉製，環面有

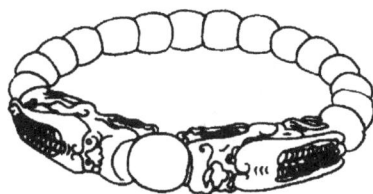

鏨金雙龍戲珠手鐲

紋飾。秦漢而後，腕環大都以金、銀、銅條彎製而成，故人們稱之爲"釧"。如北周庾信《竹杖賦》云："玉關寄書，章臺留釧。"其造型則較爲簡潔，大都無紋飾。亦有以銅爲原料，用模子製作，外形呈圓管狀，在環面上或鑿刻飾紋，或鑲以寶石爲飾，多見於西漢時期的出土墓葬中。《南史・東昏侯紀》中所説的"琥珀釧"大約亦屬此類。隋唐五代時期，釧飾廣泛流行，成爲婦女主要腕飾之一。唐劉禹錫《竹枝詞九首》之九："銀釧金釵來負水，長刀短笠去燒畬。"釧之樣式豐富多彩，除圓環形外，尚有串珠形、絞絲形、竹節形、瓣形等多種，大都開有豁口，環面寬窄變化較大，製作工藝也日趨精美。如陝西西安何家村出土的唐代窖藏的一件玉釧：以白玉鑲金爲之，分作三段，每段兩端均以金花紋鏈相連，可以開啓。安徽合肥西郊南唐墓曾出土一副釧飾：兩股粗銀絲中夾一根細銀絲，呈中間寬、兩端尖的梭子狀，并在中間的細銀絲上穿有一排彩珠，別具匠心。宋代，出現"手鐲"之稱，此後的筆記、小説、詩詞及戲曲中，常稱這種飾物爲"鐲"，有"金鐲""銀鐲"等。宋洪邁《夷堅志・夷堅三志辛卷・江絡匠》："我藏小兒手鐲一雙，婦人金耳環一對、金牌一枚。"其制沿襲前代，并出現可調式。約在元明之際，人們爲了將飾腕和飾臂之釧區分開來，便稱釧爲"鐲"。明陸容《菽園雜記》卷八："今人名臂環爲鐲，音濁，蓋方言

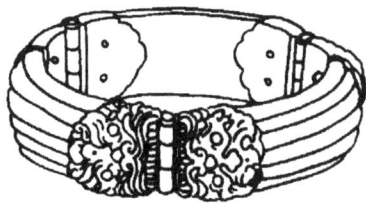

白玉鑲金手鐲

也。"這一時期的鐲，製作或簡或繁。簡單的僅是一個金圈、銀圈，或是玉圈。複雜的則工藝煩瑣，或以金爲骨，上綴嵌珠寶；或以玉爲骨，包金鑲銀，巧奪天工。如江蘇蘇州盤門外吳門橋元墓出土的一副鏨金雙龍戲珠手鐲，器身爲聯珠狀，兩端作龍首形，兩龍首之間嵌有一顆圓球，呈雙龍戲珠狀，甚有特色。清代的手鐲多承明制，種類較多。徐珂《清稗類鈔・服飾類・釧》："釧，臂環也，俗謂之鐲。古男女通用，今以婦女用之者爲多，有金翡翠、白玉鑲嵌、金剛鑽、珠寶各種。"另有一種稱爲"蝦鬚鐲"的，細金環上鑲嵌一顆大珍珠，也甚流行。民國以後，由於受外來文化之影響，手鐲的樣式也發生了變化，除傳統的外，亦流行起鏈式的手鐲。這種手鐲可分爲兩類：一是以金屬絲製成鏈條式，中部有幾個金屬托座，托上嵌寶石；二是由數個鑲有寶石的金屬片組成，中間以鉸鏈連接，兩端有金屬搭扣。及至今日，手鐲也是婦女日常生活中的主要腕飾。

【釧】

即鐲。此稱始見於漢代。見該文。

【環】

即鐲。此稱始見於三國時期。見該文。

【手鐲】

即鐲。此稱始見於宋代。見該文。

玉釧

玉製手鐲。玉製環形腕飾，早在新石器時代已經出現。浙江餘杭瑤山出土有良渚文化時期的四龍首玉釧。該玉釧爲浙江餘杭瑤山良渚文化墓葬一號墓出土，距今約五千年，現藏浙江省文物考古研究所。以軟玉製成，表面呈淺黃色，有茶褐色筋狀條斑。直徑8.2厘米，寬

2.6厘米。鐲體爲寬扁的環狀，孔内壁平直光滑，外壁以淺浮雕和陰紋細刻相結合的技法雕琢了四個等距的形象相同的龍首形狀飾物突出於器表，如把環曲的鐲身視作龍體的象徵，則在鐲上雕琢的是首尾相連的四條龍。在傳世古玉器中，有所謂“蚩尤環”，元代朱德潤在《古玉圖》中描述爲“色如赤瑪，而内質瑩白，循環作五蚩尤形，首尾銜帶，珊鏤古樸”，其形態與此玉鐲比較吻合。漢代實物亦有發現，如雲南晋寧、江川、昭通漢代遺址即出土有玉釧。文獻記載始見於南北朝時期。《南史·王玄象傳》：“剖棺見一女子，年可二十，姿質若生……女臂有玉釧，破冢者斬臂取之，於是女復死。”南朝梁簡文帝蕭綱《夜聽妓》詩：“朱唇隨吹盡，玉釧逐弦搖。”後歷代皆見。陝西西安何家村出土唐代窖藏玉釧一件。今可見到明清時代玉釧遺物。

銀釧

銀質之釧。即銀手鐲。多見於秦漢以後。《北史·林邑傳》：“每有婚媾，令媒者齎金銀釧、酒二壺、魚數頭至女家。”唐代，釧類飾物甚爲流行，多以銀製，詩歌中多有描繪。唐劉禹錫《竹枝詞九首》之九：“銀釧金釵來負水，長刀短笠去燒畬。”直至近代，仍多有銀製。

腕闌

古代婦女腕上手鐲類飾物。製作精美。元代有“柳金簡翠腕闌”。明陶宗儀《元氏掖庭記》：“元妃静懿皇后旦日，受賀……一人獻柳金簡翠腕闌。”注曰：“似今之手鐲類，但彼扁而用臂者耳。”

香珠

舊時婦女所戴的腕飾。係用香料加其他配料製成紅色之念珠，成串飾。俗謂戴之可以辟穢。此俗源於古代南越、兩廣等地區。宋范成大《桂海虞衡志·志香》云：“香珠出交趾，以泥香捏成小巴豆狀，琉璃珠間之，綵絲貫之，作道人數珠。入省地賣，南中婦人好帶之。”後傳入中原。《紅樓夢》第二八回：“却是上等宮扇兩柄，紅麝香珠二串，鳳尾羅二端，芙蓉簟一領。”亦稱“香串”“十八子”。徐珂《清稗類鈔·服飾類·香珠》云：“香珠，一名香串，以茄楠香琢爲圓粒，大率每串十八粒，故又稱十八子。貫以綵絲，間以珍寶，下有絲穗，夏日佩之以辟穢。”

【香串】

即香珠。此稱始見於清代。見該文。

【十八子】

即香珠。此稱始見於清代。見該文。

套鐲

古代婦女腕上飾物。考古發現有宋代實物，上海寶山宋墓出土的爲彈簧式套鐲，以扁圓形的金銀條作螺旋圈，有的多達十數圈。在安徽安慶元墓和北京明墓中也出土有這種套鐲。北京明代妃嬪墓出土的金套鐲，外面雕刻有精細的花紋。

手串

婦女腕上飾物。一般由珍珠串成，繫於腕上。見於清代。清梁章鉅《歸田瑣記·和珅》：“所藏珍珠手串二百餘串，較大内多至數倍。”現當代，青年女子亦有戴者。

近現代地區性及少數民族腕飾

猪猜

舊時嬰兒腕飾。將猪腦中的一塊小骨頭，用紅綠絲縷拴繫在小孩手腕上，俗信能壓驚辟邪。流行於華北、東北及黃河中下游等地。

凱吉馬安

泰雅語音譯。亦稱“庫維・馬帕”“包衣”。舊時高山族泰雅人傳統腕飾。類似手鐲，以貝珠製作。每串長約 16 厘米，共十六串。兩端都固定在一骨塊上。其中有兩串白珠與紅珠相摻，第二串爲紅珠。各串平行排列，寬約 4 厘米。有的部落規定：男子獵頭一個、婦女熟悉女紅者，可佩一個；男子獵頭二個以上、婦女紡織技術精湛者，兩腕均可佩戴。流行於臺灣北部地區。

【庫維・馬帕】

即凱吉馬安。此稱行用於近現代。見該文。

【包衣】

即凱吉馬安。此稱行用於近現代。見該文。

寬手鐲

佤族婦女腕飾。鐲寬約 10 厘米，厚薄不等，以銀、鋁等金屬製作。上面鏤刻有圖案花紋，細膩樸實，具有濃郁的民族色彩。青年人常以之作爲饋贈情人的信物。流行於雲南佤族聚居地區。

跳脫、臂釧等臂飾

跳脫

古代婦女臂上飾物。金、銀製，呈螺旋狀，兩頭左右可活動，以便鬆緊。一副兩個。始見於漢代。漢繁欽《定情詩》：“何以致契闊，繞腕雙跳脫。”漢以後成爲婦女臂上重要飾物。亦稱“條達”。《初學記》卷四引晋周處《風土記》曰：“仲夏端午，烹鶩角黍，進筒粽……又有條達等織組雜物，以相贈遺。”宋吳曾《能改齋漫錄》卷三《辨誤》：“唐徐堅撰《初學記》引古詩云：‘繞臂雙條達。’然則條達之爲釧，必矣。第以‘達’爲‘脫’，不知又何謂也。”亦作“條脫”。南朝梁陶弘景《真誥・運象・愕綠華詩》：“贈詩一篇，並致火澣布手巾一枚，金、玉條脫各一枚。條脫乃太而異，精好。”唐李商隱《李夫人三首》：“蠻絲繫條脫，妍眼和香屑。”亦稱“腕釧”。宋計有功《唐詩紀事・文宗》：“一日問宰臣：古詩云‘輕衫襯跳脫’，跳脫是何物？宰臣未對。上曰：‘即今之腕釧也。’”宋元以後，這種飾物製作講究，金、銀條的表面常有紋飾。清和邦額《夜譚隨錄・秀姑》：“女脫臂上紫金條脫爲贈。”近代以來，漸

銀跳脫

爲手鐲所代替。

【條達】

即跳脫。此稱始見於晉代。見該文。

【條脫】

同“跳脫”。此體始見於南北朝時期。見該文。

【腕釧】

即跳脫。此稱始見於唐代。見該文。

臂釧

古代婦女的臂飾。一般以捶扁的金銀條爲之，形如彈簧，呈螺旋狀，上下兩端，另用金銀絲編製成環套，左右皆可活動，以便調節鬆

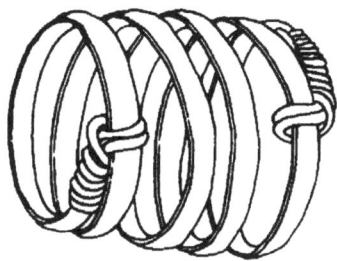

金臂釧

緊。考古資料表明，最初的臂釧，并非呈螺旋狀，而是從手腕至臂同時佩戴數個腕環。如雲南江川李家山十九號戰國墓挖掘時發現，在死者的雙臂上各套有五六個腕環，腕環的樣式一致，由小至大并列呈圓筒狀。同樣的情况，在吉林榆樹大坡老河深漢墓中亦有例證。河北懷來北辛堡戰國墓中出土的臂釧，以0.5厘米粗的金絲盤繞成三圈，形如彈簧，環徑4.2厘米，當爲現存最早的臂釧實物。秦漢而後，這種臂飾便成爲婦女的主要妝飾。唐元稹《估客樂》詩：“鍮石打臂釧，糯米吹項瓔。”五代牛嶠《女冠子》詞之二：“額黃侵膩髮，臂釧透紅紗。”亦稱“金纏臂”。《新五代史·慕容彥超傳》：“弘魯乳母於泥中得金纏臂獻彥超，欲贖出弘魯。”亦稱“纏臂金”。宋蘇軾《寒具》詩：“夜來春睡濃於酒，壓褊佳人纏臂金。”臂釧起初佩戴的部位較高，離手腕較遠。約至隋唐間，位置逐漸下移，落至腕部，遂稱“腕釧”。相關的形象資料，如初唐畫家閻立本之《步輦圖》、周昉的《簪花仕女圖》，以及唐宋古墓出土的畫像磚上，皆有印證。宋元以後，臂釧的製作更爲精緻，金銀條的表面，有扁平的，有弧形的，亦有花紋飾的。有花紋的臂釧被稱爲“花釧”，無花紋的爲“素釧”。這兩類釧之實物，在江蘇、江西、北京等地的元明墓中，均有出土。如江蘇蘇州吳門橋元墓出土的金素釧，江西南城明墓出土的金花釧就是。清代以後，這種臂飾逐漸減少，而以手鐲爲主飾。參閱宋吳曾《能改齋漫錄》卷三。

【金纏臂】

即臂釧。此稱始見於五代時期。見該文。

【纏臂金】

即臂釧。此稱始見於宋代。見該文。

扼臂

臂上飾物。猶臂釧，亦可作小兒飾物。見於宋代。宋洪邁《夷堅志·夷堅丙志·李秀才》：“〔李綸〕子詵之，甫數歲……生脫詵之銀扼臂，塗以津，亦置火中。”

第六章　面飾説

第一節　眉飾考

　　婦女之美可表現在眉毛上，早在《詩》中就已經出現描寫婦女眉毛的佳句（見《詩·衛風·碩人》）。人們對婦女眉色的注重，促進了婦女對眉毛的修飾。一些天賦欠佳的婦女，便通過修眉、畫眉達到美化自己眉毛的目的。

　　戰國時期，畫眉的習俗已經出現。當時，畫眉用的材料爲"石黛"，省稱"黛"，故所畫之眉稱"黛眉"。黛是一種礦物，需碾爲粉末，加水調和後使用。從文物圖像來看，先秦婦女喜畫長眉，河南信陽楚墓和湖南長沙楚墓出土木俑的婦女形象，皆爲此種眉式。

　　秦漢時期，由於封建帝王的倡導，宮廷中盛行畫眉之風。秦始皇宮中，"悉紅妝翠眉"；西漢武帝，"令宮人掃八字眉"（宋高承《事物紀原·冠冕首飾部》）。普通官吏和士庶之妻妾亦紛紛效仿。西漢時，京兆尹張敞親爲其妻畫眉，贏得"張京兆眉憮"的譚號；司馬相如之妻卓文君眉如遠山，時人效之，畫遠山眉；東漢時，大將軍梁冀妻"爲愁眉"，"桓帝元嘉中，京都婦女作愁眉"（《後漢書·五行志一》）。西漢初，婦女仍畫長眉，湖南長沙馬王堆漢墓出土帛畫和木俑，皆畫長眉。漢武帝讓宮人畫的"八字眉"，也是一種長眉，但這種眉式把眉頭抬高，把眉梢壓低，形成"八"字形，湖北雲夢大墳頭西漢墓出土木俑作此眉式。漢代長安城中的婦女還畫闊眉，又稱"廣眉"，并流傳到各地。廣東廣州郊區漢墓出土的舞女俑作此眉式。東漢元嘉年間，又恢復畫長眉。所謂"愁眉"，實際上也是一種纖細而曲折的長眉。這種眉式，兩眉并蹙，眉梢向下，似"蹙眉啼泣"，與八字眉异曲同工。

漢末至魏晋南北朝時期，婦女畫眉之風尤熾。魏武帝曹操"令宫人掃青黛眉、連頭眉，一畫連心細長，謂之仙蛾妝，齊梁間多效之"（唐宇文士及《妝臺記·女飾》）。梁武帝詔人作白妝青黛眉。蛾眉，其式細長，屬於長眉。直至隋代，仍甚流行。隋煬帝時，寵姬吳絳仙善畫長蛾，甚受寵愛，於是宫中數千佳麗群起效之。

隋代開始，畫眉材料改用螺黛，這是經過加工製成的塊狀物，蘸水即可使用。隋煬帝時，竟不惜加徵賦税，從波斯國（今伊朗）進口螺黛，供嬪妃畫眉使用。唐代，婦女畫眉已成習尚。貴族婦女化妝將畫眉置於首位。連女孩也會畫眉，可見其流行的盛況。唐玄宗對婦女畫眉嗜好成癖，他曾令畫工畫《十眉圖》，有八字眉、遠山眉、却月眉、倒暈眉等，可謂花樣百出。和前代相比，唐代眉式略顯寬闊。長眉多畫成柳葉狀，稱"柳葉眉"或"柳眉"。唐初閻立本《步輦圖》、陝西西安羊頭唐代李爽墓壁畫、唐代中期張萱《虢國夫人游春圖》，皆可見到這種眉式。比柳眉稍寬而又更彎曲的，是月眉，又稱"却月眉""月棱眉"。其形如一輪新月，故名。這種眉式，兩端畫得比較尖鋭，黛色濃重。敦煌莫高窟唐代壁畫中的供養人形象有這種眉式。闊眉是唐代婦女采用較多的一種眉式。唐初已經流行長式，或兩頭尖窄，或一頭尖鋭、一頭分梢，或眉心分開，或眉頭緊靠，或眉梢上翹，或眉梢下垂，富於變化。盛唐以後，又流行短式，形如桂葉。唐周昉《簪花仕女圖》中的貴婦作此眉式。唐憲宗元和年間，起源於西漢的八字眉又流行開來。唐代的八字眉描得寬闊，也更彎曲，更似"八"字。唐周昉《揮扇仕女圖》中有這種眉式。

宋元時期，婦女畫眉之風仍然流行，但眉式不如唐代豐富。從《歷代帝后像》中所繪的宋代皇后、宮女來看，她們把眉毛畫成寬闊的月形，在一端暈染，由深及淺，向外散開，直至消失。元代后妃多畫一字眉，細長、平直，這種眉式爲蒙古貴族婦女所特有。宋代除使用石墨外，已會製造烟墨。這種畫眉材料，色澤細膩，使用方便，遂取代螺黛。

明清時期，婦女仍然喜好畫眉，眉式一般是纖細而彎曲。這種眉式，一直流傳到近代。參閱周汛、高春明《中國歷代婦女妝飾·面飾篇》。

進入民國以後，隨着西方文化的傳入，我國婦女使用的畫眉材料，是一種化合物品調製成的黑色油脂，使用十分簡便，祇須用眉筆蘸上少許即可描畫。

20世紀80年代以後，畫眉之風在中斷若干年以後，又在城市中重現，所畫眉式細長而稍彎，或將短眉描長，或將淺眉塗濃。

歷代婦女眉飾

黛眉

古代婦女眉飾。古代婦女畫眉，最早用的材料稱"黛"。因眉用黛畫過，故稱"黛眉"。用黛畫眉，始於戰國。這是一種礦物，亦稱"石黛"，必須碾碎以後，以水和勻，方可使用。秦漢魏晉南北朝沿用。唐宇文士及《妝臺記・女飾》："魏武帝令宮人掃青黛眉、連頭眉，一畫連心細長，謂之仙蛾妝，齊梁間多效之。"隋唐五代時期，畫眉材料改用"螺黛"，亦稱"螺子黛"。至宋代，始改用墨，是一種烟墨。宋趙彥衛《雲麓漫鈔》卷三："前代婦人以黛畫眉，故見於詩詞，皆云'眉黛遠山'。今人不用黛，而用墨。"

黃眉

古代婦女眉飾。以黃粉塗眉，故名。始於南北朝。《隋書・五行志上》曰："後周大象元年……朝士不得佩綬，婦人墨妝黃眉。"唐宇文士及《妝臺記・女飾》亦云："後周靜帝令宮人黃眉墨妝。"這種眉飾至宋猶存。宋周密《四字令》詞："眉消睡黃，春凝淚妝。"

長眉

古代婦女主要眉式。從文物圖像來看，先秦婦女所畫眉式，儘管寬窄、曲直不同，卻皆是一種長眉，河南信陽、湖南長沙兩地的楚墓所出土的木俑，其婦女眉式皆爲長眉。西漢初婦女承之，以畫長眉爲美。湖南長沙馬王堆漢墓出土帛畫及木俑，皆畫長眉。漢武帝時，宮人畫的八字眉，也是一種長眉。從湖北雲夢大墳頭西漢墓出土木俑來看，這種眉式細而長。西漢在流行了一段時間闊眉以後，於東漢元嘉年間又恢復畫長眉的習俗。當時京都婦女畫的"愁眉"，是一種纖細而曲折的長眉。從魏晉到隋唐，婦女愛畫的蛾眉，也是一種長眉。這種眉式，形如長蛾，故稱"長蛾眉"。唐代婦女中流行的柳葉眉、却月眉、初唐時的闊眉、中唐後的八字眉皆爲長眉。宋代后妃的倒暈眉、元代后妃的一字眉以及明清婦女的曲眉，皆爲長眉。

翠眉

古代女子之眉式，屬長眉類。因以青黛塗眉，故名。秦代，宮中已畫翠眉。宋高承《事物紀原・冠冕首飾部・畫眉》："秦始皇宮中，悉紅妝翠眉，此婦人畫眉之初也。"古人以女子眉色如翠爲美，如《文選・宋玉〈登徒子好色賦〉》所云："眉如翠羽。"呂向注曰："眉色如翡翠之羽。"故後世婦女都作翠眉。晋崔豹《古今注》卷下："魏宮人好畫長眉，今多作翠眉、驚鶴髻。"南北朝時期特別盛行。梁江淹《麗色賦》云："信東方之佳人，既翠眉而瑤質。"費昶《采菱》詩中有"雙眉本翠色"之句。唐宋間亦流行過這種眉式。唐張夫人《拾得韋氏花鈿以詩寄贈》："曾經纖手裏，拈向翠眉邊。"宋秦觀《調笑令·盼盼》詞所附詩曰："百尺樓高燕子飛，樓上美人顰翠眉。"宋姜夔《驀山溪》詞："翠眉織錦，紅葉浪題詩。"這種眉式後多不見。

八字眉

古代婦女之眉式。黛眉時抬高眉頭部分，壓低眉梢，形如"八"字，故稱。始於漢武帝時。唐宇文士及《妝臺記·女飾》："漢武帝令宮人掃八字眉。"約至唐朝中葉，這種眉式再度興起。唐李商隱

作八字眉的西漢女子

《蝶》詩之三："壽陽公主嫁時妝，八字宮眉捧額黃。"唐韋應物《送宮人入道》詩："金丹擬駐千年貌，寶鏡休勻八字眉。"此後不行。

遠山眉

古代婦女的一種眉式。用黛畫眉，細長彎彎形如遠山，故名。《西京雜記》卷二曰："〔卓〕文君姣好，眉色如望遠山。"後人多效之。唐宋時較爲流行。唐宇文士及《妝臺記·女飾》云："《西京雜記》……時人效畫遠山眉。"五代牛嶠《菩薩蠻》詞："愁勻紅粉淚，眉翦春山翠。"五代馮延巳《鵲踏枝》詞："低語前歡頻轉面，雙眉斂恨春山遠。"宋歐陽修《訴衷情·眉意》詞："都緣自有離恨，故畫作遠山長。"均是咏

此眉飾的。宋晏幾道《生查子》詞云："遠山眉黛長，細柳腰肢裊。妝罷立春風，一笑千金少。"亦稱"遠岫眉"。宋黃庭堅《南柯子》詞："秋浦橫波眼，春窗遠岫眉。"

【遠岫眉】

即遠山眉。此稱始見於宋代。見該文。

愁眉

古代婦女之眉式。其式樣爲眉梢向下，眉細而曲，色較濃重，屬長眉類。似"蹙眉啼泣"，故名。據傳爲東漢梁冀妻孫壽所創。五代馬縞《中華古今注·梁冀盤桓釵》："梁冀妻改翠眉爲愁眉。"這種眉式在東漢元嘉間大盛。《後漢書·五行志一》："〔漢〕桓帝元嘉中，京都婦女作愁眉、啼粧、墮馬髻……所謂愁眉者，細而曲折。"又："始自大將軍梁冀家所爲，京都歙然，諸夏皆放效，此近服妖也。"

闊眉

古代婦女主要眉式之一。以其形粗短廣闊，故名。這種眉式在後漢曾流行過，稱之爲"廣眉"。《太平御覽》卷四九五引三國吳謝承《後漢書》云："城中好高髻，四方且一尺；城中好廣眉，四方畫半額。"唐初，宮中流行闊眉，畫得較長。至唐中期以後，婦女畫眉尚闊猶盛，杜甫《北征》詩有"狼藉畫眉闊"之句，張籍《倡女詞》亦云："輕鬟叢梳闊掃眉。"而唐

作桂葉眉的唐代女子
（唐周昉《簪花仕女圖》）

元稹《有所教》詩"莫畫長眉畫短眉"、唐江采蘋《謝賜珍珠》詩"桂葉雙眉久不描"中，"短眉""桂葉"，均是咏的這種眉式。從周昉《簪花仕女圖》中就可看到這種眉式。

【廣眉】

即闊眉。此稱始見於漢代。見該文。

【短眉】

即闊眉。此稱始見於唐代。見該文。

【桂葉眉】

即闊眉。形如桂葉，故名。此稱始見於唐代。見該文。

蛾眉

古代婦女眉式。其形細長，如蠶蛾觸鬚，色微淡而彎長。《詩・衛風・碩人》中以"螓首蛾眉"爲美，故女子多作此種眉飾。蛾眉之廣泛盛行，始於漢末。唐宇文士及《妝臺記・女飾》云："魏武帝令宮人掃青黛眉、連頭眉，一畫連心細長，謂之仙蛾妝，齊梁間多效之。"這種"仙蛾妝"或即蛾眉。五代馬縞《中華古今注・魏宮人長眉蟬鬢》："魏宮人好畫長眉，令作蛾眉、驚鶴髻。"南北朝隋唐時仍流行。南朝梁范靖妻沈氏《咏步搖花》詩："但令雲髻插，蛾眉本易成。"唐元稹《恨妝成》詩："凝翠暈蛾眉，輕紅拂花臉。"隋煬帝時甚受宮女喜愛。亦稱"長蛾眉"。唐顏師古《隋遺錄》卷上云："〔隋煬帝時，〕絳仙善畫長蛾眉……殿腳女爭效爲長蛾眉。"宋亦見。亦稱"黛蛾"。宋秦觀《減字木蘭花》詞："黛蛾長斂，任是東風吹不展。"明清兩代婦女仍崇尚纖細之長眉，亦有蛾眉之飾。亦稱"雙蛾"。如明葉小鸞《春日曉妝》詩云："攬鏡曉風清，雙蛾豈畫成。"

【長蛾眉】

即蛾眉。此稱始見於隋代。見該文。

【黛蛾】

即蛾眉。此稱始見於宋代。見該文。

【雙蛾】

即蛾眉。此稱始見於明代。見該文。

却月眉

亦稱"月眉"。古代婦女的一種眉式。形如一鈎彎彎之新月，故名。這種眉式比柳葉眉略寬，描繪得更爲彎曲，如敦煌莫高窟第一百九十二號窟中不少供養婦人之眉就是這種形象。盛行於唐及五代。唐杜牧《閨情》詩"娟娟却月眉，新鬢學鴉飛"，唐羅虬《比紅兒》詩"詔下人間覓好花，月眉雲髻選人家"，都是此種眉式。據唐人張泌《妝樓記》載，唐玄宗在四川時，令畫工作《十眉圖》，其中即有"却月"之式，故宋蘇軾《眉子硯歌》中有"成都畫手開十眉，橫雲却月爭新奇"之語。亦稱"月棱眉"。《古今圖書集成・閨媛典》卷三七三引唐宇文士及《妝臺記》："五代宮中畫眉……六曰月棱眉，又名却月眉。"

【月眉】

即却月眉。此稱始見於唐代。見該文。

【月棱眉】

即却月眉。此稱始見於唐代。見該文。

倒暈眉

婦女之眉式。黃、綠、紅三色相配，眉梢色重，眉窩處一片淡紅，因首輕尾重，故稱。漢魏時已見，流行於唐宋。唐宇文士及《妝臺記・女飾》："婦人畫眉有倒暈妝，《古樂府》有'暈眉攏鬢'之句。"唐玄宗令畫工畫《十眉圖》有"倒暈眉"。宋蘇軾《常潤道中有懷錢塘寄述古》詩之三："剩看新翻眉倒暈，未應泣別臉消紅。"參閲明徐士俊《十眉謡》。

柳葉眉

古代婦女眉式。眉頭稍廣，眉梢漸細，色由濃漸淡，形如柳葉，故名。始於唐代。唐韋莊《女冠子》詞："依舊桃花面，頻低柳葉眉。"亦稱"柳眉"。唐李商隱《和人題真娘墓》詩："柳眉空吐效顰葉，榆莢還飛買笑錢。"元代張弘範《柳眉》詩云："睡起紗窗對曉奩，暫時初識遠山尖。多情笑殺張京兆，應恐香螺浣玉纖。"《水滸傳》第二四回："武松看那婦人時，但見：眉似初春柳葉，常含着雨恨雲愁。"這種眉式爲歷代婦女所喜尚。其形象資料，有唐初畫家閻立本《步輦圖》、天寶年間張萱《虢國夫人游春圖》和五代顧閎中《韓熙載夜宴圖》等。

【柳眉】

即柳葉眉。此稱始見於唐代。見該文。

作倒暈眉的宋代女子
（《歷代帝后像》）

作柳葉眉的五代女子
（五代顧閎中《韓熙載夜宴圖》）

血暈妝

唐代婦女的一種眉妝。以丹紫兩色淡塗於目之上下，狀如血暈，故稱。宋王讜《唐語林·補遺二》："長慶中……婦人去眉，以丹紫三四橫約於目上下，謂之'血暈妝'。"

一字眉

元代后妃特有的眉式。其特點是細長、平齊，如"一"字形，故名。《歷代帝后像》中，元代皇后作此眉式。

曲眉

明清婦女流行的眉式。其特點是纖細而甚彎。清陸淡容《袁母韓孺人像》作此眉式。形若蛾眉而更曲。

作一字眉的元代女子
（《歷代帝后像》）

連心眉

維吾爾族青年婦女眉式。將兩眉之間用黛汁描得連接起來，若春燕展翅。黛汁是"奥斯曼"草（畫眉草）汁。維吾爾、烏孜別克族婦女喜畫粗而濃的眉，哈薩克、柯爾克孜族婦女則喜畫細長淡雅的眉。按，奥斯曼的汁液能刺激、促進眉毛生長，維吾爾等族少女自幼使用，使兩眉相連，至青年時，即使不再描畫，雙眉亦連接於眉心。此眉式早在漢魏六朝時代曾流行於内地。唐宇文士及《妝臺記·女飾》："魏武帝令宮人掃青黛眉、連頭眉，一畫連心細長，謂之仙蛾妝，齊梁間多效之。"唯古之"一畫連心"是細長眉式，今維吾爾等族之連心眉，喜尚濃密黑粗。

歷代婦女眉飾顔料

黛

古代婦女用以畫眉的一種青黑色礦物質。我國先秦時期婦女就崇尚眉目之美，如《詩·衛風·碩人》："齒如瓠犀，螓首蛾眉，巧笑倩兮，美目盼兮。"《楚辭·離騷》："衆女嫉余之蛾眉兮，謡諑謂余以善淫。"細長彎曲之蛾眉被視爲美的象徵，故有飾眉之舉，以黛畫眉而增色。《釋名·釋首飾》云："黛，代也，滅眉毛去之，以此畫代其處也。"《韓非子·顯學》："故善毛嫱、西施之美，無益吾面；用脂澤粉黛，則倍其初。"足見戰國時代已有用黛飾眉的記載了。然黛在使用前必須放在石硯上磨成粉末，然後加水調和，方可畫眉，漢代所用磨黛之硯在各地均有發現，如江西南昌東郊賢士湖南畔西漢墓出土的黛硯，底部爲一塊長方形的青石板，板面上有圓形青石片及圓形硯石各一，硯石似環，出土時黏在圓石片上。廣西貴港羅泊灣一號漢墓，在婦女用的奩盒内還發現一包已粉化之黛。漢代以後，魏晉南北朝時期，黛亦是婦女畫眉用的主要化妝品之一。亦稱"石黛"。南朝陳徐陵《玉臺新詠序》："南都石黛，最發雙蛾，北地燕支，偏開兩靨。"隋唐時期仍然使用。唐劉長卿《揚州雨中張十宅觀妓》詩："殘妝添石黛，艷舞落金鈿。"《古今圖書集成·閨媛典·閨飾部》引《妝臺記·女飾》云："漢日給宫人螺子黛翠眉。"此後用石黛者漸少。

【石黛】

即黛。此稱始見於南北朝時期。見該文。

螺子黛

古代婦女用於畫眉的墨塊。古代婦女畫眉之風，至魏晉南北朝時更見熾熱。五代馬縞《中華古今注·魏宫人長眉蟬鬢》："魏宫人好畫長眉，令作蛾眉、驚鶴髻。"《古今圖書集成·閨媛典·閨飾部》引《妝臺記·女飾》："魏武帝令宫人掃青黛眉、連頭眉，一畫連心細長，謂之仙蛾妝，齊梁間多效之。"隋唐此風更盛，所畫眉式也發生變化，出現了"柳葉眉""却月眉""闊眉"等。據明王世貞《宛委餘編》載，唐玄宗曾令畫工畫《十眉圖》，有鴛鴦眉、小山眉、三峰眉、垂珠眉諸式。而且畫眉之物也更爲講究。隋煬帝時遠從波斯國（今伊朗）進口螺子黛以供宫女畫眉之用。唐顔師古《隋遺録》卷上："〔吳〕絳仙善畫長蛾眉……由是殿脚女爭效爲長蛾眉，司宫吏日給螺子黛五斛，號爲蛾緑螺子黛，出波斯國，每顆直十金。""螺子黛"，相傳爲青螺殼和黑石脂經過加工製成各種固定形狀的黛塊，使用時祇要蘸水即可，無須碾碎。省稱"螺黛"。宋孫惟信《送女冠還俗》詩："重調螺黛爲眉淺，再試弓鞋舉步遲。"宋元以後，婦女畫眉之風依然不減，所用亦爲"螺子黛"。宋歐陽修《阮郎歸》詞之五："淺螺黛，淡燕脂，閑妝取次宜。"亦稱"黛螺"。元虞集《贈寫真佟士明》詩："贈君千黛螺，翠色秋可掃。"近代，由於西方風尚之東漸，婦女畫眉不再用螺黛，而是使用眉筆。

【螺黛】

"螺子黛"之省稱。此稱始見於宋代。見該文。

【黛螺】

即螺子黛。此稱始見於元代。見該文。

石湼

古代婦女畫眉之石。先秦典籍已有記載。《山海經·西山經》："女床之山，其陽多赤銅，其陰多石湼。"亦稱"黑石脂"，又名"石墨"，南人謂之"畫眉石"。參閲宋唐慎微《政和證類本草·玉石類·黑石脂》。

【黑石脂】

即石湼。此稱始見於宋代。見該文。

【石墨】

即石湼。此稱始見於宋代。見該文。

【畫眉石】

即石湼。此稱始見於宋代，爲南方俗稱。見該文。

銅黛

古代婦女畫眉顏料。以銅綠製成，青綠色。隋代已見使用。唐顔師古《隋遺録》卷上："螺子黛，出波斯國，每顆直十金，後徵賦不足，雜以銅黛給之，獨絳仙得賜螺黛不絶。"

畫眉墨

古代婦女畫眉用的黑色顏料。主要原料爲烟灰。出現於晚唐、五代時期。五代時易水人張遇，是一位製畫眉墨的能手。金元好問《賦南中楊生玉泉墨》詩："浣袖秦郎無藉在，畫眉張遇可憐生。"宋代已廣泛應用。宋趙彥衛《雲麓漫鈔》卷三："前代婦人以黛畫眉，故見於詩詞，皆云'眉黛遠山'。今人不用黛，而用墨。"畫眉墨的製法，據文獻記載，是采用烟熏法。宋陳元靚《事林廣記》介紹製造畫眉墨的方法云："真麻油一盞，多着燈心搓緊，將油盞置器水中焚之，覆以小器，令烟凝上，隨得掃下。預於三日前，用腦麝別浸少油，傾入烟内和調匀，其黑可逾漆。一法，旋剪麻油燈花用，尤佳。"

第二節　面飾考

面飾，即古代婦女的面部妝飾，這裏是指額部、面部、頰部的妝飾。主要有額黄、花子、斜紅、面靨等。

額黄，亦稱"鵝黄""鴉黄"，是以黄色顏料在額間染畫。據文獻記載，額黄流行於南北朝時期。這種妝飾的出現，和佛教的興盛有密切關係，一些婦女從塗金的佛像受到啓發，亦將自己的額頭染黄，久之形成風習。婦女作額黄，隋唐大盛，至宋仍存。特別是遼宋時期，北方地區的婦女仍作額黄妝，謂之"佛妝"（見宋葉隆禮《契丹國志》卷二五）。額黄的作法，一是染畫，二是粘貼。所謂"染畫"，即用畫筆蘸黄色染料在額上塗染。但塗染的方法又有不同，或塗滿全額，或僅塗半額，還有以黄色顏料在額上印出花樣的。所謂"粘貼"，是用膠水把特製的黄色薄片狀飾物粘貼於額上，因這些飾物有各種花樣，故亦稱“花黃”。

　　花子，亦稱“花鈿”，是以金箔、黃紙剪成星、月、花、鳥等圖案，貼於額間，故也是一種額飾。其起源，或説始於秦始皇，時宮人貼五色花子（見五代馬縞《中華古今注》）；或説始於南朝，宋武帝之女壽陽公主有落梅之异，宮女效之作“梅花妝”（見宋高承《事物紀原》）；或説始於唐，上官婉兒以花子掩點迹（見唐段成式《酉陽雜俎》）。今考，這種習俗當産生於魏晋南北朝時期。湖北武昌蓮溪寺吳古墓出土陶俑，額間即點有一顆圓形飾物，初具花鈿形態，證明孫吳時期，民間已流行點額之俗。至唐代，婦女貼花鈿較爲普遍。最簡單的花鈿，就是一個小圓點，新疆吐魯番唐墓出土彩繪女俑，額部飾有小紅圓點。複雜的花鈿，是以金箔片、黑光紙、魚鰓骨、螺鈿殼、雲母片等製成各種花朵之狀，以梅花爲主。陝西西安等地唐墓出土的陶俑可見其具體形象。其顏色有金色、黑色、白色等，豐富多彩。

　　斜紅是古代婦女面頰上的一種妝飾，即用胭脂在太陽穴前沿描繪成彎月形的妝飾。色澤濃艷，又名“曉霞妝”。據唐代張泌《妝樓記》記載，這種妝飾源於三國魏文帝宮女薛夜來的故事。薛夜來受到魏文帝寵幸，一天夜裏，不慎撞上魏文帝書房的水晶屏風，鮮血涌頰，愈後仍留下兩道疤痕，但文帝對她寵愛如舊。其他宮女遂用胭脂在面部塗上血痕般的妝飾。經過演變，形成一種面飾，即斜紅。這種妝飾在唐代極爲盛行。從唐代的形象資料來看，通常是在太陽穴前沿描繪成月牙狀，如傷痕一般。新疆吐魯番阿斯塔那唐墓出土的絹畫、木俑有此妝飾。還有的在形如傷痕的妝飾下部，用胭脂暈染，形似血迹，以加强“傷口”殘破之感。上述唐墓出土的泥頭木身俑面部即作此妝飾。

　　面靨也是古代婦女的面部妝飾，亦稱“妝靨”。這種妝飾是以胭脂或顏料點畫於面頰兩側的酒窩處，故亦稱“笑靨”。這種妝飾，相傳始於三國吳孫和誤傷鄧夫人面頰的故事。鄧夫人受傷後，疤痕未能去掉，赤點更加妍麗。諸孌人遂以丹脂點頰以要寵，形成一種妝飾（見唐段成式《酉陽雜俎》、宋高承《事物紀原》等）。其實，這種妝飾的起源還要早得多。它本是古代宮廷生活中的一種特殊的標記，名“旳”。天子、諸侯之妃嬪有月事，不能接受帝王的“御幸”，又難以啓齒，便以丹注面（見漢劉熙《釋名·釋首飾》）。這種做法後傳到民間，形成一種婦女妝飾。妝靨的施行方法，從漢代以後到盛唐以前，一般是以胭脂或顏料在面頰兩側作兩顆黃豆般的圓點，亦稱“圓靨”。亦有以金箔、翠羽等物粘貼而成。陝西西安、新疆吐魯番等地唐墓出土女俑作此妝飾。盛唐以後，面靨的範圍有所擴大。陝西西安唐墓出土女俑，或在嘴脣兩邊點有黑點，或在酒窩處用白粉畫出梅花之狀，或將花卉圖案施於鼻翼兩側；面靨的式樣更加豐富，或形如錢幣，或狀如星辰，或形似杏核，或飾各種花卉圖案。晚唐五代以後，婦女的面靨妝飾愈益繁縟，除傳統式樣外，又增加了鳥獸圖形，有的甚至將這種花紋滿臉粘貼，從敦煌莫高窟壁畫中可看到這種妝飾情況。宋代淳化年間流行的面靨，名叫"魚媚子"，更加奇特，是以黑光紙剪成，又裝鏤魚鰓骨。

古代婦女化妝，一是塗粉，二是抹胭脂。漢代以後，由於胭脂的廣泛應用，婦女多作紅妝，直至清末。除紅妝外，亦有作白妝的，即祇以鉛粉傅面，此妝常見於年輕的寡婦。南朝梁天監中，宮中曾流行作白妝（見五代馬縞《中華古今注》）。

根據文獻記載和形象資料研究，古代婦女化妝，一般是脂、粉并用。其作法有三種：其一，先將胭脂與鉛粉調和，使之成爲檀紅，即粉紅色，然後直接塗於面頰。用這種方法化的妝，古代稱"檀暈妝"。其效果是，色彩較一致、均勻，有莊重感，故多用於成年婦女。其二，先遍抹白粉，再於腮部塗胭脂。用這種方法化的妝，古代稱"桃花妝"。其效果是，雙頰多呈紅色，而額頭、鼻子及下頜則爲白色。這種妝多用於青年婦女。其三，先在面部塗抹一層胭脂，然後以白粉輕罩之。用這種方法化的妝，濃艷者，稱"酒暈妝"；稍淺者，稱"飛霞妝"。

古代還流行過一些怪异的妝飾，如啼妝、泪妝、半面妝等。啼妝，即用油膏薄拭目下，如涕泣之狀。此妝相傳爲東漢梁冀妻所創，并一度在京都流行。泪妝，即以白粉抹頰或點染眼角，如悲啼之狀，唐宋時曾在宮中流行（見五代王仁裕《開元天寶遺事》《宋史·五行志三》）。半面妝，即祇用脂粉塗抹半邊，南朝梁元帝徐妃所創（見《南史·梁元帝徐妃傳》）。此妝雖受到稱頌，但并未實行。

在古代婦女面飾中，還有點脣的習俗。點脣，即以脣脂等化妝品塗抹在嘴脣上。漢代文獻已明確記載"脣脂"這一點脣材料（見漢劉熙《釋名·釋首飾》），江蘇揚州西漢墓和湖南長沙馬王堆漢墓還有實物出土。據此，點脣習俗不遲於漢代。漢代以後，文學作品中對婦女脣飾多有描繪。晉傅玄《明月篇》詩："丹脣列素齒，翠彩發蛾眉。"唐岑參《醉戲寶子美人》詩："朱脣一點桃花殷，宿妝嬌羞偏髻鬟。"元徐琰《贈歌者吹簫》小令："金鳳小斜簪髻雲，注櫻桃一點朱脣。"

隋唐時期，脣脂亦稱"口脂"，而且有了固定的形狀，使用方便。唐代，婦女點脣名目繁多，在晚唐三十多年間就達十七種之多（見宋陶穀《清異錄》）。我國古代以嘴唇嬌小濃艷爲美，故以"櫻桃"形容最美的嘴形。所以，古代婦女在妝唇時，先塗抹脂粉，再點染唇脂，以使嘴形小若櫻桃。

古代婦女點唇的顏色，主要爲朱色，即大紅色。亦有淺紅色的，即所謂"檀口"。唐代、明代皆見。此外，還流行過以黑色唇膏塗染雙唇的習俗。這種習俗出現於南北朝時期，爲宮中舞女所作，稱"嘿唇"。至中晚唐亦可見到。參閱周汛、高春明《中國歷代婦女妝飾・面飾篇》。

歷代婦女額飾、頰飾

額黃

古代婦女之妝飾。因以黃色顏料點染額間，故稱。額間塗黃，爲六朝時風。流行的原因，與佛教的盛行有密切關係。南朝梁簡文帝《戲贈麗人》詩："同安鬟裏撥，異作額間黃。"唐李商隱《蝶》詩之三："壽陽公主嫁時妝，八字宮眉捧額黃。"壽陽公主，即南朝宋武帝之女。至隋唐此風更盛。亦稱"鴉黃"。鴉黃本是婦女塗額用的黃粉，久之成爲妝飾之名。唐顏師古《隋遺錄》云："袁寶兒年十五，腰肢纖墮，驗冶多態，帝寵愛之特厚。時洛陽進合蒂迎輦花……帝命寶兒持之，號曰司花女。時詔虞世南，草《征遼指揮德音敕》於帝側，寶兒注視久之。帝謂世南曰：'……卿才人，可便嘲之。'世南應詔爲絕句曰：'學畫鴉黃半未成，垂肩嚲袖太憨生。緣憨却得君王惜，長把花枝傍輦行。'上大悅。"唐皮日休《白蓮》詩："半垂金粉知何似，靜婉臨溪照額黃。"亦作"鵝黃"。唐鄭史《贈妓行雲詩》："最愛鉛華薄薄妝，更兼衣著又鵝黃。"唐朝所點額黃多爲花蕊形，故又稱之爲"蕊黃"。唐溫庭筠《菩薩蠻》詞："蕊黃無限當山額，宿妝隱笑紗窗隔。"額間飾黃之法約爲兩種：一爲染畫，即用筆蘸黃色顏料塗於額上，如唐裴虔餘《咏篙水濺妓衣》詩"滿額鵝黃金縷衣"即是。或額間僅塗一半，如唐吳融《賦得欲曉看妝面》詩"眉邊全失翠，額畔半留黃"即是。另一爲粘貼，即以黃色材料製成薄片花狀飾物粘於額間，如南朝陳徐陵《奉和咏舞》詩"舉袖拂花黃"，唐崔液《踏歌詞》"鴛鴦裁錦袖，翡翠貼花黃"即是。五代亦見。五代牛嶠《女冠子》詞："額黃侵膩髮，臂釧透紅紗。"宋代婦女於額間塗黃亦有之，如周密《聲聲慢》詞所云："妝額黃輕，舞衣紅淺。"然流行程度不同，南方不如北方。

【鴉黃】

即額黃。此稱始見於隋代。見該文。

【鵝黃】

同"額黃"。此體始見於唐代。見該文。

【蕊黃】

即額黃。此稱始見於唐代。見該文。

花黄

古代婦女面飾。以金黄色紙剪成星、月、花、鳥等形狀，貼於額上。行於南北朝時期。《樂府詩集·横吹曲辭五·木蘭詩》："當窗理雲鬢，對鏡帖花黄。"南朝陳徐陵《奉和咏舞》詩："低鬟向綺席，舉袖拂花黄。"唐代仍流行。唐崔液《踏歌詞》："鴛鴦裁錦袖，翡翠貼花黄。"

佛妝

遼代婦女面飾。遼俗，婦女常以黄物塗面，如佛之金妝，故稱。宋葉隆禮《契丹國志》卷二五引宋張舜民《使北記》曰："北婦以黄物塗面如金，謂之佛妝。"宋朱彧《萍洲可談》卷二："先公言使北時，見北使耶律家車馬來迓，氈車中有婦人，面塗深黄，紅眉黑吻，謂之佛妝。"或言，所塗之物爲括蔞，所塗時間爲冬季。宋莊季裕《雞肋編》卷上："〔燕地〕其良家士族女子……冬月以括蔞塗面，謂之佛妝。但加傅而不洗，至春暖方滌去。"

花子

古代婦女面飾。以極薄的金箔片、黄紙，製成星、月、小花、蟲鳥等各種圖案，用呵膠貼於臉部額間，以示美觀。其始有三説，一説始於秦。五代馬縞《中華古今注·花子》："秦始皇好神仙，常令宫人梳仙髻，帖五色花子，

金箔花子

畫爲雲鳳虎飛昇。至東晋有童謡云：織女死，時人帖草油花子爲織女作孝。至後周，又詔宫人帖五色雲母花子，作碎妝以侍宴。"一説起於唐。唐段成式《酉陽雜俎·黥》："今婦人面飾用花子，起自昭容上官氏所製，以掩黥迹。大曆已前，士大夫妻多妒悍者，婢妾小不如意，輒印面，故有月點錢點。"一説始於南朝，宋武帝之女壽陽公主有落梅之异，宫女效之作"梅花妝"。參閱宋高承《事物紀原·冠冕首飾部》。花子之實物，如湖南長沙晋墓出土的金箔花子，圓形，中爲鏤刻之雙鳥圖。而貼花子之妝飾，見於畫者，以東晋顧愷之《女史箴圖》爲早。婦女貼花子至唐時最盛行。唐王建《題花子贈渭州陳判官》述花子云："膩如雲母輕如粉，艷勝香黄薄勝蟬。點綠斜蒿新葉嫩，添紅石竹晚花鮮。鴛鴦比翼人初帖，蛺蝶重飛樣未傳。況復蕭郎有情思，可憐春日鏡臺前。"亦稱"花鈿"。唐張夫人《拾得韋氏花鈿以詩寄贈》："今朝妝閣前，拾得舊花鈿。粉污痕猶在，塵侵色尚鮮。"宋元兩朝承唐遺制，婦女亦喜用花子飾面。宋李清照《浣溪沙》詞："玉爐沈水裊殘烟，夢回山枕隱花鈿。"元馬致遠《漢宫秋》第一折："將兩葉賽宫樣眉兒畫，把一個宜梳裹臉兒搽，額角香鈿貼翠花，一笑有傾城價。"從傳世文物圖像資料來看，花子的顏色有紅、綠、黄三種，尤以紅色爲多，新疆吐魯番阿斯塔那唐墓出土的絹畫、敦煌莫高窟唐代壁畫中女供養人的花子，大都爲紅色。宋徽宗摹張萱《搗練圖》中婦女之花子，爲綠色，通常稱之爲"翠鈿"。黄色的則如《簪花仕女圖》中所示。宋元以後，婦女貼花子多不流行，然俗間亦有一種稱之爲"面花"的面飾。《金瓶梅詞話》第

三二回：“粉面貼着三個翠面花兒。”

【花鈿】[2]

　　即花子。此稱始見於唐代。見該文。

【面花】

　　即花子。此稱始見於明代。見該文。

梅花妝

　　古代婦女之面飾，爲額間點貼的梅花之妝，故稱。相傳始於南朝宋武帝之女壽陽公主。據《太平御覽》卷九七〇引《宋書》云，壽陽公主曾臥於含章殿檐下，梅花落公主額上成五出之花，拂之不去，皇后留之。故“宋武宮女效壽陽落梅之異，作梅花妝”。參閱宋高承《事物紀原・冠冕首飾部》。後來婦女多在額間描梅爲飾。省稱“梅妝”。唐李商隱《對雪》詩：“侵夜可能爭桂魄，忍寒應欲試梅妝。”五代牛嶠《紅薔薇》詩：“若綴壽陽公主額，六宮爭肯學梅妝。”由於此妝爲壽陽公主所創，故又稱之爲“壽陽妝”。元楊維楨《香奩八咏・黛眉顰色》詩：“索畫未成京兆譜，欲啼先學壽陽妝。”又梅花別名爲“玉奴”，故又稱之爲“玉奴妝”。清汪懋麟《眼兒媚・水邊》詞：“鞋兒脚上剛三寸，裊裊玉奴妝。”

【梅妝】

　　“梅花妝”之省稱。此稱始見於唐代。見該文。

【壽陽妝】

　　即梅花妝。此稱始見於元代。見該文。

【玉奴妝】

　　即梅花妝。此稱始見於清代。見該文。

翠鈿[2]

　　花子之一種，以各種翠鳥羽毛製成，物呈青綠色，故稱。始見於唐代。唐温庭筠《南歌子》詞：“臉上金霞細，眉間翠鈿深。”五代亦見。五代張太華《葬後見形詩》：“尋思往日椒房寵，淚濕衣襟損翠鈿。”後代亦見用。山西洪洞廣勝寺元代壁畫中，有元代婦女施翠鈿的圖像。

斜紅

　　古代婦女之頰飾。以其面頰部或貼或畫有一道紅色月牙形紋飾，故名。相傳創自魏文帝之宮女薛夜來。始稱“曉霞妝”。據唐張泌《妝樓記》載，魏文帝曹丕對宮女薛夜來十分寵幸，一夜，文帝於燈下讀書，四周圍以水晶製成的屏風。夜來走近文帝，不覺頭撞屏風，頓時鮮血滿額，傷處如朝霞將散，愈後仍留下一道疤痕，然文帝對她寵幸如昔。其他宮女有見

作斜紅妝的唐代女子

之者，亦仿效夜來模樣，以胭脂塗額上，狀似血痕，號爲“曉霞妝”。後人亦模仿此妝，名爲“斜紅”。南朝梁簡文帝《艷歌篇十八韵》中有“分妝間淺靨，繞臉傅斜紅”之句。唐元稹《有所教》詩：“莫畫長眉畫短眉，斜紅傷豎莫傷垂。”唐羅虬《比紅兒》詩之十七：“一抹濃紅傍臉斜，妝成不語獨攀花。”亦是咏這種斜紅妝的。此妝在陝西西安郭杜執失奉節墓壁畫舞女像，以及新疆吐魯番阿斯塔那唐墓出土的《桃花仕女圖》《棕櫚仕女圖》等壁畫中均有描繪。唐代以後，不見此妝。

【曉霞妝】

　　即斜紅。此稱始見於三國時期。見該文。

約黄

古代婦女面飾。即於鬢角塗飾微黃，形如月。見於南北朝時期。南朝梁簡文帝《美女篇》："約黃能效月，裁金巧作星。"

歷代婦女面部妝飾

面靨

古代婦女施於面頰酒窩處的一種妝飾。這種面飾在春秋戰國時期稱爲"旳"。《釋名·釋首飾》："以丹注面曰旳，旳，灼也。此本天子諸侯群妾當以次進御，其有月事者止而不御，重以口説，故注此丹於面，灼然爲識。女史見之，則不書其名於第録也。"可見當時女子之"旳"飾，是一種示有月事不進御的標志。以後這種面飾傳到民間，成爲婦女時尚的妝飾。漢王粲《神女賦》："税衣裳兮免簪笄，施華旳兮結羽儀。"《藝文類聚》卷三五引漢繁欽《弭愁賦》："點圜旳之熒熒，映雙輔而相望。"晋傅玄《鏡賦》："點雙旳以發姿。"漢魏晋南北朝"旳"之施行方法，正如傅玄所言，通常用胭脂在兩頰各點一顆黄豆般的圓點。唐代婦女十分講究面飾，而且成爲一種習俗，愈演愈烈。省稱"靨"。或以爲此妝飾始於三國吳孫和鄧夫人。唐段成式《酉陽雜俎·黥》："近代妝尚靨，如射月，曰黄星靨。靨鈿之名，蓋自吳孫和鄧夫人也……諸婢欲要寵者，皆以丹點頰。"唐代的面靨，或點或貼，有的則像花鈿一樣，用金箔、翠羽等物粘貼而成，形狀各异，名目繁多。亦稱"妝靨"。宋高承《事物紀原·冠冕首飾部·妝靨》："近世婦人妝，喜作粉靨，如月形，如錢樣。又或以朱若燕脂點者，唐人亦尚之。"唐代詩文中對靨的記載也很多。如元積《恨妝成》詩："滿頭行小梳，當面施圓靨。"劉恂《嶺表録异》卷中云："鶴子草，蔓生也。其花麯塵……采之曝乾，以代面靨。"唐末五代出現過一種在原來面靨周圍，又飾以各種花卉的"花靨"妝。如五代歐陽炯《女冠子》詞中所云："薄妝桃臉，滿面縱横花靨。"宋代以後，面靨仍很流行，而且繁簡不一。據《宋史·五行志三》載："淳化三年，京師里巷婦人競剪黑光紙團靨，又裝鏤魚腮中骨，號'魚媚子'，以飾面。"元王實甫《西廂記·草橋店夢鶯鶯》："有甚麼心情花兒靨兒，打扮的嬌嬌滴滴的媚。"明清以後，這種面飾不傳，僅見一些文學作品有所描述。

【旳】

即面靨。此稱始見於先秦時期。本爲天子、諸侯群妾有月事不能進御的標志，後成爲婦女面飾。見該文。

【靨】

"面靨"之省稱。此稱始見於唐代。見該文。

【妝靨】

即面靨。此稱始見於宋代。見該文。

【笑靨】

即面靨。此妝施於酒窩處，故稱。五代韋莊《嘆落花》詩："西子去時遺笑靨，謝娥行處落金鈿。"

圓靨

古代婦女面靨的一種。面靨的施行方法，在盛唐以前，一般是以胭脂或顏料在面頰兩側作成黃豆般的圓點，這種面靨稱"圓靨"。唐元稹《恨妝成》詩："滿頭行小梳，當面施圓靨。"陝西西安、新疆吐魯番等地唐墓出土的女俑多作此種妝飾。

作圓靨的唐代女子

黃星靨

古代婦女面靨的一種，以金鈿飾面頰，形如射月。見於盛唐以後。唐段成式《酉陽雜俎·黥》："近代妝尚靨，如射月，曰黃星靨。"

花靨

古代婦女面靨的一種。即在本來妝靨的周圍飾以各種花卉圖案。行於盛唐以後。唐溫庭筠《歸國遙》詞："粉心黃蕊花靨，黛眉山兩點。"陝西西安西郊唐墓出土的女俑有此妝飾。直至五代，仍甚流行。五代歐陽炯《女冠子》詞："薄妝桃臉，滿面縱橫花靨。"

魚媚子

古代婦女面靨的一種。行於宋太宗淳化三年（992）。《宋史·五行志三》："淳化三年，京師里巷婦人競剪黑光紙團靨，又裝鏤魚腮中骨，號'魚媚子'，以飾面。"

紅妝

古代婦女之面飾。因以紅粉或胭脂着頰，故稱。婦人以紅粉扮妝，相傳始於秦代。宋高承《事物紀原·冠冕首飾部·妝》："周文王時，女人始傅鉛粉；秦始皇宮中，悉紅妝翠眉，此妝之始也。"此後便風行開去。亦稱"紅粉妝"。《文選·古詩十九首》之二："娥娥紅粉妝，纖纖出素手。"亦作"紅粧"。南朝齊謝朓《和王主簿怨情》詩："徒使春帶賒，坐惜紅粧變。"隋文帝時，

作紅妝的唐代女子

又冠"紅妝"以"桃花面"之美名。參閱宋高承《事物紀原·冠冕首飾部》。唐至宋元，"紅妝"之風更盛，文學作品中多有描述，如唐崔顥《雜詩》"綵屏點紅妝"，李白《浣紗石上女》詩"青蛾紅粉妝"，杜甫《新婚別》詩"對君洗紅妝"，宋蘇軾《浣溪沙》詞"旋抹紅妝看使君"，元張可久《小梁州·避暑即事》詞"紈扇掩紅妝"，等等。明清亦多承古風。明唐寅《妒花歌》："佳人曉起出蘭房，折來對鏡比紅妝。"至清末，"紅妝"之風被素妝取代。徐珂《清稗類鈔·服飾類·江浙人之服飾》云："光緒時，滬妓喜施極濃之胭脂，因而大家閨秀紛紛效尤……自女學堂大興，而女學生無不淡妝雅服，洗盡鉛華，無復當年塗粉抹脂之惡態，北里亦效之。"至今，婦女扮妝時仍以紅粉或胭脂着頰。

【紅粉妝】

即紅妝。此稱始見於南北朝時期。見該文。

【紅粧】

同"紅妝"。此體始見於南北朝時期。見

該文。

【桃花面】

　　即紅妝。此稱始見於隋代。見該文。

桃花妝

　　古代婦女面妝之一種。因先抹白粉，再淡抹胭脂，胭脂多集中在兩腮，而額頭及下額部分則露出白色，故稱。五代馬縞《中華古今注·花子》：“至後周，又詔宮人帖五色雲母花子，作碎妝以侍宴；如供奉者帖勝花子，作桃花妝。”唐宇文士及《妝臺記》云：“美人妝，面既傅粉，復以胭脂調勻掌中，施之兩頰，濃者爲酒暈妝，淺者爲桃花妝。”

酒暈妝

　　古代婦女面妝之一種。其色重於桃花妝，狀若醉酒。見“桃花妝”文。

啼妝

　　古代婦女之面飾。因以脂粉點目下，有似啼痕，故稱。此妝始於漢。亦作“啼粧”。《後漢書·五行志一》：“桓帝元嘉中，京都婦女作愁眉、啼粧……啼粧者，薄拭目下若啼處。”《太平御覽》卷三八〇引晉華嶠《後漢書》曰：“梁冀妻孫壽，色美而善爲妖態，作愁眉、啼粧……以爲媚惑。”宋時，此妝亦有之，如歐陽修《蝶戀花》詞：“和露采蓮愁一餉，看花却是啼妝樣。”劉辰翁《念奴嬌》詞：“薄命不逢何至此，滿眼啼妝齯齒。”後不見傳。

【啼粧】

　　同“啼妝”。此體始見於漢代。見該文。

白妝

　　亦作“白粧”。古時婦女之面飾。因其單用鉛粉傅面，故稱。據五代馬縞《中華古今注·頭髻》載，此妝始於南朝。其云：“梁天監中，武帝詔宮人梳迴心髻、歸真髻，作白粧青黛眉。”唐朝妃嬪亦偶着此妝，號稱“淚粧”。五代王仁裕《開元天寶遺事·淚粧》：“宮中嬪妃輩施素粉於兩頰，相號爲淚粧。識者以爲不祥，後有禄山之亂。”此妝在一般婦人看來，確爲不祥不雅，故多爲年輕寡婦之妝，如唐白居易《江岸梨花》詩云：“最似孀閨少年婦，白妝素袖碧紗裙。”唐代以後，此妝多不見，宋理宗時，宮妃以粉點眼角，稱“淚妝”，亦此類也。參閱《宋史·五行志三》。

【白粧】

　　同“白妝”。此體始見於南北朝時期。見該文。

【淚粧】

　　白妝之一種。亦作“淚妝”。施粉於兩頰或點於眼角者。此稱始見於唐代。見該文。

半面妝

　　古代婦女的一種面飾，以其額間着妝衹是一半，故稱。據傳始於南朝梁元帝之妃徐氏。《南史·梁元帝徐妃傳》云：“妃無容質，不見禮，帝三二年一入房。妃以帝眇一目，每知帝將至，必爲半面妝以俟，帝見則大怒而出。”故唐李商隱《南朝》詩中有“休誇此地分天下，只得徐妃半面妝”。唐宋婦女亦以是妝爲美，多有效仿者。亦省稱“半妝”。唐薛昭蘊《離別難》詞：“送君千萬里，半妝珠翠落。”宋歐陽修《南鄉子》詞：“風定波平花映水，休藏，照出輕盈半面妝。”宋辛棄疾《永遇樂·賦梅雪》云：“曉來樓上，對花臨鏡，學作半妝宮額。”由於此妝多施之額間，故又稱之爲“半額妝”。宋楊澤民《氐州第一》詞曰：“半額妝成，纖腰浴罷，初著銖衣縹緲。”宋代以後，這種面妝多不流行。

【半妝】

"半面妝"之省稱。此稱始見於唐代。見該文。

【半額妝】

即半面妝。此稱始見於宋代。見該文。

檀妝

古代女子面妝之一種。以其塗面的脂粉爲淺紅，似檀色，故稱。這種面妝所用脂粉，皆爲胭脂與鉛粉之調和物，其色極似人之臉色。唐杜牧《閨情》詩"暗砌勻檀粉"，即指此。此妝在唐宋時較爲流行。唐徐凝《宮中曲》二首之一云："恃賴傾城人不及，檀妝惟約數條霞。"亦稱"檀暈妝"。宋蘇軾《次韵楊公濟奉議梅花》之九："鮫綃剪碎玉簪輕，檀暈妝成雪月明。"

【檀暈妝】

即檀妝。此稱始見於宋代。見該文。

北苑妝

五代南唐時婦女之妝飾。宋陶穀《清異錄·裝飾》："江南晚季，建陽進茶油花子，大小形製各別，極可愛。宮嬪縷金於面，皆以淡妝，以此花餅施於額上，時號北苑妝。"

地區性少女面飾

打朵朵

舊時女孩妝飾。以火柴棒蘸胭脂或紅顏料，在女孩的眉心和鼻尖各點一紅點，取去禍患保平安之意。流行於江南地區。

歷代婦女唇飾

點唇

古代婦女的唇飾。即以唇脂等化妝品塗抹嘴唇美容。我國古代點唇習俗至遲出現於漢代。如江蘇揚州西漢墓出土有唇脂實物。後歷代沿襲，尤以唐代爲盛。唇脂的顏色有大紅、淺紅、黑等，而以紅色爲主。點唇的名目繁多，僅晚唐即達十七種之多。唐温庭筠《靚妝錄》："點唇有石榴嬌、嫩吳香。"宋張先《燕歸梁》詞："點唇機動秀眉顰，清影外，見微塵。"參閱宋陶穀《清異錄·臙脂暈品》。點唇，後發展爲一種美容藝術，有一定的方法。清李漁《閑情偶寄·聲容部》："至於點唇之法，又與勻面相反，一點即成，始類櫻桃之體。"

丹唇

古代婦女唇飾。紅色唇膏塗染的嘴唇。至遲從漢代開始，婦女以唇脂點唇。因原以丹塗唇，故稱。丹，即硃砂。它是一種紅色礦物質顏料，再摻入動物油脂，即製成唇脂。以唇脂塗抹嘴唇，可產生鮮明强烈的妝飾效果。《釋名·釋首飾》："唇脂，以丹作之，象唇赤也。"

歷代詩人多有描繪。晋左思《嬌女》詩：“濃朱衍丹脣，黃吻瀾漫赤。”亦稱“朱脣”。唐岑參《醉戲竇子美人》詩：“朱脣一點桃花殷，宿妝嬌羞偏髻鬟。”元徐琰《贈歌者吹簫》小令：“金鳳小斜簪髻雲，注櫻桃一點朱脣。”

【朱脣】

即丹脣。此稱始見於唐代。見該文。

檀口

古代婦女脣飾。檀，淺紅色。以淺紅色脣膏塗染的嘴脣，故稱。古代婦女點脣的顏色，以大紅色爲主，也有淺紅色者，始見於唐代。唐韓偓《余作探使以縹綾手帛子寄賀因而有詩》：“黛眉印在微微綠，檀口消來薄薄紅。”後代亦見。元王實甫《西廂記》第四本第一折：“半推半就，又驚又愛，檀口搵香腮。”《水滸傳》第二四回：“武松看那婦人時，但見……檀口輕盈，勾引得蜂狂蝶亂。”亦稱“檀脣”。宋秦觀《南歌子》詞：“獨倚玉闌無語，點檀脣。”

【檀脣】

即檀口。此稱始見於宋代。見該文。

嘿脣

古代婦女脣飾。黑色脣膏塗染之脣。始見於南北朝時期。南朝徐勉《迎客曲》詩：“絲管列，舞席陳。含聲未奏待嘉賓。羅絲管，舒舞席，斂袖嘿脣迎上客。”唐代中後期仍見。《新唐書·五行志一》：“元和末，婦人爲圓鬟椎髻，

不設鬢飾，不施朱粉，惟以烏膏注脣，狀似悲啼者。”唐白居易《時世妝》詩：“腮不施朱面無粉，烏膏注脣脣似泥。”這種注脣的“烏膏”，是一種黑褐色的脣脂。以之塗脣，黑裏透紅，如泥之色。

臙脂暈品

唐代婦女點脣樣式之一種。臙脂，即胭脂。指以濃重胭脂塗脣。唐代婦女化妝，頗重脣飾。嘴形之大小、薄厚，皆可通過塗抹脣脂而改變。僅晚唐時期，婦女點脣名目即達十七種之多。宋陶穀《清異錄·臙脂暈品》：“僖、昭時，都下倡家競事妝脣。婦女以此分妍否。其點注之工，名字差繁。其略有：臙脂暈品、石榴嬌、大紅春、小紅春、嫩吳香、半邊嬌、萬金紅、聖檀心、露珠兒、內家圓、天宮巧、洛兒殷、淡紅心、腥腥暈、小朱龍、格雙（原書注：格，一作‘暈’）唐、媚花奴樣子。”具體形狀如何，已難知曉。

櫻桃樊素口

唐代婦女脣式。樊素，唐朝白居易家的女伎，其口如櫻桃一般，小巧而鮮艷，由是始被認爲是最標準、最美麗的嘴形。另有女伎小蠻善舞。故有詩曰：“櫻桃樊素口，楊柳小蠻腰。”參閱唐白居易《不能忘情吟·序》、孟啓《本事詩·事感》。

第七章　脂粉、香説

第一節　脂粉考

　　脂粉是婦女的主要化妝品。因塗脂抹粉常可變媸爲妍，故婦女多用以修飾面容。

　　粉是粉末狀化妝品。關於粉的發明，有多種説法。如《説文·米部》"粉"徐鍇繫傳："燒鉛爲粉，始自夏桀也。"又如唐宇文士及《妝臺記·女飾》云："周文王於髻上加珠翠翹花，傅之鉛粉。"又如宋李石《續博物志》卷一〇云："蕭史與〔秦〕穆公煉飛雪丹，第一轉與弄玉塗之，今之女銀膩粉也。"這些説法，因缺乏有力的證據，不足爲信，但可大體説明，粉的發明大約在奴隸社會的初期或中期。據《楚辭》《戰國策》《韓非子》等戰國時期的文獻記載，可以確切地説，戰國時期，我國婦女已用粉來修飾面容。

　　漢魏時期，不僅女子傅粉，男子亦然。漢惠帝時，郎、侍中皆傅脂粉（見《漢書·佞幸傳》）。三國時，何晏皮膚白皙，魏文帝疑其着粉（見南朝宋劉義慶《世説新語·容止》）。梁朝全盛之時，貴游子弟無不熏衣剃面，傅粉施朱（見北齊顔之推《顔氏家訓·勉學》）。南北朝以後，粉成爲婦女專用品。

　　原始的化妝用粉，有米粉、鉛粉兩種。米粉以米粒研碎後加入香料而成。鉛粉，亦稱

"胡粉""鉛華"，是將白鉛化成糊狀的面脂。米粉的原始製法，據北魏賈思勰《齊民要術》記載，是用一個圓形的鉢盛上米汁，使其沉澱，製成一種潔白細膩的粉英，然後在太陽下曬乾，再將粉塊研成粉末。這種方法，直到宋代仍然沿用。和米粉相比，鉛粉的製造方法比較複雜。據《計然》和《抱朴子》等書記載，它是將鉛、錫一類物質與醋酸放在一起反應，生成黃丹，再轉化成糊狀的鉛粉。這種方法一直沿用到現代。漢代以後，人們又把這種糊狀的鉛粉吸乾水分，製成粉末或塊狀物，以便於久藏。其實物，在考古中曾有發現。如福建福州黃昇墓出土的粉塊，呈不同形狀。由於鉛粉質地細膩，色澤潔白，深受婦女喜愛。久之，遂取代米粉。

除米粉、鉛粉之外，古代婦女的妝粉還有其他物質製成的。如宋代有以益母草、石膏粉製成的"玉女桃花粉"，明代有以紫茉莉花（即胭脂花）籽製成的"珍珠粉"，清代有用滑石及其他細軟礦石研製成的"石粉"等。粉的顏色，已不限於白色，而變爲多種顏色，并摻入名貴香料，成爲香粉。

和妝粉配套的化妝品是胭脂。胭脂，初作"燕支"，是一種紅色顏料，也是古代婦女化妝的主要用品。它是從一種名叫燕支（亦名"紅藍"）的植物花朵中提取出來的。此物產於我國古代的西北地區，其地即今甘肅祁連山區，那裏有燕支山，以盛產胭脂草而得名。其地古爲匈奴所占，匈奴貴族婦女常以燕支飾面，故匈奴貴族正妻稱"閼氏"（音同"燕支"）。這種化妝品，在漢代張騫通西域以後傳入中原。另一種說法是，胭脂起於殷紂，燕地所產，故亦作"燕脂"，又作"臙脂"（見宋葉廷珪《海錄碎事·衣冠服用》）。

古代婦女妝面的胭脂有兩種：一爲以絲綿蘸紅藍花汁製成，名"綿燕支"；一爲加工成小而薄的花片，名"金花燕支"。二者皆需陰乾，使用時蘸點清水，即可塗抹。大約到南北朝時期，在燕支中加入牛髓、猪脂等物，從而成爲一種潤滑用的膏脂，故字亦從"月"，寫作"臙脂"。

除以紅藍的花朵汁製胭脂之外，還可用重絳、石榴花、山花及蘇方木等。重絳是一種絳紅色染料，漢魏時以之製胭脂；石榴花是一種紅色花朵，其汁可作染料，隋唐時常以之染裙，亦可製胭脂；山花是一種野生植物，與石榴花相仿，亦可加工成胭脂；蘇方木是一種紅色染料，魏晉時已經使用。

漢代以後，由於胭脂的流行，婦女多抹紅妝，且經久不衰。對此，歷代詩文中有大量描繪。直至近代，由於女子教育的興起，青年學生崇尚素服淡妝，紅妝習俗纔告衰落。參閱周汛、高春明《中國歷代婦女妝飾·面飾篇》。

妝粉類

粉

　　婦女妝飾用的白色或有色粉末。關於粉的發明，有多種說法：一說禹造粉，一說紂作粉，一說出自周文王之手，一說產生於秦穆公之時。清汪汲《事物原會·粉》：“《墨子》：禹作粉。《博物志》：紂燒鉛作粉。《古今實錄》：據蕭史事（蕭史與秦穆公煉飛雪丹，第一轉與弄玉塗之，名曰粉，即輕粉也。）謂婦人傅粉自秦始。按宇文氏《妝臺記》，周文王時婦人已傅鉛粉矣。”還有夏桀“燒鉛爲粉”的說法。參閱《說文·米部》“粉”徐鍇繫傳。文獻記載，戰國時期，我國婦女已用粉妝飾面容。《楚辭·大招》：“粉白黛黑，施芳澤只。”《韓非子·顯學》：“故善毛嬙、西施之美，無益吾面；用脂澤粉黛，則倍其初。”漢魏時期，男子亦有傅粉者。《漢書·佞幸傳》：“孝惠時，郎、侍中皆冠鵔鸃、貝帶、傅脂粉。”南朝宋劉義慶《世說新語·容止》：“何平叔美姿儀，面至白。魏明帝疑其傅粉。”南北朝以後，粉爲婦女妝飾所專用，直至近代。早期的粉，有兩種成分。一種以米粒研碎製成，稱“米粉”。《釋名·釋首飾》：“粉，分也，研米使分散也。”另一種是把白鉛化成糊狀，稱“胡粉”，亦稱“鉛粉”“鉛華”。《急就篇》卷三：“芬薰脂粉膏澤筩。”顏師古注：“粉謂鉛粉及米粉，皆以傅面，取光潔也。”漢以後還產生了一些其他成分的粉，顏色也不限於白色，而成爲多種顏色。粉之實物，考古多有發現，如福建福州南宋黃昇墓出土的粉塊，每塊直徑3厘米左右，有圓形、方形、四邊形、八角形和葵瓣形等，上面還印有花紋。

米粉

　　古代婦女妝粉之一種。以米粒研碎製成。《釋名·釋首飾》：“粉，分也，研米使分散也。”說指即此粉。《急就篇》卷三：“芬薰脂粉膏澤筩。”顏師古注：“粉謂鉛粉及米粉，皆以傅面，取光潔也。”早期製作米粉的方法，是以圓粉鉢盛米汁，使其沉澱，即成粉英，然

妝粉塊

後曝曬，乾後之粉末即成米粉。參閱北魏賈思勰《齊民要術·種紅藍花梔子》。這種方法一直沿用到唐宋時期。宋陳元靚《事林廣記·閨妝類》云：“粟米隨多少，淘淅如法，頻易水浸，取十分清潔傾頓瓷鉢內，令水高粟寸許，以薄綿繃鉢面，隔去塵污，向烈日中曝乾，研爲細粉。”再加上香料即成。

鉛粉

　　古代婦女妝粉有米粉、鉛粉兩種。《急就篇》卷三：“芬薰脂粉膏澤筩。”顏師古注：“粉謂鉛粉及米粉，皆以傅面，取光潔也。”米粉，是以米粒研碎後加入香料而成；鉛粉，是化鉛而成的糊狀面脂。據《韻會》等書云，米粉爲先，繼又染之爲紅粉，後乃燒爲鉛粉。亦稱

"胡粉"。《釋名·釋首飾》："胡粉，胡，餬也，脂和以塗面也。"又據晋葛洪《抱朴子》等文獻記載，鉛粉的製作是將鉛、錫一類的物質與醋酸放在一起反應，生成黃丹，再由黃丹轉化爲糊狀的鉛粉。以鉛爲粉之歷史悠久。五代馬縞《中華古今注·粉》："自三代以鉛爲粉。秦穆公女弄玉，有容德，感仙人簫史，爲燒水銀作粉與塗，亦名飛雪丹。"《後漢書·李固傳》："大行在殯，路人掩涕，固獨胡粉飾貌，搔頭弄姿，槃旋偃仰，從容冶步，曾無慘怛傷悴之心。"亦稱"鉛華"。漢張衡《定情賦》："思在面爲鉛華兮，患離塵而無光。"魏曹植《洛神賦》："芳澤無加，鉛華弗御。"漢魏以後，妝面用的糊狀鉛粉經過乾燥，多製成粉末或固體形狀，易於久藏，且婦人以粉妝顏之風更盛。唐李白《代美人愁鏡》詩："鉛粉坐相誤，照來空凄然。"唐元稹《恨妝成》詩云："傅粉貴重重，施朱憐冉冉。"宋秦觀《南歌子》詞："年來憔悴費鉛華，樓上一天春思浩無涯。"宋代以後，由於石膏粉、滑石粉等的興起，鉛粉已大受冷落，至今婦女更是弃而不用了。參閲清汪汲《事物原會·粉》。

【胡粉】

即鉛粉。此稱始見於漢代。見該文。

【鉛華】

即鉛粉。此稱始見於漢代。見該文。

飛雪丹

鉛粉的一種。相傳仙人簫史（一作蕭史）爲秦穆公之女弄玉所製。見"鉛粉"文。參閲五代馬縞《中華古今注·粉》。

香粉

婦女化妝用的帶香味的粉末。用於搽臉或塗身。其製法，通常爲於米粉中加入香料即成。南北朝時期已有文獻記載。北魏賈思勰《齊民要術·種紅藍花梔子》："作香粉法，唯多著丁香於粉合中，自然芬馥。"後代沿用。《新唐書·李適傳》："〔天子〕冬幸新豐，歷白鹿觀，上驪山，賜浴湯池，給香粉蘭澤。"五代顧敻《酒泉子》詞之七："畫羅襦，香粉污，不勝愁。"宋陳元靚《事林廣記》亦記載製造香粉的方法。見"米粉"文。現代，香粉指用碳酸鈣、滑石粉、香料等製成的粉末狀化妝品。

【香屑】

即香粉。此稱多見於詩歌中。唐李商隱《李夫人》詩："蠻絲繫條脱，妍眼和香屑。"

墮林粉

古代巴郡江州縣所產的一種粉。爲地方名產，并作爲貢品。晋常璩《華陽國志·巴志》："縣下有清水穴，巴人以此水爲粉，則膏暉鮮芳，貢粉京師，因名粉水，故世謂江州墮林粉也。"

八白香

金章宗時宮中所用白香粉。以八種白香料製成，故名。有增白效果。明周嘉胄《香乘》卷一九："八白香，金章宗宮中洗面散。白丁香、白僵蠶、白附子、白牽牛、白茯苓、白蒺藜、白芷、白芨，上各等分，入皂角，去皮弦，共爲末，菉豆粉半之，日用面如玉矣。"

胭脂類

胭脂

　　婦女用於化妝的紅色顏料。主要用來飾面頰、嘴唇。據傳由西北少數民族傳入。初作"燕支"。原爲植物花草名，此花亦名紫茉莉，即今所謂胭脂花。其花紅色者可用以化妝點唇；花籽胚乳粉質，可用以傅面。晉崔豹《古今注》卷下："燕支，葉似薊，花似蒲公，出西方，土人以染，名爲燕支。中國人謂之紅藍，以染粉爲面色，謂爲燕支粉。"崔氏所説的"西方"，確切的位置在今甘肅祁連山脉之焉支山下。焉支山亦作燕支山、胭脂山，原名删丹山，因盛產胭脂草得名。化妝之胭脂，亦作"焉支"。程善之《譯蒙古軍歌》："白馬濺赤血，少女施焉支。"唐張泌《妝樓記·燕支》："燕支，染粉爲婦人色，故匈奴名妻'閼氏'，言可愛如燕支也。匈奴有燕支山，歌曰：'失我祁連山，使我六畜不繁息；失我閼氏山，使我婦女無顏色。'"一説始於殷紂。因多爲燕地所產，故名。亦作"臙脂""燕脂"。宋葉廷珪《海錄碎事·衣冠服用》云："臙脂，起自紂，以紅藍花汁凝作脂，以爲桃花妝。蓋燕國所出，故曰燕脂。"其初作之法有兩種。一是提煉紅藍花之汁，陰乾加工製成粉狀，即如崔豹所説的"燕支粉"。一是以絲綿蘸紅藍花汁製成，名曰"綿臙脂"，如《古今圖書集成·閨媛典·閨飾部》引《西溪叢語》曰："范文正公守鄱陽，喜樂籍，未幾召還到京，以綿臙脂寄其人，題詩云：'江南有美人，別後長相憶，何以慰相思，贈汝好顏色。'"大約在南北朝之際，人們以牛髓、豬脂等物入胭脂，使其成爲一種潤滑的膏脂，以塗頰或點唇。

　　北魏賈思勰《齊民要術·種紅藍花梔子》中有專述製胭脂法。此後胭脂成爲婦女最平常的化妝品，而且名目品種繁多。據宋人陶穀《清異錄·臙脂暈品》中所載，唐代僖宗、昭宗兩朝，僅用於飾唇之胭脂，就有"石榴嬌""大紅春""小紅春""半邊嬌""萬金紅""聖檀心"等十餘種。古代詩文中也有大量的對胭脂的記述。宋黃庭堅《和陳君儀讀太真外傳》詩："端正樓空春晝永，小桃猶學淡燕支。"宋辛棄疾《江神子·賦梅寄余叔良》詞："未應全是雪霜姿，欲開時，未開時，粉面朱唇，一半點胭脂。"《紅樓夢》第九回："寶玉道：'好妹妹，等我下學再吃晚飯。那胭脂膏子也等我來再製。'"近人胡樸安《中華全國風俗志·京兆·燕市雜咏》："更有旗娘橫草把，胭脂兩頰媚容多。"亦足證胭脂爲近代婦女之日常化妝品。至今，胭脂也是女子化妝的主要用品之一。

【燕支】

　　同"胭脂"。此體始見於晉代。見該文。

【焉支】

　　同"胭脂"。此體元代已行用。見該文。

【臙脂】

　　同"胭脂"。此體始見於宋代。見該文。

【燕脂】

　　同"胭脂"。此體始見於宋代。見該文。

唇脂

　　古代婦女用於塗飾嘴唇之胭脂，猶今之口紅或唇膏之類的化妝品。我國古代社會有崇尚婦女唇美之習，如戰國楚宋玉《神女賦》云："眉聯娟以蛾揚兮，朱唇的其若丹。"故婦女常常以點朱脣爲美。這種習俗至漢代已經形成，而且出現了專門用於點脣之化妝品。亦稱“口脂”。《釋名·釋首飾》：“脣脂，以丹作之，象脣赤也。”清王先謙疏證補引畢沅曰：“唐人謂之口脂。”丹，即硃砂。漢代之脣脂實物，在湖南、江蘇等地均有發現。如湖南長沙馬王堆一號漢墓出土的一隻小圓盒內，即存放有色澤很鮮艷的紅色脣脂。這種脣脂有一定的黏性，當爲硃砂和適量的動植物脂膏摻和而成。唐代婦女崇尚櫻桃小口，故脣脂多點在脣之中部呈“櫻桃”狀，如新疆吐魯番唐墓所出土的《弈棋仕女圖》中的婦女脣式一樣。且脣脂也有了一定的形狀。《鶯鶯傳》：“兼惠花勝一合，口脂五寸，致耀首膏脣之飾。”足見當時的“口脂”已經是一種管狀物體，與現代之口紅相近。當然，漢代以後之婦女用於點脣的化妝品，并不是僅此一種，有一種稱爲脣檀的胭脂也很風行。明清以後，口脂仍是婦女之主要點脣物品。胡樸安《中華全國風俗志·江蘇·上海風俗瑣記》：“吾人如涉足梨園及游戲場所，可見粉白黛綠者流，十之七必以紙烟實其櫻脣，恣吸若狂。而昔人之所謂口脂香者，悉變爲烟臭矣。”現代婦女塗脣物品主要有口紅、脣膏兩種，當爲古代脣脂之流變。

【口脂】

即脣脂。此稱始見於唐代。見該文。

面脂

古代敷面用的油脂，猶今之香脂。據傳始於兩漢。《釋名·釋首飾》：“脂，砥也，著面柔滑如砥石也。”這種着面之脂，即是面脂，故清王先謙《釋名疏證補》云：“西漢時已尚之。”宋高承《事物紀原·冠冕首飾部》：“《廣志》曰：面脂自魏興已來始有之。”當誤。初之面脂製法，據北魏賈思勰《齊民要術·種紅藍花梔子》曰：“合面脂法，用牛髓。”即用植物花汁，以牛髓拌合。六朝時的面脂，又稱之爲“面澤”。尚秉和《歷代社會風俗事物考·三代以來首服狀況·六朝時面脂》：“《世説》：‘江淮以北，謂面脂爲面澤。’按，面爲風日所吹曝，塗以脂則光澤。”後又稱之爲“面油”“玉龍膏”。宋龐元英《文昌雜錄》卷一：“今謂面油爲玉龍膏，太宗皇帝始合此藥，以白玉碾龍合子貯之，因以名焉。”清吳偉業《蕭史青門曲》：“同謝面脂龍德殿，共乘油壁月華門。”近現代由於雪花膏一類的香脂傳入，傳統的面脂不再行世。

【面澤】

即面脂。此稱始見於兩晋南北朝時期。見該文。

【面油】

即面脂。此稱始見於宋代。見該文。

【玉龍膏】

即面脂。此稱始見於宋代。見該文。

香澤

古代護養頭髮的油性香脂，類似現代的頭油。在古代，人們素以髮黑爲美，如《左傳·昭公二十八年》云：“昔有仍氏生女，鬒黑而甚美，光可以鑑。”晋杜預注：“美髮爲鬒。”爲了使黑髮保持美觀，故以油脂塗髮以養護。尚秉和《歷代社會風俗事物考·三代以來首服狀況·古以油沐髮使光澤》：“《詩·衛風》：‘自伯之東，首如飛蓬。豈無膏沐，誰適爲容？’按，膏者，油也。以油塗髮，髮即光澤，至今猶然。”這種塗髮之“膏沐”，古文獻中常稱之爲“香澤”。《釋名·釋首飾》云：“香澤者，人髮恒枯悴，以此濡澤之也。"漢桓寬《鹽鐵論・殊路》："毛嬙，天下之姣人也，待香澤脂粉而後容。"考其製法，多以蘭草或薰草一類的香草浸油而成，故又稱之爲"蘭澤"。《文選・宋玉〈神女賦〉》："沐蘭澤，含若芳。"李善注："以蘭浸油澤以塗頭。"明李時珍《本草綱目・草三・蘭香》："蘭草生澤畔，婦人和油澤頭，故云蘭澤。"因散發出芳香氣味，故亦稱"芳澤"。《楚辭・大招》："粉白黛黑，施芳澤只。"《列子・周穆王》："施芳澤，正蛾眉。"亦稱"薰澤"。《新唐書・列女傳》："〔裴淑英〕居不御薰澤。"亦稱"蘭膏"。唐浩虛舟《陶母截髮賦》："象櫛重理，蘭膏舊濡。"宋陸游《烏夜啼》詞："蘭膏香染雲鬟膩，釵墜滑無聲。"清末，由於含化學物質的頭油之使用，香澤之類的傳統護髮物品遂絶迹。

【蘭澤】

　　即香澤。此稱始見於先秦時期。見該文。

【芳澤】

　　即香澤。此稱始見於先秦時期。見該文。

【薰澤】

　　即香澤。此稱始見於唐代。見該文。

【蘭膏】

　　即香澤。此稱始見於唐代。見該文。

【膏沐】

　　即香澤。先秦時期已見。《詩・衞風・伯兮》："自伯之東，首如飛蓬。豈無膏沐，誰適爲容？"後世亦見。晋阮籍《咏懷》詩之二："膏沐爲誰施？其雨怨朝陽。"明周嘉胄《香乘》卷一九載"烏髮香油"製法，蓋以香油加香料熬製而成，有烏髮之效，云："先晚洗髮净，次早髮乾搭之，不待數日，其髮黑紺光澤香滑，永不染塵垢，更不須再洗，用之後自見也，黄者轉黑。"

香脂

　　現代化妝品。以硬脂酸、凡士林、杏仁油等原料製成。可擦面、擦手，以滋潤皮膚。

第二節　香考

　　香，指含有芳香氣味的原料及其製成品，爲古代宮廷、閨閣中所必備。古代的香，多用天然含有香味的草、木植物及其分泌物製成。這些植物性香料，有沉香、雞舌香、木香、薰陸香、篤耨香、龍腦香等；也有少量動物性香料，如甲香、龍涎香、麝香等。

　　香的作用很多，或焚香以禮神敬佛，或佩香以驅惡辟邪，或燃香以熏衣熏被，或煮香以沐髮浴身，或合香爲脂以塗面潤膚，等等。

　　先秦時期，有佩容臭之習俗，男女皆然（見《禮記・內則》）。所謂"容臭"，即裝有香物的袋，後世香囊爲其遺制。所佩香物，主要爲香草，如蘭、蕙等。香草多產於南方，故《楚辭》中提及尤多。

　　秦漢時期，隨着政治上的空前統一和中外交往的發展，産於西域和交、廣、崖州，以及南亞、東南亞諸國的香料，通過貿易或進貢的形式傳到内地，傳遍中國。據文獻記載，焚香祭祀始於漢代（見《漢武故事》）；焚香驅疫始於漢代（見晋張華《博物志》卷三）；以芸香辟紙魚蠹始於漢代，故藏書臺稱“芸臺”（見三國魏魚豢《典略》）；口含鷄舌香奏事始於漢代（見漢應劭《漢官儀》卷上）；以香熏被服始於漢代，尚書郎有女侍史專司其事（見漢蔡質《漢官典儀》）；公主出降佩香囊始於漢代（見唐蘇鶚《杜陽雜編》卷下）；以香煮湯洗浴亦始於漢代（見晋王嘉《拾遺記》）。漢代所用的香，見於文獻記載的，有鷄舌香、蘇合香、月支香，還有茵墀香、兜末香、辟寒香、辟邪香、瑞麟香、金鳳香等外國所貢種種異香，并已使用以多種香料製成的合香，謂之“百合香”或“百和香”，《漢武内傳》有“燔百和之香，張雲錦之帳”的記載。漢代還産生了焚香之器——香爐，著名的博山香爐就盛行於漢代。

　　漢末至三國兩晋南北朝時期，香的使用更多更廣。貴族之家多在室内燃香、熏室及衣被。漢末曹操有《内誡令》，令家室不得香熏。可見，當時貴族之家有香熏之習。亦有熏香去穢者，晋代大貴族石崇家之厠内甲煎粉、沉香汁等香料，無不畢備（見南朝宋劉義慶《世説新語·汰侈》）。香之品種繁多，這一時期各類典籍多有記載。如晋嵇含《南方草木狀》提及蜜香、沉香、鷄骨香、黄熟香、鷄舌香、棧香、青桂香、馬蹄香；《宋書·范曄傳》載其《和香方》，提及麝香、沉香、零藿香、詹唐香、甘松香、蘇合香、安息香、鬱金香、捺多香、和羅香、棗膏、甲煎等。此外，魏文帝賦中提及“迷迭香”（見《藝文類聚》卷八一），魏文帝遣使至吳求“雀頭香”（見《三國志·吳書·孫權傳》裴松之注引《江表傳》），三國吳人孫亮寵姬用“百濯香”（見晋王嘉《拾遺記》）。南朝梁任昉《述異記》還提及反生香、龜甲香、紫述香、千步香等種種異香。《梁書·林邑國傳》和《中天竺國傳》均有産香的記載。貴族之家澣手洗面已使用“澡豆”，但尚不普遍（見南朝宋劉義慶《世説新語·紕漏》）。這一時期，熏香之器仍沿用漢代的博山香爐，但有所改進，即在中腰以上透雕三角形烟孔，底部開一出灰的扁圓孔，多爲瓷製。

　　隋唐至宋元時期，疆域尤爲遼闊，中外交往更加頻繁，各地及諸國香料紛紛貢入朝廷，或通過貿易傳入内地。唐代詩人杜牧有“蜀船紅錦重，越囊水沉堆”的詩句（見其《揚州》詩）。水沉，即沉香，隋唐時曾大批運往京都。外國所貢龍腦香亦較多。故除皇帝妃嬪、貴族婦女用作熏香外，還大批用作焚香和建築材料。隋代宮中，每至除夜，殿前諸院設火山，一夜焚沉香二百餘乘，甲煎二百餘石（見唐蘇鶚《杜陽雜編》）；唐代宗楚客造一宅，以沉香和紅粉泥壁，開門則香氣蓬勃（見唐張鷟《朝野僉載》）；唐代楊國忠以沉香爲閣，檀香爲欄，以麝香、乳香篩土和爲泥飾壁（見五代王仁裕《開元天寶遺事》）。由此可見一斑。宋代，外國貢香亦甚多，如乳香、木香、安息香、鷄舌香、薰陸香等。宮中所焚香，有篤耨、亞悉、龍涎、迷迭、艾納等。隨着中醫藥學研究的深入，很多香料的藥用價值被發現，故香料又多作藥用。《唐本草》《開寶本草》《政和證類本草》等唐宋時期的藥典多有著錄。其中，既有植物性香料，也有動物性香料。隋唐五代時期，香水傳入中國。由大食、占城、爪哇等國傳入的薔薇露，即以薔薇花製成的香水。宋代使用漸廣，或以茉莉花汁代之，稱“薔薇水”。還有木香花汁製成的香水，稱“醹醾露”。諸多典籍屢見有關香的著錄，如唐段成式《酉陽雜俎》，宋范成大《桂海虞衡志》、葉廷珪《海録碎事》、沈括《夢溪筆談》。還出現了專門記載香的著作，如宋洪芻《香譜》、葉廷珪《名香譜》、陳敬《香譜》等，著錄香品一百餘種，并介紹了衆多製香方法。唐宋時代焚香之器有所創新，如唐代製作出形體高大的熏爐，還有仿麒麟、狻猊、兔、鴨等形狀的“獸爐”，以及可置於被中或袖中的香球。唐代的越窑、宋代的定窑和景德鎮，皆可生産精美的熏爐。

明清以來，香繼續沿用。對香的用途開發更加充分，品種更加繁多。明周嘉胄《香乘》云：“昔所未有，今皆有焉，然香一也。或生於草，或出於木，或花或實，或節或葉，或皮或液，或又假人力煎和而成。有供焚者，有可佩者，又有充入藥者。”如明代的安息香，就有月麟、聚仙、沉速、若蘭、萬春、百花等品種（見明文震亨《長物志·香茗》）；明朝宣德年間流行甜香，清遠味幽，後有“芙蓉”“梅花”等名目，爲其遺制。明代以來，大量使用合香。除却沿用宋代出現的香餅外，明代還開發出新品種，如黄香餅、黑香餅等；明代以來，大量生産綫香，價格較便宜，逐漸向民間普及。佩挂香囊的古老習俗，漢代以後，歷經唐宋等朝，至明清尤爲盛行。香囊，亦稱“荷包”。清代荷包傳世甚多，通常以絲織物製成，上施彩綉，有葫蘆形、鷄心形等。還有金製香囊，江西南城明益王朱祐檳妃彭氏墓有出土實物。明清時期的文學作品中，如小説《金瓶梅》《紅樓夢》等，多有描寫。

近代以來，沿用合香。用於敬祖禮佛，所焚爲綫香，通常爲薑黄色，筷子長短，較毛衣針稍細，數十支爲一包，用時拈若干支點燃即可。用於驅蚊之香，爲盤香，通常爲深緑色，盤旋狀，形扁，數盤一包，插於特製架上點燃。用香熏衣被已不多見，佩香囊者亦罕見。隨着近代化學工業的發展，又發明了人造香料。人造香料，是具有一定芳香成分的單體，包括從精油中分離而得的單離香料和從單離香料或其他原料（如煤焦油産品、石油産品）合成而得的合成香料。香料廣泛應用於肥皂、洗滌劑、食品、飲料、烟草、醫藥、化妝品等工業製品中。

木質香料

香

　　泛指香料或其製成品。香料分爲天然香料和人造香料兩大類。天然香料又分爲動物性香料和植物性香料兩類。人造香料通常指具有一定芳香成分的單體。古代，多用帶香味的草、木植物或其分泌物製成。或用以煮水浴身，或點燃用以熏衣被、房屋，驅邪辟疫去蟲。如沉香、伽南香等。動物性香料如麝香、龍涎香等。除本土所産香外，外國亦有香傳入中土。相傳漢武帝時即有西國獻香。晋張華《博物志》卷三："漢武帝時，弱水西國有人乘毛車以渡弱水來獻香者。帝謂是常香，非中國之所乏，不禮其使。留久之，帝幸上林苑，西使干乘輿聞，並奏其香。帝取之看，大如燕卵，三枚，與棗相似。帝不悦，以付外庫。後長安中大疫，宮中皆疫病。帝不舉樂。西使乞見，請燒所貢香一枚，以辟疫氣。帝不得已聽之，宮中病者登日並差。長安中百里咸聞香氣，芳積九月餘日，香猶不歇。帝乃厚禮發遣餞送。"漢末曹操《内誡令》云："昔天下初定，吾便禁家内不得香熏。"歷代，香之品種繁多，宋代洪芻、陳敬皆有《香譜》之作，明代周嘉冑《香乘》更以完備和考證見長。歷代文學作品中有大量描繪。唐白居易《秋雨夜眠》詩："灰宿温瓶火，香添

暖被籠。"宋辛棄疾《滿江紅》詞："料想寶香黃閣夢，依然畫舫清溪笛。"

香料

　　亦稱"香原料"。配製香精的芳香物質。分爲天然香料和人造香料兩大類。天然香料通常爲含有多種芳香成分的混合物，大抵分爲動物性香料和植物性香料兩類。動物性香料得自某些動物的生殖腺分泌物或病態分泌物，如麝香、靈猫香、海狸香和龍涎香等；植物性香料是從芳香植物的花、葉、果實、種子、根、莖、樹皮等部分或由其分泌物加工所得。人造香料通常指具有一種芳香成分的單體，包括從精油中分離而得的單離香料和從單離香料或其他香料合成而得的合成香料。製造化妝品、洗滌品都離不開香料。

【香原料】

　　即香料。此稱行用於現代。見該文。

蜜香[1]

　　一種木質香料。蜜香樹可形成多種香料。産於交趾，即五嶺以南一帶。晋代始見記載。晋嵇含《南方草木狀》卷中："蜜香、沉香、鷄骨香、黃熟香、棧香、青桂香、馬蹄香、鷄舌香，案此八物，同出於一樹也。交趾有蜜香樹，幹似柜柳，其花白而繁，其葉如橘。欲取

香，伐之，經年，其根、幹、枝、節各有別色也。木心與節堅黑，沉水者爲沉香，與水面平者爲雞骨香，其根爲黃熟香，其幹爲棧香，細枝緊實未爛者爲青桂香，其根節輕而大者爲馬蹄香。其花不香，成實乃香，爲雞舌香，珍異之木也。"蜜香樹皮葉可作紙，名"蜜香紙"。此紙極香而堅韌，水漬之，不潰爛。晋太康五年（284），大秦國獻此紙三萬幅。亦見此書，可參閱。明周嘉冑《香乘》卷一："沈水香……《南越志》言：交州人稱爲蜜香，謂其氣如蜜脾也。""沈"通"沉"。

沉香

蜜香樹朽爛後，其脂膏凝成的香料。入水能沉，故名。沉，古籍或作"沈"，沈通沉。此香漢代已行用。此稱晋代見記載。晋嵇含《南方草木狀》卷中："交趾有蜜香樹……欲取香，伐之，經年，其根、幹、枝、節各有別色也。木心與節堅黑，沉水者爲沉香，與水面平者爲雞骨香，其根爲黃熟香……珍異之木也。"晋朝貴族之家已用作熏香。南朝宋劉義慶《世說新語·汰侈》："石崇厠常有十餘婢侍列，皆麗服藻飾，置甲煎粉、沈香汁之屬，無不畢備。"亦稱"沉木香"。《梁書·林邑國傳》："沉木香、吉貝者，樹名也……沉木者，土人斫斷之，積以歲年，朽爛而心節獨在，置水中則沉，故名曰沉香。"南朝梁武帝祭天始用沉香。隋唐時期，沉香廣泛應用，或焚香，或泥壁。亦稱"沉水香"。漢《西京雜記》卷一："趙飛鷰爲皇后，其女弟在昭陽殿，遺飛鷰書曰：'今日嘉辰，貴姊懋膺洪册，謹上襚三十五條，以陳踴躍之心……含枝李、青木香、沈水香。'"水，一本作"木"。明周嘉冑《香乘》卷一：

"梁武帝制，南郊明堂用沈香，取天之質陽所宜也……梁武祭天，始用沈香，古未有也。"又引《杜陽雜編》曰："隋煬帝每至除夜，殿前諸院設火山，數十車沈水香，每一山焚沈香數車，以甲煎沃之，焰起數丈，香聞數十里。一夜之中用沈香二百餘乘。"又引《朝野僉載》曰："唐宗楚客造一宅，新成，皆是文柏爲梁，沈香和紅粉以泥壁，開門則香氣蓬勃。太平公主就其宅看，嘆曰：'觀其行坐處，我等皆虛生浪死。'"亦稱"水沉"。唐杜牧《揚州》詩："蜀船紅錦重，越橐水沉堆。"宋代亦多見用，記述亦多。亦稱"沉水"。宋胡宿《侯家》詩："彩雲按曲青岑醴，沉水薰衣白璧堂。"宋李清照《浣溪沙》詞："玉爐沈水裊殘烟。"宋洪芻《香譜》卷上："沉水香，《唐本草》注云：'出天竺、單于二國，與青桂、雞骨、馢香同是一樹，葉似橘，經冬不彫，夏生花，白而圓細，秋結實如檳榔，色紫似甚而味辛。療風水毒腫，去惡氣。樹皮青色，木似櫸柳，重實黑色，沉水者是。今復有生黃而沉水者，謂之臘沉，又其不沉者，謂之生結。'又《拾遺解紛》云：'其樹如椿，常以水試乃知。'"宋陳敬《香譜》卷一"沉水香"引宋代葉廷珪云："沉香所出非一，真臘者爲上，占城次之，渤泥最下。真臘之真，又分三品：綠洋最佳，三濼次之，勃羅間差弱。而香之大概，生結者爲上，熟脫者次之；堅黑爲上，黃者次之。然諸沉之形多異，而名亦不一。有狀如犀角者，如燕口者，如附子者，如梭者，是皆因形爲名。其堅緻而文橫者，謂之橫隔沉，大抵以所產氣色爲高，而形體非所以定優劣也。綠洋、三濼、勃羅間，皆真臘屬國。"明清兩代亦皆見用。明文震亨《長物志·香茗》："沉香，質重，劈開如墨色者佳……以隔火炙過，取焦者別置一器，焚以熏衣被。"清鈕琇《觚賸·沉香街》："〔項元汴〕游金陵，昵院中一妓，久而欲別，妓執手雪涕，意殊戀戀。項歸，乃廣購沉水香，斫爲臥床，玲瓏工巧……焚於庭，烟焰裊空，遍城聞異香，經四五日不散，因名此街爲‘沉香街’。"

【沉木香】

即沉香。此稱始見於南北朝時期。見該文。

【沉水香】

即沉香。此稱始見於漢代。見該文。

【水沉】

即沉香。此稱始見於唐代。見該文。

【沉水】

即沉香。此稱始見於宋代。見該文。

生速香

沉香類香料。伐樹去木而取香者。宋陳敬《香譜》卷一"生熟速香"引葉廷珪云："生速香出真臘國，熟速香所出非一，而真臘尤勝，占城次之，渤泥最下。伐樹去木而取香者謂之生速香，樹仆於地木腐而香存者謂之熟速香。生速氣味長，熟速氣味易焦，故生者爲上，熟者次之。"

熟速香

沉香類香料。樹仆於地木腐而香存者。其香味不及生速香。見"生速香"文。參閱宋陳敬《香譜》卷一。

暫香

沉香類香料。屬熟速香。宋陳敬《香譜》卷一"暫香"引宋代葉廷珪云："暫香乃熟速之類，所產高下與熟速同。但脱者謂之熟速，而木之半存者謂之暫香。其香半生熟，商人以刀剡其木而出香，擇尤美者雜於熟速而貨之，故市者亦莫之辨。"

生沉香

連木之沉香。亦稱"蓬萊香"。宋陳敬《香譜》卷一："生沉香，一名蓬萊香。"又引宋代葉廷珪云："出海南山西，其初連木，狀如粟棘房，土人謂棘香。刀剡去木而出其香，則堅倒而光澤，士大夫目爲蓬萊香，氣清而長耳。品雖侔於真臘，然地之所產者少，而官於彼者乃得之，商舶罕獲焉，故直常倍於真臘所産者云。"

【蓬萊香】

即生沉香。此稱始見於宋代。見該文。

海南香

沉香之一種，宋代多用作熏香料。宋范成大《桂海虞衡志·志香》："大抵海南香，氣皆清淑，如蓮花、梅英、鵝梨、蜜脾之類，焚一博，投少許，氛翳彌室，翻之四面悉香，至煤爐，氣亦不焦，此海南香之辨也。"宋陸游《雪夜》詩："書卷紛紛雜藥囊，擁衾時炷海南香。"亦稱"海南沉"。宋陸游《太平時》詞："銅爐裊裊海南沉，洗塵襟。"宋陳亮《洞仙歌》詞："且燒却，一瓣海南沉。"明李時珍《本草綱目·木一·沉香》〔集解〕引蔡絛曰："真臘不若海南黎峒。黎峒又以萬安黎母山東峒者冠絶天下，謂之海南沉，一片萬錢。"

【海南沉】

即海南香。此稱始見於宋代。見該文。

鷓鴣斑

指沉香之帶斑點者。見於宋代。宋黃庭堅《有惠江南帳中香者戲答六言二首》之一："螺甲割崑崙耳，香材屑鷓鴣斑。"任淵注引宋張師正《倦游録》："高寶等州産生結香，山民見香木曲幹斜枝，以刀斫成坎，經年得雨水漬，復鋸取之，刮去白木，其香結爲斑點，亦名鷓鴣斑。"宋范成大《桂海虞衡志·志香》："鷓鴣斑香亦得之於海南沈水、蓬萊及絶好箋香中，槎牙輕鬆，色褐黑而有白斑點，如鷓鴣臆上毛，氣尤清婉似蓮花。"亦稱"鷓鴣沉"。宋陶穀《清異録·鷓鴣沉界尺》："沉水帶斑點者，名鷓鴣沉，華山道士蘇志恬偶獲尺許，修爲界尺。"宋以後，人們多不製此香。

【鷓鴣沉】

即鷓鴣斑。此稱始見於宋代。見該文。

蠟沉

沉香之一種。宋洪芻《香譜》卷上："〔沉水香〕與青桂、鷄骨、馢香同是一樹……沉水者是。今復有生黄而沉水者，謂之蠟沉。"

鷄骨香

一種木質香料。與沉香同類，爲蜜香樹朽爛後脂膏凝成的香料。形似鷄骨，故名。晋代已見記載。晋嵇含《南方草木狀》卷中："交趾有蜜香樹，幹似柜柳……欲取香，伐之，經年，其根、幹、枝、節各有别色也。木心與節堅黑，沉水者爲沉香，與水面平者爲鷄骨香。"後世亦見。宋陳敬《香譜》卷一："鷄骨香。《本草拾遺》云：'亦棧香中形似鷄骨者。'"明周嘉胄《香乘》卷一："沈水香……鷄骨香、葉子香，皆因形而名。"又："或沈水而有中心空者，則是鷄骨，謂中有朽路如鷄骨血眼也。"

黄熟香

蜜香樹朽爛後，其根部脂膏凝成的香料。晋代始見記載。晋嵇含《南方草木狀》卷中："交趾有蜜香樹，幹似柜柳……欲取香，伐之，

經年，其根、幹、枝、節各有别色也。木心與節堅黑，沉水者爲沉香，與水面平者爲鷄骨香，其根爲黄熟香……珍異之木也。"後世見用。宋陳敬《香譜》卷一："黄熟香，亦棧香之類也，但輕虚枯朽不堪者。今和香中皆用之。"又引葉廷珪云："黄熟香、夾棧黄熟香，諸蕃皆出，而真臘爲上。黄而熟，故名焉。其皮堅而中腐者，形狀如桶，故謂之黄熟桶。其夾棧而通黑者，其氣尤朦〔勝〕，故謂之夾棧黄熟。此香雖泉人之所日用，而夾棧居上品。"

【白眼香】

即黄熟香。主要用於和香。宋洪芻《香譜》卷上："白眼香，亦黄熟之别名也。其色差白，不入藥品，和香或用之。"

水盤香

與黄熟香同類的一種香。多雕刻香山、佛像等，皆爲舶來品。宋代見著録。宋陳敬《香譜》卷一："水盤香，類黄熟而殊大，多雕刻爲香山、佛像，并出舶上。"明代亦見用。明周嘉胄《香乘》卷一："〔水盤香〕海外必登流眉爲極佳，海南必萬安東峒稱最勝，産因地分優劣，蓋以萬安鍾朝陽之氣故耳。或謂價與銀等，與一片萬錢者，則彼方亦自高值，且非大有力者不可得。今所市者，不過占臘諸方平等香耳。"

夾棧黄熟香

夾有棧香的黄熟香。夾棧而通黑，其香氣尤勝。宋陳敬《香譜》卷一引宋代葉廷珪云："黄熟香、夾棧黄熟香，諸蕃皆出，而真臘爲上……其夾棧而通黑者，其氣尤朦〔勝〕，故謂之夾棧黄熟。此香雖泉人之所日用，而夾棧居上品。"

棧香

一種木質香料。蜜香樹朽爛後，其樹幹之脂膏凝成。晋代已見記載。晋嵆含《南方草木狀》卷中："交趾有蜜香樹……欲取香，伐之，經年，其根、幹、枝、節各有別色也……其幹爲棧香。"宋陳敬《香譜》卷一："棧香。《本草拾遺》云：棧與沉同樹，以其肌理有黑脉者爲別。"又引葉廷珪云："棧香乃沉香之次者，出占城國，氣味與沉香相類。"亦作"槮香"。《梁書·林邑國傳》："沉木者，土人斫斷之，積以歲年，朽爛而心節獨在，置水中則沉，故名曰沉香，次不沉不浮者曰棧香也。"亦作"馢香"。宋洪芻《香譜》卷上："馢香。《本草拾遺》曰：'亦沉香同樹，以其肌理有黑脉者謂之也。'"亦作"箋香"。參閲宋范成大《桂海虞衡志·志香》。

【槮香】

同"棧香"。此體始見於南北朝時期。見該文。

【馢香】

同"棧香"。此體始見於宋代。見該文。

【箋香】

同"棧香"。此體始見於宋代。見該文。

占城棧香

棧香之一種。産於占城，故名。明周嘉冑《香乘》卷一引宋代葉廷珪《香録》云："棧香乃沈香之次者，出占城國，氣味與沈香相類，但帶木，頗不堅實，亞於沈而優於熟速。"

海南棧香

棧香之一種。産於海南，故名。香氣與他處所産棧香有異。明周嘉冑《香乘》卷一："海南棧香，香如蝟皮、栗蓬及漁蓑狀，蓋修治時雕鏤費工，去木留香，棘刺森然。香之精鍾於刺端，芳氣與他處棧香迥別。出海北者聚於欽州，品極凡，與廣東舶上生熟速結等香相埒。"

光香

香名。與棧香同品第。宋范成大《桂海虞衡志·志香》云："光香，與箋香同品第，出海北及交趾，亦聚於欽州，多大塊，如山石枯槎，氣粗烈如焚松檜，曾不能與海南箋香比，南人常以供日用及常程祭享。"

葉子香

棧香之一種。較棧香薄而其香尤佳。亦稱"龍鱗香"。宋陳敬《香譜》卷一："葉子香，一名龍鱗香，蓋棧之薄者，其香尤勝於棧。《談苑》云：'沉香在土歲久，不待刌剔而精者。'"

【龍鱗香】

即葉子香。此稱始見於宋代。見該文。

青桂香

香名。氣味與沉香同類，同産於沉香木，係其細枝木皮。宋洪芻《香譜》卷上："沉水香，《唐本草》注云：'出天竺、單于二國，與青桂、鷄骨、馢香同是一樹。'"又云："青桂香，《本草拾遺》曰：'即沉香同樹細枝、緊實未爛者。'"宋陳敬《香譜》卷一引《談苑》云："沉香依木皮而結謂之青桂。"

馬蹄香

一種木質香料。與沉香同類，爲蜜香樹朽爛後其根節脂膏凝聚而成，形似馬蹄，故名。晋代始見記載。晋嵆含《南方草木狀》卷中："交趾有蜜香樹……欲取香，伐之，經年，其根、幹、枝、節各有別色也。木心與節堅黑，沉水者爲沉香，與水面平者爲鷄骨香……其根節輕而大者爲馬蹄香。"後世記載，見明李時珍

《本草綱目・木一・沉香》。

鷄舌香[1]

香料。蜜香樹之果實。晋代始見記載。晋嵇含《南方草木狀》卷中："交趾有蜜香樹，幹似柜柳，其花白而繁，其葉如橘……其花不香，成實乃香，爲鷄舌香，珍異之木也。"

丁香

一種木質香料。宋陳敬《香譜》引《山海經》云："〔丁香〕生東海及崑崙國，二三月花開，七月方結實。"此後在藥書中多有記述。亦稱"丁子香"。北魏賈思勰《齊民要術・種紅藍花栀子・合香澤法》："好清酒以浸香：鷄舌香、藿香……以新綿裹而浸之。"原注："俗人以其似丁子，故爲丁子香也。"宋洪芻《香譜》卷上："〔丁香〕《開寶本草》注云：'生廣州，樹高丈餘，凌冬不凋，葉似櫟，而花圓細，色黃，子如丁，長四五分，紫色，中有粗大長寸許者，俗呼爲母丁香。擊之則順理而折。味辛。主風毒諸腫，能發諸香，及止乾霍亂嘔吐，各驗。'"其種仁由兩片形狀似鷄舌的子葉抱合而成，故又稱爲"鷄舌香"，頗貴重。宋陳敬《香譜》卷一引葉廷珪云："丁香，一名丁子香，以其形似丁子也。"清代亦見用。徐珂《清稗類鈔・植物類・丁香》："丁香爲常綠喬木，一名鷄舌香，產於兩粵，葉長橢圓形，春開紫花，或白花，四瓣。子黑色，以爲香料，並供藥用。"

【丁子香】

即丁香。此稱始見於南北朝時期。見該文。

【鷄舌香】[2]

即丁香。丁香之種仁由兩片形狀似鷄舌的子葉抱合而成，故名。宋陳敬《香譜》卷一："鷄舌香。《唐本草》云：'出崑崙國及交、廣以南，樹有雌雄。皮葉並似栗，其花如梅，結實似棗核者，雌樹也。不入香用。無子者，雄樹也。采花釀以成香，香微溫，主心痛、惡瘡，療風毒、去惡氣。'"明周嘉冑《香乘》卷二："鷄舌香即丁香。陳藏器曰：'鷄舌香與丁香同種，花實蒙生，其中心最大者爲鷄舌，擊破有順理，而解爲兩向如鷄舌，故名。乃是母丁香也。'"又曰："辯鷄舌香。沈存中《筆談》云：'……鷄舌即丁香也。'《齊民要術》言'鷄舌俗名丁子香'，《日華子》言'丁香治口氣'，與'含鷄舌香奏事欲其芬芳'之説相合。"口含鷄舌香奏事欲其芬芳，見於漢代。漢應劭《漢官儀》卷上："尚書郎含鷄舌香，伏其下，奏事。"漢桓帝時，侍中刁存年老口臭，上出鷄舌香與含之。魏武帝與諸葛亮書云："今奉鷄舌香五斤，以表微意。"後世亦見用。唐權德輿《太原鄭尚書遠寄新詩走筆酬贈因代書賀》詩："芬芳鷄舌向南宮，伏奏丹墀迹又同。"宋沈括《夢溪筆談・藥議》："三省故事：郎官日含鷄舌香，欲其奏事對答，其氣芬芳。"參閱明周嘉冑《香乘》卷二。

蘇合香

以蘇合樹脂爲香料製成的香。原產小亞細亞，其香輾轉傳入中國。相傳漢代即從月氏購入。明周嘉冑《香乘》卷四引《太平御覽》云："班固云：竇侍中令載雜綵七百匹市月氏馬、蘇合香。一云令賷白素三百匹，欲以市月氏馬、蘇合香。"魏晋南北朝的典籍已多有記載。晋傅玄《擬四愁詩》之三："佳人贈我蘇合香，何以要之翠鴛鴦。"《梁書・中天竺國傳》："蘇合是合諸香汁煎之，非自然一物也。又云大秦人采蘇合，先笮其汁以爲香膏，乃賣其滓與諸國賈

人，是以展轉來達中國，不大香也。"宋代已廣
見研究。宋洪芻《香譜》卷上："蘇合香，《神
農本草》云：'生中臺川谷。'陶隱居云：'俗傳
是師子糞，外國説不爾。今皆從西域來。真者
難別，紫赤色，如紫檀，堅實，極芬香，重如
石，燒之灰白者佳。主辟邪、瘧、癇、痓，去
三蟲。'"宋陳敬《香譜》卷一"蘇合香"引宋
代葉廷珪云："蘇合香油亦出大食國，氣味類於
篤褥，以濃净無滓者爲上。蕃人多以之塗身，以
閩中病大風者亦仿之，可合軟香及入藥用。"明
周嘉胄《香乘》卷四引宋沈括《夢溪筆談》云：
"今之蘇合香，赤色，如堅木。又有蘇合油，如
黐膠，人多用之。而劉夢得傳信方言，謂蘇合香
多薄葉子，如金色，按之即止，放之即起，良久
不定，如蟲動，氣烈者佳。"

白膠香

楓實的香脂。可作燒香，亦可入藥。晋代
始見記載。明周嘉胄《香乘》卷五引晋嵇含
《南方草木狀》云："楓實惟九真有之，用之有
神，乃難得之物，其脂爲白膠香。"唐宋醫藥典
籍皆有記述。亦稱"楓香脂"。宋陳敬《香譜》
卷一："白膠香。《唐本草》云：'樹高大，木
理細，鞭葉三角，商、洛間多有。五月斫爲坎，
十二月收脂。'《經史證類本草》云：'楓樹所在
有之，南方及關陝尤多，樹似白楊，葉圓而岐，
二月有花，白色，乃連著實，大爲鳥卵。八九
月熟，曝乾可燒。'《開寶本草》云：'味辛苦，
無毒，主癭疹、風癢、浮腫，即楓香脂也。'"
明代亦見記載。明周嘉胄《香乘》卷五："白膠
香，一名楓香脂……楓香樹有脂而香者，謂之
香楓，其脂名楓香。楓香、松脂皆可亂乳香，
但楓香微白黃色，燒之可見真偽。其功雖次於

乳香，而亦可髣髴。"

【楓香脂】

即白膠香。此稱始見於宋代。見該文。

詹糖香

一種木質香料。煎枝爲香，似糖而黑。宋
洪芻《香譜》卷上："詹糖香，《本草》云：'出
晋安岑州及交、廣以南，樹似橘，煎枝葉爲之，
似糖而黑。多以其皮及蠹糞雜之，難得淳正
者。惟軟乃佳。'"南北朝時已見用。詹糖，亦
作"詹唐"。《宋書·范曄傳》："撰《和香方》，
其序之曰：'麝本多忌，過分必害；沈實易和，
盈斤無傷。零藿虛燥，詹唐黏濕。甘松、蘇合、
安息、鬱金、捺多、和羅之屬，並被珍於外國，
無取於中土。又棗膏昏鈍，甲煎淺俗，非唯無
助於馨烈，乃當彌增於尤疾也。'"《南史·夷貊
傳上·槃槃國》："〔梁大通〕六年八月，復遣使
送菩提國舍利及畫塔圖，並菩提樹葉、詹糖等
香。"後世亦見用。參閱宋陳敬《香譜》卷一、
明周嘉胄《香乘》卷二。

【詹唐】

即詹糖香。詹唐同"詹糖"。此稱見於南北
朝時期。見該文。

龍腦香

一種香料。以龍腦香樹幹中樹膏製成的一
種結晶體，瑩白如冰。産於閩廣及南海等地。
相傳南朝梁武帝時已見。明周嘉胄《香乘》卷
三引《梁四公記》云："羅子春欲爲梁武帝入
海取珠，杰公曰：'汝有西海龍腦香否？'曰：
'無。'公曰：'奈之何御龍？'帝曰：'事不諧
矣！'公曰：'西海大船，求龍腦香可得。'"唐
代，皇宮中廣爲應用，亦稱"瑞龍腦"。宋陳敬
《香譜》卷一："龍腦香……段成式云：'亦出波

斯國，樹高八九丈，大可六七圍，葉圓而背白，無花實。其樹有肥瘦，瘦者出龍腦香，肥者出婆律膏……'《圖經》云：'南海山中亦有此木。唐天寶中，交阯貢龍腦，皆如蟬蠶之形。彼人言有老根節方有之，然極難。禁中呼瑞龍腦，帶之衣衿，香聞十餘步。今海南龍腦多用火煏成片，其中容偽。'"唐代，中外交往頻繁，大批海外異物貢入朝廷，龍腦香常作爲貢品的一種。明周嘉冑《香乘》卷三引《方輿勝略》云："烏茶國獻唐太宗龍腦香。"又引《酉陽雜俎》云："天寶末，交阯國貢龍腦……上惟賜貴妃十枚，香氣徹十餘步。"由於龍腦香較多，唐玄宗夜宴以琉璃器盛龍腦香賜群臣；唐宮中每欲行幸，即先以龍腦、鬱金塗其地；開成中，貴族之家以紫檀心瑞龍腦爲棋子。五代時期，大抵亦同唐代。南唐保大年間貢龍腦漿，大食國進龍腦油；吳越王曾以大片生龍腦香十斤賜王妃之兄孫承祐，承祐對使者索大銀爐作一聚焚之。參閱明周嘉冑《香乘》卷三。至宋代，龍腦香亦廣爲應用。宋人多有記述，文學作品中亦多有描寫。亦稱"瑞腦"。宋李清照《醉花陰》詞："薄霧濃雲愁永晝，瑞腦銷金獸。"又《浣溪沙》詞："瑞腦香消魂夢斷，辟寒金小髻鬟鬆。"此香又有生熟之異。宋陳敬《香譜》卷一"龍腦香"引陶隱居云："生西海婆律國，婆律樹中脂也。如白膠香狀，味苦辛，微溫無毒。主內外障眼，去三蟲，療五痔，明目、鎮心、秘精。又有蒼龍腦，主風疹、䵟面，入膏煎良，不可點眼。其明净如雪花者善，久經風日，或如麥麩者不佳。宜合黑荳、糯米、相思子，貯之瓷器內，則不耗。今復有生熟之異。稱生龍腦即是所載是也。其絕妙者曰梅花龍腦。有經

火飛結成塊者，謂之熟龍腦，氣味差薄，蓋益以他物也。"又引宋代葉廷珪云："渤泥、三佛齊亦有之，乃深山窮谷千年老杉樹枝幹不損者，若損動則氣洩無腦矣。其土人解爲板，板傍裂縫，腦出縫中，劈而取之，大者成片，俗謂之梅花腦，其次謂之速腦。速腦之中又有金脚，其碎者謂之米腦，鋸下杉屑與碎腦相雜者謂之蒼腦。取腦已净，其杉板謂之腦本，與鋸屑同擣碎，和置瓷盆內，以笠覆之，封其縫，熱灰煨煏，其氣飛上凝結而成塊，謂之熟腦，可作面花、耳環、佩帶等用。又有一種如油者，謂之腦油，其氣勁於腦，可浸諸香。"明清皆見。亦稱"片腦""梅花片"。明周嘉冑《香乘》卷三："龍腦香即片腦……片腦產暹羅諸國，惟佛打泥者爲上，其樹高大，葉如槐而小，皮理類沙柳，腦則其皮間凝液也。好生窮谷，島夷以鋸付銃就谷中寸斷而出，剥而采之，有大如指、厚如二青錢者。香味清烈，瑩潔可愛，謂之梅花片。餉至中國，擅翔價焉。復有數種，亦堪入藥，乃其次者。"清陳維崧《菩薩蠻·題青溪遺事畫册同鄒程邨彭金粟王阮亭董文友賦》詞："迴廊碧氎芭蕉葉，鴨鑪瑞腦薰猶熱。"至近代沿用之。又稱"梅片"。俗稱"冰片"。徐珂《清稗類鈔·植物類·龍腦》："龍腦爲常綠喬木，一名龍腦香，產於閩、廣，高十餘丈，葉爲卵形，花爲合瓣花冠，其香芬鬱。以幹中樹膠製成一種結晶體，瑩白如冰，俗稱冰片，又曰梅片。"現代用的冰片，除天然的龍腦樹幹分泌物製成外，亦有人工合成的冰片。中醫學上微量冰片入丸散應用。

【瑞龍腦】

即龍腦香。此稱始見於唐代。見該文。

【瑞腦】

　　即龍腦香。此稱始見於宋代。見該文。

【片腦】

　　即龍腦香。此稱始見於明代。見該文。

【梅花片】

　　即龍腦香。此稱始見於明代。見該文。

【梅片】

　　即龍腦香。此稱始見於清代。見該文。

【冰片】

　　即龍腦香。此稱始見於清代。見該文。

婆律膏

　　龍腦香樹幹之清脂。唐段成式《酉陽雜俎·廣動植·木篇》云："龍腦香樹出婆利國。婆利呼爲固不婆律……樹高八九丈，大可六七圍，葉圓而背白，無花實。其樹有肥有瘦，瘦者有婆律膏香。一曰瘦者出龍腦香，肥者出婆律膏也。在木心中斷其樹劈取之，膏於樹端流出。"按，婆律膏，宋洪芻《香譜》卷上引作"波律膏"。一説婆律膏是根下清脂。宋陳敬《香譜》卷一："龍腦香，《唐本草》云：'出婆律國，樹形似杉木，子似荳蔻，皮有甲錯。婆律膏是根下清脂，龍腦是根中乾脂。'"亦稱"波律香"。宋洪芻《香譜》卷上："波律香。《本草拾遺》曰：'出波律國，與龍腦同樹之清脂也。除惡氣，殺蟲尯。'見龍腦香，即波律膏也。"

【波律膏】

　　同"婆律膏"。此體始見於唐代。波律、婆律，爲譯音之不同。見該文。

【波律香】

　　即波律膏。此稱始見於宋代。見該文。

梅花龍腦

　　龍腦香中之精品。宋陳敬《香譜》卷一："龍腦香……陶隱居云：'生西海婆律國，婆律樹中脂也……其絶妙者曰梅花龍腦。'"

安息香

　　一類香之總稱。始産於安息國（即今伊朗境内），故名。南朝宋范曄在其《和香方》序中已提及。參閲《宋書·范曄傳》。唐代已見著録。唐段成式《酉陽雜俎·廣動植·木篇》曰："安息香樹，出波斯國，波斯呼爲辟邪。樹長三丈，皮色黄黑，葉有四角，經寒不凋。二月開花，黄色，花心微碧，不結實。刻其樹皮，其膠如飴，名安息香。"宋代多見。宋陳敬《香譜》卷一"安息香"引宋葉廷珪云："出三佛齊國，乃樹之脂也。其形色類胡桃瓤而不宜於燒，然能發衆香，故多用之以和香焉。"盛行於明代。有月麟、聚仙、沉速、若蘭、萬春、百花等稱，皆屬安息香。明文震亨《長物志·香茗》："安息香，都中有數種，總名安息。月麟、聚仙、沉速爲上……若蘭香、萬春、百花等，皆不堪用。"

月麟香

　　安息香之一種，爲安息香之上品。見用於明代。見"安息香"文。參閲明文震亨《長物志·香茗》。

聚仙香

　　安息香之一種，爲安息香之上品。見用於明代。見"安息香"文。參閲明文震亨《長物志·香茗》。

若蘭香

　　安息香之一種。質次。見"安息香"文。參閲明文震亨《長物志·香茗》。

萬春香

安息香之一種。質次。見"安息香"文。參閱明文震亨《長物志・香茗》。

百花香

安息香之一種。質次。見"安息香"文。參閱明文震亨《長物志・香茗》。

金顔香

安息香之一種。以香木樹脂製成，出大食、真臘國。宋代以之爲合香。宋陳敬《香譜》卷一："金顔香。《西域傳》云：'金顔香類薰陸，其色赤紫，其烟如凝漆，沸超不甚香，而有酸氣，合沉、檀爲香，焚之極清婉。'"又引葉廷珪云："出大食及真臘國。所謂三佛齊出者，蓋自二國販至三佛齊，三佛齊乃販入中國焉。其香則樹之脂也，色黄而氣勁，善於聚衆香。今之爲龍涎軟者佩帶者多用之。蕃之人多以和氣塗身。"元代至元年間，外國有進貢者。明周嘉冑《香乘》卷四："元至元間，馬八兒國貢獻諸物，有金顔香千團。香乃樹脂，有淡黄色者，黑色者，劈開雪白者爲佳。"

檀香

木質香料。質堅硬。其樹名南北朝已見記載。南朝梁沈約《瑞石像銘》："莫若圖妙像於檀香，寫遺影於祇樹。"唐代，已知以之入藥。宋洪芻《香譜》卷上："《唐本草》云：'〔白檀香〕味鹹微寒，主惡風毒。出崑崙盤盤之國。主消風積、水腫。'又有紫真檀，人磨之以塗風腫。雖不生於中華，而人間遍有之。"宋代，亦以之作香料。宋陳敬《香譜》卷一："檀香。《本草拾遺》云：檀香，其種有三：曰白、曰紫、曰黄。白檀樹出海南，主心腹痛、霍亂、中惡鬼氣、殺蟲。"又引葉廷珪云："檀香出三佛齊國，氣清勁而易洩，爇之能奪衆香。皮在而色黄者謂之黄檀，皮腐而色紫者謂之紫檀。氣味大率相類，而紫者差勝。其輕而脆者謂之沙檀，藥中多用之。然香樹頭長，商人截而短之，以便負販，恐其氣洩，以紙封之，欲其滋潤故也。"後世亦多用。明周嘉冑《香乘》卷二："李時珍曰：檀香，木也。故字從亶。亶，善也。釋氏呼爲旃檀，以爲湯沐，猶言離垢也。番人訛爲真檀。"今人多以之製摺扇、小盒等。

【旃檀】

即檀香。梵語爲旃檀那。唐釋慧琳《一切經音義》卷二七《妙法蓮華經・序品・旃檀》："旃檀那，謂牛頭旃檀等，赤即紫檀之類，白謂白檀之屬。"明周嘉冑《香乘》卷二："旃檀。《楞嚴經》云：白旃檀塗身，能除一切熱惱。今西南諸蕃酋皆用諸香塗身，取其義也。"

白檀香

檀香的一種。白色。産於海南，藥用。宋陳敬《香譜》卷一："《本草拾遺》云：'檀香，其種有三：曰白，曰紫，曰黄。白檀樹出海南，主心腹痛、霍亂、中惡鬼氣、殺蟲。'"數種檀香，以白檀爲勝，宋代廣爲應用。明周嘉冑《香乘》卷二："蘇頌曰：'檀香有數種，黄、白、紫之異。今人盛用之。'……李杲曰：'白檀，調氣，引芳香之物，上至極高之分。'"

紫檀香

檀香的一種。爲皮腐而色紫者。在衆檀香中差勝。宋陳敬《香譜》卷一引葉廷珪云："檀香出三佛齊國，氣清勁而易洩，爇之能奪衆香。皮在而色黄者謂之黄檀，皮腐而色紫者謂之紫檀。氣味大率相類，而紫者差勝。"明周嘉冑《香乘》卷二引《大明一統志》云："雲南臨安河西縣産勝沉香，即紫檀香。"又引王佐《格古論》云："紫檀，諸溪峒出之，性堅。新者色紅，舊者色紫，有蟹爪文。新者以水浸之，可染物，舊者揩粉壁上，色紫，故有紫檀色。黃檀最香。俱可作帶骻、扇骨等物。"

黃檀香

檀香的一種。為皮在而色黃者。味香，可做帶骻、扇等。宋陳敬《香譜》卷一引《本草拾遺》云："檀香，其種有三：曰白，曰紫，曰黃。"又引宋代葉廷珪云："檀香出三佛齊國，氣清勁而易洩，爇之能奪衆香。皮在而色黃者謂之黃檀。"明周嘉冑《香乘》卷二引王佐《格古論》云："紫檀，諸溪峒出之，性堅……黃檀最香。俱可作帶骻、扇骨等物。"

乳香

一種樹脂香料。晋代文獻已有系統記載。宋洪芻《香譜》卷上引晋郭義恭《廣志》云："即南海波斯國松樹脂，有紫赤櫻桃者名乳香，蓋薰陸之類也。仙方多用辟邪，其性溫，療耳聾、中風、口噤、婦人血風，能發酒、治風冷，止大腸洩僻，療諸瘡癤，令內消。"同書卷上又云："今以通明者為勝，目曰的乳，其次曰揀香，又次曰瓶香，然多夾雜成大塊，如瀝青之狀。又其細者謂之香纏。"亦稱"乳頭香""薰陸""薰陸香"。唐馮贄《雲仙雜記·斗盆燒乳頭香》："曹務光見趙州以斗盆燒乳頭香十斤。"宋陳敬《香譜》卷一引宋沈括云："乳香本名薰陸，以其下如乳頭者，謂之乳頭香。"又引宋代葉廷珪云："一名薰陸香，出大食國之南數千里深山窮谷中。其樹大抵類松，以斤斫樹，脂溢於外，結而成香，聚而為塊。以象輦之至於大食，大食以舟載易他貨於三佛齊，故香常聚於

三佛齊。三佛齊每歲以大舶至廣與泉，廣、泉二舶視香之多少為殿最。"明代亦多見用。明周嘉冑《香乘》卷二："薰陸香即乳香，其狀垂滴如乳頭也……陳承曰：'西出天竺，南出波斯等國；西者色黃白，南者色紫赤。日久重叠者不成乳頭，雜以砂石，其成乳者，乃新出，未雜砂石者也。薰陸是總名，乳是薰陸之乳頭也。今松脂、楓脂中，有此狀者甚多。'李時珍曰：'乳香，今人多以楓香雜之，惟燒時可辯。南番諸國皆有。《宋史》言乳香有一十三等。'"

【乳頭香】

即乳香。此稱始見於唐代。見該文。

【薰陸】

即乳香。此稱始見於宋代。見該文。

【薰陸香】

即乳香。此稱始見於宋代。見該文。

的乳

乳香中之通明者，為上品。宋洪芻《香譜》卷上："乳香……今以通明者為勝，目曰的乳。"亦稱"滴乳"。宋陳敬《香譜》卷一："乳香……今以通明者為勝，目曰滴乳。"

【滴乳】

即的乳。此體始見於宋代。見該文。

揀香

乳香之一種。為乳香中之次者。見"乳香"文。參閱宋洪芻《香譜》卷上。

瓶香

乳香之一種。次於揀香。宋陳敬《香譜》卷一："又次〔揀香〕曰瓶香，言收時量重，置於瓶中。在瓶香之中又有上中下三等之別。"

袋香

乳香之一種。次於瓶香者。宋陳敬《香譜》

卷一:"又次〔瓶香〕曰袋香,言收時只置袋中,其品亦有三等。"

乳搨

乳香之一種。次於袋香者。宋陳敬《香譜》卷一:"又次〔袋香〕曰乳搨,蓋香在舟中鎔搨在地,雜以沙石者。"

香纏

乳香中之細者。宋洪芻《香譜》卷上:"〔乳香〕又其細者謂之香纏。"

篤耨香

木香,多爲合香用。宋代時即開始使用。宋陸游《書枕屏》詩:"西域兜羅被,南番篤耨香。"產於真臘(今柬埔寨境内)。宋陳敬《香譜》卷一"篤耨香"引宋代葉廷珪云:"出真臘國,亦樹之脂也。樹如松杉之類,而香藏於皮。樹老而自然流溢者也。色白而透明……故其香冬凝而夏融。"亦作"篤傉"。宋佚名《百寶總珍集》卷八:"篤傉,泉廣路客販到,如白膠香相類,如黑篤傉,多是合香使用。此香氤氳不散。"《通雅·植物》謂篤耨香產於西國,當誤。參閱明李時珍《本草綱目·木一·篤耨香》。

【篤傉】

即篤耨香。篤傉同"篤耨"。此稱始見於宋代。見該文。

顫風香

一種較貴重的香。可用以熏衣。宋代多見。宋陳敬《香譜》卷一:"顫風香,今按此香乃占城之至精好者,蓋香樹交枝曲幹,兩相戛磨,積有歲月,樹之精液菁英結成。伐而取之,老節油透者亦佳,潤澤頗類蜜,清者最佳,熏衣,可經累日,香氣不止。今江西道臨江路清江鎮以此香爲香中之甲品,價常倍於他香。"明代亦

見記載。參閱明周嘉冑《香乘》卷四。

伽南

木質香料。多產於南洋,以東南亞古國占城所產最爲名貴。我國海南亦有生產。亦稱"奇藍""琪琳"。明文震亨《長物志·香茗》:"伽南,一名奇藍,又名琪琳,有糖結、金絲二種。糖結,面黑若漆,堅若玉,鋸開,上有油若糖者,最貴;金絲,色黃,上有綫若金者,次之。此香不可焚,焚之微有膻氣。大者有重十五六斤,以雕盤承之,滿室皆香,真爲奇物;小者以製扇墜、數珠,夏月佩之,可以辟穢。"亦作"伽俻"。清吳其濬《植物名實圖考·木五·榕》:"榕樹,兩廣極多,不材之木……木歲久則成伽俻香。"清趙翼《題嶺南物產圖》詩:"伽俻夜有光,陀利曉逾馥。"亦稱"奇楠""奇南"。清趙學敏《本草綱目拾遺》:"伽俻香,今俗作奇楠,《乘雅》作奇南。"

【奇藍】

即伽南。此稱始見於明代。見該文。

【琪琳】

即伽南。此稱始見於明代。見該文。

【伽俻】

同"伽南"。此體始見於清代。見該文。

【奇楠】

即伽南。此稱始見於清代。見該文。

【奇南】

即伽南。此稱始見於明代。見該文。

糖結

伽南香之一種。色黑而堅。明文震亨《長物志·香茗》:"〔伽南〕有糖結、金絲二種。糖結,面黑若漆,堅若玉,鋸開,上有油若糖者,最貴;金絲,色黃,上有綫若金者,次之。"

金絲

伽南香之一種。色黄，有綫如金。見"糖結"文。參閲明文震亨《長物志·香茗》。

檊香

香木。根可入藥。明李時珍《本草綱目·木一·檊香》："檊香，江淮湖嶺山中有之……葉青而長，有鉅齒，狀如小薊葉而香，對節生；其根狀如枸杞根而大，煨之甚香。"

【兜樓婆香】

即檊香。《楞嚴經》卷七："壇前別安一小火爐，以兜樓婆香煎取香水沐浴，其炭然，令猛熾。"亦稱"兜婁婆"。參閲宋法雲《翻譯名義集》卷三《衆香》。

【兜婁婆】

即檊香。兜婁同"兜樓"。此稱始見於宋代。見該文。

香草類香料

芸香

芸草之花葉製的香料。芸爲草本植物，故稱芸草，因根部木質，亦稱芸香樹，實爲一物。可入藥，亦可以避蠹驅蟲。先秦典籍已見載。《禮記·月令》："仲冬之月……芸始生。"鄭玄注："芸，香草也。"漢魏亦見記述。《説文·艸部》："芸，草也。似目宿。"宋洪芻《香譜》卷上引三國魏魚豢《典略》云："芸香辟紙魚蠹，故藏書臺稱芸臺。"南北朝亦見用。南朝梁簡文帝《大法頌》："芸香馥蘭，綠字摛章。"後世多見著録。宋陳敬《香譜》卷一："芸香。《倉頡解詁》曰：'芸蒿，葉似邪蒿，可食……'《物類相感志》云'香草也'。"明周嘉冑《香乘》卷四："〔芸香〕《禮圖》云：'葉似雅蒿，又謂之芸蒿，香美可食。'《淮南》説：芸草死可復生。采之著於衣書，可辟蠹……沈括云：'芸類豌豆，作叢生，其葉極芳香，秋復生，葉間微白如粉。'鄭玄曰：'芸，香草，世人種之中庭。'"清代亦見記載。徐珂《清稗類鈔·植物類·芸香》："芸香爲多年生草，莖高一二尺，

而其下部則成木質，故古稱芸草，亦曰芸香樹，實一物也。葉爲羽狀複葉，夏開黄綠色花，花、葉香氣皆强烈，可聞數十步，自夏至秋不歇。置葉於書間、席下，辟蠹、蚤。以其樹皮或樹脂雜諸香焚之，可薰衣祛濕。"

零陵香

一種香草。生於零陵山，故名。亦稱"燕草""薰草"。宋洪芻《香譜》卷上："〔零陵香〕《南越志》云：'一名燕草，又名薰草，生零陵山谷，葉如羅勒。'"薰草之名，先秦典籍已見記載。《山海經·西山經》云："又西百二十里曰浮山……有草焉，名曰薰草，麻葉而方莖，赤華而黑實，臭如蘼蕪，佩之可以已癘。"宋陳敬《香譜》卷一引此，注曰："即零陵香。"省稱"薰"。《左傳·僖公四年》："一薰一蕕，十年尚猶有臭。"唐代，亦稱"鈴鈴香"，又稱"鈴子香"，取其花倒懸枝間如小鈴。宋沈括《夢溪筆談補筆談·藥議》："零陵香，本名蕙，古之蘭蕙是也。又名薰。《左傳》曰：'一薰一蕕，十年尚猶有臭。'即此草也。唐人謂之'鈴

鈴香'，亦謂之'鈴子香'，謂花倒懸枝間如小鈴也。至今京師人買零陵香須擇有鈴子者。"亦入藥，《嘉祐本草》始著錄。宋陳敬《香譜》卷一："〔零陵香〕《本草》云：味苦無毒，主惡風，注心腹痛下氣。令體〔香〕，和諸香，或作湯丸用，得酒良。"明代亦見。亦稱"蕙草""黃零草"。明周嘉冑《香乘》卷四："零陵香，曰薰草，曰蕙草，曰香草，曰燕草，曰黃零草，皆別名也。生零陵山谷，今湖嶺諸州皆有之，多生下濕地，常以七月中旬開花，至香，古所謂薰草是也。或云蕙草，亦此也。又云其莖葉謂之蕙，其根謂之薰。三月采脫節者良。今嶺南收之，皆作窨竈，以火炭焙乾，令黃色乃佳。江淮間亦有土生者，作香亦可用，但不及嶺南者芬薰耳。古方但用薰草，而不用零陵香。今合香家及面膏皆用之。"參閱明李時珍《本草綱目·草三·零陵香》。清代亦見。亦稱"佩蘭"。徐珂《清稗類鈔·植物類·零陵香》："零陵香，亦稱蕙草，俗名佩蘭，爲多年生草，南方各省多種之……秋初開紅花，香氣如蘼蕪，結黑實。古言佩此可已疫癘。"

【燕草】
　　即零陵香。此稱始見於南北朝時期。見該文。
【薰草】
　　即零陵香。此稱始見於先秦時期。見該文。
【薰】
　　即零陵香。"薰草"之省稱。此稱始見於先秦時期。見該文。
【鈴鈴香】
　　即零陵香。此稱始見於唐代。見該文。
【鈴子香】
　　即零陵香。此稱始見於唐代。見該文。

【蕙草】
　　即零陵香。此稱始見於明代。見該文。
【黃零草】
　　即零陵香。此稱始見於明代。見該文。
【佩蘭】
　　即零陵香。此稱始見於清代。見該文。
【蕙】
　　即零陵香。古代習俗燒蕙草以熏除灾邪，故亦名薰草。蕙草以產於湖南零陵縣的最著名，故又稱"零陵香"。先秦典籍已見記述。《楚辭·離騷》："蘭芷變而不芳兮，荃蕙化而爲茅。"
【香草】
　　即零陵香。漢劉向《説苑·談叢》："十步之澤，必有香草；十室之邑，必有忠士。"明周嘉冑《香乘》卷四："〔零陵香〕《虞衡志》言：'零陵即今之永州，不出此香，惟融、宜等州甚多，土人以編席薦，性暖宜人。'按，零陵舊治在今全州，全乃湘之源，多生此香，今人呼爲'廣零陵香'者，乃真薰草也。若永州、道州、武岡州，皆零陵屬地，今鎮江、丹陽皆蒔而刈之，以酒灑制貨之，芬香更烈，謂之'香草'，與蘭草同稱。零陵香至枯乾猶香，入藥絶可用，爲浸油飾髮至佳。"

九回香

　　古代一種香料。見於漢代。宋葉廷珪《海錄碎事·飲食器用·香》引唐段成式《酉陽雜俎》："趙飛燕妹婕好，名合德，每沐，以九回香膏髮，其薄眉號遠山黛，施小朱，號慵來妝。"

月支香

　　一種异香。月支所貢，故名。見於漢代。

宋洪芻《香譜》卷上："月支香,《瑞應圖》:大漢二年,月支國貢神香,武帝取看之,狀若燕卵,凡三枚,大似棗。帝不燒,付外庫。後長安中大疫,宫人得疾衆,使者請燒一枚以辟疫氣,帝然之。宫中病者差,長安百里内聞其香,積九月不歇。"其事已見載晋張華《博物志》卷三。

辟寒香

一種異香。相傳漢武帝時外國所獻,寒冬點燃可取暖。漢至唐皇后、公主出游,囊中所佩四香之一。南朝梁任昉《述異記》卷上:"辟寒香,丹丹國所出,漢武時入貢,每至大寒,於室焚之,暖氣翕然,自外而入,人皆減衣。"或謂自漢至唐,公主出降,囊中貯辟寒香。參閲唐蘇鶚《杜陽雜編》卷下。

辟邪香

一種異香。漢至唐皇后、公主出游,囊中所佩四香之一。爲外國入貢。唐蘇鶚《杜陽雜編》卷下:"同昌公主出降……自兩漢至皇唐,公主出降之盛,未之有也,公主乘七寶步輦,四面綴五色香囊,囊中貯辟寒香、辟邪香……此香異國所獻也。"

瑞麟香

一種異香。漢至唐皇后、公主出降,囊中所佩四香之一。爲外國所貢。宋陳敬《香譜》卷一:"辟寒香、辟邪香、瑞麟香、金鳳香,皆異國所獻。《杜陽雜編》云:自兩漢至皇唐,皇后、公主乘七寶輦,四面綴五色玉香囊,中貯上四香,每一出游,則芬馥滿道。"

金鳳香

一種異香。漢至唐皇后、公主出降所佩四香之一。爲外國所貢。見"瑞麟香"文。參閲

唐蘇鶚《杜陽雜編》卷下。

兜末香

一種香料。外國所貢。見於漢代。《太平御覽》卷九八三引《漢武故事》:"兜末香,兜渠國所獻,如大豆。"宋洪芻《香譜》卷上:"兜末香。《本草拾遺》曰:'燒,去惡氣,除病疫。'《漢武帝故事》曰:'西王母降,上燒是香。兜渠國所獻,如大豆。塗宫門,香聞百里。關中大疫,死者相枕,燒此香疫則止。'"

茵墀香

一種香料。可煮湯洗浴。相傳漢靈帝時西域所獻。晋王嘉《拾遺記·後漢》:"〔漢靈〕帝盛夏避暑於裸游館……西域所獻茵墀香,煮以爲湯,宫人以之浴浣畢。使以餘汁入渠,名曰流香渠。"宋洪芻《香譜》卷上:"茵墀香。《拾遺記》:靈帝初平三年,西域獻,煮湯辟癘,宫人以沐頭。"

迷迭香

以植物迷迭所製之香。三國時魏文帝曹丕、曹植、王粲、應瑒、陳琳等賦中已見。賦參見《藝文類聚》卷八一《迷迭》。宋洪芻《香譜》卷上:"迷迭香。《廣志》云:'出西域。'魏文帝有賦,亦嘗用。《本草拾遺》曰:'味辛溫,無毒,主惡氣,令人衣香,燒之去邪。'"明周嘉胄《香乘》卷四:"迷迭香。《廣志》云:'出西域。'《魏略》云:'出大秦國。'可佩服,令人衣香,燒之拒鬼。魏文帝時,自西域移植庭中。帝曰:'余植迷迭于中庭,喜其揚條吐秀,馥郁芬芳。'"

百濯香

一種香料。相傳三國吴國孫亮爲寵姬四人所合,香氣沾衣,百洗不掉,故名。晋王嘉

《拾遺記·吳》："〔孫亮〕爲四人合四氣香，殊方異國所出。凡經踐躡宴息之處，香氣沾衣，歷年彌盛，百浣不歇，因名曰百濯香。"

雀頭香

香名。莎草的塊根。三國時已見用。《三國志·吳書·孫權傳》"立登爲王太子"裴松之注引《江表傳》："是歲，魏文帝遣使求雀頭香、大貝、明珠……長鳴鷄。"中醫稱"香附子"，可入藥，亦可作合香。唐宋文獻多有記載。唐蘇敬等《新修本草·草部·莎草根》："根名香附子，一名雀頭香，大下氣，除胸腹中熱。"宋洪芻《香譜》卷上："雀頭香，《本草》云：'即香附子也。所在有之。葉、莖都似三棱，根若附子，周匝多毛。交州者最勝，大如棗核，近道者如杏仁許。荆襄人謂之莎草根。大下氣，除胸腹中熱。合和香用之，尤佳。'"明代亦見記載。明李時珍《本草綱目·草三·莎草香附子》："《別録》止言莎草，而不言用苗用根，後世皆用其根，名香附子，而不知莎草之名也……其根相附，連續而生，可以合香，故謂之香附子，上古謂之雀頭香。"

【香附子】

即雀頭香。此稱始見於唐代。見該文。

蘹香

一種香草。多年生宿根草本植物。全株具強烈芳香。嫩莖葉可食，果實可作香料，亦可入藥。原產於歐洲南部，現我國各地普遍栽培。三國時的文學作品中已提及。亦作"懷香"。三國魏嵇康有《懷香賦序》。亦稱"茴香"。宋《政和證類本草》卷九："蘹香子，亦名茴香。"明李時珍《本草綱目·菜部》："〔蘇〕頌曰：蘹香，北人呼爲茴香。"宋陳敬《香譜》卷一：

"蘹香。《本草》云：'即茴香，葉細莖粗，高者五六尺，叢生人家庭院中，其子療風。'"

【懷香】

同"蘹香"。此體始見於三國時期。見該文。

【茴香】

即蘹香。此稱始見於宋代。見該文。

鬱金香

香草。三國時的文獻已見記載。作合香用。宋洪芻《香譜》卷上："《魏略》云：'〔鬱金香〕生大秦國，二三月花，如紅藍，四五月采之，其香，十二葉，爲百草之英。'《本草拾遺》曰：'味苦，無毒，主蟲毒、鬼疰、鴉鶻等臭，除心腹間惡氣、鬼疰。入諸香用。'"宋陳敬《香譜》卷一引宋蘇軾《物類相感志》云："〔鬱金香〕出伽毗國，華而不實，但取其根而用之。"明周嘉胄《香乘》卷二："鬱金香……鬱香可佩，宮嬪每服之於襦袵。"亦稱"鬱金"。《梁書·中天竺國傳》："鬱金獨出罽賓國，華色正黃而細，與芙蓉華裹被蓮者相似。"明李時珍《本草綱目·草三》亦有記述。并稱其異名"紫述香"。

【鬱金】

即鬱金香。此稱始見於南北朝時期。見該文。

【紫述香】

即鬱金香。此稱始見於南北朝時期。亦稱"紅蘭香""金桂香""麝香草"。南朝梁任昉《述異記》卷下："紫述香一名紅蘭香，一名金桂香，亦名麝香草。出蒼梧、桂林二郡界。今吳中有麝香草，似紅蘭而甚芳香。"明李時珍《本草綱目·草三》記述"鬱金香"，并稱其異名"紫述香"。

【紅蘭香】

即紫述香。此稱始見於南北朝時期。見該文。

【金桂香】

即紫述香。此稱始見於南北朝時期。見該文。

【麝香草】

即紫述香。此稱始見於南北朝時期。見該文。

甘松香

一種香草。可製香料，根、莖可入藥。產於川西松州及甘肅、青海等山地，味甘香，故名。晋代已見記載。宋洪芻《香譜》卷上引晋郭義恭《廣志》云："甘松香生涼州。"南北朝時期以之製和香。省稱"甘松"。《宋書·范曄傳》引《和香方·序》："甘松、蘇合、安息、鬱金、捺多、和羅之屬，並被珍於外國，無取於中土。"宋代亦見。宋陳敬《香譜》卷一："〔甘松香〕《本草拾遺》云：'味溫無毒，主鬼氣，卒心腹痛、漲滿。發生細葉，煮湯沐浴，令人身香。'"明代亦見記載。明周嘉冑《香乘》卷四："〔甘松香〕出姑臧涼州諸山，細葉，引蔓，蕪生，可合諸香及裹衣。今黔、蜀州郡及遼州亦有之。叢生山野，葉細如茅草，根極繁密。八月作湯浴，令人身香。甘松芳香能開脾鬱，產於川西松州，其味甘，故名。"參閱明李時珍《本草綱目·草三·甘松香》。清代亦見記載。徐珂《清稗類鈔·植物類·甘松香》："甘松香，草名，產黔、蜀，莖高五六寸，葉細如茅，根密，味甘。其根，曝乾之，可合諸香而燒，且入藥。"

【甘松】

"甘松香"之省稱。此稱始見於南北朝時期。見該文。

艾蒳香

一種香草。似細艾，子可食，燒之久香不散。可作香料，亦可入藥。晋代已見記載。省稱"艾蒳"。晋郭義恭《廣志》卷下："〔艾蒳香〕出西國，似細艾。又有松樹皮上綠衣，亦名艾蒳，可以和合諸香，燒之能聚其烟，青白不散，而與此不同。"宋代亦見。宋蘇軾《再和楊公濟梅花十絶》之二："憑仗幽人收艾蒳，國香和雨入青苔。"亦稱"石芝"。宋陳敬《香譜》卷一："〔艾蒳香〕《本草拾遺》云：'味溫無毒，主惡氣，殺蛀蟲，主腹內冷洩痢。一名石芝。'《字統》云：'香草也。'《異物志》云：'葉如枅櫚而小，子似檳榔，可食。'"亦作"艾納香"。參閱宋吳曾《能改齋漫錄》卷一五。省稱"艾納"。明周嘉冑《香乘》卷四："艾納出剽國，此香燒之斂香氣，能令不散，烟直上，似細艾也。"

【艾蒳】

"艾蒳香"之省稱。此稱始見於晋代。見該文。

【石芝】

即艾蒳香。此稱始見於宋代。見該文。

【艾納香】

同"艾蒳香"。此體始見於宋代。見該文。

【艾納】

即艾蒳香。"艾納香"之省稱。見該文。

藿香

一種香草。可着衣中令香，亦可爲粉傅身。晋代已見記載。《本草綱目·草三·藿香》引晋嵇含《南方草木狀》："〔藿香〕出交阯、九真、武平、興古諸國，吏民自種之，榛生，五六月采，日乾乃芬香。"後代亦見。明周嘉冑《香乘》卷四："藿香，出海遼國，形如都梁，可著衣服中……劉欣期言：藿香似蘇合，謂其香味相似也。須遜國出藿香，插枝便生，葉如都梁，以裹衣。國有區撥等花十餘種，冬夏不衰，日載數十車貨之。其花燥更芬馥，亦末爲粉以傅身焉。”

千步香

一種香料。佩之，香聞於千步，故名。南朝時已見記載。南朝梁任昉《述異記》卷下：“南海山出千步草，佩之，香聞於千步也。今海嵎有千步草，是其種也，葉似杜若而紅碧間雜。《貢籍》曰：南郡貢千步香。”參閱宋洪芻《香譜》卷上。

兜婁香

一種香草。可作香料，亦可入藥。宋洪芻《香譜》卷上：“兜婁香。《異物志》云：‘出海邊國，如都梁香。’《本草》曰：‘性微溫，療霍亂、心痛，主風水毒腫、惡氣，止吐逆。’亦合香用。莖葉似水蘇。”今按，《異物志》在《隋書·經籍志》和《舊唐書·經籍志》《新唐書·藝文志》皆有著錄，故此香在南北朝時期已見用，隋唐時期亦見。而宋代流行的兜婁香又與此不同。宋陳敬《香譜》卷一：“兜婁香……今按此香與今之兜婁香不同。”據此，宋代當另有一種兜婁香。

茅香

一種香草。可作浴湯，去風邪。亦可入藥。唐代已見著錄。亦稱“茅香花”。宋洪芻《香譜》卷上：“茅香花。《唐本草》云：‘生劍南諸州，其莖葉黑褐色，花白，非白茅也。味苦溫，無毒，主中惡、溫胃、止嘔吐。葉苗可煮湯浴，辟邪氣，令人香。’”明代亦見。明周嘉胄《香乘》卷四：“茅香，花、苗、葉可煮作浴湯，辟邪氣，令人身香。生劍南道諸州……根如茅，但明潔而長。用同藁本尤佳，仍入印香中，合香附子用。茅香凡有二，此是一種香茅也。其白茅香別是南番一種香草。”參閱明李時珍《本草綱目·草三·茅香》。今從此草中提取香豆素，作香草浸劑。

【茅香花】

即茅香。此稱始見於唐代。見該文。

降真香

香名。其香似蘇枋木，燒之烟直上。傳說能降神，故名。本出黔南。唐代已見。唐白居易《贈朱道士》詩：“盡日窗間更無事，唯燒一炷降真香。”宋代多見。亦可入藥。亦稱“紫藤香”。宋陳敬《香譜》卷一：“〔降真香〕《南州記》云：‘生南海諸山，大秦國亦有之。’《海藥本草》云：‘味溫平，無毒，主天行時氣，宅舍怪異，並燒之有驗。’《列仙傳》云：‘燒之感引鶴降，醮星辰燒此香妙爲第一。小兒佩之，能辟邪氣。狀如蘇枋木，然之初不甚香，得諸香和之則特美。’葉庭〔廷〕珪云：‘出三佛齊國及海南，其氣勁而遠，能避邪氣，泉人每歲除家，無貧富皆爇之如燔柴。雖在處有之，皆不及三佛齊者。一名紫藤香，今有蕃降、廣降之別。’”明代亦見。明初外國有貢降真香者。明周嘉胄《香乘》卷四：“降真香，一名紫藤香……廣東、廣西、雲南、安南、漢中、施州、永順、保靖及占城、暹羅、渤泥、琉球諸番皆有之。降真生藂林中，番人頗費坎斫之功，乃樹心也。其外白皮，厚八九寸或五六寸，焚之，氣勁而遠。”又云：“南巫里，其地自蘇門答剌，西風一日夜可至，洪武初貢降真香。”

【紫藤香】

即降真香。此稱始見於宋代。見該文。

野悉密香

一種香草。其花榨油，可作香料。唐代始

見記述。宋陳敬《香譜》卷一："野悉密香。《潜齋》云：'出佛林國，亦出波斯國，苗長七八尺，葉似梅。四時敷榮，其花五出，白色，不結實，花開時徧野皆香，與嶺南詹糖相類，西域人常採其花壓以爲油，甚香滑。'唐人以此和香。或云薔薇水即此花油也。亦見《雜俎》。"

意可香

香之一種。原稱"宜愛"，後更此名。相傳爲吳越王宮中之香。宋葉廷珪《海録碎事·飲食器用》："意可香，初名宜愛，或云此江南宮中香，有美人字曰宜愛，此香故名宜愛。山谷曰：香殊不凡而名乃有脂粉氣，易名曰意可。"

【宜愛】

即意可香。此稱始見於宋代。見該文。

木香

香名。亦稱"蜜香"。唐釋道世《法苑珠林》引《神農本草經》曰："木香，一名蜜香。"宋洪芻《香譜》卷上："木香，《本草》云：'一名蜜香，從外國舶上來。葉似薯蕷而根大，花紫色，功效極多。味辛溫而無毒，主辟瘟疫，療氣劣、氣不足，消毒，殺蟲毒。'今以如鷄骨堅實，嚼之粘齒者爲上。"

【蜜香】²

即木香。此稱始見於漢代。見該文。

白茅香

一種香草。産於南方。宋洪芻《香譜》卷上引《本草拾遺》記曰："〔白茅香〕味甘平，無毒，主惡氣，令人身香。煮汁服之，主腹内冷痛。生安南，如茅根，道家用煮湯沐浴。"明代亦見。明周嘉胄《香乘》卷四："白茅香，生廣南山谷及安南，如茅根，亦今排草之類，非近代之白茅及北土茅香花也。道家用作浴湯。"

合諸名香甚奇妙，尤勝舶上來者。"

亞悉

一種名貴香料。以軟凈色明者爲佳，用手指可捻爲丸者尤妙。據明謝肇淛《五雜俎·物部二》載，始於宋代。其云："宋宣和間，宮中所焚異香有篤耨、龍涎、亞悉……之類。"亦稱"烏香""唵叭"。《通雅·植物》云："篤耨、亞悉、龍延、迷迭、艾納，西國香也……亞悉，或曰烏香，蓋今之唵叭也。"亦稱"黑香"。明文震亨《長物志·香茗》："唵叭香，香膩甚，着衣袂，可經日不散，然不宜獨用，當同沉水共焚之。一名'黑香'。"明周嘉胄《香乘》卷五："唵叭香，出唵叭國，色黑，有紅潤者至佳。爇之不甚香，而氣味可取。用和諸香，又能辟邪魅。以軟凈色明者爲上。"

【烏香】

即亞悉。此稱始見於明代。見該文。

【唵叭】

即亞悉。以産於唵叭國，故名。此稱始見於明代。見該文。

【黑香】

即亞悉。此稱始見於明代。見該文。

蘭香

亦稱"水香"。一種香草。煮以洗浴。宋洪芻《香譜》卷上："蘭香，《川本草》云：'味辛平，無毒，主利水道，殺蟲毒，辟不祥。'一名水香，生大吳池澤。葉似蘭，尖長有岐，花紅白色而香。煮水，浴以治風。"亦稱"澤蘭"。參閱宋官修《政和證類本草》卷九《澤蘭》。

【水香】

即蘭香。此稱始見於宋代。見該文。

【澤蘭】

即蘭香。此稱始見於宋代。見該文。

【都梁香】

即蘭香。以生於都梁縣山上而得名，爲古人燃香的主要用料之一。宋洪芻《香譜》卷上："都梁香，《荊州記》曰：'都梁縣有山，山上有水，其中生蘭草，因名都梁香。形如藿香。'古詩曰：'博山鑪中百和香，鬱金蘇合及都梁。'"明周嘉冑《香乘》卷四："〔都梁香〕曰水香……曰大澤蘭。"

排草香

一種香草。排草之根，色白，狀若細柳根，甚芬烈。可合諸香用，亦可入藥。明周嘉冑《香乘》卷四："排草香，排草出交阯，今嶺南亦或蒔之，草根也。白色，狀如細柳根，人多僞雜之。《淮海志》云：'排草香，狀如白茅香，芬烈如麝，人亦用之合香，諸香無及之者。'"

膽八香

一種香料。生產於南方。明代見之。明周嘉冑《香乘》卷五："膽八香，樹生交阯南番諸國，樹如稚木樨，葉鮮紅，色類霜楓。其實壓油和諸香爇之，辟惡氣。"

動物性香料

麝香

一種動物性香料。雄麝腹部香腺的分泌物。乾燥後呈顆粒狀或塊狀，香味强烈，爲貴重香料。麝，似鹿而小，腹部有香腺。《後漢書・西南夷傳・冉駹夷》："又有五角羊、麝香、輕毛毦雞、牲牲。"南朝宋范曄在其《和香方》的序中提及麝香，參閱《宋書・范曄傳》。在唐朝時期，麝香已在貴族婦女中廣爲應用。唐僖宗避亂幸蜀，由於宮嬪多帶麝香，致使關中道旁瓜皆萎落，蓋因瓜忌麝之故。宋代已廣爲應用。宋洪芻《香譜》卷上："麝香。《唐本草》云：'生中臺川谷，及雍州、益州皆有之。'陶隱居云：'形似麞，常食柏葉，及啖蛇。'或於五月得者，往往有蛇皮骨。主辟邪，殺鬼精、中惡、風毒，療傷。多以一子真香分糅作三四子，刮取血膜，雜以餘物，大都亦有精粗，破皮毛共在裏中者爲勝。或有夏食蛇蟲多，至寒香滿，入春患急痛，自以脚剔出，人有得之者，此香絶勝。帶麝非但香辟惡，以香真者一子著腦間枕之，辟惡夢及尸疰鬼氣。今或傳有水麝臍，其香尤美。"後代仍沿用。明周嘉冑《香乘》卷三："麝香……今出羌夷者多真好；出隨郡義陽、晉溪諸蠻中者亞之；出益州者形扁，仍以皮膜裹之，多僞。"

【麝臍】

即麝香。因麝香產於麝之臍下，故稱。此稱唐代始見用。唐温庭筠《張静婉采蓮歌》："抱月飄烟一尺腰，麝臍龍髓憐嬌嬈。"

龍涎香

名貴香料。爲抹香鯨腸胃之分泌物，類似結石，從鯨體内排出後，漂浮於海面或沖刷至岸邊，遂爲人所得。爲黄、灰或黑色蠟狀物質。宋曾慥《類説·香譜·龍涎香》云："出文石國，國人候島林，上有異禽翔集，下有群魚游泳，則有伏龍吐涎浮水上，舟人或探得之，則爲巨富。其涎如膠。"唐人亦稱之爲"阿末香"。參閲唐段成式《酉陽雜俎·境異》。宋人常用作熏香。明周嘉胄《香乘》卷五："宋代宮燭以龍涎香貫其中，而以紅羅纏炷，燒燭則灰飛而香散。又有令香烟成五綵樓閣龍鳳文者。"宋張世南《游宦紀聞》卷七："諸香中，龍涎最貴重。廣州市直，每兩不下百千，次等亦五、六十千，係蕃中禁榷之物，出大食國……予嘗叩泉、廣合香人，云：'龍涎入香，能收斂腦麝氣，雖經數十年，香味仍在。'"明代廣爲應用。明周嘉胄《香乘》卷五："龍涎自番舶轉入中國，《炎經》《職方》，初不著其用，彼賈胡殊自珍秘，價以香品高下分低昂。向南粵友人貽余少許，珍比木難，狀如沙塊，厥色青黎，厥香鱗腥。和香焚之，乃交醖其妙，裊烟蜒蜿，擁閉緹室，經時不散。旁置盂水，烟逕投撲其内，斯神龍之靈，涎沫之遺，猶徵異乃爾。"又云："成化、嘉靖間，僧繼曉、陶仲文等競奏方伎，廣購龍涎香，香價騰溢，以遠物之尤，供尚方之媚。"又云："嘉靖四十二年，廣東進龍涎香，計七十二兩有奇。"省稱"龍涎"。唐蘇鶚《杜陽雜編》卷下："澄水帛長八九尺，似布而細，明薄可鑒，云其中有龍涎。"今在澳大利亞、新西蘭和印度洋等處海岸時有發現。

【阿末香】

即龍涎香。此稱始見於唐代。見該文。

【龍涎】

"龍涎香"之省稱。此稱始見於唐代。見該文。

甲香

一種動物性香料。以蠡類介殼口圓片狀的蓋，燒灰合香，和蠟可製口脂，磨碎成散則爲粉。亦可供藥用。唐代文獻始著録。宋代已入香譜。《新唐書·地理志七上》："廣州南海郡中都督府土貢：銀、藤簟……沈香、甲香。"宋洪芻《香譜》卷上："甲香。《唐本草》云：'蠡類，生雲南者，大如掌，青黄色，長四五寸，取屬燒灰用之。南人亦煮其肉啖。'今合香多用，謂能發香，復來香烟。須酒蜜煮製方可用。'"宋陳敬《香譜》卷一："〔甲香〕温子皮云：'正甲香本是海螺壓子也。唯廣南來者其色青黄，長三寸。河中府者，只闊寸餘。嘉州亦有，如錢樣大。於木上磨令熱，即投醲酒中，自然相近者是也。若合香偶無甲香，則以蠡殼代之，其勢力與中香均，尾尤好。'"宋代醫藥書亦著録。《政和證類本草》卷二二《甲香》引《圖經》："甲香，生南海，今嶺外閩中近海州郡及明州皆有之。"明代亦有著録。主要用作合香原料。明周嘉胄《香乘》卷五："甲香，蠡類，大者如甌，面前一邊直，攙長數寸，獷殼岨峿有刺。共掩雜香燒之，使益芳，獨燒則味不佳。一名流螺，諸螺之中，流最厚味是也。生雲南者，大如掌，青黄色，長四五寸，取屬燒灰用之，南人亦煮其肉啖。今各香多用，謂能發香，復聚香烟。須酒蜜煮製，去腥及涎，方可用。"

混合香

合香

用多種原料雜和而成的混合香。始見於漢代。以其所用原料之多，古人又美其名曰“百合香”。亦稱“百和香”“百雜香”。歷代皆見。《漢武內傳》：“至七月七日，乃修除宮掖之內……燔百和之香，張雲錦之帳。”晋王嘉《拾遺記·晋時事》：“〔石虎〕爲四時浴室……夏則引渠水以爲池，池中皆以紗縠爲囊，盛百雜香，漬於水中。”唐羅虬《比紅兒》詩：“金縷濃薰百和香，臉紅眉黛入時妝。”《金瓶梅詞話》第六二回：“月娘一面看着，教丫頭收拾房中乾净，伺候净茶净水，焚下百合真香。”後世用作薰香的也是合香。亦稱“千和香”。《藝文類聚》卷三七引南朝梁簡文帝《華陽陶先生墓志銘》：“九節麗於空中，千和焚於地下。”宋張綱《燒香三絶句》之三：“香添細炷焚千和，茶碾新芽試一旗。”自注：“千和香，出《三洞珠囊》。”亦稱“調香”“雜馥”“練香”。《通雅·器用》：“合香曰調香，曰雜馥，曰練香。《內則》：‘衿纓容臭。’正合諸香也。《通典》有雜馥，合香也。李賀詩：‘練香薰宋鵲。’陶九成以爲合香，此乃今之甜香，香餅之類，非容臭佩之者也。《華嚴經》曰：‘粥香長者善調香。’”

【百合香】

即合香。此稱始見於漢代。見該文。

【百雜香】

即合香。此稱始見於晋代。見該文。

【百和香】

即合香。此稱始見於漢代。見該文。

【千和香】

即合香。此稱始見於南北朝時期。見該文。

【調香】

即合香。此稱始見於唐代。見該文。

【雜馥】

即合香。此稱始見於唐代。見該文。

【練香】

即合香。此稱始見於唐代。見該文。

甲煎

一種混合香料。以甲香同沉香、麝香等製成。可作薰香，亦可焚爇，亦可作口脂。晋代已見使用，如石崇家厠內常置。南朝宋劉義慶《世說新語·汰侈》：“石崇厠常有十餘婢侍列，皆麗服藻飾，置甲煎粉、沈香汁之屬，無不畢備。”北周庾信《鏡賦》：“脂和甲煎。”隋代宮中用作焚爇香料。明周嘉胄《香乘》卷一引唐蘇鶚《杜陽雜編》云：“隋煬帝每至除夜，殿前諸院設火山，數十車沈水香，每一山焚沈香數車，以甲煎沃之，焰起數丈，香聞數十里。一夜之中用沈香二百餘乘，甲煎二百餘石。”亦作“夾煎”。唐李商隱《隋宮守歲》詩：“沉香夾煎爲庭燎，玉液瓊蘇作壽杯。”後代亦作藥用。明李時珍《本草綱目·介二·甲煎》：“甲煎，以甲香同沉、麝諸藥花物治成，可作口脂及焚爇也。”

【夾煎】

同“甲煎”。此體始見於唐代。見該文。

香印

以多種香料搗末和匀，用金屬印格印成起訖一貫的文字的一種香。香雖燒盡，灰燼字迹仍存。始見於唐代。唐王建《香印》詩："閑坐燒香印，滿戶松柏氣。"唐後仍見，亦稱"印香"。五代前蜀貫休《題簡禪師院》詩："思山海月上，出定印香終。"宋代蘇軾有《子由生日以檀香觀音像及新合印香銀篆盤爲壽》詩。宋洪芻《香譜》有製香印法。

【印香】

即香印。此稱始見於五代時期。見該文。

亞濕香

人工合成的一種香，出占城國。見於宋代文獻記載。宋陳敬《香譜》卷一引葉廷珪云："〔亞濕香〕出占城國，其香非自然，乃土人以十種香擣和而成。味温而重，氣和而長，爇之勝於他香。"明代亦見。明周嘉胄《香乘》卷四："亞濕香……近有自日本來者，貽余以香，所謂體濕而黑、氣和而長，全無沉、檀、腦、麝氣味，或即此香云。"

香篆

指製成篆文狀的盤香。宋洪芻《香譜》卷下："香篆，鏤木以爲之，以範香塵爲篆文，燃於飲席或佛像前，往往有至二三尺徑者。"又："百刻香，近世尚奇者作香篆，其文準十二辰，分一百刻，凡燃一晝夜已。"亦稱"篆香"。宋秦觀《減字木蘭花》詞："欲見回腸，斷盡金爐小篆香。"宋黃庭堅《畫堂春》詩中所云"寶篆烟消龍鳳"，亦即謂此香。李清照《滿庭霜》詞中，亦有"篆香燒盡，日影下簾鈎"之句。宋代以後，這種盤香不存。

【篆香】

即香篆。此稱始見於宋代。見該文。

香餅

以炭屑摻入蜀葵葉等香料，和以糯米湯，捶作小餅，用以焚香。流行於宋代，當時官辦香藥局及民營香肆均有製售。宋歐陽修《歸田錄》卷下："香餅，石炭也。用以焚香，一餅之火，可終日不滅。"宋孟元老《東京夢華錄·諸色雜賣》："荷大斧斫柴，換扇子柄，供香餅子、炭團。"明清之際尚存，有黃香餅、黑香餅。明文震亨《長物志·香茗》云："黄、黑香餅……大如錢者妙甚；香肆所製小者，及印各色花巧者，皆可用。然非幽齋所宜，宜以置閨閣。"《醒世恒言·賣油郎獨占花魁》："香几上博山古銅爐燒着龍涎香餅。"後無此制。參閲宋洪芻《香譜·造香餅子法》。

佩香

供佩戴用的香塊。一般用金玉鑲孔製成盛器，懸於頸。這種習俗主要流行於宋朝。宋趙令畤《侯鯖錄》卷六："宣和五六年間……漆冠子，作二桃樣，謂之'竝桃'，天下效之。香謂之'佩香'。"宋蔡絛《鐵圍山叢談》卷六："〔龍涎香〕其模製甚大而質古……金玉穴，而以青絲貫之，佩於頸，時於衣領間摩挲以相示，坐此遂作佩香焉。"

沉速香

以沉速、檀香等爲原料配製而成的一種合香。明高濂《遵生八牋·燕閒清賞牋中》："沉速香方：用沉速五斤，檀香一斤，黃烟四兩，唵叭香三兩，乳香二兩，麝香五錢，合油六兩，白芨麵一斤八兩，排草一斤八兩。和成滾棍。"明代多見用。《金瓶梅詞話》第六八回："他便一手拿着銅絲火籠兒，內燒着沉速香餅兒，將袖口籠着熏爇身上。"

甜香

明代宣德年間流行的一種合香。明文震亨

《長物志・香茗》：“甜香，宣德年製，清遠味幽可愛，黑鐔如漆，白底上有燒造年月，有錫罩蓋罐子者，絕佳。‘芙蓉’‘梅花’皆其遺制，近京師製者亦佳。”

芙蓉

甜香之遺制。點燃後，其味清遠幽香可人。見於明代。見“甜香”文。參閱明文震亨《長物志・香茗》。

梅花

甜香之遺制。點燃後，其味清遠幽香。見於明代。見“甜香”文。參閱明文震亨《長物志・香茗》。

綫香

用木屑摻香料製成的細條形熏香。細長如綫，故名。始於明代，約是宋代篆香之遺制。明葉盛《水東日記・于節庵遺事》：“手帕蘑菇與綫香，本資民用反爲珱。”明李雲卿《得悟昇真》第二折：“去東華門外邊，一個銅錢買一把取燈兒，點着綫香。”又稱之爲“棒兒香”。《金瓶梅詞話》第三七回：“〔桌上〕錫器家活堆滿，地下插着棒兒香。”清代仍沿用。亦稱“條香。”

清唐甄《潛書・性才》：“亦有無光之明，如燭滅而著在條香，滿堂賓客無不見其明者。”《老殘游記》第六回：“于是站起來，桌上摸了個半截綫香，把燈撥了撥。”至今用作室內熏香或供奉用的，多爲此制。

【棒兒香】

即綫香。此稱始見於明代。見該文。

【條香】

即綫香。此稱始見於清代。見該文。

龍拄香

綫香的一種。見於清末。徐珂《清稗類鈔・物品類・綫香》：“綫香，用香末製成，細長如綫，故名。或盤成物象字形，用鐵絲懸爇者，名龍拄香。”

盤香

一種合香。形盤曲，故名。亦作“蟠香”。見於清末。徐珂《清稗類鈔・物品類・盤香》：“以香料與榆皮麪作糊，笮成長條，而盤屈之，謂之盤香，一作蟠香。”

【蟠香】

同“盤香”。此體始見於清末。見該文。

香　水

薔薇露

用薔薇花製成的香水。盛行於隋唐時期。唐馮贄《雲仙雜記》卷六：“柳宗元得韓愈所寄詩，先以薔薇露盥手，薰玉蕤香後發讀。”至於其產地、功用，《廣群芳譜》載之甚詳。其云：“薔薇露出大食國、占城國、爪哇國、回回國，番名阿剌吉，灑衣經歲，其香不歇，能療

人心疾，不獨調粉爲婦人面飾而已。”宋元時亦有之，如元張昱《次林叔大都事韻》之三：“無端收得番羅帕，徹夜薔薇露水香。”亦稱“薔薇水”。宋代盛行的是一種用茉莉花製成的香水。宋陳敬《香譜》卷一引葉廷珪云：“〔薔薇水〕大食國花露也。五代時蕃將蒲訶散以十五瓶效貢，厥後罕有至者。今則採末利花蒸取其液以

代焉，然其水多偽雜，試之，當用琉璃瓶盛之，翻搖數四，其泡自上下者爲眞。後周顯德五年，昆明國獻薔薇水十五瓶，得自西域，以之灑衣，衣敝而香不滅。"

【薔薇水】

即薔薇露。此稱始見於宋代。見該文。

【大食水】

即薔薇露。產於大食國（阿拉伯帝國），故稱。宋陳敬《香譜》卷一："大食水，今按此香即大食國薔薇露也。本土人每蚤起以爪甲於花上取露一滴，置耳輪中，則口眼耳鼻皆有香氣，終日不散。"

酴醾露

一種用木香花汁製成的香水。文獻記載始見於宋代。宋張邦基《墨莊漫錄》卷九："酴醾花或作荼蘼，一名木香，有二品。一種花大而棘，長條而紫心者爲酴醾。一品花小而繁，小枝而檀心者爲木香。"人們多以此花製成花露水。宋以後亦見。亦稱"醾醾香露"。明周嘉胄《香乘》卷五："醾醾香露，醾醾，海國所產爲勝，出大西洋國者，花如中州之牡丹。蠻中遇天氣淒寒，零露凝結，著地草木，乃冰澌木稼，殊無香韵。惟醾醾花上瓊瑤晶瑩，芳芬襲人，若甘露焉。夷女以澤體髮，膩香經月不滅。國人貯以鉛瓶，行販他國。暹羅尤特愛重，競買略不論值，隨舶至廣，價亦騰貴，大抵用資香奩之飾耳。"

【醾醾香露】

即醾醾露。此稱始見於明代。見該文。

香水

現代化妝品。以香料、酒精和蒸餾水等製成。老舍《茶館》第三幕："帶點香水，好好噴一氣，這裏臭哄哄的！"

洗浴用品

澡豆

古代洗滌用品。以豆粉合諸藥製成，用於滌手洗面，使皮膚清潔光澤。晉代即有此物。南朝宋劉義慶《世說新語·紕漏》："王敦初尚主，如厠……既還，婢擎金澡盤盛水，琉璃盌盛澡豆，因倒箸［著］水中而飲之，謂是乾飯。群婢莫不掩口而笑之。"至唐宋時期仍見用。據宋胡仔《苕溪漁隱叢話》載："王荊公面黑，夫人爲置澡豆，公曰：'天生黑於予，澡豆其如予何。'"據近人尚秉和《歷代社會風俗事物考·古家庭狀況·古今沐浴去垢之變遷》："周時洗衣以灰水，《內則》：衣垢和灰請浣是也……至漢仍用米汁……至晉有澡豆，見於《世說》。然以王敦之貴，尚不識爲何物，竟以爲飯，倒著水中而飲之，可見世俗尚無此物。至唐陸暢娶貴人女，亦不識澡豆，沃水服之，以爲食辣麵。見《酉陽雜俎·貶誤門》。至宋王荊公面黑，夫人爲置澡豆，荊公不用，是唐宋時洗面，用澡豆者仍少。第古之所謂澡豆，與後世異。……然究爲何質造成？作何形狀？今已不能揣知。又以證石碱之發明最晚。《說文》雖有碱字，皆詁作鹵。《本草綱目》始言山東濟寧出石礆，可浣衣，蓋在明時。至清，遂有鵝胰、猪胰、肥皂等名。去垢之劑遂大備矣。"唐王燾《外臺秘要方》有《澡豆方》，可參閱。

香湯

調有香料的熱水，用於洗浴。始見用於南北朝時期。南朝梁沈約《齊禪林寺尼净秀行狀》："又嘗請聖僧浴器盛香湯。"唐代亦見用。唐元稹《臺中鞫獄憶開元觀舊事呈損之兼贈周兄四十韵》詩："香湯洗驄馬，翠篾籠白鷳。"明清亦見。《西游記》第九五回："叙畢離情，即令取香湯，教公主沐浴更衣，上輦回國。"近人胡適《〈鏡花緣〉的引論》："女兒國的國王看中了他，把他關在宮裏，封他爲王妃。早有宮娥預備香湯，替他洗浴。"

香皂

具有不同香味的高級肥皂。以牛油、羊油、猪油、椰子油等混合油脂爲原料，根據需要加入 1%~3% 不同香型的香精，脂肪含量 80% 左右。和肥皂比較，對皮膚刺激較小。

植物性香原料

香水花

一種植物性香料。近代從歐洲移植到中國，花可取油，爲製香水的原料，故名。亦稱"西洋薔薇"。徐珂《清稗類鈔‧植物類‧香水花》："香水花爲落葉灌木，原產歐洲，光緒時，移植於上海。高三尺許，有刺，葉爲羽狀複葉。花大而重瓣，色紅，或紫或白，頗類薔薇，故亦稱爲西洋薔薇。萼及花梗皆有香，蒸花瓣取油，可製香水，故名。"

【西洋薔薇】

即香水花。此稱始見於清代。見該文。

香茅

一種植物香料。亦稱"檸檬茅""香巴茅"。爲多年生草本，全株富檸檬香氣。多分布於熱帶地區，我國南部亦有栽培。其主要成分爲檸檬醛，提取後可製各種紫羅蘭酮香料，用於香皂和化妝品中，亦可入藥。

【檸檬茅】

即香茅。此稱行用於近現代。見該文。

【香巴茅】

即香茅。此稱行用於近現代。見該文。

香薷

一種植物香料。唇形科一年生草本。全株有芳香氣味。莖直立，方形。葉對生，橢圓狀披針形或卵狀橢圓形。花爲唇形。莖葉可提取芳香油。主要產於我國東北、東南及西南等地。

香圓

一種植物香料。芸香科常綠喬木。橢圓形小葉片，白花，球形果。葉、花、果實可提取芳香油。果皮可入藥。我國江蘇、浙江、江西、安徽、湖北、四川等地皆有栽培。

香橙

一種植物香料。芸香科常綠小喬木。亦稱"蟹橙"。橢圓或卵形葉，扁圓形果實。果皮厚，易剝離，有特殊香氣。花、葉、果皮可提取芳香油。原産我國，分布於長江流域一帶，主要產於江蘇、安徽、四川等地。

【蟹橙】

即香橙。此稱行用於近現代。見該文。

香豆素

一種重要香料。天然存在於黑豆香中，通常用化學方法自水楊醛、鄰甲酚等合成。爲具有枯草香的白色晶體。在香精中作定香劑。

香蘭素

一種重要香料。天然存在於香莢蘭、安息香、秘魯香膏、吐魯香膏等植物或有機物質中。通常用化學方法由丁香酚、愈創木酚、黃樟素或木質素等不同原料合成。白色晶體。是最重要的食用香料，并廣泛用於化妝品香精，亦可在香精中起定香作用。

精油類香原料

岩蘭草油

精油的一種。亦稱"香根油"。由岩蘭草（亦稱"香根草"）的根經蒸汽蒸餾而得。黃褐色黏性液體。產於我國東南部，亦產於印度尼西亞、印度、斯里蘭卡、巴西等地。主要成分爲岩蘭草醇。用於調和皂用香精和化妝品香精，定香力很強，爲調和香精中的重要香原料之一。

【香根油】

即岩蘭草油。此稱行用於近現代。見該文。

香茅油

精油的一種。亦稱"雄刈萱油"。由香茅的全草經蒸汽蒸餾而得。主要成分爲香茅醛和香葉醇。香茅原產於斯里蘭卡和爪哇，我國臺灣、海南島等地所產與爪哇品種相似，香茅醛含量較斯里蘭卡油高，香味亦佳。可直接用作驅蚊藥、殺蟲劑及皂用香精。亦可用以單離香葉醇和香茅醛，再製成香茅醇、羥基香茅醛等重要香料。

【雄刈萱油】

即香茅油。此稱行用於近現代。見該文。

香葉油

精油的一種。亦稱"牻牛兒油"。由香葉天竺葵的莖、葉經蒸汽蒸餾而得。爲黃綠色液體，具有玫瑰香氣。主要成分是香葉醇和香茅醇。主要用於配製化妝品香精和皂用香精。產於我國臺灣、雲南、四川、上海等地。

【牻牛兒油】

即香葉油。此稱行用於近現代。見該文。

香紫蘇油

精油的一種。由丹參（俗稱"香紫蘇"）的帶花上部植株經蒸汽蒸餾而得。爲無色至淡黃色液體。主要成分爲芳樟醇和乙酸芳樟酯。產於我國陝西等地，俄羅斯、歐洲中部和摩洛哥等地亦產。用於配製香皂香精及化妝品香精。

香爐、熏香等器具

熏爐

古代熏香之器。始見於漢代。《藝文類聚》卷七〇引漢劉向《熏爐銘》："嘉此正器，崭岩若山；上貫太華，承以銅盤；中有蘭綺，朱火青烟。"1973年於江蘇徐州北郊龜山一號漢墓出土一件鎏金熏爐。其狀總體呈豆形。通高22.8厘米，口徑14.2厘米。分爲爐蓋、爐身和底座三部分。爐蓋頂部鼓出呈球面體，上透雕三龍三虎，配以雲紋。蓋的中部有圓環，可開啓，以添加燃料。爐身較深，可容納用以燃燒的香料。底座有喇叭形底足，以三隻立鳥形片飾與爐身連接，呈鼎立狀排列，各以嘴尖托爐身，別具風格。經考證，此墓爲西漢第六代楚王劉注墓室，此鎏金熏爐爲其生前所用器物。現藏南京博物院。山東淄博臨淄西漢齊王墓亦出土一件，青銅製，通高14.4厘米，口徑9.3厘米。形如蓋豆，頂有環鈕，周圍飾透雕盤龍兩條。兩晉南北朝時期，皇室及士大夫之家多用，以使室內保持香氣。江蘇南京江寧晉墓曾出土青瓷熏爐。文學作品中亦有描繪。亦作"薰爐"。南朝宋謝惠連《雪賦》："燎薰爐兮炳明燭，酌桂酒兮揚清曲。"南朝梁簡文帝《擬沈隱侯夜夜曲》："蘭膏斷更益，薰爐滅復香。"唐代，熏爐形體高大。1980年在浙江臨安唐水邱氏墓出土一件青釉褐彩熏爐，通高66厘米，口徑36.5厘米，底徑41厘米。由蓋、爐和座三部分構成。敞口，摺沿，直腹，平底，下接五條虎首獸足。座爲環形，作上下口，上口摺沿，下口外撇，中間束腰，腰部鏤空有八個雲頭式門，爐置座沿上，上有荷花式鈕蓋，鈕及蓋緣鏤空成朵花及朵雲樣孔。通體施青黃色釉，下有褐色雲紋及雲頭紋。此熏爐是唐代越窯瓷器，集彩繪與鏤雕爲一體，顯示出很高的製瓷工藝水平。現藏浙江臨安文物保護管理所。唐代朝廷上常設。《新唐書·儀衛志上》："朝日，殿上設黼扆、躡席、熏爐、香案。"宋代，有定窯生產的五足熏爐、景德鎮生產的青雕盤龍熏爐等。後代亦沿用。1964年在北京北郊遼代枯井中出土一些琉璃碎片，經收集復原，乃一熏爐，稱"琉璃釉龍鳳熏爐"，爲元代遺物。有爐蓋、爐身。蓋上重巒疊嶂，一條金龍盤曲其上，烟可從龍口中吐出；爐身附有雙耳，圓腹，三足。爐口與爐頸間，環雕花卉，飾以雲紋。爐腹前有翔鳳，後有游龍。明朝傳世熏爐，有景泰年間鑄造的錯金波斯文三足銅爐。通高14厘米，口徑約18厘米。爐口微敞，頸部內束，分襠空足，爐口沿上附有絢索狀對稱直耳，爐口唇邊有連續雷紋，束頸內有八朵團花。爐肩部環周錯波斯文字。腹足飾單綫番蓮花紋和纏枝靈芝紋。

【薰爐】

同"熏爐"。此體見於南北朝時期。見該文。

香爐

焚香之器。古代有陶、銅等製品。用於宗廟祭祀、寺廟敬佛者，多爲鼎式。用於居室焚香者形體較小，式亦有異。始見於漢代。《後漢書·鍾離意傳》"自此詔太官賜尚書以下朝夕餐，給帷被皂袍，及侍史二人"，李賢注："蔡質《漢官儀》曰：'……尚書郎伯使二人，女侍史二人，皆選端正者。伯使從至止車門還，女侍史絜被服，執香爐燒燻，從入臺中，給使護衣服也。'"湖南長沙出土漢代銅香爐，上有"張瑞君香爐"數字。漢代盛行博山香爐。其形制爲，爐蓋雕鏤成山形，上有羽人、走獸等形象，多爲銅制，亦有陶製品。《漢武故事》："諸王出閣，則賜博山香爐。"晋代，仍沿用博山香爐。形制有所改變，即在中腰以上透雕三角形烟孔，底部開一出灰的扁圓孔，美觀實用。多爲瓷製品。亦稱"香薰"。1953年在江蘇宜興西晋周處墓中出土一件青瓷香薰，通高19.5厘米。淺灰色胎，淺綠色釉，圓唇、直口，腹呈球形，圓徑17.5厘米，鏤空，三熊足，下承三足盤。盤口摺沿，淺腹，平底，亦爲熊足，頂鈕立一飛鳥，呈飛翔狀。亦作"香鑪"。《南史·梁紀下·元帝》："初，武帝夢眇目僧執香鑪，稱托生王宫。"唐代沿用。唐韋應物《郡齋卧疾》詩："香爐宿火滅，蘭燈宵影微。"宋代及後世沿用。宋趙希鵠《洞天清録·古鐘鼎彝器辨》："今所謂香爐，皆以古人宗廟祭器爲之。爵爐則古之爵，狻猊爐則古之踽足豆，香球則古之鬻，其等不一，或有新鑄而象古爲之者。"明代宣德年間鑄造一種專供宫廷及寺觀使用的仿古銅香爐，時鑄千餘件，有款識，以陰印陽文"大明宣德年製"者爲常見。有傳世品，亦有仿製品。明劉侗《帝京景物略》卷四："後人評宣爐色五等：栗色、茄皮色、棠梨色、褐色，而藏經紙色爲最。"清代，素三彩的製作在明代基礎上有新的發展。現藏故宫博物院的康熙素三彩鏤空香薰，呈八方柱形，高17.8厘米，徑18.5厘米，底徑18.9厘米，由薰體和薰座兩部分組成。通體綠彩珍珠地，以白、綠、黄、紫、藍等色料彩繪。器身八面各透雕長形六曲開光，

中間嵌一透雕古錢圖案，凡透雕摺邊均塗白。古錢的圓邊上飾以海水紋，錢心邊框飾以朵花。長形六曲開光的上、下邊以黄彩繪變形鳳紋；八個垂直棱上飾以相間的變體黄龍和藍龍。底座爲束腰式，上、下出邊，上塗白，下一半塗白，一半爲黄底上畫以小圓圈。束腰部分的上半部爲海水紋，下半部塗白。薰頂部一圓形開光内透雕"卍"形，字四周的藍麻點底上飾黄、紫相間的纏枝菊八朵，器内壁施白釉。造型規整大方，透雕精緻，色調素雅莊重，構圖嚴謹，爲藝術珍品。故宫博物院還收藏有康熙素三彩四方鏤空香薰。近代以來，寺廟拜佛、家廟祭祖、神廟求神等多用香爐，形制仿古宗廟祭器，多陶製，内裝細沙，插綫香點燃。

【香薰】

即香爐。此稱始見於晋代。見該文。

【香鑪】

同"香爐"。此體始見於南北朝時期。見該文。

博山香爐

古代一種香爐。爐蓋雕鏤成重叠的山形，故稱。始興於漢代。陶製或銅製。《西京雜記》卷一："長安巧工丁緩者……又作九層博山香爐，鏤爲奇禽怪獸，窮諸靈異，皆自然運動。"《漢武故事》："諸王出閣，則賜博山香爐。"晋代仍盛行。貴族之家多以之在室内薰香。明周嘉胄《香乘》卷二六引晋《東宫舊事》："皇太子服用，則有銅博山香爐一。"又云："泰元二十二年，皇太子納妃，王氏有銀塗博山連盤三升香爐二。"後世亦見。上書又引《考古圖》云："〔博山香爐〕象海中博山，下有槃貯湯，使潤氣蒸香，以象海之回環。此器世多有

之，形制大小不一。"清朱亦棟《群書札記》卷
一一："博山爐，上廣下狹，削成而四方，形
象華山，故以得名。不曰華山而曰博山者，考
《韓非子》：'秦昭王令工施鈎梯上華山，以節
柏之心爲博箭，長八尺，棋長八寸，而勒之曰：
昭王嘗與天神博於是。'故曰博山。"

【博山】

"博山香爐"之省稱。始見稱於南北朝。南
朝宋鮑照《擬行路難》詩之二："洛陽名工鑄爲
金博山，千斫復萬鏤，上刻秦女携手仙。"後代
亦見稱。唐韋莊《歸國遙》："閑倚博山長嘆，
淚流沾皓腕。"宋張元幹《菩薩蠻》詞："春淺
錦屏寒，麝煤金博山。"清趙翼《七十自述》
詩："半簣殘火聽譙鼓，一縷名香裊博山。"

臥褥香爐

一種可置於被褥中的香爐。内設機關，可
保持爐體平衡。相傳爲漢武帝時巧匠丁緩所製。
亦稱"被中香爐"。《西京雜記》卷一："長安
巧工丁緩者……作臥褥香爐，一名被中香爐。
本出房風，其法後絕。至緩始更爲之。爲機環
轉運四周，而爐體常平，可置之被褥，故以爲
名。"

【被中香爐】

即臥褥香爐。可置被中，故稱。此稱始見
於漢代。見該文。後世演變爲香球。參見"香
球"文。

香球

一種圓形焚香小爐。係由漢代臥褥香爐演
變而來。球形外殼，有疏孔，内設機關，使中
間置熏香的碗狀器保持平衡，香料不外漏，故
可置被褥中熏香取暖，其小者亦可藏於袖中。
唐代多見。唐元稹《香球》詩："順俗唯團轉，

居中莫動搖。"宋代京師有藏於袖中的小香球。
宋陸游《老學庵筆記》卷一："京師承平時，宗
室戚里歲時入禁中，婦女上犢車皆用二小鬟持
香球在旁，而袖中又自持兩小香球。車馳過，
香烟如雲，數里不絕。"亦稱"熏球"。1970年
陝西西安何家村出土一飛鳥紋銀熏球。通高4.5
厘米，由上下兩半球扣合而成。通體鏤空，以
團花爲中心，外飾荷葉、花草等。共結團花四
簇，上半環有瑞鳥四隻，飛翔於花團之間。兩
半球接合處裝有小卡軸，其餘部分磨成扣合嚴
緊的子母扣，結合牢固，啓合方便。下半球内
裝置兩同心機環和活軸造成的機械平衡，可確
保焚香盂在球體轉動時不致倒覆。熏球製作精
美，小巧玲瓏，可放置被中或置於袖内。

【熏球】

即香球。球形，可熏香，故稱。此稱行用
於近現代。見該文。

【金錘】

即香球。《古文苑·司馬相如〈美人賦〉》：
"於是寢具既設，服玩珍奇，金錘熏香。"章樵
注："錘，音匜，香球。衽席間可旋轉者。"按，
今或稱"熏球"。後世亦見此稱。清周畇叔《浪
淘沙》詞："金錘小羅幬，紅蠟孤燒。"

獸爐

獸形香爐。常見者有麒麟、狻猊、鴨、鳧、
兔、龜等形狀。始見於唐代。唐杜牧《春思》
詩："獸爐凝冷艷，羅幕蔽晴烟。"亦稱"香
獸"。宋代盛行。宋洪芻《香譜》卷下："香
獸，以塗金爲狻猊、麒麟、鳧鴨之狀，空中以
然香，使烟自口出，以爲玩好。復有雕木埏土
爲之者。"亦稱"金獸"。宋李清照《醉花陰》
詞："薄霧濃雲愁永晝，瑞腦銷金獸。"

【香獸】

即獸爐。此稱始見於宋代。見該文。

【金獸】

即獸爐。此稱始見於宋代。見該文。

狻猊爐

狻猊形香爐。相傳狻猊性喜烟火，以其形狀製成香爐，燃香腹中，香自口出，故稱。始見於唐代，盛行於兩宋。宋趙希鵠《洞天清録·古鐘鼎彝器辨》："今所謂香爐，皆以古人宗廟祭器爲之……狻猊爐則古之踽足豆。"亦稱"香猊"。宋張先《醉桃源》詞："雙花連袂近香猊，歌隨鏤板齊。"銅製者又稱"銅猊"。

【香猊】

即狻猊爐。此稱始見於宋代。見該文。

睡鴨香爐

一種香爐。外表爲鳧鴨入睡狀，故稱。中空，可以焚香，烟從口出。隋以後多見。唐李商隱《促漏》詩："舞鸞鏡匣收殘黛，睡鴨香爐換夕熏。"省稱"睡鴨"。宋黃庭堅《有惠江南帳中香者戲答六言》詩："欲雨鳴鳩日永，下帷睡鴨春閑。"

【睡鴨】

"睡鴨香爐"之省稱。此稱始見於宋代。見該文。

寶鴨

鴨形香爐。始見於唐代。唐孫魴《夜坐》詩："劃多灰雜蒼虬迹，坐久烟消寶鴨香。"有銀製者，稱"銀鴨"。唐秦韜玉《咏手》詩："金杯有喜輕輕點，銀鴨無香旋旋添。"宋代多見。銅製者亦稱"金鴨"。宋蘇軾《寒食夜》詩："沉麝不燒金鴨冷，淡雲籠月照梨花。"亦稱"香鴨"。宋陸游《不睡》詩："水冷硯蟾初

薄凍，火殘香鴨尚微烟。"明代亦見。《金瓶梅詞話》第六九回："蘭房幾曲深悄悄，香勝寶鴨晴烟裊。"亦稱"鴨鑪"。清陳維崧《菩薩蠻·題青溪遺事畫册同鄒程邨彭金粟王阮亭董文友賦》詞："迴廊碧甃芭蕉葉，鴨鑪瑞腦薰猶熱。"

【香鴨】

即寶鴨。此稱始見於宋代。見該文。

【鴨鑪】

即寶鴨。此稱始見於清代。見該文。

銀鴨

銀製寶鴨。此稱唐代已行用。見"寶鴨"文。

金鴨

銅製寶鴨。此稱宋代已行用。見"寶鴨"文。

香筒

一種香薰。呈筒形，故稱。見於明代。1966年於上海寶山顧村明代朱守城夫婦墓出土一件竹刻香筒。高16.5厘米，口徑3.6厘米，兩端有紫檀木製的蓋和底。蓋和底刻着蟠螭紋圖案，内壁中心有一小孔，使用時插上點燃的綫香，蓋上蓋，鏤空處即散出縷縷青烟。所刻圖案花紋，以"劉、阮入天台"的故事爲題材（劉指劉晨，阮指阮肇。二人入天台山采藥遇仙女的故事，見南朝宋劉義慶《幽明録》），上刻一男子與仙女對弈，另一男子則居中觀棋，半開的洞門上刻陽文"天台"篆畫匾額，洞門口一仙女手執芭蕉扇，畫面上還有山石、松樹、常春藤、靈芝等景物，刀法變化繁多，工藝精湛，出自名家朱小松之手。現藏上海博物館。清代有象牙香筒，雍正至乾隆年間製。通高23.9厘米，底座徑4.6厘米。形似華表，上鏤雕夔紋。覆亭式蓋，鏤雕蓮瓣式細鱗紋。下連

六足托泥圈，座雕仰覆蓮。内有銅筒，可置鮮花或焚香。造型別具一格，刀法精妙。現藏故宮博物院。

箸瓶

焚香用具。多爲瓷製，頸中横面或有小孔，用以插放火箸，故稱。明代始見。明屠隆《考盤餘事》卷三："箸瓶，吳中近製短頸細孔者，插箸下重不仆。"又明文震亨《長物志・器具》："箸瓶，官、哥、定窰者雖佳，不宜日用……銅者不入品。"

香袋

盛香料的小袋。古人常佩於身上，以避穢惡之氣。文獻記載見於南北朝時期。北魏楊衒之《洛陽伽藍記》："惠生初發京師之日，皇太后敕付五色百尺幡千口，錦香袋五百枚。"明清時期，貴族婦女多用。《紅樓夢》第一七回："〔黛玉〕將前日寶玉囑咐他没做完的香袋兒，拿起剪子來就鉸。"亦稱"香筒兒"。《金瓶梅詞話》第七八回："玳安與王經穿着新衣裳，新靴新帽，在門首踢毽子兒，放炮仗，又磕瓜子兒，袖香筒兒，戴鬧蛾兒。"

【香筒兒】

即香袋。此稱始見於明代。見該文。

香盤

盛香器具。似盤狀，故稱。以金屬或陶瓷爲之。見於宋代。《宋史・儀衛志二》："鷄冠二人，紫衣，分執金灌器、唾壺；女冠二人，紫衣，執香爐、香盤，分左右以次奉引。"

螭奩

一種熏香銅匣。上有螭形飾物，故稱。見於宋代。宋陸游《浣溪沙・南鄭席上》詞："鳳尺裁成猩血色，螭奩熏透麝臍香。水亭幽處捧霞觴。"

香盒

裝香料的盒。明人話本中已提到銀製的此種盒子。《清平山堂話本・簡帖和尚》："只得勉强着一領紫羅衫，手裏把着銀香盒，來大相國寺裏燒香。"清代有竹製者。《紅樓夢》第二七回："像你上回買的那柳枝兒編的小籃子兒，竹子根兒挖的香盒兒，膠泥垛的風爐子兒，就好了。"

香燈

燃香油香膏之燈。見於唐代。唐韋莊《菩薩蠻》詞："紅樓別夜堪惆悵，香燈半捲流蘇帳。"宮闈亦用。亦作"香鐙"。宋高承《事物紀原・輿駕羽衛部・香鐙》："《宋朝會要》曰：香鐙，唐制也。"《宋史・儀衛志六》："香鐙，唐制也。"

【香鐙】

同"香燈"。此體始見於宋代。見該文。

香燭

含有香料的蠟燭，或指香與蠟燭。見於唐代。唐溫庭筠《池塘七夕》詩："香燭有花妨宿燕，畫屏無睡待牽牛。"亦作祀神用。宋廖瑩中《江行雜錄》："以香燭、花果、楮錢之類，設供於卧榻前。"

熏籠

烘熏衣被的籠架。竹木爲之，置爐上。大者亦可圍坐取暖、倚卧。始見於晋代，爲皇室婚娶必備用品。亦作"薰籠"。《藝文類聚》卷七〇引《東宫舊事》："太子納妃……薰籠二，又大被薰籠三，衣薰籠三。"可見熏籠有數種。唐宋皆見。唐白居易《後宫詞》："紅顏未老恩先斷，斜倚熏籠坐到明。"宋范成大《重午》

詩："熨斗熏籠分夏衣，翁身獨比去年衰。"清代仍見用。亦稱"火箱"，上可睡覺。《紅樓夢》第五二回："麝月便在薰籠上睡，一宿無話，至次日天未明……麝月忙披衣起來道：'偺們叫他起來，穿好衣裳，抬過這火箱去。'"

【薰籠】

同"熏籠"。此體始見於晋代。見該文。

【火箱】

即熏籠。此稱始見於清代。見該文。

【熏篝】

即熏籠。古代南方多竹製，稱"竹篝"。漢代已見。《説文·竹部》："篝，笭也。可熏衣……宋楚謂竹篝，墙居也。"後世亦稱"衣篝"。宋黃庭堅《賈天錫惠寶薰乞詩予以兵衛森畫戟燕寢凝清香十字作詩報之》："衣篝麗紈綺，有待乃芬芳。"亦稱"烘籃"。《説文·竹部》"籃"

清段玉裁注："今俗謂熏篝曰烘籃。"

【竹篝】

即熏篝。多竹製，故稱。此稱始見於漢代。見該文。

【衣篝】

即熏篝。此稱始見於宋代。見該文。

【烘籃】

即熏篝。此稱始見於清代。見該文。

【香篝】

即熏籠。始見於唐代。唐陸龜蒙《茶塢》詩："遥盤雲髻慢，亂簇香篝小。"宋代亦見用。宋陸游《五月十一日睡起》詩："茶椀嫩湯初得乳，香篝微火未成灰。"明清亦見。明湯顯祖《牡丹亭·驚夢》："'晚妝銷粉印，春潤費香篝。'小姐，薰了被窩睡罷。"清納蘭性德《訴衷情》詞："冷落綉衾誰與伴，倚香篝。"

第八章　妝具説

第一節　奩具考

奩具，指古代婦女盛放梳妝用品的器具。

奩，本作"籢"，亦作"匲"，是一種匣形器具，一般用來盛放梳篦等妝具。先秦當已有此物，秦代已較精緻。早期的奩，木製，髹漆，一般爲圓形，亦有長方形、多邊形，多分層。

河南泌陽官莊秦墓出土一件"雲紋圓漆盒"，木胎挖製而成，器身爲黑漆地上用紅、棕、黄色漆彩繪雲氣紋、變形鳳紋、花朵和幾何紋。漢代多見。湖北襄陽擂鼓臺一號漢墓出土一件"彩繪人物圓漆奩"，內髹紅漆，外塗黑漆，器身飾優美的人物、樹木、鳥獸圖案。湖南長沙馬王堆漢墓出土一件"雙層九子漆奩"，除蓋之外，有上下兩層，器身髹黑漆，上繪雲紋，奩內下層底板有九個凹槽，放九隻不同形制的彩繪小漆盒，這種盒中有盒的奩，適宜盛放不同形狀和用途的化妝用品。如馬蹄形的小漆盒，可盛放馬蹄形梳篦；圓形的小漆盒，可盛放圓形銅鏡。湖南長沙馬王堆一號漢墓還出土梳盒，外面髹漆，飾花紋，馬蹄形，專門盛放梳篦。此奩亦常雜置香料等物，故有"香奩"之稱（見南朝陳徐陵

《玉臺新咏·序》）。亦稱"妝奩"（見北周庾信《鏡賦》）。傳晉顧愷之《女史箴圖》臨鏡化妝部分，有二貴婦席地而坐，一個握鏡自照，一個面對鏡臺，讓宫女理髮整容。鏡臺前置漢式銀扣漆奩，敞口，内着脂粉梳篦小盒，一旁并有個放抿刷的長條漆盒。

唐宋以後，由於妝匣的出現和廣泛應用，漆木妝奩使用漸少，但仍見應用。江蘇武進村前南宋墓出土一件"朱漆戧金蓮瓣式奩"，爲六瓣蓮花形，朱漆，木胎，連蓋四層，蓋面爲戧金"一僕二主"仕女圖。在文學作品中仍多見"妝奩"之稱。

妝盒，是古代婦女的梳妝盒。裹面存放鏡子、撲子、眉刷、妝粉、胭脂等化妝用具，是古代女子梳妝必備品。妝匣由奩演變而來，多見於唐代以後。同類物品，如做成盒狀，則稱"妝盒"。

古代婦女梳妝用的鏡子，在唐代以前，一般放在妝奩中的固定盒子裹，如江蘇邗江甘泉漢墓出土的一件雙層漆奩，上層盒内有一面用絲織品包裹的鐵鏡。唐代，始出現貯放鏡子的專用器具，稱爲"鏡奩"，亦稱"鏡匣"。一般也髹漆，并依鏡之形狀而製，以便存放。至宋，出現瓷製鏡盒，現藏南京博物院的一件"白釉褐花鏡盒"，爲北宋磁州窑燒製瓷器，穹隆形器蓋，頂中央有鈕，圓盤形器身，器身施白色釉，器内施褐色釉，甚爲精美。

明清時期，鏡奩繼續使用，直至民國時期仍多見，文學作品中常見描寫。明清時期，在鏡奩繼續流行的同時，又流行鏡臺。鏡臺是婦女的梳妝臺，是鏡奩的發展，其上可架鏡，兼可儲放化妝用品。鏡臺，漢代已見。山東沂南漢墓石刻中已有鏡臺。三國時魏國宮中亦有（見《初學記》卷二五引《魏武雜物疏》）。但唐以前的鏡臺，一般製作較簡，僅爲一支架，上置銅鏡。桌子出現以後，通常把鏡臺與妝盒連爲一體，又稱"妝臺"。一般爲木質，髹漆，有紋飾，或周邊有金、銀、玉等嵌飾。唐代已多見，宇文士及有《妝臺記》一書。至明清時期，鏡臺製作十分講究。現藏故宮博物院的一架"黄花梨五屏風式龍鳳紋鏡臺"，臺座兩開門，中設抽屉三具，座上五屏風，正中一扇飾龍鳳紋圖案，製造精美。民國時期，鏡臺沿襲明清遺制。一般是床邊置一桌，桌上放鏡臺，鏡臺邊放妝匣，統稱"梳妝臺"。20 世紀 80 年代以後，梳妝臺的造型有所變化。通常將鏡臺與寫字臺連爲一體，寫字臺比辦公桌略小，抽屉較多，桌面上不再放置妝匣，祇在桌後上方安放一面大玻璃鏡。鏡的造型比較講究，有圓形、橢圓形、菱形等，邊框有雕刻的花紋裝飾，式樣甚多。

在古代婦女化妝用具中，尚有盛妝粉的粉袋、粉匣、粉盒、粉盂等。大約唐朝以前用粉袋、粉匣，唐朝以後用粉盒、粉盂。新疆民豐大沙漠一號東漢墓曾出土一個刺繡粉袋，爲迄今見到的最早實物。江西景德鎮市郊宋墓曾出土宋代瓷製粉盒。此外，還有盛放胭脂的脂盒。唐朝以前多用漆器，唐代始用瓷盒，宋代脂盒已甚精緻，如江蘇淮安城東南窑宋何氏墓出土的影青瓜形胭脂盒，造型別緻；又如宋代景德鎮、龍泉窑燒製的"子母盒"，大盒之中帶三個小盒，精巧實用。還有裝鈿釵等首飾的鈿盒，始見於唐代。現代的首飾盒，形式多樣，如裝項鏈之首飾盒爲長形，裝戒指之首飾盒爲心形。

妝奩、妝匣

奩

古代婦女盛放梳妝用品的器具。本作"籢"。亦作"匲"。《説文·竹部》："籢，鏡籢也。從竹，斂聲。"五代南唐徐鍇繫傳："籢，斂也，所以收斂也。今俗作奩。"《廣韵·監韵》："匲，俗作奩。"約始見於先秦。早期之奩，木製，上漆，作圓形、長方形或多邊形，大多分層。秦漢時期已多見。《後漢書·光烈陰皇后紀》："〔帝〕從席前伏御牀，視太后鏡奩中物，感動悲涕，令易脂澤裝具。"河南泌陽官莊秦墓出土一件"雲紋圓漆盒"，高18厘米，口直徑21厘米，爲木胎挖製而成，器身爲黑漆地上用紅、棕、黃色漆彩繪雲氣紋、變形鳳紋、花朵和幾何紋。爲早期奩類什物的代表作。湖北襄陽揷鼓臺一號漢墓出土一件"彩繪人物圓漆奩"，蓋

雙層九子漆奩

徑35厘米，高9.7厘米，器身口徑23.8厘米，高8.8厘米。內髹紅漆，外塗黑漆。器身飾滿優美的人物、樹木、鳥獸圖案。爲西漢早期奩之代表作。湖南長沙馬王堆漢墓出土一件"雙層九子漆奩"，由蓋、上層和下層三部分組成，通高20.8厘米，口徑35.2厘米，蓋與器壁夾紵胎，底爲木胎。器身髹黑褐色漆，漆上貼金箔并繪以金、白、紅雲紋。下層底板有九個凹槽，放置橢圓形、圓形、馬蹄形、長方形等九隻彩繪小漆盒。其特點是大盒套小盒，盒中有盒，適宜盛置用途不同、形制各異的多種化妝用品和生活用品。設計巧妙，製作精工，堪稱漢代漆奩中的精品。江蘇邗江甘泉漢墓亦有類似的奩器出土。因雜置香料等物，故又稱"香奩"。南朝陳徐陵《玉臺新詠·序》："猗歟彤管，麗矣香奩。"因盛妝飾用品，故亦稱"妝奩"。北周庾信《鏡賦》："暫設妝奩，還抽鏡屜。"唐宋以後，由於鏡匣的出現，這種漆木製的妝奩大多不行，但亦有使用。如江蘇武進村前南宋墓出土的一件"朱漆戧金蓮瓣式奩"，通高21.3

厘米，直徑 19.2 厘米。器身呈六瓣蓮花形，連蓋共四層，四處鑲銀扣。木胎，朱色漆地，蓋面爲戧金"一僕二主"仕女圖。蓋內有用金粉書寫的"溫州新河金念五郎上牢"十字。在文學作品中亦多見其稱。宋徐照《清平樂》詞："貪教玉籠鸚鵡，楊花飛滿妝奩。"《紅樓夢》第四二回："〔黛玉〕只見兩鬢略鬆了些，忙開了李紈的妝奩，拿出抿子來，對鏡抿了兩抿。"

【籢】

同"奩"。此體始見於漢代。見該文。

【匲】

同"奩"。此體始見於宋代。見該文。

【香奩】

即奩。此稱始見於南北朝時期。見該文。

【妝奩】

即奩。此稱始見於南北朝時期。見該文。

【嚴具】

即奩。因避漢明帝劉莊諱，改"妝"爲"嚴"。《後漢書·祭祀志下》："其親陵所宮人隨鼓漏理被枕，具盥水，陳嚴具。"亦稱"嚴器"。晉陸雲《與兄平原書》："嚴器方七八寸，高四寸餘，中無鬲，如吳小人嚴具，牀刷膩處，尚可識。"《南史·宜都王鏗傳》："于時人發桓溫女冢，得金巾箱，織金籢爲嚴器。"

【嚴器】

即嚴具。此稱始見於晉代。見該文。

玉奩

玉製或以玉飾之奩。文獻記載見於唐代。亦作"玉匲"。唐元稹《開元觀閑居酬吳士矩侍御三十韵》："醮起彤庭燭，香開白玉匲。"後代亦見。清汪懋麟《同叔定兄與諸友人之豐臺看芍藥》詩："玉奩亂潑脂水濃，春波半潑青裙濕。"

【玉匲】

同"玉奩"。此體始見於唐代。見該文。

妝匣

古代婦女用的梳妝盒。多貯放鏡、撲子、眉刷、妝粉、胭脂等化妝用具。源於"奩"，流行於唐代以後。唐楊炯《和崔司空傷姬人》詩："妝匣悽餘粉，薰爐滅舊烟。"亦稱"揀妝"。《金瓶梅詞話》第三七回："西門慶又替他買了半副嫁妝，描金箱籠、揀妝……等件。"亦作"減妝"。《醒世恒言·賣油郎獨占花魁》："美娘點了一點頭，打發丫鬟出房，忙忙的開了減妝，取出二十兩銀子，送與秦重。"俗稱"梳頭匣子"。《醒世姻緣傳》第六六回："你長大出嫁的時節，我與你打簪環，做鋪蓋，買梳頭匣子，我當自家閨女一般，接三換九。"民國以後，代之以化妝盒。

【揀妝】

即妝匣。此稱始見於明代。見該文。

【減妝】

即妝匣。同"揀妝"。此稱始見於明代。見該文。

【梳頭匣子】

"妝匣"之俗稱。此稱見於明清時期。見該文。

妝盒

婦女梳妝所用之盒。文學作品中常見其稱，始見於元代。元王實甫《西廂記》第三本第二折："我則將這簡帖兒放在妝盒兒上，看他見了說甚麽。"清代亦有此稱。《紅樓夢》第七四回："〔探春〕說着，便命丫鬟們把箱一齊打開，將鏡奩、妝盒、衾袱、衣包，若大若小之物，一齊打開，請鳳姐去抄閱。"

鏡奩、鏡臺

鏡奩

　　古代貯放鏡子的專用器具。唐代以前，鏡子一般放在妝奩中的固定盒子内。《後漢書·光烈陰皇后紀》：“〔帝〕視太后鏡奩中物，感動悲涕。”李賢注云：“奩，鏡匣也。”江蘇邗江甘泉漢墓出土的一件“雙層九子漆奩”，出土時上層盒内置一面用絲織品包裹的鐵鏡和一件嵌有三粒水晶泡的小長方形、内有一塊黛板的漆盒，下層則爲九子小奩盒。而北周庾信《鏡賦》中所説的“暫設妝奩，還抽鏡屜”之“鏡屜”，也是妝奩中組成部分之一。大約到了唐代，始專用貯放鏡子之匣。唐杜甫《往在》詩：“鏡奩換粉黛，翠羽猶葱朧。”亦作“鏡籢”。亦稱“鏡匣”。漢史游《急就篇》卷三：“鏡籢疏比各異工。”唐顏師古注云：“鏡籢，盛鏡之器，若今鏡匣也。”這種放置鏡子的專用器，一般也爲漆器，且多依鏡形而定匣形。至宋代，又出現了用瓷燒製的鏡盒。如現藏南京博物院的一件“白釉褐花鏡盒”，爲北宋磁州窯瓷器。高 12.2 厘米，口徑 19.3 厘米。鏡盒分爲盒身與盒蓋兩個部分，身蓋相接處，設子母口。蓋呈穹隆形，頂部中央設兩股捲草形鈕。器身爲圓盤形，直腹，脛部陡然内收，設小圈足。器内施褐色釉，外部施白釉并用褐彩繪以三層圖案，蓋頂中央於鈕之兩旁楷書“鏡盒”二字。整件器物，製造精美。明清雖流行梳妝用的鏡臺，但鏡奩亦同時使用。現藏中國國家博物館的一件明代永樂年間的“剔犀纏枝荷花牡丹圓盒”，高 10.8 厘米，直徑 22.7 厘米，從其形制來看，或許也是裝鏡用的。文學作品中也多有記述，如《紅樓夢》第七四回：“〔探春〕説着，便命丫鬟們把箱一齊打開，將鏡奩、妝盒、衾袱、衣包，若大若小之物，一齊打開，請鳳姐去抄閲。”而且鏡奩多裝有扣鈕，如清陳維崧《虞美人·咏鏡》詞所云：“香奩凉鑑蟠金獸，背壓蛟螭鈕。”民國時期，亦很流行。今不用。

【鏡籢】

　　同“鏡奩”。此體始見於漢代。見該文。

【鏡匣】

　　即鏡奩。此稱始見於唐代。見該文。

【鏡盒】

　　即鏡奩。此稱始見於宋代。見該文。

鏡臺

　　即梳妝臺。上可架鏡，下可儲放化妝品及首飾的器具。一般爲木質，或有金、銀、玉等嵌飾。漢代已見。山東沂南漢墓石刻中已有。曹魏宮中亦用。《初學記》卷二五引《魏武雜物疏》云：“鏡臺出魏宮中，有純銀參帶鏡臺一，純銀七子貴人公主鏡臺四。”南朝宋劉義慶《世説新語·假譎》：“因下玉鏡臺一枚。姑大喜。”唐代以前的鏡臺，一般製作較簡，下爲支架，上置銅鏡。後由於桌子的出現，鏡臺的製作始複雜起來，與今天的梳妝臺相似，故亦稱之爲“妝臺”。唐盧照鄰《梅花落》詩：“因風入舞袖，雜粉向妝臺。”唐張碧《美人梳頭》詩：“玉容驚覺濃睡醒，圓蟾挂出妝臺表。”唐代宇文士及著有《妝臺記》一書，專記歷代婦女之妝飾。宋葛勝仲《浣溪沙·木芍藥》詞：“玉鏡臺前呈國艷，沉香亭北映朝曦。”明清兩朝之鏡臺製作得十分講究。如現藏故宮博物院的一架黄花梨五屏風式龍鳳紋鏡臺，寬49.5厘米，縱35厘米，高77厘米。臺座兩開門，中設抽屜三具。座上安五屏風，式様取法座屏風，屏風脚植插座面透眼，中扇最高，左右遞減，并依次向前兜轉。搭腦均遠跳出頭，縧環板全部透雕龍紋、纏蓮紋等，唯正中一扇用龍鳳紋組成圓形圖案，外留較寬的板邊，不施雕刻，至四角再

鏡　臺

鏤空透雕。整件器物製作精工，很有藝術美感。鏡臺一般多置床邊。清潘綸恩《道聽塗説·何永壽》："及至日已向午，甲晨見夢方醒，睜眸啓睫時，乙已坐床前……甲顧見乙驚悸慚汗，無地自容，急推枕起，整衣扣鈕，垂頭坐鏡臺前。"清王韜《淞濱瑣話·倪幼蓉》："捧巨棗兩枚，置於牀前妝臺上。"胡樸安《中華全國風俗志·江蘇·南京采風記》："〔新娘〕妝畢，由厨房送飯一碗，就妝臺上使新娘食之，極口中之所容，不嚼不咽，復吐出。"現當代的鏡臺多承明清遺制，然式様或簡或繁，更是琳琅滿目。

【妝臺】

即鏡臺。此稱始見於唐代。見該文。

盛粉、脂器具

粉袋

古代婦女用來盛妝粉的袋子。以布帛縫製成袋狀，以繩帶扎口。講究者在上面刺綉花卉圖案。考古曾發現漢代粉袋。新疆民豐大沙漠一號東漢墓曾出土一刺綉粉袋。

粉匣

盛粉用的化妝匣。唐李紳《登禹廟回降雪》詩："妒妝凌粉匣，欺酒上瓊杯。"

粉盒

古代婦女盛妝粉的盒狀器具。唐代以前，盛妝粉，或以布製之袋，或以木製之匣。至宋代則出現瓷製之盒。江西景德鎮市郊宋墓出土的瓷製粉盒，由盒蓋和盒身組成，打開盒蓋，還有一小蓋掩口，身外施藍色釉，蓋頂有花形紋飾。

粉盂

婦女用來盛妝粉的器具。近代所見，多爲瓷製品，大如烟灰缸，有蓋。爲新婚婦女常備物品。近人胡樸安《中華全國風俗志·山東·濟南采風記》："〔齊俗〕及期，男家用處女二人，俟彩輿登堂，艷妝先出，一執粉盂，一執脂盒，在新人面上作擦摩之勢，謂之添胭粉。"

脂盒

盛放胭脂用的盒子。一般以圓形爲主，附蓋，器身一般比器蓋高，蓋面微鼓，近底處多摺腰。古代婦女盛放胭脂用的器具，最初爲漆器，至唐代始出現瓷盒。《新唐書·李德裕傳》云："敬宗立，侈用無度，詔浙西上脂盝妝具。"此處所説"脂盝"，約是一種瓷質的脂盒。宋代脂盒的製作極爲精緻，大都爲影青瓷，式様亦

多。如景德鎮、龍泉窰燒製的“子母盒”，大盒之中帶三個小盒，可盛放多種脂粉，使用十分方便。此後的脂盒式樣、品種更多，然仍以圓形爲主。而且無論貴賤均使用之。近人胡樸安

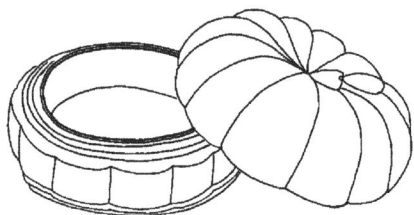

影青瓜形胭脂盒

《中華全國風俗志・山東・濟南采風記》：“〔齊俗〕及期，男家用處女二人，俟彩輿登堂，艷妝先出，一執粉盂，一執脂盒，在新人面上作擦摩之勢，謂之添胭粉。”現代的脂盒大多爲金屬或塑料製品。

鈿合

裝鈿釵等物的首飾盒。見於唐代。唐白居易《長恨歌傳》：“定情之夕，授金釵鈿合以固之。”唐李賀《春懷引》詩：“寶枕垂雲選春夢，鈿合碧寒龍腦凍。”後代亦見。元李裕《次宋編修顯夫南陌詩四十韵》：“寶釵分鳳翼，鈿合寄龍團。”亦作“鈿盒”。清龔自珍《能令公少年行》：“一索鈿盒知心同，再索班管知才工。”

【鈿盒】

同“鈿合”。此體始見於清代。見該文。

漚子壺

盛潤膚香蜜油脂的小壺。罐狀，帶蓋，一般爲瓷製品。見於清代。《紅樓夢》第五四回：“只見那兩個小丫頭一個捧着個小盆，又一個搭着手巾，又拿着漚子小壺兒在那裏久等。”

粉絮

用來蘸粉敷臉的綿球。始見於南北朝時期。北周庾信《鏡賦》：“懸媚子於搔頭，拭釵梁於粉絮。”倪璠注：“粉絮，即俗粉撲，用綿爲之也。言釵梁用粉絮拭之，其色光明也。”

第二節　梳篦考

中國古代梳理頭髮的器具，統稱爲“櫛”，其中包括梳和篦。梳和篦的主要區別在齒部：梳齒粗而稀，篦齒細而密。漢代以前，梳常寫作“疏”，篦常寫作“比”。《釋名・釋首飾》云：“梳言其齒疏也。數言比。”王先謙疏證補引畢沅曰：“數，密也。”梳主要用來梳理頭髮，篦主要用來清除髮垢。

古代的人們對自己的儀容妝飾十分重視，爲保持髮髻的整潔，需經常梳理，故梳篦爲人手必備用品。男子常將梳篦襯於巾帽之下，女子更是梳篦不離身，或插於髮髻之上。

梳，相傳爲赫胥氏所造（見宋高承《事物紀原・冠冕首飾部》），但無確證。根據考古出土實物，早在新石器時代已出現梳。最簡陋的梳，是在獸骨的一端鋸幾個尖齒，如甘肅

永靖張家咀新石器時代遺址出土的骨梳，有五個尖齒，製作時可能受到人手指的啓示。石梳和玉梳也有發現，如在山西襄汾陶寺遺址新石器時代墓葬中，出土的鉞形石梳有二十個齒，出土的長方形玉梳有十一個齒。此外，象牙梳也有出土，如山東寧陽大汶口新石器時代遺址出土兩把象牙梳，除一把已殘外，完整的一把有十六個齒。從形制來看，梳多爲直竪式，梳把較高，橫面較窄，很少方形或扁平的，頂端飾以鴛鴦、鸚鵡和獸面等形狀。

殷商、西周時期，在已出土的實物中，除骨梳外，還有銅梳。如河南安陽殷墟婦好墓出土一件長條形骨梳，在山西石樓義牒商代遺址出土的銅梳高 11 厘米，齒十三根。在陝西寶鷄出土的西周銅梳，高約 10 厘米。這一時期的梳，梳把仍較高，面飾雲雷紋，頂有兩肩。

到春秋、戰國時期，製造梳的材料改爲以竹、木爲主。湖北江陵拍馬山出土有戰國木梳，呈馬蹄形。在山西長治分水嶺古墓還發現了用竹片製成的篦，年代在春秋晚期，這是目前發現最早的篦，竹製，説明篦的産生晚於梳。戰國木篦，在四川青川有出土。

秦漢時期的梳篦實物出土很多，製作精緻，質料以竹、木爲主，又以木質爲多見。如湖北江陵鳳凰山出土有秦代木梳，山東臨沂銀雀山出土有漢代木梳，湖北荆州出土有漢代木篦。這一時期的梳篦造型，一般爲上圓下方，呈馬蹄形。其把手較厚，梳齒則較薄，到齒端處削尖。在梳把的兩面，有時還繪有人物、鳳鳥及野獸等形象的紋樣，亦有作幾何紋飾者。四川青川出土的彩繪木篦，寬約 8.5 厘米，有一百多根梳齒，其薄如紙，製作精巧，表現出高超的技藝。魏晉時期，梳篦的形制，大體沿襲兩漢。天津武清出土的骨梳，江蘇揚州出土的木篦，皆呈馬蹄形。南北朝時，還出現了雕花木梳，爲宮廷御用珍品。從戰國到魏晉南北朝時期出土的妝奩中，常見一種馬蹄形盒子，是專用於盛放梳篦的。

隋唐五代，梳篦製作更爲講究，所用材料有金、銀、銅、玉、象牙、犀角、白角等，唐代的文學作品中多有描繪。這一時期的梳篦，多爲梯形，高度降低，重視上端的裝飾。如江蘇揚州唐墓出土的金梳，在梳把上雕有雙鳳圖紋，周圍還飾有數層花邊。湖南長沙南門紙園沖唐墓出土的銅梳，上飾精細的紋樣。此種雕鏤華麗的梳篦，多用於插髮。用於梳髮者，則少有紋飾，如江蘇丁卯橋出土的角梳，形制簡單，無裝飾。

宋元時期，梳子的形狀趨於扁平，多爲半月形。如福建福州北郊宋代黃昇墓出土的角梳，長 14.5 厘米，高 7.5 厘米，無紋飾。用於插髮的梳子形制亦如此，但有紋飾。如江西彭澤北宋易氏墓出土的銀梳，半月形，長 11 厘米，梳背上鏤刻雙獅戲珠及纏枝花紋，并有作坊及工匠的銘記。關於篦的形制，宋代以前，篦和梳一樣，僅有一排齒，區別在齒的疏密。宋代，出現兩排齒的篦，即中間有橫梁，兩邊各有一排齒。如江蘇金壇茅麓出土的竹篦，即此形狀。江蘇蘇州盤門外吳門橋元墓出土的銀篦，形制亦如此。

明清時期，梳篦的樣式基本沿用宋制。明代曾出現過一種扁形梳，但時間不長又被捨弃，這種形狀的梳，在江蘇淮安鳳凰墩明孫氏墓有出土，玳瑁製。這一時期，隨着生産力的發展，首飾製作工藝日益精巧，梳篦的製造也更爲精緻。如明代有一種金纍絲梳子，以纍絲工藝裝飾花紋，非常華貴。婦女插梳的風氣仍存，但不如唐宋婦女那樣痴迷，梳篦仍是梳理頭髮的日常用具。參閱周汛、高春明《中國歷代婦女妝飾・首飾篇》。

近代以來，梳的形制無多大變化，仍爲半月形，一般長 16 厘米，較古代爲長，但也有僅長 5 厘米的小梳，爲旅行携帶之用。篦仍爲兩排齒，中間有梁。製作材料以木、竹、塑料爲主。顔料以棕色爲主，兼及其他。由於爲廣大勞動人民所用，故一般無紋飾。

櫛

櫛

古代用以梳理頭髮的器具通稱。包括梳和篦。二者的區別主要在齒部，梳齒粗而稀，篦齒細而密；梳理頭髮用梳，清除髮垢用篦。櫛，《詩・周頌・良耜》中已見記載，實則梳的出現，可追溯到新石器時代，而梳篦分稱則是漢朝以後。《説文・木部》："櫛，梳、比之總名也。"段玉裁注："比，讀若毗。疏者爲梳，密者爲比。"王筠句讀："此謂漢時曰梳、曰比者，周秦統謂之櫛也。"《莊子・寓言》："妻執巾櫛。"《禮記・玉藻》："櫛用樿櫛，髮晞用象櫛。"孔穎達疏："櫛用樿櫛者，樿，白理木也。櫛，梳也。沐髮爲除垢膩，故用白理澀木以爲梳；髮晞用象櫛者，晞，乾燥也。沐已燥則髮澀，故用象牙滑櫛以通之也。"晋傅咸專門作有《櫛賦》。宋蘇軾《於潛令刁同年野翁亭》詩："山人醉後鐵冠落，溪女笑時銀櫛低。"自注："於潛婦女皆插大銀櫛，長尺許，謂之蓬沓。"古代漢族婦女亦有插櫛（梳、篦）的習俗。如山西襄汾陶寺新石器時代的墓葬遺址及甘肅永昌新石器時代的遺址中，出土之櫛全部在頭骨部，有的還緊貼着頭頂。春秋戰國尚有餘風，至秦漢時期，婦女似無插櫛之風俗。魏晋而後，至唐代，婦女插櫛的風氣盛極一時。唐花蕊夫人《宮詞》："羅衫玉帶最風流，斜插銀篦慢裹頭。"唐元稹《六年春遣懷》詩："玉梳鈿朵香膠解，盡日風吹瑇瑁箏。"唐代婦女一般頭梳高髻，髻前橫插一把梳篦，梳篦之脊露出髮外，亦有同時插幾把小梳篦的，或對插兩把大梳篦的。此幾種插櫛之法，在唐人所畫女子像中，如張萱的《搗練圖》、周昉的《揮扇仕女圖》，以及敦煌莫高窟的壁畫中均有反映。宋承唐風，喜歡插大梳，如孟元老《東京夢華録》、王栐《燕翼詒謀録》等典籍中所説的"冠梳"，以及陸游《入蜀記》所載的西南一帶婦女插大梳的習俗，等等。元朝以後，這種習俗漸漸衰微，至明清已不復存在。梳和篦亦僅爲實用而已。參見"梳""篦"文。

象櫛

象牙製的梳篦。先秦時見用。《禮記·玉藻》："髮晞用象櫛。"孔穎達疏："晞，乾燥也。沐已燥則髮澀，故用象牙滑櫛以通之也。"以象牙製梳，早在新石器時代已經出現，山東寧陽堡頭大汶口新石器時代遺址曾出土一件。漢以後亦見。晋張敞《東宫舊事》："太子納妃，有瑇瑁梳三枚，象牙梳三枚。"

銀櫛

銀製之梳篦。亦稱"蓬沓"。宋蘇軾《於潛令刁同年野翁亭》詩："山人醉後鐵冠落，溪女笑時銀櫛低。"自注："於潛婦女皆插大銀櫛，長尺許，謂之蓬沓。"又《於潛女》詩："䰉沙鬢髮絲穿檸，蓬沓障前走風雨。"

【蓬沓】

即銀櫛。此稱始見於宋代。見該文。

梳　類

梳

用來整理頭髮的器具。即今天所説的梳子。本作"疏"。《説文·木部》："梳，所以理髮也。"段玉裁注："《漢書》亦作疏。"相傳爲赫胥氏所造，宋高承《事物紀原·冠冕首飾部》引《二儀實録》曰："赫胥氏造梳，以木爲之，二十四齒，取疏通之義。"亦稱"䟃踂"。元龍輔《女紅餘志》："䟃踂，梳之別名。"一般用竹、木、銅、象牙等製成。梳子最早的出土實物，可上溯到新石器時代。如甘肅永靖張家咀新石器時代遺址出土有五齒骨梳。山東省寧陽堡頭大汶口新石器時代遺址曾出土兩柄梳子，均以象牙製成，一件已殘，一件完整。完整者高 16.7 厘米，下端開十六個細密的梳齒。齒端薄，把面厚，頂端刻有四個豁口，近頂端穿圓孔三個。梳身鏤三道平行條孔組成的"8"字形紋，内填"T"字形圖案。足見當時梳子的形制已基本完備。春秋戰國以前的梳子，從出土實物得知，其外形特徵都是直竪形，製作材料多以骨、玉、象牙、銅等爲主。此後，梳子的材料一直以竹、木爲主，但也不乏以珍异材料所製者。如晋張敞《東宫舊事》云："太子納妃，有瑇瑁梳三枚，象牙梳三枚。"其造型多爲上圓下方的馬蹄形，隋唐五代之梳子多呈梯形，高度降低。其質地及裝飾視用途而別。用於理髮之梳，多用牛角、象牙或玉等製成，造型和裝飾簡單。而用於插髮的梳子則極爲講究，通常以金、銀、銅片等爲主，上飾精細的紋樣。如江蘇揚州三元路唐代遺址出土的刻有花鳥圖案的金片梳。宋朝以後，梳子的形狀趨於扁平，一般多製成半月形，如江西彭澤宋墓出土的一件銀梳，長 11 厘米，呈半圓狀，梳背上鏤有精美的圖案。明清時期的梳子式樣基本上保持宋制，但也不乏新創。如稱之爲"八字牙梳"的一種，即用象牙或玳瑁製成。明瞿佑《剪燈新話・聯芳樓記》："一綱鳳髻綠於雲，八字牙梳白似銀。"製作材料也很豐富。《通雅・動物・蟲》："又有龜筒，出南海中，似玳瑁而無斑。又有魚頂魷紅如血，名鶴魚，以龜筒夾鶴魚魷爲梳，名鶴頂梳。"近現代梳子的形式、製作材料，多種多樣，千姿百態，用途也有多種。

【疏】

同"梳"。此體始見於漢代。見該文。

【踟躕】

即梳。此稱始見於元代。見該文。

【梳子】

即梳。此稱行用於近現代。見該文。

【捭子】

即梳。明清時期的文學作品中多見此稱。《金瓶梅詞話》第二〇回："金蓮在旁拿把捭子，與李瓶兒捭頭，見他頭上戴着一副金玲瓏草蟲兒頭面。"《紅樓夢》第四二回："〔黛玉〕忙開了李紈的妝奩，拿出捭子來，對鏡捭了兩捭，仍舊收拾好了。"

玉梳

玉製梳子。始見於新石器時代。山西襄汾陶寺遺址新石器時代墓葬中，出土有玉梳，爲長方形，呈灰白色，上有綠色斑痕，有梳齒十一個，高 10.2 厘米，寬 6.5 厘米。河南安陽殷墟出土有商代玉梳，高 10.4 厘米。河南淅川還曾出土春秋時期的玉梳，高 7.7 厘米。唐代婦女插梳，亦有玉製者，唐元稹《六年春遣懷》詩："玉梳鈿朵香膠解，盡日風吹瑇瑁筝。"

骨梳

以獸骨製成的梳子。始見於新石器時代。形制簡單，祇在獸骨的一端銼上幾個尖角即成，在甘肅永靖張家咀新石器時代遺址曾出土此種骨梳，有五齒，當是受到手指的啓示。在江蘇邳縣劉林亦曾出土這種骨梳。商代骨梳，在河南安陽殷墟

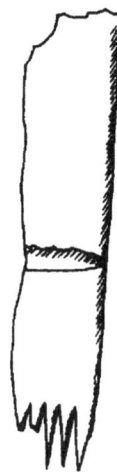

五齒骨梳

婦好墓曾有出土，爲長條形，中腰較窄，平頂弧刃，兩端略上翹。春秋以後漸爲木梳所代替，骨梳較少見。天津武清曾出土東漢至魏晉時期的骨梳。

象牙梳

用象牙所製之梳。用象牙製梳，始見於新石器時代。山東寧陽堡頭大汶口新石器時代遺址曾出土象牙梳，兩把，一件已殘，完整的一件長 16.7 厘米。下開十六個細密的梳齒，梳把較高，爲長方形象牙皮製成。此種牙梳在山東曲阜魯國故城甲組春秋晚期墓中亦曾有出土，說明春秋時期仍有這種象牙製的梳。兩晉南北朝時期，象牙梳仍爲梳中珍品。晉張敞《東宮舊事》："太子納紀，有瑇瑁梳三枚，象牙梳三枚。"青海西寧曾出土龍鳳象牙梳，爲此朝遺物。梳額一面雕刻雙龍，另一面雕刻雙鳳，圖案周圍飾以三角紋。唐代亦見，爲婦女髮上飾物。唐崔涯《嘲李瑞瑞》詩："獨把象牙梳插

鬘。”唐代以後，歷代皆見。宋陸游《入蜀記》卷六：“未嫁者率爲同心髻，高二尺，插銀釵至六隻，後插大象牙梳，如手大。”遼寧朝陽前窗户出土有遼金時期的象牙梳實物。呈“八”字形，省稱“牙梳”。明瞿佑《剪燈新話·聯芳樓記》：“一綑鳳髻緑於雲，八字牙梳白似銀。”

【牙梳】

“象牙梳”之省稱。此稱始見於明代。見該文。

銅梳

以銅製成的梳子。始見於殷商時期。山西石樓義牒商代遺址出土一件實物。此銅梳高 11 厘米，齒十三根，梳把較高，上飾雲雷圖紋，在梳把頂部的兩端伸出一段，製成兩肩，以便插髮時拔取。西周時期的

銅　梳

銅梳，考古亦有發現，如陝西寶鷄出土的西周銅梳，高約 10 厘米。至唐代，有用銅片製成的梳子，上飾精細的紋樣，湖南長沙南門紙園冲唐墓曾出土這種銅梳。江蘇揚州三元路唐代遺址曾出土刻有花鳥圖案的銅梳。

木梳

木製梳子。春秋之前，梳多以骨、石、玉製成，春秋以後，出現木梳。考古發現最早的木梳，是戰國時期的遺物，爲彩繪漆木梳，於湖北江陵拍馬山出土。秦漢時期的木梳亦有發現，如山東臨沂銀雀山漢墓出土有木梳，新疆民豐東漢合葬墓曾出土木梳四個，二個放在奩

内，二個裝在綢袋内，皆一疏一密。自戰國以還，木梳歷代皆見，爲梳中最常見的一種。江蘇連雲港市海州出土有五代木梳，山西太原小井峪出土有宋代木梳，山東嘉祥出土有元代木梳，上海松江出土有明代木梳。清代木梳有大量實物傳世。近現代的木梳仍是梳中重要的品種。

竹梳

竹製梳子。今存者始見於戰國時期。湖北江陵雨臺山第二百五十七號楚墓曾出土竹梳。秦漢魏晋南北朝時期，竹和木一直是製梳的主要材料，其造型上圓下方，呈馬蹄形。現代，竹梳仍是梳的主要品種。

璕瑁梳

用璕瑁（即“玳瑁”）做的梳子。文獻記載始見於晋代。爲貴族婦女所用。晋張敞《東宫舊事》：“太子納妃，有璕瑁梳三枚，象牙梳三枚。”後代仍見用。江蘇淮安鳳凰墩明孫氏墓出土有扁形璕瑁梳。

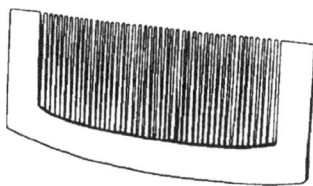

扁形璕瑁梳

角梳

角質梳子。以牛角所製之梳，考古發現有隋唐時期的遺物，於江蘇丹徒丁卯橋出土。宋代，有半月形扁平角梳。福建福州北郊宋代黄昇墓出土的角梳，即此形狀，長 14.5 厘米，高 7.5 厘米，無紋飾。北宋京都婦女喜在冠上綴數把白角大梳，號稱“冠梳”。《宋史·輿服志五》：

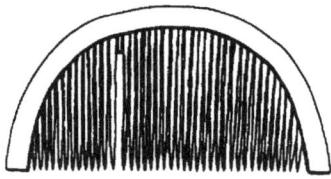

半月形角梳

"皇祐元年，詔婦人冠高毋得逾四寸，廣毋得逾尺，梳長毋得逾四寸，仍禁以角爲之。先是，宮中尚白角冠梳，人爭仿之，至謂之内樣。冠名曰垂肩等，至有長三尺者；梳長亦逾尺。議者以爲服妖，遂禁止之。"

金梳

金質梳子。考古發現有唐代金梳，於江蘇揚州三元路出土，高 12.5 厘米。唐以後亦見，山東嘉祥出土有元代金梳，長 8 厘米，高 4.5 厘米。

銀梳

銀質梳子。考古發現有宋代實物，江西彭澤北宋易氏墓出土一件銀梳，長 11 厘米，呈半圓狀，梳背上鏤刻有雙獅戲球及纏枝花紋。

長髮梳

水族民間婦女頭飾。婦女斜插在頭上的梳子。木製，長形，染色。中青年婦女將頭髮斜綰於頭上，側面插梳；老年婦女則綰髮於頂，上面插梳。流行於今貴州三都等地。

篦　類

篦

梳髮用的器具，即現代所稱之篦子。本作"比"。《釋名・釋首飾》云："梳言其齒疏也。數言比。"王先謙疏證補引畢沅曰："數，密也。"據說爲神農氏所創。俗又稱之爲"笓箆"或"編箆"。清厲荃《事物異名録・器用・笓箆》："《事物原始》：神農作笓箆。按，笓箆謂篦也，《方言》作編箆。"一般用竹、木爲之。其功用在於清除髮垢和蟣蟲，與梳子有所區別。然篦之産生比梳要晚。現存最早的實物，爲山西長治分水嶺春秋晚期墓葬中出土的一件竹篦，殘長僅 5 厘米。戰國至漢魏之篦，木製彩繪最爲常見，造型與當時的梳子相似。到了唐代，由於插櫛之風盛行，故製作的材料也豐富起來，常見於文獻記載的有金、銀之篦。如唐薛昭蘊《女冠子》詞所云："翠鈿金篦盡捨。"唐白居易《同諸客嘲雪中馬上妓》詩："銀篦穩篸烏羅帽，花襜宜乘叱撥駒。"也有角製的，如江蘇丹徒唐墓出土的梯形角篦。宋元時，篦多製成兩排齒、中間貫之以橫梁的形狀。如江蘇金壇茅麓出土的一件竹製髮篦，和蘇州盤門外吳門橋元墓出土的銀篦。此後篦的形制一直是這種式樣。亦作"枇"。明周祈《名義考・物部・梳枇》："枇似梳齒而密，取密比之義，故名枇。"至今人們仍以篦子爲日常梳髮之器，而江蘇常州所産的竹篦最爲著名。

【比】

同"篦"。此體始見於漢代。見該文。

【笓箆】

即篦。此稱始見於漢代。見該文。

【編箆】

即篦。此稱始見於漢代。見該文。

【枇】

同"篦"。此體始見於明代。見該文。

【篦子】

即篦。此稱行用於現當代。見該文。

【鬢師眉匠】

即篦。宋陶穀《清異録·眉匠》:"篦,誠瑣縷物也,然丈夫整鬢,婦人作眉,捨此無以代之,余名之曰'鬢師眉匠'。"

【掠頭】

即篦。元代文學作品中常見此稱。元關漢卿《杜蕊娘智賞金綫池》第一折:"有幾個打踅客旅輩,丢下些刷牙、掠頭。"明代,亦稱"掠子"。俗亦稱"掠兒"。《金瓶梅詞話》第六二回:"又喚過馮媽媽來,向枕頭邊也拿過四兩銀子,一件白綾襖,黃綾裙,一根銀掠兒,遞與他。"

【掠子】

即掠頭。此稱始見於明代。見該文。

【掠兒】

即掠頭。此稱始見於明代。見該文。

竹篦

以竹所製的篦子。考古發現的最早竹篦,是山西長治分水嶺古墓出土的春秋時期的竹篦,殘長 5 厘米。秦漢至魏晉南北朝時期,竹篦仍多見。唐以後歷代皆見。江蘇金壇茅麓曾出土宋代竹篦。現代竹篦仍爲篦中主要品種。

木篦

以木製的篦子。考古發現最早的木篦爲戰國時期的遺物,湖北荆州雨臺山第八十四號楚墓出土一件彩繪木篦,寬約 10 厘米,齒一百多根,工藝精湛。四川青川亦出土有戰國時期的木篦,高 8.5 厘米,寬 7 厘米。秦漢魏晉南北朝時期,除竹篦外,主要爲木篦。湖北荆州紀南城出土有秦漢時期的木篦,高 8.9 厘米;江蘇揚州出土有魏晉時期的木篦。唐以後,歷代皆有木篦。江蘇連雲港海州出土有五代時期的木篦。清代以來的木篦,有大量傳世遺物。現代,木篦仍是篦的主要品種。

銀篦

銀質之篦。文獻記載始見於唐代。唐花蕊夫人《宮詞》:"羅衫玉帶最風流,斜插銀篦慢裹頭。"唐白居易《同諸客嘲雪中馬上妓》詩:

兩邊有齒的銀篦

"銀篦穩篸烏羅帽,花檐宜乘叱撥駒。"唐以後亦見。江蘇蘇州盤門外吳門橋元墓出土有元代銀篦,兩邊有齒,長 8.1 厘米。俗亦稱"銀掠兒"。《金瓶梅詞話》第六二回:"又喚過馮媽媽來,向枕頭邊也拿過四兩銀子,一件白綾襖,黃綾裙,一根銀掠兒,遞與他。"

【銀掠兒】

"銀篦"之俗稱。此稱始見於明代。多見於文學作品中。見該文。

鸞篦

鸞鳳形篦。古代婦女多以之梳髮,或爲插髮飾。唐李賀《秦宮詩》:"鸞篦奪得不還人,醉睡氍毹滿堂月。"王琦注云:"篦,所以去髮垢,以竹爲之,侈者易以犀象、玳瑁之類。鸞篦,必以鸞形象之。"宋秦觀《江城子》詞:"玉笙初度顫鸞篦,落花飛,爲誰吹?"亦有飾以鳳形的。唐溫庭筠《思帝鄉》詞:"回面共人閑語,戰篦金鳳斜。"

掭、刷等專用器物

掭

古人用以摘髮和搔頭用的器物。其外形似簪，多以象牙製成，通常又稱之爲“象掭”。《釋名·釋首飾》：“掭，摘也，所以摘髮也。”亦以之爲首飾。周代已見。《詩·鄘風·君子偕老》：“玉之瑱也，象之掭也。”毛傳：“掭，所以摘髮也。”孔穎達疏云：“以象骨搔首，因以爲飾，名之掭。”後世沿用此稱。如明王思任《魯孺人傳》中有“翟翬象掭”之句。明王圻、王思義《三才圖會·衣服一》云“掭所以摘髮，以象骨爲之，若今之篦兒”，當謂其功用，非指其形制似篦也。亦稱“擿”。擿，當爲“掭”之正體，後世音聲有變，故《説文》未收“掭”字。其手部有“擿”字，曰“搔也”。段玉裁注：“此義音剔。《詩》‘象之掭也’……按以許説繩之，則作‘擿’爲是。擿正音他狄反也，以象骨搔首，因以爲飾……即後人玉導、玉搔頭之類也。”

【象掭】

即掭。因多以象牙爲之，故稱。此稱始見於先秦時期。見該文。

【擿】

即掭。此稱始見於漢代。見該文。

笓

一種梳理頭髮的毛刷。可使頭髮貼伏光澤。《正字通·竹部》：“笓，今之澤髮鬃刷曰笓。”

刷

理髮、櫛沐、刷刮之器，即今所説的刷子。多用毛、棕等製成，有柄。最初之刷，多爲理髮用。《廣雅·釋器》：“笓，謂之刷。”王念孫疏證引《釋名》曰：“刷，帥也，帥髮長短，皆令上從也。”《文選·嵇康〈養生論〉》：“勁刷理鬢，醇醴發顏。”李善注引《通俗文》云：“所以理髮，謂之刷也。”又呂向注云：“勁刷，謂梳也。”足見古代之刷，與梳的功用相同。明王圻、王思義《三才圖會·器用十二》則云：“刷與刓其制相似，俱以骨爲體，以毛物妝其首。刓以掠髮，刷以去齒垢，刮以去舌垢，而帚則去梳垢，總之爲櫛沐之具也。”當今梳頭之具，亦有做成刷狀者，有把手，頭部布滿塑料製成的針形物，用以梳理頭髮密而長者。

撥

古代婦女用以理鬢的梳具。以木製成，約長二寸，兩頭尖。始見於南朝。南朝梁簡文帝《戲贈麗人》詩：“同安鬢裏撥，異作額間黃。”隋代仍見。唐馮贄《南部烟花記·玉撥》：“隋煬帝朱貴兒插崑山潤毛之玉撥，不用蘭膏而鬢鬟鮮潤。”因形如棗核，故亦稱“鬢棗”。唐宇文士及《妝臺記·女飾》：“撥者，掭開也。婦女理鬢用撥，以木爲之，形如棗核，兩頭尖，尖可二寸長，以漆光澤，用以鬆鬢，名曰鬢棗。”

【鬢棗】

即撥。因形如棗核，爲理鬢髮之具，故稱。此稱始見於唐代。見該文。

豪犀

古代婦女用以刷鬢毛的器具。多以犀角製成。元龍輔《女紅餘志·豪犀》：“豪犀，刷鬢器也。詩曰：側釵移袖拂豪犀。”

郎當

古代清除梳子、篦子齒中污垢的用具。元

龍輔《女紅餘志・郎當》："郎當，净櫛器也。"

第三節　鏡鑒考

鏡，古亦稱"鑒"，是人們照面飾容之具，特別爲婦女化妝所必需。

鑒，始作"監"，亦作"鑑"，是古代貴族之家盛水的大盆。如山西代縣蒙王村出土的"吳王夫差鑑"、陝西西安西郊阿房宫遺址出土的"上林鑑"、廣西貴港羅泊灣一號漢墓出土的"漆畫銅鑑"等。這種容器盛水後可照面容，作用如同鏡。貴族家所用之鑒爲青銅器，如打磨光亮，不盛水亦可照容，故青銅鏡大行之後，鑒仍可作爲照容的輔助器具。

"鑑"，一名方諸，可以取明水於月（見《説文・金部》）。漢代以後，仍有稱鏡爲"鑑"者。

鏡，在我國古代有石鏡、鐵鏡、玉鏡、銅鏡等，清代中期以後有玻璃鏡。

石鏡，以石磨製，色白。相傳周靈王時，异方貢石鏡（見晋王嘉《拾遺記》）。

鐵鏡，以鐵磨製而成，始見於漢代。現藏上海博物館的一面金背十二辰規矩紋鐵鏡，傳爲漢代中期製品。江蘇邗江甘泉漢墓亦曾出土一面鐵鏡。當時文獻中亦有關於鐵鏡的記載（見《西京雜記》卷六）。唐代仍有鐵鏡，唐代以後即少見，宋代以後幾絶迹。

玉鏡，以玉石磨製。《南史・江淹傳》有"時襄陽人開古冢，得玉鏡"的記載，説明玉鏡在南北朝以前即存在。

銅鏡，青銅鑄造，經磨製而成，爲古代最常見的一種鏡。青銅爲銅錫合金，這種青銅製的銅鏡亦稱"青銅鏡"，我國古代主要使用這種鏡。古代有黄帝鑄鏡的傳説（見南朝梁任昉《述異記》），雖不足爲信，但説明鏡起源久遠，可追溯到傳説時代。出土文物證實，我國早在四千年之前就有了銅鏡。甘肅廣河齊家坪墓葬出土的銅鏡，證實我國早在新石器時代的齊家文化時期就有了銅鏡；青海貴南出土的銅鏡也屬於齊家文化時期。而這一時期，與黄帝鑄鏡的傳説時代接近。

商周時期的銅鏡，考古皆有發現。殷商時期的銅鏡，在河南安陽小屯村殷墟婦好墓出土四面，其中有葉脉紋鏡二面，多圈凸弦紋鏡二面；河南安陽洹河北岸侯家莊第一千○五號墓出土平行綫紋鏡一面。發現的商代銅鏡，皆爲圓形，鏡面近平或微凸，鏡身較薄，背面中心有弓形鈕。

考古發現的西周銅鏡亦均爲圓形，鏡面平直或微凸，鏡身較薄。鏡鈕有橄欖形、弓形、半環形、長方形等，這是殷鏡所沒有的。鏡的種類有素鏡、重環紋鏡、禽獸紋鏡三種。素鏡，即背面没有紋飾的銅鏡。如陝西鳳翔南指揮西村周墓出土三面，北京昌平白浮西周兩座木椁墓出土二面，河南三門峽上村嶺虢國墓地第一千六百五十號墓出土二面。重環紋鏡，即背面飾重環紋的銅鏡，陝西扶風王太川北土壕的窖穴中出土。禽獸紋鏡，即背面飾有鳥獸紋的銅鏡，河南三門峽上村嶺虢國墓地一千六百一十二號墓出土的一面，背有鳥、鹿、虎等紋飾。這一種有動物紋飾的銅鏡，對後世以奇禽异獸作爲紋飾的銅鏡發展有很大影響。

春秋、戰國和秦國的銅鏡，考古也多有發現，特別是戰國銅鏡發現更多。中華人民共和國成立前，很多珍貴文物被劫往國外，銅鏡亦難逃厄運。外國學者將這一時期的銅鏡，稱爲“秦鏡”“淮式鏡”“楚式鏡”“先漢式鏡”等。這一時期的銅鏡鑄造技術有很高的水平，根據其主題紋飾圖案類型，可劃分爲十三類。①素鏡類：全素鏡、弦紋素鏡、寬弦紋素鏡；②純地紋鏡類：羽狀地紋鏡、雲雷地紋鏡；③花葉鏡類：葉紋鏡、花瓣鏡、花葉鏡；④山字鏡類：三山鏡、四山鏡、五山鏡、六山鏡；⑤菱紋鏡類：折叠式菱紋鏡、連貫式菱紋鏡；⑥禽獸紋鏡類：饕餮紋鏡、獸紋鏡、禽獸紋鏡；⑦蟠螭紋鏡類：蟠螭紋鏡、四葉蟠螭鏡、蟠螭菱紋鏡；⑧羽鱗紋鏡；⑨連弧紋鏡類：素地連弧紋鏡、雲雷紋地連弧紋鏡、雲雷紋地蟠螭連弧紋鏡；⑩彩繪鏡；⑪透雕鏡類：蟠螭透紋鏡、禽獸透紋鏡；⑫金銀錯紋鏡類：金銀錯狩獵紋鏡、金銀錯虺龍紋鏡；⑬多鈕鏡類：雷紋緣鏡、三角勾連雷紋鏡、珠網紋鏡。

春秋、戰國、秦的銅鏡，可分爲三個時期。第一時期，春秋中、晚期至戰國早期。出現和流行的鏡類，有素鏡（全素鏡、單圈、雙圈、凸弦紋素鏡）、純地紋鏡、花葉鏡（羽狀地葉紋鏡）、四山鏡、透雕鏡、多鈕鏡等。第二時期，戰國中期。銅鏡種類繁多。第一時期出現的銅鏡種類繼續流行，但紋飾有變化，如：花葉鏡中的葉紋鏡從三、四葉到八葉，還出現了雲雷紋地花瓣鏡、花葉鏡；四山鏡的“山”字由粗短變得瘦削，“山”字間的紋飾由簡單變得繁縟，還出現了五山鏡和六山鏡。新出現的鏡類有菱紋鏡、禽獸紋鏡、蟠螭紋鏡、羽鱗紋鏡、連弧紋鏡（素地連弧紋鏡、雲雷紋地連弧紋鏡）、金銀錯紋鏡、彩繪鏡。第三時期，戰國晚期至秦末。前期有的鏡類逐漸消失，素鏡（多圈弦紋素鏡、寬弦紋素鏡）、羽狀地紋鏡、透雕鏡、菱紋鏡、禽獸紋鏡（鳳鳥鏡、禽獸紋鏡、狩獵紋鏡）、山字鏡、蟠螭紋鏡、連弧紋鏡仍流行，後二類數量大增，紋飾也有新的變化。

漢代，除繼續沿用戰國銅鏡外，又大量鑄造銅鏡，最流行的有以下十五類。①蟠螭紋鏡類：纏繞式蟠螭紋鏡、間隔式蟠螭紋鏡、規矩蟠螭紋鏡；②蟠虺紋鏡類：方格四虺紋鏡、連弧蟠虺紋鏡；③草葉紋鏡類：四乳草葉紋鏡、四乳花瓣草葉紋鏡、規矩草葉紋鏡；④星雲鏡類；⑤連弧紋銘文鏡類：日光連弧紋鏡、昭明連弧紋鏡、清白連弧紋鏡、銅華連弧紋鏡、日有熹連弧紋鏡等；⑥重圈銘文鏡類：日光重圈鏡、昭明重圈鏡、宜佳人重圈鏡；⑦四乳禽獸紋鏡類：四乳四虺鏡、四乳禽獸紋鏡、四乳四神鏡；⑧規矩紋鏡類：四神規矩鏡、鳥獸紋規矩鏡、幾何紋規矩鏡、簡化規矩鏡；⑨多乳禽獸紋鏡類：多乳四神禽獸紋鏡、多乳禽鳥紋鏡、多乳禽獸紋鏡；⑩連弧紋鏡類：雲雷連弧紋鏡、長宜子孫連弧紋鏡、素連弧紋鏡；⑪變形四葉紋鏡類：變形四葉獸首鏡、變形四葉夔紋鏡、變形四葉八鳳紋鏡；⑫神獸鏡類：重列式神獸鏡、環繞式神獸鏡；⑬畫像鏡類：歷史人物畫像鏡、神人車馬畫像鏡、神人禽獸畫像鏡、四神禽鳥畫像鏡；⑭夔鳳（雙夔）紋鏡類：直行銘文雙夔（鳳）紋鏡、雙頭龍鳳紋鏡；⑮龍虎紋鏡類：龍虎對峙鏡、盤龍鏡。

漢代出土銅鏡數量甚多，說明當時銅鏡使用相當普遍，并且被當作普通的隨葬品。所出土銅鏡，製作形式和藝術表現手法，比戰國銅鏡皆有新的發展。西漢前期，戰國銅鏡有的仍然流行，但也出現了新的鏡類。至西漢中葉，新的鏡類開始流行，如日光鏡、昭明鏡流行範圍很廣。至西漢末期和王莽時期，銅鏡的紋飾題材有重要突破，四神、瑞獸、禽鳥成爲主題紋飾，銘文種類繁多，內容豐富。東漢中期以後，神獸鏡、畫像鏡成爲流行的主要鏡類，并采用了浮雕式手法，紋飾布局采用軸對稱方式，標志着銅鏡發展進入一個新的階段。至東漢中期，還形成了會稽、江夏、廣漢、蜀郡等製鏡中心。

漢代銅鏡中，"透光鏡"爲古今中外的學者所注目。這種透光鏡可產生一種神奇的現象，即將鏡面對着日光和其他光源時，在墻上可反映出鏡背上的紋飾和銘文。上海博物館藏有兩面透光鏡，一面爲日光鏡，另一面爲昭明鏡，均屬連弧紋銘文鏡類，西漢後期最爲流行。這種銅鏡的透光效應及透光現象的成因，古今中外的學者進行了長期的研究，提出許多見解。多數學者認爲，銅鏡的透光效應是由於鏡體厚薄不一，使鏡面各部分出現了與鏡背圖文相對應的凹凸不平的曲率差異而造成的（見何堂坤《關於透光鏡機理的幾個問題》)。但是這種曲率差异是如何形成的，學者之間有不同的認識。但無論如何，透光鏡的鑄造，反映了我國古代高超的冶金技術。

三國兩晋南北朝時期，銅鏡的形制、紋飾、布局方式主要延續了漢的銅鏡系統，比較流行的有神獸鏡類、變形四葉紋鏡類、夔鳳紋鏡類和瑞獸鏡。其中，神獸鏡特别盛行，流行最廣。從紋飾來看，佛像圖紋的出現是一個顯著特徵。這期間，魏鏡、吳鏡還輸往日本，有的工匠直接到日本鑄鏡。

隋唐時期的銅鏡，種類繁多，紋飾複雜，形制多變，主要流行的鏡類有以下十一類。①四神十二生肖鏡類：十二生肖鏡、四神鏡、四神十二生肖鏡；②瑞獸鏡類：瑞獸銘帶鏡、瑞獸花草紋鏡；③瑞獸葡萄鏡類：葡萄蔓枝鏡、瑞獸葡萄鏡、瑞獸鸞鳳葡萄鏡；④瑞獸鸞鳥鏡；⑤花鳥鏡類：雀繞花枝鏡、對鳥鏡；⑥瑞花鏡類：寶相花鏡、花枝鏡、亞字形花葉紋鏡；⑦神仙人物故事鏡類：月宫鏡、飛仙鏡、真子飛霜鏡、三樂鏡、打馬球鏡、狩獵鏡等；⑧盤龍鏡；⑨八卦鏡；⑩萬字鏡；⑪特種工藝鏡類：金銀平脱鏡、螺鈿鏡、貼金貼銀鏡。

隋唐是我國銅鏡發展的極盛時期，其造型呈現出流暢華麗之姿，其取材偏重於自由寫實或故事，其鑄造手法清新優雅。隋至初唐時期，流行四神十二生肖鏡類、瑞花鏡類的團花鏡、瑞獸鏡類。瑞獸鏡最爲盛行，主題紋飾以瑞獸爲主，但造型風格發生了變化，如銘帶消失，出現忍冬、蔓草、葡萄紋樣，瑞獸趨向動態，構圖活潑、開放。這種鏡型進一步發展，出現了瑞獸葡萄鏡和瑞獸鸞鳥鏡，以及雀繞花枝鏡，這些鏡類在唐高宗和武則天時期盛行。造型上出現了菱花形、葵花形等花式鏡。唐玄宗至唐德宗時期，主要流行對鳥鏡類、瑞花鏡類、人物故事鏡類、盤龍鏡及特種工藝鏡類。題材廣泛，風格各異。禽鳥、瑞花、珠花爲紋飾的主要題材，人物故事題材亦大量涌現。唐德宗以後至晚唐、五代時期，流行八卦鏡、萬字鏡及瑞花鏡類亞字形花葉紋鏡等。這一時期，銅鏡失去了盛唐富麗堂皇、千姿百態的風格，含有宗教旨趣的紋飾盛行，如以八卦爲主紋，配以符籙、星象、干支等具有道教意味的紋樣，在佛教中意爲“吉祥萬德之所集”的“卍”字標志，皆廣泛應用，布局單調乏味，作風粗拙。

五代、兩宋時期流行的銅鏡，據出土資料主要有以下十類。①都省銅坊鏡；②“千秋萬歲”鏡；③素鏡；④纏枝花草鏡類：亞字形花草鏡，圓形、菱花形和葵花形花卉鏡；⑤花鳥鏡；⑥神仙人物故事鏡類：仙人龜鶴鏡、仙人駕鶴鏡、人物樓閣鏡；⑦蹴鞠紋鏡；⑧

海舶鏡；⑨八卦紋鏡類：圓形八卦鏡、方形八卦鏡、亞字形八卦鏡、盾形八卦鏡等；⑩紀名號銘鏡類：湖州鏡、饒州鏡、建康鏡、成都鏡等。

五代和北宋初期的銅鏡，仍保持唐末遺風，厚質而圖紋綫條粗，偏重於實用。北宋中後期，鑄鏡工藝有發展，將唐之八弧形、八棱形改爲六弧形、六棱形，大鈕改爲小鈕，圖紋精緻細膩，模仿唐代晚期的瑞花鏡和八卦鏡的題材最多，花卉鏡流行最廣。南宋時期，形制有所創新，有帶柄鏡、長方形鏡、心形鏡等，特別是素地上鑄製商標字號銘的銅鏡盛行起來，開始了中國古代銅鏡重實用、不重圖紋的階段。宋鏡總的特點是：形式多樣，除圓形、方形、葵花形、菱花形外，多亞字形，還有帶柄鏡、長方形、鷄心形、盾形、鐘形、鼎形等；題材集中，圖紋多纏枝花草、商標字號、神仙人物故事、八卦等；表現技法爲細綫淺雕。

金代銅鏡，從出土資料來看，既有模仿漢、唐、宋銅鏡之作品，也有一些別開生面的圖紋。主要流行的鏡類有以下五類：①雙魚鏡；②歷史人物故事鏡；③盤龍鏡；④瑞獸鏡；⑤瑞花鏡。

金代銅鏡主題紋飾多樣化，爲唐代以後各代銅鏡所僅見。其圖案，一是仿造漢、唐、宋鏡的圖案，仿漢鏡有星雲紋鏡、四乳家常富貴鏡、昭明鏡、日光鏡、龍虎鏡、瑞獸鏡，仿唐鏡中，以瑞獸葡萄鏡爲多，盤龍鏡、雙龍紋鏡雖仿前代，但風格不同；二是吸收前代紋樣，創造新的樣式。在新出現的形式和題材中，以雙魚鏡、人物故事鏡爲多見，特別是雙魚鏡、童子攀枝鏡最爲流行。在銅鏡邊緣鏨刻官府驗記文字和押記，也是金代銅鏡的重要特徵。

元代銅鏡出土數量較少，從出土銅鏡看，仍多采用宋代流行的六菱花形或六葵花形，但紋飾漸趨粗略簡陋。考古發現的銅鏡，主要有以下五類：①纏枝牡丹紋銅鏡；②神仙、人物故事鏡；③至元四年雙龍紋鏡；④"壽山福海"銘文鏡；⑤素鏡。

以上有關各代銅鏡概況，可參閱孔祥星、劉一曼《中國古代銅鏡》（文物出版社1984年版）。

明清時期，銅鏡繼續流行，在人們的日常生活中仍是必需品。紋飾基本沿用傳統題材，騰雲駕霧的雲龍爲主要紋飾，製造工藝無多少發展。至清乾隆以後，逐漸爲玻璃水銀鏡所取代。

玻璃水銀鏡，在玻璃上塗上水銀即成，製造工藝簡單，成本低，價格便宜，映像清晰，故受到人們喜愛。近代以來，流行的玻璃水銀鏡，有帶座架的梳妝鏡，形狀有長方形、圓形、橢圓形，高度一般爲 15~20 厘米，支架由金屬、塑料或硬木等材料製作，支在桌子上或鑲在梳妝臺的鏡架上（這種鏡略大些）。有壁挂式梳頭鏡，一般爲長方形，長約 60 厘米，寬約 45 厘米，有油漆木框，上擰一顆帶圓環的螺釘，以便拴繩懸挂。亦有圓形鏡，不帶框，直接在鏡的上部釘一金屬鏈，挂於壁上。有穿衣鏡，通常鑲衣櫃上，亦有單獨的鏡櫥。一般爲長方形。長約 110~180 厘米，寬約 45~60 厘米，可照全身。還有便携式小圓鏡，直徑約 7 厘米，更小者爲 3 厘米，有金屬或塑料緣邊，有的在背面鑲同樣大小的透明玻璃，中間鑲有帶花卉、鳥獸、美人等圖案的紙片，可隨身携帶，使用便捷。這些鏡類皆爲現代人日常生活所習見，也爲家家户户所喜用。

古代各種鏡

鏡

人們日常照面飾容之具。《韓非子·觀行》：“古之人，目短於自見，故以鏡觀面。”古代製鏡的材料有銅、鐵、玉、石、玻璃等，而以銅最爲常見。相傳鏡之製造和使用始於黄帝軒轅氏。如南朝梁任昉《述異記》云：“饒州俗傳，軒轅氏鑄鏡於湖邊，今有軒轅磨鏡石，石上常潔，不生蔓草。”與之相關之傳說尚有許多。“鏡”字首見於《莊子》，其《天下》篇云：“其動若水，其静若鏡，其應若響。”古銅鏡一般以銅錫合金製成，故亦稱“青銅鏡”“青鏡”等，如漢辛延年《羽林郎》：“貽我青銅鏡，結我紅羅裙。”宋晁補之《摸魚兒》詞：“君試覷，滿青鏡，星星鬢影今如許。”銅鏡的各部分包括形制、鏡面、背面、鈕、鈕座、内區、中區、外區、邊緣、圈帶、銘帶、鏡銘、主題紋飾等。多爲圓形，鏡面光亮。我國最早的銅鏡之出土實物年代爲齊家文化時代：一是出土於甘肅廣河齊家坪墓葬之素鏡，圓形，直徑約 6 厘米，厚約 0.3 厘米，鏡面有光澤，背面無紋飾，中部有一拱形環鈕，鈕高約 0.5 厘米；二是出土於青海貴南尕馬臺二十五號墓之“七角星紋鏡”，圓形，直徑 8.9 厘米，厚約 0.3 厘米，背面有兩圈凸弦紋飾，兩圈之間有七角星形圖案，鈕已殘損。齊家文化屬原始公社解體時期，距今約四千年。爾後，隨着社會之發展，鏡成爲人們日常生活中不可或缺之具，且製造水平也不斷提高。如出土於河南安陽洹河北岸的侯家莊殷墟一千〇五號墓之一面“平行綫紋鏡”，鏡面稍凸，凸出最大處在中部，外凸約 3.5 毫米，背面則微向内凹，足知時人已經懂得鏡小面凸纔能全納人面之理。故宋沈括《夢溪筆談·器用》云：“古人鑄鑑，鑑大則平，鑑小則凸。凡鑑窪則照人面大，凸則照人面小。小鑑不能全觀人面，故令微凸，收人面令小，則鑑雖小而能全納人面。”春秋戰國之鏡，製造更精巧，多爲圓形，亦有方形，背面有鈕和鈕座，鏡面平直，邊緣平或上捲；鈕之形式多樣，質地薄而輕巧，紋飾題材和表現方法豐富，搭配和諧。考古史上對這個時期出土之鏡，分別冠以"秦鏡""淮式鏡""楚式鏡""先漢式鏡"諸名，可見當時製鏡業之繁榮。漢代是我國古代銅鏡製造之鼎盛時期。這個時期鏡之特點大致有四：①質量較重，鏡身較厚；②紋飾題材較多，以四神、動物、禽鳥爲主；③銘文成爲銅鏡紋飾之組成部分；④鈕多作半球形，或柿蒂形。故近人羅振玉《古鏡圖錄》云："刻畫之精巧，文字之瑰奇，辭旨之溫雅，一器而三善備焉者莫鏡若也。"在工藝上更是令人矚目，如"透光鏡"的製作，鏡面受光時，面嚮墻上能反映出鏡背紋飾之影像，上海博物館藏的"日光鏡"和"昭明鏡"即是明證。魏晋時期，中國之鏡和製鏡工藝傳至日本。據《三國志・魏書・倭人傳》記載，景初二年（238），曹魏統治者曾贈倭女王卑彌呼之物中有"銅鏡百枚"。日本也曾出土過四枚帶有曹魏紀年之銅鏡。隋唐時期是銅鏡製造的高度發展時期，製鏡風格一洗漢式拘謹板滯之態，流暢華麗，盡去銘帶，動物造型丰腴，構圖活潑開放，出現了菱花形、葵花形等多棱鏡式，形成了揚州、并州等幾個重要之鑄鏡地區。《新唐書・地理志五》云："揚州廣陵郡，大都督府……土貢金、銀、銅器、青銅鏡。"唐韋應物《感鏡》詩："鑄鏡廣陵市，菱花匣中發。"唐張籍《白頭吟》詩："揚州青銅作明鏡，暗中持照不見影。"唐鏡中最能體現新工藝水平的當屬特種工藝的螺鈿鏡、金銀平脫鏡與貼金銀鏡。螺鈿鏡，其鏡背用漆貼螺蚌貝殼飾片，構成人物、花鳥等紋飾；金銀平脫

鏡，其鏡背用漆貼金銀花飾片，構成雙鳳、鸞鳥銜綬等紋飾；貼金銀鏡，其背貼以金銀版，版上刻以紋飾，或在原凸起紋飾上貼以金銀片。及至宋代，銅鏡形式多樣，諸如帶柄鏡、長方形、雞心形、盾形等，紋飾題材集中，表現手法爲細綫淺雕，字號商標鏡之大量出現，成了這個時期的重要特徵，而且製鏡中心轉移到兩浙地區。元明兩代多承前制，無所創新。至清乾隆朝後，玻璃鏡逐漸替代了銅鏡，成爲人們日常生活中之必需品，至今不衰。參閱明宋應星《天工開物・冶鑄・鏡》、羅振玉《鏡話》。

【鑑】

即鏡。先秦時期已見稱。《左傳・莊公二十一年》："鄭伯之享王也，王以后之鞶鑑予之。"杜預注："鞶帶而以鑑爲飾也，今西方羌胡猶然，古之遺服。"孔穎達疏："鞶是帶也，鑑是鏡也。此與定六年傳皆鞶鑑，雙言則鞶鑑一物，故知以鏡飾帶，舉今羌胡之服以明之。"《莊子・德充符》："鑑明則塵垢不止，止則不明也。"後代仍見用。《新唐書・魏徵傳》："以銅爲鑑，可正衣冠。"亦作"鑒"。《詩・邶風・柏舟》："我心匪鑒，不可以茹。"毛傳："鑒所以察形也。"陸德明音義："鑒，甲暫反，鏡也。"《周禮・冬官・考工記》："金錫半，謂之鑒燧之齊。"鄭玄注："鑒燧，取水火於日月之器也，鑒亦鏡也。"按，燧是聚光取火的曲面鏡，鑒是盛水照面之器而後發展爲銅鏡。郭沫若在《三門峽出土銅器二三事》一文中説："古人以水爲監，即以盆盛水而照容，此種水盆即稱爲監，以銅爲之則作鑒，監字即像一人立於水盆旁俯視之形。《書經》上説：'人無於水監當於民監。'普通人用陶器盛水，貴族用銅器盛水，

銅器如打磨得很潔淨，即無水也可以鑒容。故進一步，即由銅水盆扁平化而成鏡。"

【鑒】

同"鑑"。此體始見於先秦時期。見該文。

石鏡

以石磨製的鏡子。相傳見於周代，爲异方所貢。亦稱"月鏡"。晋王嘉《拾遺記·周靈王》："時异方貢玉人、石鏡，此石色白如月，照面如雪，謂之月鏡。"

【月鏡】

即石鏡。此稱始見於先秦時期。見該文。

鐵鏡

鑄鐵磨製而成的鏡子。我國古代的鏡子，多以銅鏡爲主，約至漢代始出現鐵鏡。如現藏上海博物館的一面金背十二辰規矩紋鐵鏡，傳爲漢代中期的製品。鐵質，斜緣寬邊，內鑲金片，直徑20.5厘米，金背直徑15厘米。紋飾用模壓製，綫條流暢。花瓣複萼鈕；鈕座圍以方格，格內十二乳和十二辰銘，相間排列；方格外飾以"T""L""V"形規矩紋等，外緣爲雲紋。此鏡製造工藝精緻複雜，實屬罕見。江蘇邗江甘泉漢墓曾出土過一面鐵鏡，形制同當時之銅鏡。《燒溝漢墓》一書公布了出土鐵鏡九面。當時的文獻亦有鐵鏡的記載，如《西京雜記》卷六："無餘异物，但有鐵鏡數百枚。"此後亦曾流行，唯不如銅鏡著名。唐代亦見。唐段成式《酉陽雜俎·物异》："有鐵鏡，徑五寸餘，鼻大如拳。"亦稱"一片鐵"。唐王建《老婦嘆鏡》詩："十年不開一片鐵，長向暗中梳白髮。"唐後已少見。宋路振《九國志·前蜀臣傳·王宗壽》："嘗於許、汝間得一鐵鏡，晦不可鑑。"宋代以後，漢族一般很少使用鐵鏡。

【一片鐵】

即鐵鏡。此稱始見於唐代。見該文。

玉鏡

用玉石磨製的鏡子。一般器身較小，出土實物稀少，多見諸典籍之記載。《南史·江淹傳》："時襄陽人開古冢，得玉鏡及竹簡古書，字不可識。"唐白居易《游悟真寺一百三十韵》："六楹排玉鏡，四座敷金鈿。"亦稱"玉鑑"。元吕濟民《蟾宫曲·贈玉香》："畫蛾眉玉鑑遺香，伴才郎玉枕留香。"

【玉鑑】

即玉鏡。此稱始見於元代。見該文。

銅鏡

古代用銅磨製的鏡子。照臉的一面磨光發亮，背面大都有鈕和紋飾。多以銅錫合金鑄成。唐代開元宫中鏡，別出心裁，明宋應星《天工開物·冶鑄·鏡》："盡以白銀與銅等分鑄成，每口值銀數兩者以此故。"現今出土最早的銅鏡，是於甘肅廣河齊家坪出土的青銅鏡，距今四千餘年。銅鏡自戰國後流行漸廣，各代多有製造，形制各有不同，種類繁多。《後漢書·西羌傳》："或執銅鏡以象兵。"晋陸機《與弟雲書》："仁壽殿前有大方銅鏡，高五尺餘，廣三尺二寸。"銅鏡至清乾隆年間以後漸衰，被玻璃鏡所代替。亦稱"金鏡"。南朝梁江淹《悼室人》詩："寶燭夜無華，金鏡晝恒微。"亦稱"銅鑑"。《新唐書·薛存誠傳》："時造清思院，殿中用銅鑑三千，薄金十萬餅。"

【金鏡】

即銅鏡。此稱始見於南北朝時期。見該文。

【銅鑑】

即銅鏡。此稱始見於唐代。見該文。

【青銅鏡】

即銅鏡。甘肅廣河齊家文化墓葬出土的青銅鏡，距今約四千年，爲最早之青銅鏡。後歷代之銅鏡，一般爲青銅所製。漢李延年《羽林郎》："貽我青銅鏡，結我紅羅裾。"唐白居易《照鏡》詩："皎皎青銅鏡，斑斑白絲鬢。"亦稱"青銅"。唐羅隱《傷華髮》詩："青銅不自見，只擬老他人。"清惠周惕《贈維揚顧書宣》詩："人生眉眼不自見，願以妍醜煩青銅。"亦稱"青鏡"。宋晁補之《摸魚兒》詞："君試覷，滿青鏡，星星鬢影今如許。"

【青銅】

即青銅鏡。此稱始見於唐代。見該文。

【青鏡】

即青銅鏡。此稱始見於宋代。見該文。

各類銅鏡

多圈凸弦紋鏡

背面飾多圈凸弦紋的銅鏡。始見於殷商時期。河南安陽小屯殷墟婦好墓出土兩面。一面直徑 11.8 厘米，厚 0.2 厘米，重 200 克。鏡面微凸，背面飾凸弦紋六周，弦紋之間填以密排的竪直短綫。另一面，直徑 7.1 厘米，厚 0.2 厘米，重 50 克。背面飾凸弦紋五周，弦紋之間填以密排的斜行短綫。二鏡正、背面皆有綠銹。

葉脉紋鏡

背面飾有葉脉紋的銅鏡。始見於殷商時期。考古發現兩面，均爲圓形，皆出土於河南安陽小屯殷墟婦好墓。一面直徑 12.5 厘米，厚 0.4 厘米，重 250 克，鏡面微凸，背面中心有一長條形鈕。鈕外飾凸弦紋三周。第一周弦紋環繞鈕，弦紋圈內素地無紋。一、二周弦紋間是圓面的中心區，由第一周弦紋向外放射出十字形寬條輻，將鏡背均勻地分成四區，每區由放射直綫和斜綫組成四片葉脉狀的圓形，相鄰兩片的斜綫正反相間，形成有規律排列的有莖有脉的兩片葉紋。二、三道弦紋間，整齊地排列小乳釘五十一枚。整個銅鏡的圓形像一有輻條的車輪。另一面，直徑 11.7 厘米，厚 0.2 厘米，重 200 克。紋飾與前一面略同，但邊緣的小乳釘已有銹蝕，正面、背面銹蝕均較嚴重。現藏中國國家博物館。

素鏡

背面沒有紋飾的銅鏡。考古發現的素鏡，最早爲西周時期遺物。共有十多面。如河南浚縣辛村四十二號墓出土一面，直徑約 10 厘米，鏡身平直，但中部稍厚；陝西寶雞市區西周墓出土一面，直徑 6.5 厘米，厚 0.22 厘米，背面有橄欖形長鈕，鏡面平光，但製作粗糙，應屬西周早期；陝西鳳翔南指揮西村周墓出土三面，直徑分別爲 7、7.2、7.1 厘米，兩面背面中心有橄欖形鈕，一面無鈕。此外，陝西淳化史家塬西周一號、北京昌平白浮西周兩座木槨墓、河南上村嶺虢國墓地第一千六百五十號墓、內蒙古寧城南山根兩座石槨墓等均有出土。春秋戰國時期的素鏡，有全素鏡、弦紋素鏡、寬弦紋素鏡三種。全素鏡，背面沒有任何裝飾圖案，外形有圓形、方形兩種，而多爲圓形。湖南長沙龍洞坡第八百二十六號墓出土的全素鏡，時代屬春秋晚期。河南鄭州二里崗第十號戰國晚期的空心磚墓中也有全素鏡出土。山東臨淄郎家莊一號墓出土的這類鏡，時代屬於春秋晚期至戰國早期。弦紋素鏡，鏡背有一周至五周弦紋，均爲圓形。祇有一周弦紋的，在湖南長沙烈士公園第六號墓有出土，時代屬春秋晚期；有三至五周弦紋的素鏡出現於戰國中、晚期，至西漢初仍存在，如湖北宜城楚皇城第三號墓出土有五周凸弦紋的銅鏡，時代在秦末至漢初。寬弦紋素鏡，又稱"重輪素地鏡""三輪素地鏡"，均爲圓形，三弦鈕。鏡背有二至三周鼓起的凹面寬帶。這種鏡出現時代較晚，陝西臨潼上焦十一號秦墓出土一面有三周寬弦紋的銅鏡。此後，漢唐素鏡不多見。五代、宋墓有較多出土，形式有圓形、葵瓣形、菱花形、有柄形，以六瓣形、六菱形居多。有的在鏡背素地上鑄出幾道弦紋。江蘇江浦黃悅嶺南宋張同之夫婦墓出土兩面六出葵花形素鏡，福建福州北郊南宋墓出土六出葵花形、六出菱花形鏡各一面。元代素鏡有較多出土，圓形，一般直徑在 15 厘米以上。

禽獸紋鏡

背面飾有禽獸紋的鏡。我國最早的一面禽獸紋鏡，出土於河南三門峽上村嶺虢國墓地一千六百一十二號墓，屬於西周早期。此鏡直徑 6.7 厘米，厚 0.35 厘米。鏡身平直，背面有兩個平行的弓形鈕。鏡背不分區，鈕的上方站立一獸，似鹿。鈕下方有展開雙翅的鳥紋，雙翅用綫條裝飾出的羽翅，左右兩邊各有一獸，爲虎或豹，張嘴伸爪。鹿、鳥、虎紋的綫條是

單綫勾出，筆畫簡單、古樸。現藏中國國家博物館。戰國時期的禽獸紋鏡類，地紋有羽狀紋和細雲雷紋兩種。主紋爲獸紋、鳳鳥紋等。根據主紋之異，可分爲獸紋鏡、饕餮紋鏡、鳳鳥紋鏡、禽獸紋鏡四種。獸紋鏡數量最多，又可細分爲雙圈獸紋鏡、羽狀地紋獸紋鏡、雲雷紋地獸紋鏡三種。多爲圓形，或飾虺龍紋，或飾虎形獸，或飾狐面鼠耳長捲尾的怪獸，或飾鹿、狐等。山西長治、湖南長沙等地有出土。饕餮紋鏡有圓形、方形兩種。圓饕餮紋鏡三弦鈕，無鈕座，細雲雷紋爲地紋，其上用均平凸起的綫條勾勒出雙目、粗眉、大鼻梁的獸面紋兩組，以鈕爲中心，上下對稱。河南洛陽有出土。方饕餮紋鏡數量較少。鳳鳥鏡，均爲圓形，地紋爲細雲雷紋，主紋爲鳳鳥。禽獸紋

西周禽獸紋鏡

鏡，圓形，三弦鈕或半環鈕，雙重圓鈕座，地紋爲細雲雷紋，有的鈕座外伸出四扁葉，葉間二螭形怪獸與二鳳配列，邊緣爲十二內嚮連弧紋。有的鏡背中部有十字形四葉，將鏡背分爲二區，內區爲四獸，外區爲二獸二鳳。出土的雙圈獸紋鏡，時代屬於戰國早、中期；饕餮紋鏡、鳳鳥鏡、禽獸紋鏡時代較晚，在戰國晚期。

錯紋鏡

古代一種青銅鏡。鏡背圖案紋飾以金銀絲錯嵌而成，故稱。於銅器上錯嵌金銀之工藝，最早出現在春秋中期，到了戰國中期，這種工藝已在許多地區流行。傳爲河南洛陽金村戰國墓出土的一面"金銀錯狩獵紋鏡"，圓形，以鏡

背之外緣包嵌鏡面而成。小鈕，雙重圓鈕座。主要紋飾有三組，一爲騎士搏虎，一爲兩獸相爭，一爲展翅之鳳鳥。紋飾之綫條表面，均用"金錯"細綫。三組主要紋飾之間，配以三組相同的雙龍渦紋，每組有二變形龍紋，左右相對作"S"形相互纏繞，軀體嵌以"金錯"，而配飾之小渦紋則嵌以"銀錯"。整件器具製作十分精緻。現藏法國巴黎博物館的一面戰國時期"金銀錯虺龍紋鏡"，小鈕，圓鈕座，鈕座與邊緣之間有條虺龍纏繞，軀體嵌以"金銀錯"花紋，緣爲一交叉的渦紋帶。這類鏡除河南外，其他地區的戰國墓中尚未發現。

多鈕鏡

古代一種銅鏡。以鏡背鑄有多個鏡鈕，故名。此鏡流行於春秋晚期和戰國時代。圓形，鏡背有二至四個鈕，紋飾爲幾何圖紋，一般較厚重。如遼寧朝陽十二臺營子三號墓出土的一面"三角勾連雷紋鏡"，三鈕，鏡面平直，鏡背有寬條三角勾連雷紋，雷紋間填以短的平行綫，緣有雲雷紋窄帶，鏡體厚重。又其一號、二號墓出土有雷紋緣多鈕鏡，鏡面微凸，背面稍凹，鏡背中部無紋飾，緣處有雷紋兩周，近緣處有三個或四個半環形鈕，作三角形或方形排列。吉林集安積石戰國墓出土的一面雙鈕蚌網紋鏡，亦屬此類。多鈕鏡多在東三省發現，至20世紀末，其他地區尚無實物出土。

透雕鏡

古代一種銅鏡。鏡面爲一片較薄之白銅，鏡背則是一片有鏤空圖案之青銅，兩片分別鑄造，合爲一鏡。考鏡學上又稱之爲"夾層透紋鏡"。此鏡出現於春秋晚期，戰國時期仍然流行。鏡型有圓、方兩種，圖案一般作蟠螭、禽獸等。如現藏美國紐約博物館的一面春秋戰國時的"蟠螭透紋鏡"，圓形，小環鈕，圓鈕座，鈕座外透雕蟠螭紋，螭身呈"S"形蜷曲狀，互相纏繞，素平緣。而飾有禽獸紋之透雕鏡實物亦有出土。四川涪陵小田溪戰國墓出土的一面圓形鏡，環形鈕，小圓鈕座，鈕座外爲透雕之雙龍雙鳳紋，獨角龍與展翅鳳互相爭逐，生動活潑。傳爲河南洛陽戰國墓出土的一面方形鏡，四角有乳釘狀鉚釘，鏡背爲四個夔形，夔身有鱗紋和細緻的短綫條，夔紋中間填有綠松石。透雕鏡在湖南、湖北等地區均有出土，惜數量較少。

山字鏡

古代一種青銅鏡。以其鏡背羽狀地紋上由多個類似山字的圖紋構成主題紋飾，故名。據清梁廷枏《藤花亭鏡譜》云"刻四山形以象四嶽，此代形以字"，足見山字圖案如同福、壽、囍字一樣，寓有吉祥之意。此鏡均爲圓形，鈕座有方有圓，山字配列於鈕座之外，或左旋或右旋，字間通常配以花瓣紋、葉紋、繩紋等。由於此鏡構成主題紋飾之山字，一般有三至六個組成，故考鏡學上將其分爲"三山鏡""四山鏡""五山鏡""六山鏡"。"三山鏡"一般作四弦鈕，雙重圓鈕座，三個山字與配飾紋相間排列，外緣爲寬素捲邊。"四山鏡"則變化較多，主要在山字的粗細及輔助紋飾多樣上。如湖南長沙春秋戰國墓出土的一面"四山鏡"，三弦鈕，雙重方鈕座，山字粗短，山字底邊與鈕座邊綫平行，鈕座之四角伸出連貫式四組花瓣，每組兩瓣，上下兩組與左右兩組相垂直，素窄捲邊。與此同時出土的尚有"五山鏡"，三弦鈕，雙重圓鈕座，座外有五山字紋，山字筆畫

瘦削且傾斜度較大；山字底邊與相鄰山字的一邊斜對配列，呈五出星芒形。現藏中國國家博物館的一面"六山鏡"，三弦鈕，

五山鏡

雙重圓鈕座，座外六山字紋，并均匀地伸出六花瓣，各山字之右脅又配一花瓣，紋飾精美，器身直徑達23厘米。山字鏡出土的地區相當廣，而且數量也較多，是戰國時期最流行的鏡類之一。

四葉紋鏡

古代一種銅鏡。鏡鈕多爲三弦狀，鈕座有圓有方，方座多匙面，圓座多重圈。主紋四葉，向四面伸出，葉形或爲團扇狀，或如桃狀。湖南長沙出土有戰國四葉紋鏡。地紋以羽狀紋爲主，間或用雲紋，素低捲邊。還有一種變形四葉紋鏡，圓形，三弦鈕，雙重圓鈕座。在近外緣處又飾四葉，合爲八葉。地紋由"S"形雲紋和回紋等組成，素捲邊。這類銅鏡盛行於戰國，漢代亦較爲流行。如舊傳安徽北部東漢墓出土的一面"變形四葉夔紋鏡"，圓鈕（座），四葉紋的內四角配置"君宜高官"的銘文，四區內的紋飾以夔龍爲主，外區爲內嚮十六連弧紋一周，素窄緣。魏晋時期亦有之。如江西南昌晋墓出土的一面"變形四葉鸞鳳鏡"，四葉作寶珠狀，其間配置四鳳，平素緣，另有他飾。此後，這類銅鏡多不見。

連弧紋鏡

古代一種銅鏡。鏡背主紋爲弧綫或凹面寬弧帶連成的圈飾，故名。戰國時期的連弧紋鏡，均爲圓形，三弦鈕，素寬邊緣，弧數多寡不等，以八弧最爲常見。湖南長沙絲茅冲一區第二十四號戰國墓出土的一面"素地連弧紋鏡"，鏡背爲素面，三弦鈕，中弦較高，凹面形圓鈕座，座外圈以十一個內嚮單綫連弧紋。又長沙南門廣場九號墓出土的一面"雲雷紋地連弧紋鏡"，鈕及鈕座同上，雲雷紋地，鈕座外及近邊緣處各有絢紋一周，主紋爲七個內嚮凹面形連弧圈，素寬緣，低捲邊。又長沙陳家山二號墓出土之"雲雷紋地蟠螭連弧紋鏡"，主紋爲八個內嚮凹面連弧紋，紋內外有大小八個蟠螭紋，綫條高低寬窄不一，素寬捲邊。其他諸如四川、山東、內蒙古等地均有此類之鏡出土。漢代之連弧紋鏡多承前制，然亦有其創新之處。如廣東廣州東漢墓出土的一面"雲雷連弧紋鏡"，圓鈕座，內區爲八連弧紋，外區飾有雲雷紋和弦紋，雲雷紋爲八個帶圓心之小圓圈，素寬緣。河南洛陽東漢墓出土的一面"長宜高官連弧紋鏡"，圓鈕，四蝠形葉鈕座，座外爲八個內嚮連弧紋組成的圈帶，蝠形葉間填以"長宜高官"四字，素寬緣。連弧紋鏡是漢代流行鏡型之一，許多地區均有出土，後來之鏡，連弧紋均不做主飾紋。

蟠螭紋鏡

古代一種銅鏡。因鏡背鏤有盤曲之螭（無角龍）紋，故名。此類鏡最早出現在戰國時期。圓形，地紋爲雲紋及直綫或斜三角紋組成之雲雷紋，主紋蟠螭或纏繞式排列，或分離式排列。如湖南長沙侯家塘戰國墓出土的一面"蟠螭紋鏡"，半球形鏤空鈕，透雕圓鈕座，座外有凹面形環帶一周，地紋模糊不清，主紋爲三對互相纏繞之蟠螭紋，每對蟠螭之間有一變形蟬紋相

間。但通常作三弦鈕，圓鈕座，座外爲寬凹面形環帶一周，在整齊的雲雷紋上置三對纏繞之蟠螭，素寬捲邊。陝西鳳翔戰國墓出土的一面"蟠螭菱紋鏡"，三弦鈕，雙重圓鈕座，鈕座外及邊緣處各有絢紋一周，主紋爲四個雙綾條蟠螭紋。蟠螭之尾部捲曲，尾下伸出一摺叠菱形紋，且每螭之間還填以捲雲紋。這類銅鏡，在河南、安徽、江蘇、四川等地均有出土。秦漢之蟠螭紋鏡較戰國有了發展，地紋變得粗拙，主紋由單綾條變成雙綾或三綾，鈕座外或爲多重同心圓圈帶，或爲方形格等，內圈帶多配置銘文。如湖南長沙馬王堆一號漢墓出土的一面"纏繞式蟠螭紋鏡"，弦鈕，素圓鈕座，內圈爲七面素圓帶，主紋爲四條渦化程度很高的互相盤繞之螭紋。而河北滿城中山靖王妻竇綰墓出土的一面同名鏡，於弦紋上又飾有四乳四葉紋，更加精緻。另外還有"規矩蟠螭紋鏡"出土。漢代中葉以後，蟠螭紋鏡逐漸被他鏡代替。

盤龍鏡

古代一種青銅鏡。鏡背鑄以盤曲之龍形，多飾之以雲紋，鏡鈕一般作三弦。此鏡出現於秦漢間。如漢代之盤龍鏡，主題紋飾通常爲高圓浮雕龍，龍身高低不一，張口曲身盤繞，圓鈕（座），另配置其他飾紋，少數還有銘文。故北周庾信《鏡賦》云："鏤五色之盤龍，刻千年之古字。"唐代爲盤龍鏡之盛行時期，這在詩歌中多有描繪。唐李白《代美人愁鏡二首》："美人贈此盤龍之寶鏡，燭我金縷之羅衣。"唐孟浩然《同張明府清鏡嘆》詩："妾有盤龍鏡，清光常晝發。"古代典籍中常見"水心鏡""江心鏡""百鍊鏡"的記載。唐李肇《唐國史補》卷下："揚州舊貢江心鏡，五月五日，揚子江中所

鑄也。或言無有百鍊者，或至六七十鍊，則已易破難成，往往有自鳴者。"《古今圖書集成·經濟彙編·考工典》卷二二八引

盤龍鏡

《異聞錄》："唐天寶三載五月十五日，揚州進水心鏡一面，縱橫九寸，青瑩耀日，背有盤龍，長三尺四寸五分，勢如生動，元宗覽而異之。"唐白居易《新樂府·百鍊鏡》："背有九五飛天龍，人人呼爲天子鏡。"從這些鏡的紋飾看，都是盤龍鏡。唐代的盤龍鏡多爲葵花形，主題紋飾均爲單龍紋。如陝西西安唐墓出土之盤龍鏡，一龍昂揚飛騰盤繞雲紋中，龍首向右，張口舞爪，另有流雲花紋緣，緣上銘"千秋"二字。此外，河南洛陽、開封，江蘇揚州，浙江紹興等地皆有出土。唐代以後，盤龍之鏡也很流行，然與唐代相比，多爲雙龍紋飾，造型粗放，姿態呆板，缺乏美感。如宋代雙龍紋鏡發現較多，雙龍在鈕兩側對稱，龍頭在下，龍身蜿蜒於龍頭上方形成一環形，二龍頭對圓鈕，以鈕爲珠作雙龍奪珠狀。金代雙龍鏡中有不少是龍首尾倒置作二龍追逐狀。元代雙龍鏡接近唐鏡，但布局不同。

日光連弧紋鏡

漢代一種銅鏡。以其鏡背銘文中有"日光"二字，鈕座外內區紋飾爲連弧紋，故稱。此鏡一般圓鈕，圓鈕座，座外有內嚮連弧紋一周，外區爲銘文帶，銘文間夾以呈"の"或"◇"等形符號，素寬平緣，直徑在6~8厘米。銘文一般作"見日之光，天下大明"。也有首句不

變，次句不同的，如"長不相忘""長夫毋忘"等等。銘文字體瘦長，非篆非隸，簡筆字很多。日光連弧紋鏡是漢鏡中出土量最多、流行範圍最廣的鏡類之一，在我國許多地區均有發現，僅河南洛陽西郊漢墓中就發掘了三十六面。

草葉紋鏡

　　漢代一種銅鏡。鏡背紋飾以草葉形紋爲主，常見的有八葉、四葉，有的間有四乳、蟠螭和規矩紋等。圓鈕，鈕座多采用四葉紋，亦有弦鈕、伏螭鈕等。鈕或鈕座外一般以大方格銘文帶相圍繞，或僅有方格，無銘文。緣飾大多以連弧紋爲主，且以十六連弧最爲常見。按其紋飾和結構，大致分爲草葉四乳紋、草葉四乳花瓣紋、草葉規矩紋三種鏡型。如陝西西安西漢墓出土的一面"四乳草葉紋鏡"，大方格四角各向外伸出一組雙瓣葉，將方格與邊緣間分成四區。各區分別以一乳爲中心，每乳左右各有一對稱連疊草葉紋。四區共有四乳八組草葉紋。銘文曰："日有熹，宜酒食，長貴富，樂毋事。"整件器物裝飾華美，配列整齊，十分和諧。這種鏡型是西漢初、中期主要流行之一種。

昭明鏡

　　漢代一種青銅鏡。以其銘文中有"昭明"二字，故名。此鏡有"昭明連弧紋鏡"和"昭明重圈紋鏡"兩類。連弧紋鏡一般作圓鈕，圓鈕座或連珠紋鈕座，鈕座外有內嚮連弧紋一周，連弧紋與鈕座間亦有紋飾。外區爲銘文帶，銘文字體或非篆非隸，或方方正正，素平緣，寬窄不等，字體方正的多寬平緣。直徑多在8~12厘米。其完整的銘文均作："內清質以昭明，光輝象夫兮日月；心忽揚而願忠，然壅塞而不泄。"然亦有減字減句者。廣東廣州一西漢墓曾

出土一面圓形連弧紋"昭明鏡"，圓鈕，連珠紋座，素平寬緣，直徑25厘米，厚0.6厘米，重375克。北京、陝西、河南等地亦有此類鏡出土。重圈紋鏡，一般作雙重銘文。其布局有兩種：一是內區爲"日光"銘，外區爲"昭明"銘；二是內區爲"昭明"銘，外區爲"清白"銘。鈕座一般作并蒂十二連珠紋。然亦有一圈"昭明"銘文帶的。昭明鏡是目前出土最多、流行範圍最廣的西漢銅鏡。

蟠虺鏡

　　漢代一種銅鏡。以鏡背鑄有盤曲之虺（蛇）紋樣，故稱。其紋飾與蟠螭紋相似，但圖案簡潔，形體鮮明，爲蟠螭鏡之發展。此鏡一般爲圓形，三弦鈕座，鈕座外有圓形圈帶或方形格，有的方格框內配置銘文。圓渦紋地或綫條紋地一般較粗糙，主紋以四虺居多。如廣東廣州西漢墓出土的一面方格四虺紋鏡，基

連弧蟠虺紋鏡

本布局如上所述，且方格內配置銘文，方格四邊外飾乳釘各一，四角爲草葉紋，虺紋軀體呈"C"形，寬素緣。河南洛陽西漢墓出土的一面連弧蟠虺紋鏡，圓形，三弦鈕，鈕外二重弦紋圈，平行綫條紋地，主紋四虺呈"S"形，虺紋間綴以四乳釘紋，主紋與邊緣間飾一周內嚮連弧紋圈，素寬低捲邊緣。此類鏡主要出土於西漢初期和中期墓中，湖北、江蘇、四川等地均有發掘。

星雲鏡

　　漢代一種銅鏡。因鏡背之紋飾似天文星

象，故名。宋王黼等《博古圖》稱之爲“百乳鑑”“素鑑”。此鏡爲連峰式鈕，圓鈕座，鈕座外多爲内嚮十六連弧紋，外爲星雲紋帶。所謂星雲紋實際上是帶座四乳配列四方，乳間綴以多枚小乳釘，并以曲綫相連接。内嚮連弧紋緣。北京大葆臺西漢木椁墓出土的一面“星雲鏡”，除上述特徵外，四乳間各有七個小乳相連接。類似之鏡，河南洛陽燒溝漢墓、江蘇邗江胡場漢墓等均有大量出土。其他各地亦有發掘。根據出土情况，星雲鏡主要流行於西漢中期武帝、昭帝、宣帝時期。

【百乳鑑】

即星雲鏡。宋代《博古圖》有此稱。見該文。

【素鑑】

即星雲鏡。宋代《博古圖》有此稱。見該文。

規矩紋鏡

漢代一種銅鏡。鏡鈕較大，多作半球狀，鈕座圍以方框，框外飾有規矩紋“T”“L”“V”三個符號，故考鏡學上稱之爲“規矩紋鏡”。此鏡於規矩紋之間或綴以乳釘、四神、龍虎、羽人、鳥獸等形，是漢代流行的鏡種之一，許多地區都有出土。陝西西安漢墓出土的一面“四神規矩鏡”，圓鈕，四葉紋鈕座，座外方框，框内排列十二地支銘，框之四周各向外伸出一“T”形符號與“L”形符號，框之四角又與“V”形符號相對，將鏡之内區分爲四方八等分。青龍、白虎、朱雀、玄武各踞一等分，其他則配以鳥、獸、羽人等形。外區有一圈銘文帶，邊緣紋飾以三角鋸齒紋、流雲紋爲主。上海文物管理委員會收藏的一面王莽時“規矩禽獸紋鏡”，素圓鈕，圓鈕座，座外環繞七乳，乳間有四草葉及“宜子孫”銘，外區四乳與四“T”及四“V”間以禽獸、羽人紋，外緣銘文爲“唯始建國二年新家尊……宜官秩，葆子孫”。另有一種幾何紋規矩鏡也很特別。紋飾中的四神、禽獸等圖案被换成菱形、綫條等幾何紋飾，很少配有銘文。東漢中葉，出現一種簡化規矩鏡，規矩紋之符號不同時使用，祇用一至兩種。紋飾的布局、内容也隨之簡化，如有的方框外僅剩四個“T”和“V”形及簡單的綫條，大多無銘文，緣飾祇有一圈三角鋸齒紋。漢代以後，此鏡流傳甚少。

四乳鏡

漢代一種銅鏡。因鈕座外有四個乳釘，故名。宋王黼等《博古圖》又稱之爲“四乳鑑”。這類鏡之主要特徵是鈕座外四乳間環繞螭（虺）、鳥獸、四神等紋飾，或爲素寬平緣，或爲三角鋸齒紋緣，亦有波紋圈和窄緣。如河南洛陽西漢墓出土的一面四乳四虺鏡，圓鈕，四葉紋鈕座，座外四虺形紋，虺之腹背兩側又各綴不同紋飾，素寬平緣。這種鏡，北京大葆臺漢墓、廣東廣州漢墓亦有出土。另有一種四乳間配置獸鳥紋飾的四乳禽獸紋鏡，其主要特徵，或爲素寬緣四乳八鳥，或爲素寬緣四乳四獸，或爲窄緣四乳四神等，出土量較大。四乳鏡流行於西漢和東漢前期。

【四乳鑑】

即四乳鏡。宋代《博古圖》有此稱。見該文。

多乳鏡

漢代一種銅鏡。鏡背鈕座外綴有多個乳釘，故名。此鏡一般圓鈕，圓鈕座或四葉紋座，鈕座外五至八乳不等，以七乳最常見，且乳間飾以禽獸、鳥、羽人等紋飾，緣飾以三角鋸齒紋、流雲紋等爲多。如陝西西安漢墓出土的一面七乳四神禽獸紋鏡，七乳間飾有四神、羽人、禽獸紋，主紋外環繞一圈銘文帶。廣西梧州東漢墓曾出土一面七乳禽獸紋鏡，七乳間配以禽獸、羽人紋，亦有銘文帶。此外還有多乳禽鳥紋鏡，圓

七乳四神禽獸紋鏡

乳釘間配置同形的禽鳥，如五乳五禽、五乳十禽、六乳六禽、七乳七禽鏡等。這種鏡型，是漢代比較精緻的銅鏡之一。

四神鏡

古代一種銅鏡。因鏡背雕有青龍、白虎、朱雀、玄武四神之紋飾，故稱。此鏡最早出現於漢代，如陝西西安漢墓出土的四神規矩鏡、七乳四神禽獸紋鏡，廣東廣州東漢墓出土的四乳四神鏡等，均是以四神爲主題紋飾的銅鏡。漢之四乳四神鏡，圓鈕，鈕座外四乳間分別爲四神，素寬緣。而七乳四神禽獸紋鏡，圓鈕，鈕座外環繞九個小乳，內區七乳，間以四神、羽人及禽獸紋，主題紋飾外另有一圈銘文帶。三國兩晉南北朝亦很流行。隋唐之四神鏡很有特色。據《太平廣記》卷二三〇載，隋汾陰侯生臨終前贈王度銅鏡一面，"曰：'持此則百邪遠人。'度受而寶。鏡橫徑八寸，鼻作麒麟蹲伏之象，繞鼻列四方，龜龍鳳虎，依方陳布，四方外又設八卦，卦外置十二辰位而具畜焉，辰畜之外，又置二十四字，周繞輪廓，文

體似隸，點畫無缺"。這裏的"龜龍鳳虎"，即是四神。唐之四神鏡，一般爲圓形，圓鈕。鈕座有柿蒂紋、獸紋、花瓣紋等。斜立二重齒圈，雙綫高圈分爲二區，內區布局有漢之規矩鏡的風格，即由大方格和"V"字劃爲四區，每區布置一神。外區爲銘文帶或他飾。更有以四神與十二生肖相配爲飾者，如湖南長沙唐墓曾出土一面"四神十二生肖鏡"，圓形，圓鈕。共有三區，內區同一般四神鏡，中區爲窄銘文帶，外區爲十二生肖。變形雲紋緣。這與《太平廣記》所載有相似之處。唐代以後，此類鏡子不見流傳。

神獸紋鏡

古代一種銅鏡。鏡背紋飾，通常以東王公、西王母等神人和神獸等高浮雕組成。布局結構大致可分爲階段式、環繞式和對列式等。有的上面尚鑄有韵體銘文或紀年。始於東漢。如上海博物館藏、紀年爲東漢永康元年的一面環繞式神獸鏡，四組神獸環鈕配置，環狀乳由天祿、辟邪等獸形的部分骨節構成，獸首多作龍形或虎形，向右環繞。另外還有東王公、西王母等群像。神獸外有半圓方帶，外區爲銘文帶。盛行於魏晉南北朝。這個時期的神獸鏡，大致分爲重列式、環繞式、畫文帶佛獸鏡三種。如後者的主題紋飾中，以佛像和模仿佛像的神仙像代替了流行的神仙圖像。湖北鄂城出土的一面吳中後期的畫文帶佛獸鏡，圓形，圓鈕，內區四組神像與四獸交互配置。其中兩組各有一像，分別爲東王公和西王母。另一組爲二個侍神。還有一組爲二尊佛像，一爲坐像，一爲立像。主題紋飾外有半圓方枚各十個，外區一周禽獸紋帶，流雲紋平緣，直徑爲15厘米。神獸紋鏡

後不見傳。

夔鳳鏡

古代鏡背飾有雙夔（鳳）紋之銅鏡。此鏡一般圓鈕，或無鈕座，素緣，主題紋飾之雙夔（鳳）左右夾鈕首尾相對稱，鈕之上下方有直行銘文。流行於東漢中晚期黃河流域之今河南、河北、陝西、山東等地。如陝西西安東漢墓出土的一面“直行銘文雙夔鏡”，圓鈕，鈕之左右配置雙夔紋，鈕上爲“君宜”二字，下爲“高官”二字，素寬緣。又河南洛陽東漢墓出土的一面雙頭龍鳳紋鏡，圓鈕，兩條屈曲之夔鳳，一端爲夔首，一端爲鳳首，雙首相對，無銘文，外飾內嚮連弧紋圈，素寬緣。此後魏晉南北朝時期繼續流行，以直行銘文雙夔（鳳）紋鏡爲多，江西、湖南、湖北、安徽、山東、河南、遼寧等地的墓葬中均有出土。河南洛陽五十四座晉墓出土的二十四面銅鏡中，有“位至三公”夔鳳紋的就有八面。後不見流行。

畫像鏡

古代一種銅鏡。背雕有神像、歷史人物、車騎、歌舞等圖案。此鏡圖案主要采用浮雕工藝製作，紋樣略呈扁平狀；主題紋飾題材廣泛，寓意深刻。其布局多以四乳分割四區環繞排列，鈕座外連珠紋圈，亦有圍以方格者，邊緣飾以三角鋸齒紋、流雲紋等。鏡之直徑一般較大。在歷史人物類畫像鏡中，最常見的題材係有關忠臣伍子胥者。這種鏡爲圓鈕，連珠紋鈕座，四乳劃爲四區布置故事。一組爲兩人席地而坐，相對交談，銘“越王”“范蠡”；一組爲着長裙相立的二女，銘“越王二女”，或銘“玉女二人”；一組則是單一人坐帳幔之中，銘“吳王”；一組亦是單獨一人，鬚眉怒髮，瞪目切齒，手持長劍置於頸下，銘“忠臣伍子胥”。鏡之外區另有銘文帶。對此鏡，宋人姚寬《西溪叢語》卷上云：“近得一夾鏡，大鼻，叩之中虛，有冠劍四人，一題忠臣伍子胥，一吳王，一越王，一范蠡，又二婦人云越王二女，皆小隸字，製作奇古。”所述足以與實物相佐證。浙江紹興曾出土一批神人車馬畫像鏡，亦劃爲四區組織圖案，變化較多，拉車的馬匹數三、四、五不等，端坐的神人一般形體較大，有的旁有題款，多爲東王公和西王母。從考古發掘資料觀察，畫像鏡以浙江紹興出土最多，除此之外，長江中下游流域亦有出土，而黃河流域出土較少。由於畫像鏡缺少紀年，而題材大多爲神仙羽化和吳越故事，故一般學者認爲此鏡流行年代，當爲東漢末年及魏晉南北朝時期。

穿衣鏡

一種長大如屏風的銅鏡。供穿衣照形之用。據清汪汲《事物原會·穿衣鏡》載：“隋煬帝幸江都，群臣獻方物。江都郡丞王世充獻銅鏡屏風得遷通守，此穿衣鏡之始也。”考古資料表明，類似此鏡之實物早在漢代即有之。山東淄博臨淄西漢齊王墓曾出土一面“矩形大銅鏡”，呈竪長方形，鏡背中心和四角各有一柿蒂紋座的拱形三弦鈕，其間飾雲龍紋。長115.1厘米，寬57.7厘米，厚6厘米，重56.5千克。其用途或如今之穿衣鏡。今之穿衣鏡多爲玻璃所製，形狀各异，多鑲嵌於他物之上。

鵲鏡

古代一種青銅鏡。鏡背飾有鵲（雀）鳥之形，并配置花枝紋飾等，考鏡學上一般稱之爲“雀繞花枝鏡”。據載，鵲鏡早已有之。《太平御覽》卷七一七引《神異經》云：“昔有夫妻將別，破鏡，人執半以爲信。其妻與人通，其鏡化鵲飛至夫前，其夫乃知之。後人因鑄鏡爲鵲安背上，自此始也。"故全稱爲"飛鵲鏡"。南朝梁吳均《閨怨》詩："願爲飛鵲鏡，翩翩照離別。"至唐代，這種鏡型較爲流行。主題紋飾都作鵲（雀）繞花枝狀，有菱花、葵花諸形，圓鈕，周邊又配以其他紋飾。如陝西西安唐開元二年（714）墓出土的一面雀繞花枝鏡，圓形，內區紋飾布局係四隻展翅之小鳥，同嚮排列繞鈕，其間配以花枝，周邊又配以六組花鳥紋飾。內區與周邊相映成趣，生動活潑。對於這種鏡型，唐代詩文中多有吟誦。王勃《上皇甫常伯啓》："鵲鏡臨春，妍媸自遠。"薛逢《追昔行》詩："嫁時寶鏡依然在，鵲影菱花滿光彩。"李白《代美人愁鏡二首》："明明金鵲鏡，了了玉臺前。"足見此鏡在當時流行之盛。

【飛鵲鏡】

即鵲鏡。此稱始見於南北朝時期。見該文。

瑞獸葡萄鏡

唐代一種銅鏡。宋王黼等《博古圖》稱之爲"海馬蒲萄鑑"，清梁詩正等《西清古鑑》稱之爲"海獸蒲萄鑑"等。"蒲萄"即"葡萄"。此類鏡主要爲圓形，少數呈方形、菱花形，鏡背鑄有高浮雕式圖案，內區爲瑞獸紋，或輔以靈禽等，外區爲纏枝葡萄，圖案繁滿，製作精美。這類銅鏡大致可分爲三種：葡萄蔓枝鏡、瑞獸葡萄鏡、瑞獸鸞鳥葡萄鏡。山東聊城茌平出土的一面"海獸蒲萄鏡"，直徑10.8厘米，緣厚1.1厘米，龜鈕，直緣，外高內低。內區飾四獸，獸間葡萄枝葉實蔓延到外區。外區飾飛雀、葡萄枝葉實，緣內飾三瓣花紋帶。現藏陝西歷史博物館的一面"瑞獸翼馬蒲萄紋鏡"，

圓形，鏡背中央爲一臥獸，腹下有一孔，形成鏡鈕。鏡邊緣流雲紋一圈，內區主題紋飾爲翼馬、瑞獸和葡萄紋，翼馬與瑞獸形態雕琢各異。葡萄紋飾間，配飾各種禽獸，或止，或飛，或奔，使整個畫面顯得生機盎然。瑞獸葡萄鏡主要流行於唐高祖、武則天時期，在全國各地都有發現，反映出當時文化的精神風貌，是唐代銅鏡藝術中的一個典範，後代雖有仿製，均不及一二。如金代流行的瑞獸鏡，有的雖有葡萄串，但內外區劃分，內區瑞獸，外區銘文，與唐代瑞獸葡萄鏡風格不同。

【海馬蒲萄鑑】

即瑞獸葡萄鏡。宋代《博古圖》有此稱。見該文。

【海獸蒲萄鑑】

即瑞獸葡萄鏡。清代《西清古鑑》有此稱。見該文。

菱花鏡

古代一種銅鏡。鏡邊作六瓣或八瓣菱花式樣，或鏡背鑄有菱花紋飾者，故稱。《埤雅・釋草》："舊說鏡謂之菱華，以其面平，光影所成如此。"北周庾信《鏡賦》亦云："臨水則池中月出，照日則壁上菱生。"前人據此，多製鏡爲菱花形。此種類型隋唐之際已盛行。如陝西西安唐墓出土的一面"月宮鏡"，菱花形，圓鈕，中爲一株大桂樹，兩側分別爲嫦娥振袖起舞、白兔築杵搗藥及蟾蜍跳躍之圖案，外區八瓣菱花上飾有雲紋，製作極精。清王杰等《西清續鑑甲編》收錄唐菱花鑑二面，其一："徑三寸四分，重七兩，菱花式，素邊素鼻，無銘。"同時期的詩歌中也有大量咏此類鏡者。唐楊達《明妃怨》詩："匣中縱有菱花鏡，羞對單于照

舊顏。"省稱"菱花"。唐姚合《咏鏡》詩:"綉帶共尋龍口出,菱花争向匣中開。"亦省稱"菱鏡"。唐齊己《盆池》詩:"何須照菱鏡,即此鑒嫦妍。"及至宋代,菱花形鏡依然流行,如福建福州北郊南宋墓曾出土六出葵花形、六出菱花形鏡各一面。寧夏隆德宋墓出土的一面"鎏金人物故事鏡",八菱形,圓鈕,鈕右上方爲半露之樓房,鈕左一株大樹至頂,鈕下長橋横水。橋頭一端似三僧人,一人正坐,左右侍者各一。另一端一人面嚮僧人方嚮拱手揖拜。橋中一僧人抬手前引。整個構圖,猶如一幅山水人物畫。宋代亦見歌咏。劉過《賀新郎》詞:"萬里西風吹客鬢,把菱花、自笑人如許。"兩宋以後,這種類型之鏡多不見傳。

菱花形月宫鏡

【菱花】

"菱花鏡"之省稱。此稱始見於唐代。見該文。

【菱鏡】

"菱花鏡"之省稱。此稱始見於唐代。見該文。

三樂鏡

唐代一種銅鏡。陝西西安唐墓出土有實物。葵花形,圓鈕,鈕左側一人頭戴冠,穿長袍,左手前指,右手持杖;右側一人戴高冠,披鹿裘,左手持琴,右臂彎曲抬高,呈舞姿。鈕下有一柳,枝葉蔓長。鈕上有三竪格,格中銘"榮啓奇問曰答孔夫子"九字。圖案取材於《列子·天瑞》:"孔子游於泰山,見榮啓期行乎郕之野,鹿裘帶索,鼓琴而歌。孔子問曰:'先生所以樂何也?'對曰:'吾樂甚多。天生萬物,唯人爲貴,而吾得爲人,是一樂也。男女之别,男尊女卑,故以男爲貴,吾既得爲男矣,是二樂也。人生有不見日月,不免襁褓者,吾既已行年九十矣,是三樂也。貧者士之常也,死者人之終也,處常得終,當何憂哉?'孔子曰:'善乎!'"可知,鈕左側一人爲孔子,鈕右側一人爲榮啓期。三樂鏡是唐代人物故事鏡的一種,這種鏡的廣泛流行,反映了唐人的一種曠達的思想觀念。

打馬球鏡

唐代一種銅鏡。鏡背紋飾圖案取材於唐代盛行的打馬球體育活動,故名。菱形,圓鈕,主題紋飾爲騎馬打球。四名馬上騎士,或高舉鞠杖,作搶球狀,或俯身向前,作以鞠杖擊球狀。駿馬馳騁,四蹄騰空。四馬之間,飾以花枝。圖案生動地再現了唐代打馬球的緊張激烈的場面。這種以現實社會生活爲題材構成主題紋飾的銅鏡是唐代人物故事鏡的一種。故宫博物院收藏一面,江蘇揚州也出土一面。

萬字鏡

唐代一種銅鏡。以其主題紋飾爲雙綫"卍"字形,卍,音萬,故名。這種銅鏡的主要形制爲亞字形和圓形,多圓鈕,素緣,主紋以鈕爲中心作雙綫卍字形,或在卍字紋中排列"永壽之鏡"四字,或在卍字兩側配置"受歲"二字。卍字在梵文中意爲"吉祥萬德之所集"。萬字鏡爲唐代中後期主要鏡種之一。此"永壽"萬字鏡出自唐文宗開成三年(838)墓葬。

鸞鏡

古代一種銅鏡。鏡背鏤有成雙鸞鳥及雲山、花枝等圖案，鏡邊多作葵花形。宋王黼等《博古圖》稱之爲“蓮鳳鑑”，清梁詩正等《西清古鑑》則稱之爲“雙鸞鑑”。主要流行於唐代。據南朝宋范泰《鸞鳥詩序》云：“〔罽賓王〕獲一鸞鳥……三年不鳴。其夫人曰：‘嘗聞鳥見其類而後鳴，何不懸鏡以映之？’王從其意，鸞睹形悲鳴，哀響中霄，一奮而絕。”後製鏡以鸞飾本此。唐之鸞鏡圖案，或雙鸞展翅翹尾，口銜綬帶，或口銜花枝瑞草。雙鸞挾鈕而立，鈕上下配置有花枝、花苞、月亮、流雲、仙山等圖紋。如陝西西安唐天寶四載（745）墓出土的一面“雙鸞銜綬鏡”，葵花形，圓鈕，挾鈕而作展翅之雙鸞，口銜綬帶，形象俊美，婀娜多姿。唐人詩歌中對此鏡亦有精彩之描述。駱賓王《代女道士王靈妃贈道士李榮》詩：“龍颷去去無消息，鸞鏡朝朝減容色。”李賀《美人梳頭歌》：“雙鸞開鏡秋水光，解鬟臨鏡立象牀。”白居易《太行路》詩：“何況如今鸞鏡中，妾顏未改君心改。”李群玉《傷柘枝妓》詩：“曾見雙鸞舞鏡中，聯飛接影對春風。”宋代之鸞鏡多仿唐制，有圓形、亞字形等，主題紋飾多作雙鸞（鳳）紋，或同嚮排列口銜枝花，或展翅相對另飾他紋，造型多采用淺雕，紋飾微凸，形態極精，亦稱“鸞鑑”。宋歐陽修《梁州令》詞云：“插花照影窺鸞鑑，只恐芳容減。”此後，這種銅鏡多不再流傳。

【蓮鳳鑑】

即鸞鏡。宋代《博古圖》有此稱。見該文。

【鸞鑑】

即鸞鏡。此稱始見於宋代。見該文。

【雙鸞鑑】

即鸞鏡。清代《西清古鑑》有此稱。見該文。

蹴鞠紋鏡

宋代一種銅鏡。圓形，圓鈕。畫面右側爲一男子。頭戴幞頭，身着長衫，蹲步前傾作防守姿態。左側女子高鬟插髻，身着對襟窄袖長衫，作踢球狀。小球離地懸於女子脚尖之上。男子身後有一男侍，手執一鈴狀物。女子身後有一女侍，梳雙髻，着長袖衫、百褶裙，肩搭一長條紡織品。背景爲流雲、草坪及一塊太湖石。圖像即蹴鞠，爲古代一種球類運動。中國國家博物館藏一面，直徑 10.7 厘米；湖南博物院藏一面，直徑 11 厘米。

湖州鏡

宋代紀名號銘鏡的一種。在鏡背素地上標有鑄鏡字號的銅鏡是宋鏡中最具特點的鏡類。字號爲長方形印章式，方框內豎寫一行或多行銘文。多在鈕的右側，也有在左側和左右兩側者，有柄鏡則在鏡背中心部位。根據字號內容可分爲湖州鏡、建康鏡、饒州鏡、成都鏡等。湖州鏡出土最多，主要爲葵瓣形，還有方形、盾形、亞字形、長方形及有柄鏡。湖州，即今浙江湖州。銘文還注明作坊業主姓氏名號，以儀鳳橋南，石家最多，諸如石二、三、十、十二、十三、十五、十八、念二、念四、六十郎等，還有石家、石小二哥、石十五叔等。銘文還聲明“真”，并標明價格，還稱鏡爲“照子”。湖州鏡不加雕飾，重實用價值和經濟效益，別具一格。自北宋末出現以後，南宋一度流行。明清時期再度崛起。

雙魚鏡

金代一種銅鏡。一般圓形，圓鈕。主題紋

飾爲雙魚戲水圖，是金代主要銅鏡式樣之一。黑龍江阿城金代墓曾出土一面直徑達43厘米的"雙魚紋鏡"，鏡背分内外二區：内區主紋爲兩條鯉魚，雙魚鱗鰭清晰，展鰭摺尾，同嚮旋泳。雙魚周圍的水波紋由并行之綫條組成，圓渦曲轉，細密流暢，波峰起伏，間綴點數片水草，饒富情趣；外區爲一周水草紋，舒捲有致，迴環流

雙魚鏡

動，素緣邊。這種銅鏡，吉林、河北、内蒙古、甘肅等地均有出土，一般官造的較爲精細，私鑄的比較粗糙。雙魚鏡中有的鑄有紀年銘識。河南南陽市博物館藏二面雙魚鏡，都有"承安二年鏡子局造"銘。款識多在鏡背内區或邊緣。

童子攀枝鏡

金代一種銅鏡，爲人物故事鏡類最流行的一種。有圓形、八菱形，主題紋飾由童男童女和花枝蔓組成。可分兩種：一種圖紋爲二童子攀枝戲花，同嚮環繞。童子的形態和其間配置的花紋略有不同，或身披花衣彩帶，脚踏繁枝茂葉，頭上菊花盛開，脚下梅花荷葉；或雙童踩蓮；或雙童戲花。另一種圖紋爲四童子攀枝戲花，四童子或仰或俯，同嚮環繞，嬉戲於花枝間。構圖生動活潑。分兩區者，内區如上述童男女嬉戲圖；外區爲一狹窄紋帶，配置蛺蝶，素緣。有的邊緣有刻記，如"廣寧鍾秀""上京警巡院""韓州主簿驗記官高造"。有的鈕座鑄銘，如黑龍江阿城出土之實物，有"盤溝左字王家造"字樣。

菊花紋鏡

金代一種銅鏡，爲瑞花鏡中最具特徵的一種。圓形，圓鈕。以鈕爲中心向外放射出相互叠壓的葉瓣，與鈕共同形成一菊花形瓣，滿布鏡背。鏡背分二區者，内區爲菊花形瓣，外區有點綫紋和"卍"字紋。黑龍江阿城出土。

至元雙龍紋鏡

元代一種銅鏡。圓形，圓鈕，鈕外有一細綫大方格，鑄"至元四年"銘。至元爲元世祖年號，至元四年爲1267年。方格上下各一龍紋爲主題紋飾，一仰卧，一俯身，龍作飛騰戲珠狀，角豎，嘴張，露爪，身有鱗紋。火焰紋環繞寶珠，花枝纏繞龍身。素寬緣。身體厚重。直徑一般在20厘米以上。甘肅漳縣元代汪世顯家族墓出土一面，直徑22.5厘米，四邊陰刻"長安□家□□製造"。

水銀鏡

水銀鏡子

用水銀附於銅鏡而做成的鏡子。明宋應星《天工開物·冶鑄·鏡》："凡鑄鏡，模用灰沙，銅用錫和（原書注：不用倭鉛）。《考工記》亦云：'金錫相半謂之鑑、燧之劑。'開面成光，則水銀附體而成，非銅有光明如許也。"明代見用。《金瓶梅詞話》第一二回："祝日念走到桂卿房裏照臉，溜了他一面水銀鏡子。"清代中期，水銀玻璃鏡漸行，逐漸取代傳統的銅鏡。

附録：古典名篇譯注

一、妝臺記

舊題〔唐〕宇文氏　著

［解題］

《妝臺記》選自《香艷叢書》第三集卷一，其内容爲記述中國古代婦女的髮飾、眉飾和面飾，并述其演變過程，對研究中國歷代婦女妝飾有一定的參考價值。

本篇舊題唐宇文士及撰。收入《香艷叢書》時，題作唐宇文氏撰。宇文氏，其生平事迹不詳。根據書中涉及五代、北宋及南宋理宗年間的髮髻、面飾等内容推斷，或非唐人所作，或雖係唐人所作，唐以後學者又有補充。

［原文］

舜加女人首飾，釵雜以牙、瑇瑁①爲之。

周文王於髻上加珠翠翹②花，傅之鉛粉③。其髻高，名曰"鳳髻"。又有雲髻，步步而搖，故曰"步搖"④。

始皇宮中悉好神仙之術，乃梳神仙髻，皆紅妝翠眉⑤。

漢宮尚之。後有迎春髻、垂雲髻，時亦相尚。

漢武就李夫人取玉簪搔頭，自此宮人多用玉。時王母⑥下降，從者皆飛仙髻、九環髻，遂貫以鳳頭釵、孔雀搔頭，雲頭篦以瑇瑁爲之。

漢明帝令宮人梳百合分臂髻、同心髻。

魏武帝令宮人梳反綰髻，插雲頭篦，又梳百花髻。

晋惠令宮人梳芙蓉髻，插通草五色花⑦。

陳宮中梳隨雲髻，即暈妝。

隋文宮中梳九真髻，紅妝謂之桃花面。插翠翹桃華搔頭，貼五色花子。

煬帝令宮人梳迎唐八鬟髻。插翡翠釵子作日妝。又令梳翻荷髻，作啼妝，坐愁髻，作紅妝。

唐武德中，宮中梳半翻髻，又梳反綰髻、樂游髻，即水精殿名也。

開元中，梳雙鬟望仙髻及回鶻髻。貴妃作愁來髻。

貞元中，梳歸順鬢，貼五色花子。又有鬧掃妝鬢。

[注釋]

①牙、瑇瑁：此指用動物牙骨和瑇瑁甲殼所做的頭上釵類飾物。

②翠翹：婦女頭飾，似翠鳥尾之長毛。

③鉛粉：古代婦女用以塗面之化妝品。參見本卷《脂粉、香説·脂粉考》。

④步搖：古代婦女附着於簪釵之上并垂有珠串的首飾，稍動則搖曳不止。參見本卷《首飾說·頭飾考》。

⑤翠眉：古代女子眉式之一種。因以青黛塗之，呈青綠色，故名。參見本卷《面飾説·眉飾考》。

⑥王母：即西王母。神話傳説中的女神。《穆天子傳》卷三："吉日甲子，天子賓于西王母，乃執白圭玄璧以見西王母。"注："西王母如人，虎齒，蓬髮，戴勝，善嘯。"

⑦通草五色花：用通草製成的各色假花。通草，通脱木之俗稱。一種植物，花爲黄白色。參見本卷《首飾説·頭面考》。

[今譯]

虞舜時，開始在女子頭上加一些飾物，髮釵主要由牙骨和瑇瑁的甲殼製成。

周文王時，在女子髮鬢上加飾珠翠翹花，并在臉上塗抹鉛粉。女人的髮鬢很高，名叫"鳳鬢"。又有形如雲朵的髮鬢，隨着邁步而搖動，所以叫作"步搖"。

秦始皇時，宮中都喜歡神仙、方術，於是宮女們都梳神仙鬢，都是面施紅妝，把眉毛畫成綠色。

漢代宮女也崇尚這一套。此後，女子的髮式有迎春鬢、垂雲鬢，當時對這兩種髮鬢也很推崇。

漢武帝曾就近李夫人取她的玉簪搔頭。從此以後，宮女們多用玉製搔頭。據説當時王母娘娘下凡曾到漢宮，隨從她的仙女都梳飛仙鬢、九環鬢，宮女們於是仿效，在髮鬢上戴鳳頭釵、孔雀搔頭簪，所用的雲頭篦子是用瑇瑁甲殼做的。

漢明帝時，讓宮女們梳百合分髾鬢、同心鬢。

魏武帝時，讓宮女們梳反綰鬢，髮鬢上插雲頭篦子，又梳百花鬢。

晋惠帝時，讓宮女們梳芙蓉鬢，髮鬢上插通草做成的五色花。

南朝時陳朝的宮女們多梳隨雲鬢，也就是暈妝。

隋文帝時，宮中女子多梳九真鬢，扮紅妝稱爲"桃花面"。髮鬢上插戴翠翹桃花搔頭，臉上貼五色花子。

隋煬帝時，讓宮女們梳迎唐八鬟鬢。頭上插戴翡翠釵子作爲日常妝飾。又讓宮女們梳翻荷鬢，作啼哭狀的裝束，坐愁鬢，作紅妝。

唐朝武德年間，宮女們梳的髮式有半翻鬢，又有反綰鬢、樂游鬢，後者是宮中水精殿的名字。

唐朝開元年間，女子梳雙鬟望仙髻、回鶻髻。楊貴妃作愁來髻。

唐朝貞元年間，女子梳歸順髻，臉上貼五色花子。女子髮式還有鬧掃妝髻。

[原文]

《古今注》^①云：長安作盤桓髻、驚鵠髻。復作倭墮髻。一云梁冀妻墮馬髻之遺狀也。

晋永嘉間^②婦人束髮，其緩彌甚，紒之堅不能自立。髮被於額，自出而已。吳婦盛妝者，急束其髮而劇角過於耳。

惠帝元康中婦人之飾，有五兵佩。又以金銀瑇瑁之屬，爲斧、鉞、戈、戟以當笄。

太元中^③，王公婦女必緩鬢傾髻以爲盛飾。用髮既多，不可恒戴。乃先於木及籠上裝之，名曰"假髻"^④，或名"假頭"。

文帝元嘉六年，民間婦人結髮者三分。髮抽其鬢直向上，謂之"飛天紒"。始自東府，流被民庶。

天寶初，貴族及士民好爲異服，婦人則簪步搖釵，衫袖窄小。楊貴妃常以假鬢爲首飾，而好服黃裙。

蜀孟昶末年，婦女治髮爲高髻，號"朝天髻"。

理宗朝宮妃梳高髻於頂，曰"不走落"。

梁簡文帝詩："同安鬢裏撥，異作額間黃。"撥者，捩開也。

婦女理鬢用撥，以木爲之，形如棗核，兩頭尖，尖可二寸長，以漆光澤，用以鬆鬢，名曰"鬢棗"。競作萬妥鬢，如古之蟬翼鬢也。

後周靜帝令宮人畫眉墨妝。

[注釋]

①《古今注》：晋崔豹著，三卷。對古代各項名物制度進行解釋和考證。

②晋永嘉間：永嘉，晋懷帝司馬熾年號，公元 307—313 年。

③太元中：太元，晋孝武帝司馬曜年號，公元 376—396 年。

④假髻：供婦女妝飾或代假髮用的髮髻，先秦稱"編"，漢作"假紒"，晋稱"假頭"。參見本卷《髮飾説・假髻考》。

[今譯]

《古今注》説：長安城中女子梳盤桓髻、驚鵠髻。又梳倭墮髻。一種説法認爲，是漢代梁冀之妻所梳墮馬髻的遺留形狀。

晋朝永嘉年間，婦人梳頭時束髮平緩得厲害，髮髻的硬度不能自己挺立起來。頭髮披散在額頭而自然散開罷了。吳地婦女特地妝飾的，則把頭髮梳緊，使鬢角上的頭髮垂下來超過耳朵。

晋惠帝元康年間，婦女的妝飾有五兵佩。又用金、銀、瑇瑁之類，製成斧、鉞、戈、戟等武器的形狀用來當笄簪髮。

　　東晉太元年間，王公家的婦女，都一定把緩鬢傾髻作爲隆盛的髮飾。這種髮飾用的頭髮很多，不能經常戴在頭上。於是就先在木頭上或竹籠上裝飾好再戴，名叫"假髻"，有的稱爲"假頭"。

　　南朝宋文帝元嘉六年，民間婦女束髮結辮，要分成三部分。頭髮結成鬢垂直向上，稱爲"飛天紒"。這種髮式興起於東府，後流傳到民間。

　　唐天寶年間，朝中貴族和一般讀書人、平民百姓都喜歡异服，婦女們則喜歡在髮髻上插戴步搖釵，而衣衫袖子則又窄又小。楊貴妃喜歡用假鬢髮作首飾，又好穿黃色裙子。

　　五代十國後蜀孟昶末年，婦女們梳髮時把髮髻梳得很高，號稱"朝天髻"。

　　宋理宗年間，皇宮中的妃子們喜歡在頭頂上梳很高的髮髻，叫作"不走落"。

　　南朝梁簡文帝的詩中説："同安鬢裏撥，異作額間黃。"撥，是扭轉分開的意思。

　　婦女們梳理頭髮用的撥，是用木頭做成的，形狀像棗核，兩頭是尖的，尖的地方大約兩寸長，用漆塗上使有光澤，用它來把鬢髮弄鬆緩，把這東西叫作"鬢棗"。當時婦女梳理頭髮時，爭着用鬢棗撥開頭髮，作成"萬妥鬢"，形狀像古代的蟬翼鬢。

　　五代後周靜帝讓宮女們用墨把眉毛染成黑色。

[原文]

　　漢武帝令宮人作八字眉。

　　漢日給宮人螺黛①作翠眉。

　　魏武帝令宮人畫青黛眉、連頭眉。一畫連心甚長，人謂之仙蛾妝。齊梁間多效之。

　　唐貞元中，又令宮人青黛畫蛾眉。

　　《古今注》云："梁冀妻改翠眉爲愁眉。"

　　魏宮人畫長眉。

　　《西京雜記》②云："司馬相如妻文君，眉色如望遠山。"時人效畫遠山眉。

　　五代宮中畫眉，一曰開元御愛眉，二曰小山眉，三曰五岳眉，四曰三峰眉，五曰垂珠眉，六曰月棱眉，又名却月眉，七曰分梢眉，八曰涵烟眉，九曰拂雲眉，又名橫烟眉，十曰倒暈眉。東坡詩："成都畫手開十眉，橫烟却月爭新奇。"

　　唐末點唇，有胭脂暈品、石榴嬌、大紅春、小紅春、嫩吴香、半邊嬌、萬金紅、聖檀心、露珠兒、内家圓、天宮巧、恪兒殷、淡紅心、猩猩暈、小朱龍、格雙唐、眉花奴。

　　婦人畫眉有倒暈妝，古樂府有"暈攏鬢"之句。

　　今婦人面飾用花子，起自唐上官昭容③所制，以掩黥迹也。

　　隋文宮中貼五色花子，則前此已有其制矣。乃仿於宋壽陽公主梅花落面事④也。宋淳化間，京師婦女競剪黑光紙團團靨，又裝縷魚腮骨，號"魚媚子"⑤，以飾面，皆花子之類耳。

　　美人妝面既傅粉，復以胭脂調勻掌中施之。

[注釋]

①螺黛："螺子黛"的省稱。古代婦女用於畫眉的墨塊。詳見本卷《面飾説·面飾考》。

②《西京雜記》：舊題漢劉歆撰，六卷。内容記西漢遺文逸事，與《漢書》稍有差异，亦間雜怪誕之傳説异聞。後世詩文多取爲典故。

③上官昭容：上官，指唐代上官儀之孫女上官婉兒。昭容，古代宫中女官名稱。上官儀父子因反對武則天執政，被殺。上官婉兒母女被刺配罰作苦役。唐中宗即位後，上官婉兒作了掌管音樂、文學的女官，受到韋后信任。爲掩蓋臉上印記，遂貼花子以修飾面容。

④宋壽陽公主梅花落面事：壽陽公主是南朝宋武帝的女兒，她有一次睡在含章殿的房檐下，恰有梅花飄落在她的面頰上，成梅花印。後人遂效仿在臉上貼花子。

⑤魚媚子：古代婦女面靨的一種。行於宋太宗淳化三年（992）。參見本卷《面飾説·面飾考》。

[今譯]

漢武帝時，讓宫中女子畫八字眉。

漢朝時，宫中每天供給女子螺子黛，讓她們作翠眉。

魏武帝讓宫中女子畫青黛眉、連頭眉。中心一筆很長，人們稱這種妝飾爲"仙蛾妝"。南朝齊梁之間，婦女們多效仿這種畫眉方法。

唐朝貞元年間，又讓宫中女人用青黛畫成蠶蛾的形狀，叫作"畫蛾眉"。

《古今注》上説："梁冀的妻子把翠眉改飾成愁眉。"

三國時曹魏宫中的女人們愛畫長眉。

《西京雜記》上説："司馬相如的妻子卓文君，她的眉色看上去像望遠山。"當時的女子們都效仿她描畫眉毛，稱"遠山眉"。

五代時，宫中女子畫眉有十種樣式：第一種叫作開元御愛眉，第二種叫作小山眉，第三種叫作五岳眉，第四種叫作三峰眉，第五種叫作垂珠眉，第六種叫作月棱眉，又叫却月眉，第七種叫作分稍眉，第八種叫作涵烟眉，第九種叫作拂雲眉，又叫横烟眉，第十種叫作倒暈眉。蘇東坡有一首詩説："成都畫手開十眉，横烟却月争新奇。"

唐朝末年，女子用作點唇的物品，有胭脂暈品、石榴嬌、大紅春、小紅春、嫩吳香、半邊嬌、萬金紅、聖檀心、露珠兒、内家圓、天宫巧、恪兒殷、淡紅心、猩猩暈、小朱龍、格雙唐、眉花奴等。

婦人們畫眉毛有倒暈妝的樣式，古樂府中有"暈攏鬢"的詩句。

如今婦人們用花子作面飾，這種面飾始於唐朝上官婉兒，當時是用來掩蓋受黥刑時留下的痕迹。

隋文帝時，宫中女子在臉上貼五色花子，看來在這之前已經有這種妝飾方法了。大概就是仿效南朝劉宋時壽陽公主梅花落在臉上的故事。

宋朝太宗淳化年間京城的婦女們都争着剪黑光紙圍團靨作面飾。又用魚鰓骨裝成小串，號稱

"魚媚子"，妝飾面容，都是花子一類的妝飾品。

美女在妝飾面部時，塗上粉以後，再用胭脂放在手上調和均勻，然後抹塗在臉上。

二、髻鬟品

[唐] 叚柯古　著

[解題]

本文選自《香艷叢書》第三集卷一，記述從中國古代婦女髮髻的產生至作者生活的唐代中期的演變情形，雖然僅爲簡單的綱要，但對研究中國古代的婦女妝飾仍有一定參考價值。末又增唐前幾條，似是後人所補。

本篇收入《香艷叢書》時，作者題作叚柯古，或即为段成式（字柯古）。

[原文]

髻始自燧人氏①，以髮相纏而無繫縛。

周文王加珠翠翹花，名曰鳳髻，又名步搖髻。

秦始皇有望仙髻、參鸞髻、凌雲髻。

漢有迎春髻、垂雲髻。

王母降武帝宮，從者有飛仙髻、九環髻。

漢元帝宮中有百合分髾髻、同心髻。

太元中②，公主、婦女必緩鬢欣髻，又有假髻。

合德有欣愁髻。

貴妃有義髻。

魏明帝宮有涵烟髻。

魏武帝宮有反綰髻，又梳百花髻。

晉惠帝宮有芙蓉髻。

梁宮有羅光髻。

陳宮有隨雲髻。

隋文宮有九貞髻。

煬帝宮有迎唐八鬟髻，又梳翻荷髻、坐愁髻。

高祖宮有半翻髻、反綰樂游髻。

明皇帝③宮中雙鐶望仙髻、回鶻髻。

貴妃作愁來髻。

貞元中④，有歸順髻，又有鬧掃妝髻。

漢梁冀妻作墮馬髻。

長安城中有盤桓髻、驚鵠髻，又拋家髻及倭墮髻。

王憲⑤亦作解散髻，斜插簪。

周弘文少時，着錦絞髻。

[注釋]

①燧人氏：古帝名。傳説其發明鑽木取火，使民熟食。"髻始自燧人氏"，不詳何據。

②太元中：太元，晋孝武帝司馬曜年號。太元中，即太元年間，當公元 376—396 年。

③明皇帝：即唐玄宗李隆基。

④貞元中：貞元，唐德宗李適年號。貞元中，即貞元年間，當公元 785—805 年。

⑤王憲：王莽時爲弘農掾。在討伐王莽時，爲校尉。王莽被殺後，自稱漢大將軍，城中數十萬軍隊歸屬於他，遂舍東宫，妻莽後宫，乘其車服。後爲申屠建所殺。

[今譯]

髮髻創始於燧人氏，是把頭髮相互纏繞而不把它繫住。

周文王時，婦女在髮髻上加戴珠翠翹花，名叫鳳髻，又名叫步搖髻。

秦始皇時，宫中女人有望仙髻、參鸞髻、凌雲髻。

漢朝時，宫中女人有迎春髻、垂雲髻。

相傳西王母降臨漢武帝宫中，她的隨從有的梳飛仙髻、九環髻。

西漢元帝宫中，有百合分髾髻和同心髻。

晋孝武帝太元年間，公主、婦女一定都梳緩鬢欣髻，另外還有假髻。

合德有欣愁髻。

貴妃有用他人頭髮做的義髻。

三國魏明帝時，宫中女人有涵烟髻。

三國魏武帝時，宫中女人有反綰髻，另外還梳百花髻。

晋惠帝時，宫中女人有芙蓉髻。

南朝梁時，宫中女人有羅光髻。

南朝陳時，宫中女人有隨雲髻。

隋文帝時，宫中女人有九貞髻。

隋煬帝時，宫中女人有迎唐八鬟髻，還有的宫女梳翻荷髻、坐愁髻。

唐高祖時，宫中女人有的梳半翻髻、反綰樂游髻。

唐明皇時，宫中女人有的梳雙鐶望仙髻、回鶻髻。

楊貴妃曾作愁來髻。

唐德宗貞元年間，婦女的髮髻有歸順髻，又有鬧掃妝髻。

漢朝梁冀的妻子作墮馬髻。

長安城中有的婦女梳盤桓髻、驚鵠髻，又有抛家髻，以及倭鬟髻。

王憲也曾作解散髻，斜插簪子。

周弘文年少時着錦絞髻。

三、續髻鬟品

[清] 梁安鮑協中義孚　著

[解題]

本文選自《香艷叢書》第一一集卷四。記述自漢至宋各代婦女髮髻的式樣，較《髻鬟品》詳細、充實，并注明出處，對研究古代婦女妝飾有一定參考價值。

作者生平事迹不詳。

[原文]

奉聖髻

漢高祖令宮人梳奉聖髻。（馬縞《中華古今注》）

三角髻

上元夫人①頭作三角髻，餘髮散垂至腰。（《武帝内傳》）

太華髻

七月七日王母至，帶靈飛大綬，腰佩分景之劍，頭上太華髻，戴太真晨嬰之冠②。（《武帝内傳》）

新興髻

趙合德乃飛燕妹，與合德皆絶色，召入宮，新沐，沉香水爲卷髮，號新興髻。（《飛燕外傳》）

四起大髻

明帝馬皇后美髮，爲四起高大髻，但以髮成，尚有餘繞髻三匝，眉不施黛，獨左眉角小缺，補之以粟。（《東觀記》）

高髻

長安語曰："城中好高髻，四方高一尺。"

靈蛇髻

甄后③既入魏宮，宮庭有一緑蛇，口中恒有赤珠，若梧子大，不傷人，每日后梳妝，則盤結一髻形於后前。后異之，因效而爲髻，巧奪天工，故后髻每日不同，號爲靈蛇髻。宮人擬之，十不得一二也。（伊世珍《嫏嬛記》）

翠眉驚鶴髻

魏宮人好畫長眉，今多作翠眉驚鶴髻。（崔豹《古今注》）

擷子髻

晋時婦人結髮者，既成，以繒急束其髮環，名曰擷子髻。始自宮中，天下翕然化之也。（《搜神記》）

兩丸髻

王曇首年十四五，便歌，諸妓向謝公稱嘆。公欲聞之而無由，諸妓又向王説謝公意。謝後出東府土山上，王時作兩丸髻，著袴褶④，騎馬往土山下庾家墓林中，作一曲歌，卒曲便去。妓白謝公曰："此是王郎歌。"（《世説》）

回心髻、歸真髻

梁天監⑤中，武帝詔宮人梳回心髻、歸真髻。（馬縞《中華古今注》）

秦羅髻

耻學秦羅髻，羞爲樓上妝。（梁簡文帝《倡婦怨樂府》）

乂手髻

室韋⑥國女婦，束髮作乂手髻。（《北史·室韋傳》）

陸羅髻

煬帝宮人爲長蛾，司宮吏日供螺子黛五斗，號陸羅髻。（《南部烟花記》）

朝雲近香髻

隋大業中，令宮中梳朝雲近香髻、歸秦髻、奉仙髻、節暈髻。（馬縞《中華古今注》）

城裏髻

高高城裏髻，峨峨樓上妝。（薛道衡詩）

反首髻

元和⑦初，有士人見古屏上婦人，悉於床前踏歌，歌曰："長安女兒踏春陽，無處春陽不斷腸。舞袖弓腰渾忘却，蛾眉空帶九秋霜。"其中雙鬟者曰："如何是弓腰？"歌者曰："乃反首髻，及地，腰勢如規焉。"（《酉陽雜俎》）

囚髻

僖宗時，内人束髮極急。及在成都，蜀婦人效之，時謂爲囚髻。（《唐書·五行志》）

峨髻

唐昌觀舊有玉蕊花，車馬尋玩者相繼。忽一日，有女子年可十七八，衣綉綠衣，乘馬，峨髻，雙鬟，無簪珥之飾，容色婉婉，迴出於衆，直造花所。（《玉蕊辨證》）

秦氏髻

峨峨秦氏髻，皎皎洛川神。（《浣花集》）

宮樣髻

侍婢休梳宮樣髻，蕃童新改道家名。（于鵠《送唐節度歸山》詩）

古時髻

可知將來對夫婿，鏡前學梳古時髻。（王建詩）

髙墮髻

何處琵琶弦似語？誰家髙墮髻如雲？（《長慶集》）

長髻

又有長鬃種、棟鋒種，皆額前爲長髻，下過臍，行以物舉之。君長則二女在前，共舉其髻乃行。（《唐書·南蠻驃傳》）

合髻

鄭餘慶採唐士庶吉凶書疏之式，雜以當時家人之禮，爲《書儀》兩卷，事出鄙俚，其婚禮親迎，有女坐婿鞍合髻之説，尤爲不確。（《五代史·雜傳》）

黃包髻

娶婦媒人有數等，中等帶冠子黃包髻，背子，或只繫裙，手把青涼傘，皆兩人同行。（《東京夢華録》）

仙人髻

百官上壽，第七盞勾女童隊，入場四百餘人，或戴花冠，或仙人髻，鵶霞之服；或卷曲花脚襆頭[8]，四契紅黃生色銷金錦綉之衣，結束不常，莫不一時新妝，曲盡其妙。（《東京夢華録》）

危髻

近李西美帥城都，士陳甲者，館於便齋，夜月色中有危髻古裳婦人數輩，語笑前花圃中，有甚麗者誦詩。（《聞見後録》）

一尺髻

古妝峨峨一尺髻，木盎銀杯邀客舟。（《陸劍南集》）

三十六髻

宣和中，童貫[9]用兵燕薊，敗而竄。一日內宴，教坊進伎，爲三四婢，首飾皆不同。其一當頭爲髻，曰蔡太師家人；其一髻偏墜，曰鄭太宰家人；又一人滿頭爲髻，如小兒，曰童大王家人也。問其故，蔡氏者曰："太師觀清光，此名朝天髻。"鄭氏者曰："太宰奉祠就第，此名懶梳髻。"至童氏曰："大王方用兵，此三十六髻。"（《齊東野語》）

千載髻

薩都剌《石夫人》詩云："綠鬢懶梳千載髻，朱顏不改萬年春。"（《天錫集》）

花髻

新主出時，諸軍馬擁其前，旗幟鼓樂踵其後，宮女三五百，花布花髻，手執巨燭，自成一隊，

雖白日亦照燭。（《真臘風土記》）

肉髻

世尊⑩從肉髻中涌出百寶光，光中涌出千叶寶蓮。（《楞嚴經》）

[注釋]

①上元夫人：神話中的女仙名。《漢武内傳》："帝因問王母：'不審上元何真也？'王母曰：'是三天上元之官，統領十萬玉女名籙者也。'"

②太真晨嬰之冠：太真，仙女名。道教傳說中有女仙太真夫人，爲王母的小女。晨嬰，《漢武内傳》記西王母戴"太真晨嬰之冠"，詩文中因用爲女仙的冠名。

③甄后（？—221）：本袁紹次子袁熙之妻，曹操破紹，曹丕見其姿貌絕倫，納之，生明帝及東鄉公主。丕稱帝後，寵郭后，甄后有怨言，丕怒，賜死。

④袴褶：古代一種上衣下褲的服裝。初時加縛膝部，後亦有褲脚舒散者。詳見本書《冠服卷·身服篇·燕服考》。

⑤天監：南朝梁武帝蕭衍年號，公元502—519年。

⑥室韋：古民族名。居住在黑龍江上游兩岸及額爾古納河一帶，以狩獵爲生活主要來源。自北朝以來與中原王朝有臣屬關係，隋唐時關係日益密切，後爲契丹所滅。

⑦元和：唐憲宗年號，公元806—820年。

⑧花脚幞頭：幞頭是古代一種巾帽。花脚幞頭爲頭巾的一種。參見本書《冠服卷·首服篇·巾幘考》。

⑨童貫（？—1126）：宋朝開封人，字道輔。宋徽宗時，以供奉官主杭州明金局。引進蔡京，京爲相，用兵青唐，貫爲監軍。貫後鎮壓方臘起義軍，進封太師，封廣陽郡王。金將粘罕南侵，貫爲河北宣撫，逃奔入都。時欽宗已受禪，諫官議者蜂起，被謫竄英州，未至，詔數其十大罪，誅之。

⑩世尊：佛教對釋迦牟尼的尊稱。

[今譯]

奉聖髻

漢高祖曾讓宮中女人梳奉聖髻。（馬縞《中華古今注》）

三角髻

上元夫人頭上作三角髻，剩餘頭髮披散垂到腰間。（《武帝内傳》）

太華髻

七月七日這天，王母娘娘到來，她佩靈飛大綬，腰間佩挂分景之劍，頭上梳太華髻，戴太真晨嬰冠。（《武帝内傳》）

新興髻

趙合德是趙飛燕的妹妹，二人都是絶色女子，被召入宮中，剛洗完頭，用沉香水爲她捲髮，稱爲新興髻。(《飛燕外傳》)

四起大髻

漢明帝的馬皇后有一頭美髮，梳四起大髻，衹用自己的頭髮梳成，而且還有剩餘。把剩餘的頭髮又繞髮髻三圈。她的眉不使用黛染色，衹有左眼眉角有一小缺，用粟加以彌補。(《東觀記》)

高髻

京城長安有一諺語説："城中好高髻，四方高一尺。"

靈蛇髻

魏文帝的甄皇后進入魏國宮中以後，宮廷中有一條綠蛇，嘴裏經常有一顆紅色珍珠，像梧子那樣大，從不傷人。每天甄后梳妝時，這條蛇就在甄后前盤結成一個髮髻形狀，甄后很覺怪异，於是就效仿做成髮髻，形狀真是巧奪天工，所以甄后的髮髻每天都不一樣，稱爲靈蛇髻。宮中女子仿照甄后的髮式梳髮，但十個也没有一二個像的。(伊世珍《嫏嬛記》)

翠眉驚鶴髻

三國時魏國皇宮中的女人喜歡畫長眉，如今大多作翠眉驚鶴髻。(崔豹《古今注》)

擷子髻

晋朝時，結髮的婦人，在髮結成後，用繒急忙束住她的髮環，名叫擷子髻。這種做法從皇宮中開始，全國很快也都這樣做。(《搜神記》)

兩丸髻

王曇首年齡纔十四五歲，就能作歌，諸位歌妓都向謝公贊嘆他。謝公欲聞其詳但没有緣由，諸位歌妓又對王曇首説明謝公之意。謝公後來到東府土山上，王曇首當時梳兩丸髻，穿袴褶，騎馬走向土山下庾家的墓林裏，作了一曲歌，唱完就離開了。歌妓對謝公説："這是王郎歌。"(《世説》)

回心髻、歸真髻

南朝梁天監年間，梁武帝詔宮中女人梳回心髻、歸真髻。(馬縞《中華古今注》)

秦羅髻

耻學秦羅髻，羞爲樓上妝。(梁簡文帝《倡婦怨樂府》)

乂手髻

室韋國的女子婦人，束頭髮作乂手髻。(《北史·室韋傳》)

陸羅髻

隋煬帝時，宮中女人畫長蛾眉，司宮吏每天供應螺子黛五斗，稱陸羅髻。(《南部烟花記》)

朝雲近香髻

隋朝大業年間，讓宮中女人梳朝雲近香髻、歸秦髻、奉仙髻、節暈髻。(馬縞《中華古今注》)

城裏髻

高高城裏髻，峨峨樓上妝。（薛道衡詩）

反首髻

唐朝元和初年，有一讀書人看見古時屏風上的婦人，全都在床前踏歌，歌詞是：長安女兒踏春陽，無處春陽不斷腸。舞袖弓腰渾忘却，蛾眉空帶九秋霜。其中一個梳雙鬟的説："怎樣算是弓腰？"踏歌的説："就是反首髻，能觸到地，腰的姿勢就像規一樣。"（《酉陽雜俎》）

囚髻

唐僖宗時，宫内的人束髮非常急，等到在成都時，蜀地婦女效仿這種梳法，當時稱爲囚髻。（《唐書·五行志》）

峨髻

唐朝時昌觀曾有玉蕊花，坐車乘馬去尋找游玩的人不斷。忽有一天，有一位女子年齡大約十七八歲，穿着刺綉綠色衣服，乘着馬，梳着峨髻，雙鬟，没有簪珥等妝飾，臉色美好和順，與衆人大不相同，她直達有玉蕊花的地方。（《玉蕊辨證》）

秦氏髻

峨峨秦氏髻，皎皎洛川神。（《浣花集》）

宮樣髻

侍婢休梳宮樣髻，蕃童新改道家名。（于鵠《送唐節度歸山》詩）

古時髻

可知將來對夫婿，鏡前學梳古時髻。（王建詩）

咼墮髻

何處琵琶弦似語？誰家咼墮髻如雲？（《長慶集》）

長髻

另外有長鬃種、棟鋒種，都是在額前梳很長的髮髻，下面超過肚臍，走的時候用東西舉着髮髻。如果是君長，就讓兩個女人在前邊，一起舉着他的髮髻纔能走路。（《唐書·南蠻驃傳》）

合髻

鄭餘慶采用唐朝讀書人平民吉凶書疏的格式，又摻雜當時家人的禮儀，寫成《書儀》兩卷，事出粗俗，其中婚禮有親迎，有女子坐夫婿馬鞍合髻的説法，尤其不確實。（《五代史·雜傳》）

黃包髻

娶媳婦的媒人有幾等，中等的帶冠子梳黃包髻，穿背子，或者衹穿裙子，手持青凉傘，都是兩人一起走。（《東京夢華錄》）

仙人髻

百官上壽，第七盞勾女童隊，入場四百多人，有的戴花冠，有的梳仙人髻，穿鵶霞服；有的戴

捲曲花脚幞頭，穿四契紅黃生色銷金錦綉的衣服，裝束不尋常，都是一時新妝，曲盡其妙。(《東京夢華録》)

危髻

近來李西美帥軍城都，戰士中有個叫陳甲的，在一便齋駐扎，晚上月色之中看到有好幾個梳危髻穿古裙的婦人，在前邊花圃中説笑着，有一個很漂亮的女人朗誦詩。(《聞見後録》)

一尺髻

古妝峨峨一尺髻，木盎銀杯邀客舟。(《陸劍南集》)

三十六髻

宋徽宗宣和年間，童貫在燕薊領兵打仗，失敗後逃竄。有一天宮内設宴，教坊送來歌伎，是三四個婢女，首飾都不一樣：其中一個頂頭梳髻，説是蔡太師的家人；還有一個的髮髻偏下墜落，説是鄭太宰家人；另有一個滿頭梳髻像小孩兒，説是童大王的家人。詢問其中緣故，蔡太師家人説："太師覲見清光，這髮髻名叫朝天髻。"鄭太宰家人説："太宰供奉祠堂回家，這髮髻名叫懶梳髻。"輪到童大王家人説："大王正在指揮打仗，這髮髻名叫三十六髻。"(《齊東野語》)

千載髻

薩都剌《石夫人》的詩中説："綠鬢懶梳千載髻，朱顔不改萬年春。"(《天錫集》)

花髻

新君主出來的時候，各軍馬簇擁在他的前邊，旗幟鼓樂跟在他的後面，宮女三五百人，頭上梳花布花髻，手中拿着大燭，自成一隊列，即使白天也點着蠟燭。(《真臘風土記》)

肉髻

世尊從他的肉髻中涌出百寶之光，光中涌出千葉寶蓮。(《楞嚴經》)

四、艷體連珠

[明] 葉小鸞　著

[解題]

本文選自《香艷叢書》第一集卷三，仿南朝梁劉孝綽的作品寫成，分別吟咏婦女的髮、眉、目、唇、手、腰、足及全身，文采燦爛，情趣洋溢。

作者葉小鸞(1616—1632)，字瓊章，一字瑶期，明蘇州吳江(今屬江蘇省)人。貌美才高，詩文俱佳，遺憾的是僅活到十七歲。有《返生香》傳世。

髮

[原文]

蓋聞光可鑒人，諒非蘭膏所澤；鬢餘繞匝，豈由脂沐而然？故艷陸離些①，曼鬋②稱矣，不屑髢也③，如雲美焉。是以瓊樹之輕蟬④，終擅魏主之寵；蜀女之委地，能回桓婦之憐⑤。

[注釋]

①艷陸離些：語見宋玉《招魂》："長髮曼鬋，艷陸離些。"些，語助詞。

②曼鬋：垂下的鬢髮。

③不屑髢也：語出《詩·鄘風·君子偕老》："鬒髮如雲，不屑髢也。"意謂稠密烏黑的頭髮，用不着用假髮妝飾。

④瓊樹之輕蟬：典出晉崔豹《古今注》。魏文帝時，宮女莫瓊樹，其所梳髮薄而翹，望之縹緲如蟬翼，故曰蟬鬢。

⑤蜀女之委地，能回桓婦之憐：東晉時桓溫伐蜀，納蜀主李勢妹爲妾。桓溫妻嫉妒，率人前去毆打李氏，但見李氏正在梳妝，其長髮披肩，風姿綽約，遂爲其嬌美所感動，罷休。

[今譯]

聽說美女的頭髮光亮得能照見人，這大概不是使用護髮油滋潤的原因；美女的頭髮能在頭上盤好幾圈，這難道是使用油脂和梳洗纔這樣的嗎？所以稠密烏黑的頭髮，光亮垂下的鬢髮，用不着假髮妝飾，就能梳成像烏雲一樣高聳而柔美的髮髻。因此，莫瓊樹憑着她輕巧的蟬鬢，始終得到魏文帝的寵愛；蜀地美女披肩拖地的長髮，能使桓溫之妒妻頓生惻隱之心。

眉

[原文]

蓋聞吳國佳人①，簇黛由來自美。梁家妖艷②，愁妝未是天然。故獨寫春山③，入錦江而望遠；雙描斜月④，對寶鏡而增妍。是以楚女稱其翠羽⑤，陳王⑥賦其聯娟。

[注釋]

①吳國佳人：吳地美女。

②梁家妖艷：指東漢梁冀妻孫壽，貌美，曾作愁眉、啼妝。

③春山：此指古代婦女所畫的遠山眉。因其細長彎彎、形如遠山而得名。五代馮延已《蝶戀

花·鵲踏枝》詞："低語前歡頻轉面，雙眉斂恨春山遠。"參見本卷《面飾説·眉飾考》。

④斜月：指古代婦女所畫却月眉。因其形如一鈎彎彎新月，故名。參見本卷《面飾説·眉飾考》。

⑤翠羽：指古代女子所畫翠眉。因以青黛塗眉，故名。戰國時楚國宋玉《登徒子好色賦》："眉如翠羽。"參見本卷《面飾説·眉飾考》。

⑥陳王：指三國時魏武帝曹操之第三子曹植，少善詩文，但不得志，死後被封爲陳王，謚曰思，稱陳思王。

[今譯]

聽説古代吳國多有美女，她們叢聚的眉毛呈現出自然美。東漢梁冀的妻子孫壽貌美妖艷，她所作的愁妝也非天然。所以獨自描畫眉毛望如春山，就如來到錦江而舉目望遠；美女把一雙眉毛描成斜月形，面對明鏡立刻能增艷。因此楚國宮女稱贊她們的翠眉，陳思王曹植用賦描寫洛神修眉聯娟。

目

[原文]

蓋聞含嬌起艷，乍微略而遺光。流視揚清，若將瀾而詎滴。故李稱絶世①，一顧傾城②；楊著回波，六宮無色③。是以咏曼睩于楚臣④，賦美眄于衛國⑤。

[注釋]

①李稱絶世：李，指漢武帝之李夫人。絶世，冠絶當代，并世無雙。《漢書·孝武李夫人傳》："〔李〕延年侍上起舞，歌曰：'北方有佳人，絶世而獨立。'"

②傾城：形容女子貌美。

③楊著回波，六宮無色：楊指唐玄宗時的楊貴妃。唐白居易《長恨歌》："回眸一笑百媚生，六宮粉黛無顏色。"

④咏曼睩于楚臣：曼睩，眼珠轉動發亮。楚臣，指宋玉。宋玉《招魂》："蛾眉曼睩，目騰光些。"

⑤賦美眄于衛國：《詩·衛風·碩人》："巧笑倩兮，美目盼兮。"意謂俏麗巧妙地笑的時候，有一對酒窩兒并微露雪白的牙齒。美麗的眼睛黑白分明，眼波流動有情。眄，眼珠轉動、斜視。

[今譯]

聽説目光含嬌使女人增添美艷，如突然眼睛微閉祇留一點兒遺光會顯得更加艷麗。眼珠流動揚起清波，好像要起波瀾然而哪有滴水。所以李夫人被稱爲絶世美女，一顧可以傾城；楊貴妃如回眸一笑，六宮粉黛無色。所以楚國宋玉歌咏美女眼珠轉動發亮，在衛國作賦贊美奇妙的目光。

唇

[原文]

蓋聞菡萏①生華，無煩的絳②。櫻桃比艷，豈待加殷？故裊裊③餘歌，動清聲而紅綻；盈盈欲語，露皓齒而丹分。是以蘭氣難同，妙傳神女之賦④；凝朱不異，獨著擣素之文⑤。

[注釋]

①菡萏：荷花。

②的絳：的，古代婦女用紅色點於面部的妝飾。絳，深紅色。漢繁欽《弭愁賦》："點圍的之熒熒，映雙輔而相望。"

③裊裊：聲音迴旋不絕。

④神女之賦：即《神女賦》，戰國楚宋玉所作。楚襄王與宋玉游於雲夢，夜夢與神女遇，其狀甚麗，遂使宋玉作賦，極言神女之美。

⑤凝朱不異，獨著擣素之文：舊題漢班婕妤《擣素賦》，以成帝耽於酒色，政事廢弛，婕妤貞靜而失職，故托擣素之文以自警并以爲諫言。全篇委婉悲凉，至爲動人。文中狀寫趙女之美有"調鉛無以玉其貌，凝朱不能異其唇"之句。此句本此。事見《文選》補遺。

[今譯]

聽說美女的嘴唇像荷花開出的花朵，不需要用紅色點染。她們的紅唇可與櫻桃相互比艷，難道還需添加紅色？所以她們美妙的歌聲迴旋不絕，清脆的聲音傳出而紅唇綻開；她們笑臉盈盈要與人語，微露皓齒而紅唇略張。所以幽蘭的氣息非同一般，宋玉《神女賦》妙傳後世；"凝朱不能異其唇"，班婕妤著《擣素賦》中有狀寫趙女之美的句子。

手

[原文]

蓋聞似春筍之初萌，映齊紈①而無別。如秋蘭之始苗，傍荆璧②而生疑。故陌上采桑③，金環時露；機中識素，羅袖恒持。是以秀若裁冰，撫瑶琴而上下；纖如削月，按玉管④而參差。

[注釋]

①齊紈：古代齊國所産白色細絹。

②荆璧：春秋楚人卞和得璞玉於荆山，剖琢而爲寶玉，被稱爲"和氏璧"。

③陌上采桑：五代馬縞《中華古今注》中《陌上桑歌》："出秦氏女子。秦氏，邯鄲人，有女名羅敷，爲邑人千乘王仁妻，王仁後爲趙王家令。羅敷出，采桑於陌上。趙王登臺，見而悦之，因飲酒欲奪之。羅敷行彈箏，乃作《陌上桑》歌以自明焉。"

④玉管：玉製的管，樂器。

［今譯］

聽説美女的手好像春天的竹笋剛剛萌發，與最具盛名的齊國所産的白色細絹相映襯而毫無區别。又像秋天的蘭花纔茁壯成長，與楚人卞和所得和氏璧放在一起而使人對真假生疑。所以像美女羅敷在陌上采桑，手腕上戴的金環偶爾露出；置織機中識別所織白絹，全靠綾羅窄袖常持。因此巧手秀如所裁的冰塊，撫動瑶琴而上下移動；纖手美如削成的彎月，按動玉管而左右參差。

腰

［原文］

蓋聞玉佩翩珊，恍若隨風欲折；舞裙旖旎，乍疑飄雪餘香。故江女①來游，逞羅衣之宜窄；明妃去國②，嗟綉帶之偏長。是以楚殿爭纖③，最憐巫峽④；漢宫競細，獨讓昭陽⑤。

［注釋］

①江女：江妃二女。據《劉仙傳》卷上載，江妃二女游於江漢水邊，遇鄭交甫。鄭對二女心生愛悦，向江女索要身上玉佩，江女贈之，待走出數十步後，玉佩和江女都已不見。這裏用此典故説明女子腰細而柔，引人愛憐。

②明妃去國：明妃，指王昭君。晋朝爲避司馬昭諱，改爲明妃。王昭君名嬙，爲漢元帝宫女，貌美，但因未向宫廷畫師行賄，得不到皇帝親幸。竟寧元年（前33），匈奴呼韓邪單于入朝求親，昭君自請出嫁匈奴。入匈奴後，被稱寧胡閼氏。此以昭君故事指代美女身材之窈窕。

③楚殿爭纖：據《韓非子·二柄》載，楚靈王喜歡細腰的女子，宫女們爲爭寵，競爲細腰，以致餓死。

④巫峽：指代巫山神女。據宋玉《高唐賦》，楚懷王出游高唐，白日睡覺夢一女子，自稱巫山之女，與懷王歡會。後稱此女子爲巫山神女。

⑤昭陽：漢武帝時内宫殿名，漢成帝時皇后趙飛燕住此殿。此指代漢成帝皇后趙飛燕。

［今譯］

聽説美女身挂玉佩輕快地走路，仿佛要被風吹倒似的；裙子隨風舞動十分柔美，好似雪花飄過帶來梅花的餘香。所以像江漢女神在江邊游玩一樣，緊身的腰裙顯示出細柔的腰肢；像王昭君離開家鄉一樣，飄逸的衣裙顯示出柔弱的身材。因此，楚國宮中爭作細腰女子，而楚王却最憐愛巫山神女；漢朝宮中追求瘦身，而漢帝却最寵幸身輕腰纖的趙飛燕。

足

[原文]

蓋聞步步生蓮①，曳長裙而難見；纖纖玉趾，印芳塵而乍留。故素縠蹁躚，恒如新月；輕羅婉約，半廳瓊鈎②。是以遺襪馬嵬③，明皇增悼；凌波洛浦④，子建⑤生愁。

[注釋]

①步步生蓮：典出《南史·齊廢帝東昏侯紀》。廢帝曾讓人鏨金爲蓮花樣，貼於地，令潘妃在金蓮花上行走，云"步步生蓮華也"。後遂將女足稱爲"金蓮"，稱美女走路的姿態爲"步步生蓮"。

②瓊鈎：本指未圓的月亮，此指女人的鞋。

③遺襪馬嵬：唐玄宗天寶十四載（755），爆發安史之亂，次年叛軍攻入關中，唐玄宗携楊貴妃倉皇奔蜀，途經馬嵬驛（在今陝西興平境内）時，衛兵嘩變，殺楊國忠，并要求唐玄宗殺楊貴妃。楊貴妃被縊死，葬於馬嵬坡。後傳說有一老婦撿到楊貴妃錦羅襪一隻，衆人觀賞不已。

④凌波洛浦：三國時魏國曹植作《洛神賦》，用"凌波微步，羅襪生塵"來形容女神步履的輕盈曼妙，後人遂以"凌波"一詞指代女子步態。

⑤子建：曹植的字。

[今譯]

聽説美女走路姿態優美如步步生蓮花，但是她們拖着長裙很難見到脚；她們纖細的脚趾，祇能靠她們偶然留下的脚印來辨别。所以祇有她們身穿薄紗翩翩起舞時，纔能偶然看見她們的脚像一輪彎月；當她們穿着輕薄的紗衣時，纔能看到她們美麗的脚踏着彎月似的鞋。所以當楊貴妃死於馬嵬坡而留下香襪，纔使唐明皇懷念貴妃而增悼念之情；而那步履輕盈曼妙的洛水女神，也使曹子建生出萬種惆悵。

全 身

[原文]

蓋聞影落池中，波驚容之如畫。步來簾下，春訝花之不芳。故秀色堪饗①，非鉛華②之可飾；

愁容益倩，豈粉澤之能妝？是以容暈雙頤，笑生媚靨，梅飄五出③，艷發含章④。

[注釋]

①秀色堪饗：饗，貪食。"秀色可饗"，或作"秀色可餐"，語出《文選·陸機〈日出東南隅行〉》："鮮膚一何潤，秀色若可餐。"形容女子容貌之美。

②鉛華：搽臉之粉。

③五出：指花瓣，草木花多爲五瓣，故稱五出。

④含章：内在的美。

[今譯]

聽説美女的身影落在池塘中，會使池中綠水驚嘆她如畫一般的芳容。美女若是漫步來到窗下的花園裏，連春神也會爲她的美麗震驚而失去芳香。所以形容女子之美爲"秀色可饗"，并不是靠塗脂抹粉而能打扮出來的；美女憂愁的面容却更能增加其嫵媚，難道靠脂粉能妝飾出來嗎？因此，美女有花一般顏色的雙頰，笑容出現在嫵媚的臉上，猶如梅花的美在於有五個花瓣，其艷麗在於内在的優秀品質。

七　夕

[原文]

蓋聞神女行雲①，皆由于誕；姮娥奔月②，亦豈爲真？故世咸謂曾得支機之石③，私竊以爲未至飲牛之津。是以乞巧④空傳，誤捉蜘蛛之織網；填河⑤何據？漫言靈鵲之渡人。

[注釋]

①神女行雲：典出宋玉《高唐賦》。楚襄王游雲夢，談起先王（楚懷王）曾在夢中與神女相會。神女説自己"朝爲行雲，暮爲行雨"。此指神女的傳説。

②姮娥奔月：即嫦娥奔月的故事。嫦娥爲后羿之妻，因偷食從西王母處得來的不死之藥，成仙奔月。

③支機之石：相傳漢武帝派張騫去尋找黄河發源地，張騫乘木筏至天河，見一婦人在河邊浣紗，婦人給他一塊石頭。他回朝後，以此石向嚴君平問卜，君平説是織女用來支織機的石頭。

④乞巧：舊俗，七月七日，牛郎織女相會，婦女們當晚穿針，可學得織女的巧慧，稱"乞巧"。乞巧時，有的女子在庭院中擺設瓜果，如有蜘蛛在上結網，就叫"得巧"。

⑤填河：傳説牛郎與織女相愛，生得一兒一女，生活幸福。天帝派天神捉織女回宫，牛郎與兒女追趕。王母用銀簪畫空爲河，衹許每年七月七日相會。此後，每年七月七日烏鵲天河成橋，使織女與牛郎相會。

[今譯]

據說巫山神女朝行雲暮行雨，那都是虛妄的傳說；還有嫦娥奔月的故事，難道能是真的嗎？所以世人都説張騫曾得到過織女的支機石，我私下認爲張騫根本没有到過天河。因此，七夕乞巧祇不過是虛妄的傳説，見到蜘蛛織網以爲是織女傳授的織布技巧；那鵲填銀河成橋的説法又有什麽依據呢？祇不過是漫無邊際地説些故事罷了。

五、續艷體連珠（一）

［明］沈宜修　著

[解題]

本篇選自《香艷叢書》第一集卷三，原附《艷體連珠》後。沈宜修爲葉小鸞之母。葉小鸞寫成《艷體連珠》後，曾請其母指教。其母閲後，甚喜，遂擬作一篇，但自以爲不及女兒寫得好。

題目之後加（一），是爲與下一篇同名之作區别。

[原文]

劉孝綽①有《艷體連珠》，季女瓊章仿之，作以呈予，予爲喜甚，亦一拈管。然女實有仙才，予拙不及也。沈宜修②宛君作。

[注釋]

①劉孝綽（481—539）：南朝蕭梁彭城（今江蘇徐州）人。本名冉，小字阿士。幼聰敏，有"神童"之稱。曾爲梁武帝和昭明太子的文士，官至外散騎常侍、秘書監。擅詩能文，文辭雅麗，深受當時文人稱賞。

②沈宜修：字宛君，明朝葉紹袁之妻、葉小鸞之母。幼承家學，博覽群書，富於文采，有文集《鸝吹》傳世。

[今譯]

梁人劉孝綽曾作《艷體連珠》，小女兒瓊章也仿效他，并把作品拿給我看。我爲此非常歡喜，便也拿起筆來試寫一篇。然而女兒確實有不一般的才華，我自覺笨拙趕不上。沈宜修作。

髮

[原文]

蓋聞魏妃①雙翼，艷陸離而可鑒；漢后四起，曜伭儵以齊光。故盛鬒不同，豈資膏澤？如雲飛鬢，自有芬芳。是以鬢曉秦宮②，競縈妝之繚繞；憐生晉主③，垂委地之修長。

[注釋]

①魏妃：指魏文帝時的宮女莫瓊樹。

②鬢曉秦宮：秦始皇宮中喜神仙之術，宮女皆梳神仙髻。

③憐生晉主：晉主，指晉明帝女兒南康公主，桓温之妻。公主生愛憐之心事，見上篇注。

[今譯]

聽説魏文帝的宮女莫瓊樹的髮髻像蟬的雙翅一般輕盈，頭髮滋潤發光能照見人影；漢明帝明德馬皇后梳四起大髻，其美髮艷麗發出耀眼的光芒。所以濃密的頭髮各有不同特點，難道要靠脂膏保養嗎？像烏雲一般千變萬化的髮型，各自争奇鬥艷、芬芳宜人。因此，秦始皇宮中的婦人盛行美髮，争着改變髮髻的式樣使人目不暇接；李氏美麗的長髮垂肩觸地，竟能使妒火中燒的南康公主頓生愛憐之心。

眉

[原文]

蓋聞修蛾曼睞，寫含愁之黛葉；新月連娟，效寄情之翠羽。故遠山堪入望于邛墟①，曉妝無倩畫于張嫵②。是以承恩借問③，枉自争長；淡掃朝天④，方難比嫵。

[注釋]

①遠山堪入望于邛墟：遠山，古代婦女的一種眉式，以黛畫眉，形細長而呈彎形，如望遠山，故稱。參見本卷《面飾説·眉飾考》。邛，地名，明朝時爲縣，今屬四川省。墟，酒店安放酒瓮、酒罎的土臺子，借指酒店。邛墟，指卓文君賣酒當墟事，見《史記·司馬相如列傳》。

②張嫵：漢宣帝時，京兆尹張敞曾爲妻畫眉，一時傳爲佳話，時長安有"張京兆眉嫵"之説。

③承恩借問：唐朱慶餘贈張籍詩曰："洞房昨夜停紅燭，待曉堂前拜舅姑。妝罷低聲問夫婿，畫眉深淺入時無？"這裏用此詩意，指對眉的修飾。

④淡掃朝天：指虢國夫人得寵故事。唐玄宗寵愛楊貴妃，恩及楊的三個姊妹。張祜詩云："虢國夫人承主恩，平明騎馬入金（一作'官'）門。却嫌脂粉污顏色，淡掃蛾眉朝至尊。"

[今譯]

聽説細長的蛾眉配上美麗的雙眼，正是含愁眉的嬌態；新月眉秀氣微露，透出眉宇間萬種風情。所以遠山眉能比得上當年當墟的卓文君的眉毛，就像遠望蜀山一樣隱約秀美，曉妝眉則祇有愛畫眉的張敞纔能畫出内在的風韵。因此，刻意修飾眉毛，祇不過是枉費心機去争高下；而不施粉黛、淡描一筆，那韵味纔難以比擬。

目

[原文]

蓋聞朱顏既醉，最憐炯炯橫秋。翠黛堪描，詎寫盈盈善睞。故華清宴罷^①，偏教酒半微闌；長信愁多^②，不損泣殘清采。是以娛光眇視^③，楚賦曾波，美盼^④流精，衛稱顧態。

[注釋]

①華清宴罷：指楊貴妃醉臥華清池的故事。

②長信愁多：用班婕妤的故事。漢成帝先寵班婕妤，後又寵趙飛燕，班婕妤不堪趙飛燕讒陷，自請到長信宮去供養太后。後遂以長信宮指代失寵的班婕妤。

③娛光眇視：語出宋玉《招魂》："娛光眇視，目曾波些。"指女人偷視的神態。

④美盼：語出《詩·衛風·碩人》："巧笑倩兮，美目盼兮。"指美女眼波流動之態。

[今譯]

聽說漂亮女子酒醉以後，最惹人喜愛的是那飽含深情又炯炯有神的眼波。女子的眉毛可以隨意描繪成各種樣式，那含情脉脉的眼神又豈能描畫出來？所以楊貴妃在華清宮酒宴之後，在微醉之時則別有一種嫵媚的嬌態；班婕妤移居長信宮悲愁雖多，然無損於她美目傳神的風采。正因爲美女的眼神難得，所以湘女的眼波纔使宋玉難忘，碩人的秋波纔載入《詩》。

唇

[原文]

蓋聞勻檀傅麝，其如洛水之辭^①。寫絳調朱，豈若巫山之韵^②？故歌憐白紵，貝微露而香聞。笛羨綠珠^③，荅半啓而紅運。是以芬澤非御于桃顆，茜膏無加于櫻暈。

[注釋]

①洛水之辭：指三國魏曹植《洛神賦》中的描繪之辭。

②巫山之韵：指巫山神女的風韵。

③綠珠：晋石崇歌妓，善吹笛。司馬倫嬖臣孫秀欲得綠珠，崇不許。孫秀遂勸司馬倫殺崇，司馬倫派甲士逮崇，綠珠跳樓自殺。

［今譯］

聽説女子的嘴唇點檀塗麝，她們像洛水女神一樣會説出動聽的言辭。在嘴唇上塗絳抹紅，哪能比得上巫山神女般自然純真的神韵？所以歌妓白紵唱歌，微露潔白的牙齒并飄出香氣；緑珠吹笛時，半啓朱唇透出紅暈。因此女子嘴唇的滋潤，使人想到花朵的滋養不單在花朵上，櫻桃的喜人也不單在櫻桃上。

手

［原文］

蓋聞流水題紅①，無非柔荑寫恨；盈襜采緑②，亦因纖素書情。故春日迴文③，逞摻摻于機錦；秋風擣練，響皎皎于砧聲。是以魏殿神針④，更誇巧製；玉奴弦索⑤，不負時名。

［注釋］

①流水題紅：紅葉題詩的故事。相傳古代有一宫女深感宫中寂寞，遂題詩於紅葉之上，表達自己嚮往人間生活的願望，紅葉經御溝流出，被路人拾到，經種種努力，終成眷屬。此以題詩指女子用手寫字。

②盈襜采緑：典出《詩·小雅·采緑》："終朝采藍，不盈一襜。"此以采緑指代女子手的動作。

③迴文：織有迴文詩的錦，其詩順讀、倒讀皆成章。

④魏殿神針：三國時，魏文帝所寵美人薛靈雲精於針工，可在黑暗中裁製衣服，被稱爲針神。

⑤玉奴弦索：南朝齊東昏侯的潘妃小字玉奴，梁武帝破齊，潘妃自縊。

［今譯］

聽説古代宫女有紅葉題詩的故事，那無非是用她們柔嫩的手書寫宫廷生活的苦悶；《詩》中有描寫婦女采緑的詩篇，那也是當時的女子們用自己細白的手書寫思念之情。所以春天女子們紛紛紡織迴文錦，在織布機上逞顯自己雙手的靈巧；到秋風蕭瑟的時候又忙着擣練，在皎潔的月光下擣衣砧上響起擣衣聲聲。因此在魏文帝宫殿中的神針薛靈雲，人人誇贊她裁製衣服巧奪天工；南朝齊東昏侯的潘妃在國破家亡時懸綾自盡，不辜負不當亡國奴的美名。

腰

[原文]

　　蓋聞裊裊纖衣，非關結束而細；翩翩約素，天生柔弱無豐。故飄若春雲，常愁化彩；輕如秋雁，還恐隨風。是以色冠昭陽①，裙有留仙②之襞；巧推絳樹③，舞傳迴雪之容。

[注釋]

　　①昭陽：漢代宮殿名。此代指趙飛燕。她細腰善舞，甚得漢成帝寵愛。

　　②留仙：一種帶褶皺的裙。始在漢代宮中盛行。相傳漢成帝皇后趙飛燕體態輕盈，一次在太液池的巨舟上歌舞時，颭起大風，幾乎將其吹走，皇帝急令人抓住她的衣裙，方纔留住。事後，因其裙上被抓出許多皺痕，宮女們遂仿照製成裙，故名。見本書《冠服卷·身服篇下》。

　　③絳樹：古代歌女名。曹丕《答繁欽書》："今之妙舞，莫巧於絳樹。"

[今譯]

　　聽說女子身穿緊身衣裙而裊裊婷婷，那并非衣帶繫得緊而是腰肢纖細；她們走起路來步履輕盈似翩翩起舞，這是因爲她們天生一副細弱的腰肢。所以她們走路飄忽如春天的行雲，讓人擔心她們會化作彩雲隨風而去；她們走路輕巧得像秋天的大雁，祇恐怕她們會隨風飄走。因此趙飛燕憑着細腰善舞贏得成帝寵愛，她的衣裙留下仙女的襞褶；美女絳樹以她奇妙的舞姿令人懷念，她起舞時如雪花翻飛。

足

[原文]

　　蓋聞淺印蒼苔，祇爲沉吟獨立；遙聞環珮，却因微動雙纏。故窄窄生蓮①，東昏于斯娛矣；纖纖移襪，陳思②賦其可憐，是以看上苑③之春，落紅宜襯；步廣儲之月，芳緑生妍。

[注釋]

　　①窄窄生蓮：典出齊廢帝東昏侯令潘妃在金蓮上行走事。見《艷體連珠·足》注。

　　②陳思：即三國時魏國曹植。因其被封爲陳王，諡思，故稱。見《艷體連珠·眉》注。

　　③上苑：供帝王游樂、打獵的場所。

[今譯]

　　聽說女子淺淺的腳印輕輕地印在庭院的青苔上，祇因爲她們獨自站立而沉思吟唱；遠遠地聽到環珮叮冬的聲響，是因爲她們邁着輕盈的雙脚走來。所以潘妃邁着窄窄的小脚一步一個金蓮，東昏侯對此十分愉悅；洛神邁動纖細的脚步，陳思王用賦寫出其可愛的姿態。因此宮女們漫步春景之中，更襯托出紅鞋之美；走在明月之下，綠足更顯得迷人。

六、續艷體連珠（二）

[解題]

《續艷體連珠》選自《香艷叢書》第四集卷三，共計十二篇。除《眉》《眼》《腰》《脚》四篇與《艷體連珠》的目略同外，其餘《粉奩》《鏡臺》《玉釵》《金環》《真珠兜》《金烟袋》《雕毛扇》《花露水》等八篇均超出《艷體連珠》的篇目，從中可瞭解封建社會後期文人的審美情趣。

作者不詳，根據文中內容推測，當爲明朝後期人。

因題目與前一篇相同，爲區別，於後面加（二）。

[原文]

眉

蓋聞遠山有黛①，卓文君擅此風流；彩筆生花，張京兆②引爲樂事。是以纖如新月，不能描其影；曲似彎弓，可以折其弦。

眼

蓋聞將軍之號，乃喻其大；美人之容，實驚其艷。是以新柳之青垂垂，春風誰識？雙鳳之丹點點，秋水何長？

腰

蓋聞楚宮餓死③，因嫋娜之難求；沈郎瘦時④，知飄颻之有托。是以邯鄲學步⑤，此後無人；金谷銜杯，憐卿獨我。

脚

蓋聞白綾三尺，玉筍枝枝；金蓮一雙，沉香步步。是以迴風曲罷，宵娘⑥真是可兒；凌雲態濃，飛燕呼爲仙子。

[注釋]

①遠山有黛：指遠山眉。爲古代婦女眉式之一種。用黛畫眉，細長而彎，形如遠山。相傳卓文君眉色如望遠山，故下句云“卓文君擅此風流”。見本卷《面飾説·眉飾考》。

②張京兆：即張敞。漢河東平陽人，字子高。曾官京兆尹，故稱。嘗爲妻畫眉，時長安有“張京兆眉嫵”之説，後成爲夫妻恩愛的典故。

③楚宮餓死：楚靈王喜細腰的女子，宮女競爲細腰，以致餓死。參見《艷體連珠·腰》注。

④沈郎瘦時：《梁書·沈約傳》載，沈約有志臺司，終不爲帝所用。他寫信給徐勉自述平生，并說自己已年老多病，“百日數旬，革帶常應移孔。以手握臂，率計月小半分”。後人便以“沈腰”爲腰圍受損的代稱，也常用以形容腰細之美。

⑤邯鄲學步：喻效仿別人不成，反喪失原有的本領。《莊子·秋水》：“且子獨不聞夫壽陵餘子之學行於邯鄲與？未得國能，又失其故行矣，直匍匐而歸耳！”

⑥窅娘：五代南唐李後主宮嬪，纖麗善舞。後主命窅娘以帛纏足，舞蓮花中。古以纏足爲美，實爲陋習。

[今譯]

眉

聽説眉毛形如遠山，卓文君具此風流；彩筆可以生花，京兆尹張敞把爲妻畫眉引爲樂事。因此眉毛纖細如新生的月牙，無法描出其影；眉毛又彎曲如弓，可以折斷其弦。

眼

聽説將軍的名號，乃是比喻他的官職大；美麗女人的容貌，實在讓人驚奇她的艷麗。因此睫毛像漸漸發青的柳條，春風中誰能識別？雙眼如丹鳳點點，一潭秋水何長？

腰

聽説楚國宮女爲争細腰餓死，祇因婀娜之姿難尋；沈郎腰瘦之時，方知飄颻實是有托。因此當年邯鄲學步，此後再無其人；金谷園中飲酒，唯獨我最愛憐您。

脚

聽説女子裹脚要用三尺白綾，裹出玉笋般枝枝小脚；足穿一雙三寸金蓮，步步透出沉香般的氣息。因此一曲迴風樂曲奏罷，窅娘的舞姿的確可愛；飄然如凌雲之態，趙飛燕被呼爲仙子。

[原文]

粉奩

蓋聞飄零致感，蝶翅飛來；塗飾何多，燕支①濕處。是以何郎掩袖，不妨重數秦臺②；虢國掃眉，何必徒譏臣里③。

鏡臺

蓋聞光能照膽，一毫不逃其形；影每羞鸞，六宮輒悲無色。是以樂昌巧合，可以慰其流離④；溫嶠深緣，可以結其癡想⑤。

玉釵

蓋聞遍結同心，頻勞羅帶；驚成折股，本是花枝。是以剔開紅焰，飛蛾之救能傳⑥；貼上香鈿，金鳳之聲欲墜。

金　環

蓋聞寶石垂金，風前玉立；明珠成串，月下人來。是以照見銀燈，却等璜琮之價^⑦；聽殘夜漏，錯疑驊騮之鑣^⑧。

[注釋]

①燕支：同“胭脂”。婦女用於化妝的紅色顏料。主要用來塗面頰、嘴唇。詳見本卷《脂粉、香説·脂粉考》。

②何郎掩袖，不妨重數秦臺：何郎，指三國魏何晏，字平叔。《世説新語·容止》：“何平叔美姿儀，面至白。”《三國志·魏書·曹爽傳》裴松之注引《魏略》，稱晏平日喜修飾，粉白不去手，行步顧影，人稱“傅粉何郎”。後即以稱喜歡修飾的青年男子。秦臺，即秦樓，秦穆公爲其女弄玉所建。弄玉好樂，其夫善簫。後夫婦同吹簫引鳳群集，遂乘風飛升而去。此謂以何晏之才貌，若穆公有知，當擇何郎而築秦臺。重數意謂重選。

③虢國掃眉，何必徒譏臣里：虢國，指唐楊貴妃姊虢國夫人，甚得唐玄宗恩寵。她自以天生麗質，見皇帝不施粉黛。張祜《集靈臺》詩云：“却嫌脂粉污顔色，淡掃蛾眉朝至尊。”臣里，楚國之地名，出美女，其東家之子尤色絶，宋玉《登徒子好色賦》贊之曰：“天下之佳人莫若楚國，楚國之麗者莫若臣里，臣里之美者莫若臣東家之子。臣東家之子，增之一分則太長，減之一分則太短；著粉則太白，施朱則太赤。”此句謂既有虢國夫人掃眉之舉，何必徒自譏諷臣里之佳麗？

④樂昌巧合，可以慰其流離：典出樂昌公主事。樂昌公主，乃陳後主女弟，色艷而賢，嫁徐德言。會陳衰敗，德言謂公主曰：“國破必歸權豪。”乃破鏡各得其半，後公主爲隋重臣楊素所得，因見鏡之另半而悲，楊素憐而遣歸德言，夫妻重逢，故謂“樂昌巧合”“慰其流離”。

⑤温嶠深緣，可以結其癡想：温嶠，東晉人。少聰敏，長而多才幹。其姑有女佳絶，嶠甚愛慕而無機緣，後征討劉聰，得玉鏡臺一枚，極珍，奉姑以表其志，終得婚配。故稱“温嶠深緣”，因得此鏡而“結其癡想”。

⑥剔開紅焰，飛蛾之救能傳：晋支曇諦《赴火蛾賦》中有“愚人貪身，如蛾投火”句，謂人貪而智亂，常遭殺身之禍，如飛蛾投火。此句謂玉釵可“剔開紅焰”，可免飛蛾投火之灾。喻玉釵之主人位尊志高，大吉大利。

⑦照見銀燈，却等璜琮之價：極言金環之明麗、貴重。璜、琮皆爲玉製禮器。璜，狀如半璧，多用爲朝聘、祭祀、喪葬等；琮，方柱形，中有圓孔，除用爲禮器外，亦用爲贄品、符節等。

⑧聽殘夜漏，錯疑驊騮之鑣：聽殘夜漏，狀更深夜靜之時；錯疑驊騮之鑣，狀主人所佩金環是“寶石垂金”“明珠成串”，行走於靜間，人或疑爲鑾鈴之聲。驊騮，寶馬名。鑣，馬嚼子。鑣上多繫鑾鈴，聲清妙悦耳。

[今譯]

粉　盒

聽説粉香飄零能導致感應，使蝴蝶展翅飛來；面部塗飾脂粉太多，沾濕處顯出胭脂。因此何晏見之掩袖，秦穆公不妨重選於秦臺；虢國夫人既淡掃蛾眉不施粉黛，何必衹譏笑臣里之佳麗？

鏡　臺

聽説光影能照出肝膽，一絲一毫不能逃避其形；光影常羞鸞鏡，使六宮粉黛悲嘆不美。因此樂昌公主因鏡巧合夫妻重逢，可以慰其流離；温嶠久有深緣，因玉鏡臺而了結其痴想。

玉　釵

聽説遍結同心，多次煩勞羅帶；驚奇折成兩股，本是一對花枝。因此可剔開紅色火焰，避免飛蛾撲火之灾；髮釵上貼金鈿，可傳來金鳳之聲。

金　環

聽説美人戴鑲玉金環，迎風而亭亭玉立；身上明珠成串，月光下麗人走來。因此光亮能照見銀燈，與璜琮等玉器等價；夜静更深静聽殘漏之時，疑是驊騮奔跑的鸞鈴之聲。

[原文]

真珠兜

蓋聞龍山風起，飄飄如仙；滄海波深，處處是寶。是以驢背訪梅，名士與美人並重；蚌胎得月[1]，閑愁與離恨同量。

金烟袋

蓋聞紫玉何歸，離魂天上；層臺高築，流水人間。是以術傳吐火，考其源得自西方；異可辟寒，售其值却同連璧。

雕毛扇[2]

蓋聞新秋風到，何處迎凉？曲檻人歸，頻呼拾翠[3]。是以紈扇見捐，班姬之辭太苦[4]；風塵能出，謝傅之望猶濃[5]。

花露水

蓋聞荷葉田田，香能徹骨；羅衣薄薄，冷太欺人。是以龍腦[6]成灰，休唤海棠睡起；鮫人[7]有淚，空隨銅狄同流。

[注釋]

①蚌胎得月：蚌胎，指珍珠。舊説，蚌孕珠如人懷妊，與月的盈虧有關，故稱。

②雕毛扇：以雕毛製成之扇，多爲男子所用。

③曲檻人歸，頻呼拾翠：曲檻，迴曲之欄杆。多用以觀賞山水。人自曲檻而歸，意謂勝游而返家，因游興益然，故連連呼喊妻妾相迎。拾翠，語本三國魏曹植《洛神賦》，後借指游春女子，或徑指多情女子。

④紈扇見捐，班姬之辭太苦：班姬即漢班婕妤，本漢成帝女官（婕妤爲女官名），美而能文，初甚得恩寵，後趙飛燕姊妹勢盛，班氏自知見薄，乃退居東宮。曾作《怨歌行》，以團扇（或稱"紈扇"）自

比，借團扇之被弃，寄托哀怨之情。她自嘆命同紈扇，秋風起時，"棄捐篋笥中，恩情中道絶"，辭甚悲切。"紈扇見捐，班姬之辭太苦"，辭之作者自得妻妾相聚相親，故嘆班姬之不幸。參見《文選·班婕妤〈怨歌行〉》并注。

⑤風塵能出，謝傅之望猶濃：謝傅，指晋太傅謝安。謝安少而才識過人，風宇條暢，纍不應召，寓居會稽，放情山水，每游必以樂妓自隨。及其弟謝萬被黜，安已年四十餘，始應桓温之徵爲司馬。後屢建功業，卒贈太傅。本詩句以謝安爲楷模，自勵勵人。事見《晋書·謝安傳》。風塵，雙關語。

⑥龍腦：龍腦香。一種香料。以龍腦香樹幹中樹膏製成的一種結晶體，潔白如冰。參見本卷《脂粉、香説·香考》。

⑦鮫人：神話傳説中居於海底的怪人。晋張華《博物志》："南海外有鮫人，水居如魚，不廢織績，其眼能泣珠。"

[今譯]

真珠兜

聽説龍山大風驟起，使人飄飄如入仙境；滄海浪急波深，却處處皆是寶藏。因此騎在驢背上尋訪梅花，重名士亦重美人；蚌孕珍珠得觀月相，既有離恨也有閑愁。

金烟袋

聽説紫玉歸往何處，如離魂飛向天空；烟霧中可見層臺高築，小橋流水。因此口中吐火之術，據考證源自西方；奇异可以避寒，其價值如同連璧。

雕毛扇

聽説初秋風到，何處去享清凉？人從曲檻勝游歸來，不斷呼喊妻妾相迎。因此秋季紈扇被弃不用，班婕妤在《怨歌行》中用辭甚爲悲切；如果能逃出風塵，謝太傅的期望還是很濃。

花露水

聽説荷葉片片生於水塘之中，其香味能透入骨髓；身上羅衣薄薄一件，天冷也太欺人。因此龍腦香點燃成灰，不要把沉睡的海棠唤醒；水中鮫人流泪，白隨銅狄流淌。

七、十眉謡（附十髻謡）

[明] 徐士俊　著

[解題]

《十眉謡》選自《香艷叢書》第一集卷一，内容爲描述古代女子眉毛的十種類型，從中可瞭解古代婦女眉的妝飾情趣。前邊小引爲張潮所作，一并收入。

徐士俊（1602 —? ），原名翱，字三有，號野君，仁和（今浙江杭州）人。工詩能畫，尤擅雜劇，爲明末著名戲劇作家。所作雜劇六十餘種，今有《春波影》《洛水絲》傳世。著有《雁樓集》。

小　引

[原文]

　　古之美人以眉著者，得四人焉：曰莊姜^①，曰卓文君，曰張敞婦，曰吳絳仙。莊姜螓首蛾眉^②，文君眉如遠山，張敞爲婦畫眉，絳仙特賜螺黛。由今思之，猶足令人心醉而魂消也。然莊與卓質擅天生，而張與吳兼資人力，二者不知爲同爲異。春秋之世，管城子^③尚未生，莊姜之眉自非畫者，第不知文君當日亦復畫眉否？漢梁冀妻孫壽^④，作愁眉、啼妝、齲齒笑、折腰步，京都人咸爭效之。其後，卒以兆亂。眉之所繫如此。大丈夫苟不能干雲直上，吐氣揚眉，便須坐綠窗前與諸美人共相眉語。當曉妝時，日爲染螺子黛，亦殊不惡，而乃俱不可得。唯日坐愁城中，雙眉如結，顰蹙不解，亦何憊也。西湖徐野君先生風流倜儻，爲文士中白眉^⑤。所著《十眉》《十髻》兩謠，摹寫盡致，點染生姿，捧讀一過，令人喜動眉宇，手不忍釋。乃知名士悅傾城，良非虛言也。先生著作頗富，其《雁樓集》久已傳播藝林。予生晚，不獲登其堂而浮太白以介眉壽^⑥，僅從遺集中睹其妙製耳。前輩風流可復見耶？心齋張潮撰。

[注釋]

　　①莊姜：春秋時鄭莊公夫人。

　　②螓首蛾眉：語出《詩・衛風・碩人》："螓首蛾眉，巧笑倩兮，美目盼兮。"形容女子的前額像螓的額一樣方正寬廣，眉毛像蠶蛾一樣細長彎曲。螓，蟬的一種，額頭方正而寬廣。

　　③管城子：毛筆的別稱，此指眉筆。唐韓愈《毛穎傳》："遂獵，圍毛氏之族，拔其毫，載穎而歸……秦皇帝使恬賜之湯沐，而封諸管城，號曰管城子。"

　　④孫壽：東漢權臣梁冀之妻，容貌美麗，尤擅作媚態，曾作愁眉、啼妝、齲齒笑、折腰步等多種姿態，長安女子多效法她。

　　⑤白眉：典出《三國志・蜀書・馬良傳》。馬良，三國時蜀國人，字季常，兄弟五人皆以"常"爲字，並有才氣名望。馬良眉有白毛，才華尤爲出眾，當時民謠說："馬氏五常，白眉最良。"後遂以"白眉"稱才華出眾的人。

　　⑥眉壽：長壽老人眉毛都長，稱"壽眉"。《詩・豳風・七月》："爲此春酒，以介眉壽。"

[今譯]

　　古代的美人憑着眉毛長得漂亮而著稱於世的，有這四個人：一個是莊姜，一個是卓文君，一個是張敞的妻子，一個是吳絳仙。莊姜的額頭長得像螓額一樣方正寬廣，眉毛像蠶蛾的觸鬚細長而彎曲，卓文君的眉毛望去像遠山一樣，張敞每天給妻子描畫眉毛，隋煬帝特地賞賜吳絳仙螺子黛用來畫眉。今天想來，這些漂亮的眉毛還是足以讓人醉心，讓人銷魂。然而，莊姜和卓文君的眉毛漂亮是天生的，張敞的妻子和吳絳仙的眉毛美麗還藉助人工修飾，這二者不知是一樣呢，還是不一樣？在春秋時代，寫字的毛筆還沒出現，莊姜的眉毛自然不是畫的，祇是不知道卓文君當時是否也畫過眉毛。漢朝大將軍梁冀的妻子孫壽，曾經做出各種嫵媚姿態，如畫愁眉、化啼妝、作齲齒笑、走折腰步等，京城長安的婦人都爭着模仿她的姿態。後來，終於因爲朝廷内亂孫壽被迫自殺。與眉毛相關聯的，如此重要。作爲男子漢大丈夫，如果在官場上不能直上青雲，揚眉吐氣，那就應該坐在閨房的綠窗之前，與衆多妻妾美人互訴衷腸，眉目傳情。每當旭日臨窗，美人梳妝時，用螺子黛爲她畫眉，也很不錯，而且特別難得。如果不得志，祇是整天與妻妾愁坐家中，雙眉緊鎖，數日不展，這又多麼疲憊啊！住在杭州西湖附近的徐野君先生，風流倜儻，是文人學士中才華出衆的人。他所作的《十眉謠》和《十髻謠》，真是描摹盡致，點畫生動，捧過來一讀，令人喜上眉梢，不忍釋手。我這纔知道，名人雅士喜歡絕世美女，的確不是空話。徐先生著作很多，他的《雁樓集》早已在文人中傳誦。我出生晚，沒有得到登門拜訪、舉起酒杯向他祝壽的機會，祇是從他遺留下來的作品中看到他的絕妙創作罷了。前輩的風流人物還能再見到嗎？心齋主人張潮撰寫。

十眉謠

[原文]

一、鴛鴦

鴛鴦飛，蕩漣漪，鴛鴦集，戢左翼。年幾二八尚無良，愁殺阿儂眉際兩鴛鴦。

二、小山

春山雖小，能起雲頭；雙眉如許，能載閒愁。山若欲雨，眉亦應語。

三、五岳

群峰參差，五岳①君之。秋水之紋波，不爲高山之峨峨。岳之圖可取負，彼眉之長莫頻皺。

四、三峰

海上望三山②，縹緲生烟彩。移作對面觀，光華照銀海。銀海竭，三峰滅。

五、垂珠

六斛珠，買瑶姬，更加一斛餘，買此雙蛾眉。借問蛾眉誰與並，猶能照君前後十二乘。

六、月棱

不看眉，只看月。月宮斧痕③修後缺，才向美人眉上列。

七、分梢

畫山須畫雙髻峰，畫樹須畫雙丫叢，畫眉須畫雙剪峰。雙剪峰，何可擬，前梅梢，後燕尾。

八、烟涵

眉吾語汝，汝作烟涵。儂作烟視，迴身見郎旋下簾。郎欲抱儂若烟然。

九、拂雲

夢游高唐觀④，雲氣正當眉，曉風吹不斷。

十、倒暈

黄者檀，綠者蛾，曉霞一片當心窩。對鏡綰約覆纖羅，問郎暈澹宜倒麼？

[注釋]

①五岳：其名始見《周禮·春官·大宗伯》，指東岳泰山、西岳華山、南岳衡山、北岳恒山、中岳嵩山。

②三山：古代神話中的三神山。晋王嘉《拾遺記》"高辛"："三壺，則海中三山也。一曰方壺，則方丈也；二曰蓬壺，則蓬萊也；三曰瀛壺，則瀛洲也。"

③月宫斧痕：傳説吳剛被罰砍月中桂樹，桂樹高五百尺，斧斫後，痕即合，吳剛祇好無休止地砍下去。參見唐段成式《酉陽雜俎》卷一《天咫》。

④高唐觀：戰國時楚國臺觀名。宋玉有《高唐賦》，其序云："昔者楚襄王與宋玉游於雲夢之臺，望高唐之觀，其上獨有雲氣。"

[今譯]

一、鴛鴦眉

鴛鴦從水中飛起，蕩起層層漣漪；鴛鴦聚集在一起，收斂起左邊的翅翼。年紀將近十六歲還没有找到心儀的對象，真是愁煞她雙眉之間的兩鴛鴦。

二、小山眉

春山雖然很小，但上面可以升起雲頭。兩道眉毛也是這樣，能够承載無聊閑愁。山如果要下雨，眉毛也應該能言語。

三、五岳眉

衆多山峰參差不齊，祇有五岳當數第一。眼神如秋水中的波紋，比不上眉毛像高山般巍峨。五岳可以拿來畫圖，長長的眉毛不要總是緊皺。

四、三峰眉

向海上望那傳説中的三座仙山，烟波浩渺朦朧生出烟霞。走到對面細看，祇見陽光照耀着銀白色的海面。何時銀海乾涸，三峰纔能滅絶。

五、垂珠眉

用六斛珍珠，可買一個美女，若再加上一斛多，可買來這畫着雙蛾眉的美女。請問畫着蛾眉的女子願和誰在一起，我還能與郎前後照面許多次。

六、月棱眉

不看細細的眉毛，祇看彎彎的月亮。月宮裏的吳剛用斧頭把月亮砍缺，纔走出月宮向美人眉上排列。

七、分梢眉

畫山就要畫像兩個髮髻的山峰，畫樹就要畫長着兩個枝杈的樹叢，畫眉要畫雙剪峰。雙剪峰這種眉式，什麼可以比擬呢？前邊像梅枝梢，後邊像燕子尾。

八、烟涵眉

眉毛啊，我對你説，你應該化作烟涵狀。我畫成烟涵眉對鏡看，回身看見情郎放下窗簾。情郎想抱我，我就化成一片烟。

九、拂雲眉

就像夢中游覽高唐觀，一片雲氣飄浮在眉毛間，晨風吹也吹不斷。

十、倒暈眉

塗上黃色的是檀眉，塗上綠色的是蛾眉，又有一片曉霞紅塗在眉心間。對鏡梳妝畫倒暈，問聲情郎濃淡合適嗎？

十髻謠

[原文]

鳳髻

（周文王時，一名步搖髻）有髮卷然，倒挂么鳳，儂欲吹簫，凌風飛動。

近香髻

（秦始皇時）香之馥馥，雲之烏烏，自然天生，膏沐何須？

飛仙髻

（王母降武帝時）飛仙飛仙①，降于帝前，回首髻光，爲霧爲烟。

同心髻

（漢元帝時）桃葉連根，髮亦如是。蘇小西陵②，歌聲相似。

墮馬髻

（梁冀妻）盤盤鬆髻，墮馬③風流，不及珠娘，輕身墜樓。

靈蛇髻

（魏甄后）春蛇學書，靈蛇學髻④。洛浦凌波，如龍飛去。

芙蓉髻

（晋惠帝時）春山削出，明鏡看來，一道行光，花房乍開。

坐愁髻

（隋煬帝時）江北花榮，江南花歇。髮薄難梳，愁多易結。

反綰樂游髻

（唐高祖時）樂游原上，草軟如綿，婀娜鬟多，春風醉眠。

鬧掃妝髻

（唐貞元時）隨意妝成，是名鬧掃。枕畔釵橫，任君顛倒。

[注釋]

①飛仙：髻名。相傳漢武帝時，王母娘娘降落皇宫，宫女慕其髮髻式樣，所梳髮髻稱"飛仙髻"。

②蘇小西陵：蘇小，蘇小小的省稱，南齊錢塘名歌妓。唐李賀《歌詩編》卷一《七夕》："錢塘蘇小小，更值一年秋。"西陵，亦古代歌妓，事迹不詳。

③墮馬：古代婦女髮髻名。其特點是下垂至肩背，側在一邊，似從馬上摔下之狀。始創於漢梁冀之妻，風行一時。詳見本卷《髮飾説·髮式考》。

④靈蛇學髻：即靈蛇髻，古代婦女髮髻名。相傳三國魏文帝皇后甄氏所創。其基本特點是似游蛇盤曲扭轉。詳見本卷《髮飾説·髮式考》。

[今譯]

鳳　髻

頭髮高捲又伸張，如同倒挂一鳳凰，如果你想吹簫笛，它會借風來摇晃。

近香髻

花香氣味撲鼻來，頭上烏髮像雲彩，一頭美髮自然成，何須膏沐施在外?

飛仙髻

飛仙啊飛仙，落在皇帝前。王母娘娘的髮髻多麼光亮，望去又像霧來又像烟。

同心髻

桃枝桃葉都連着根，同心髻的髮式也如此。夫妻恩愛要如唱歌，蘇小小與西陵音相似。

墮馬髻

盤盤縮縮的髮髻，有從馬上掉下來的風流，但它不如珠娘，輕身一縱跳下高樓。

靈蛇髻

春蛇飛舞學書法，靈蛇騰霧梳髮髻。洛浦仙女步履輕，髮髻如龍飛騰起。

芙蓉髻

鑿山劈出一髮型，明鏡照見如芙蓉，一束陽光照閨房，髮髻鮮花兩相映。

坐愁髻

江北花遲纔開放，江南花早已暫收。頭髮單薄難梳理，祇因心結許多愁。

反綰樂游髻

歡樂游玩在高原，春草初生軟綿綿，婀娜多姿髮蓬鬆，春風陣陣醉中眠。

鬧掃妝髻

隨意梳妝髻式成，鬧掃妝髻是其名。枕邊釵簪斜縱橫，任憑郎君顛鸞鳳。

跋

[原文]

　　美人妝飾，古今異尚。古人塗額以黃，畫眉以黛。額之黃殊不雅觀，今人廢之，良是。第不知黛之色淺深濃淡何若，大抵當如佛頭青然。古又有粉白黛綠之云，則是黛爲綠色。數寸之面，五色陸離，由今思之，亦殊近怪。豈古人司空見慣，遂覺其佳而不復以爲異耶？噫！古之眉不可得而見矣。所可見者，今之眉耳。余意畫眉之墨宜陳不宜新，陳則膠氣解也；畫眉之筆宜短不宜長，短則與纖指相稱，且不致觸于鏡也。鄙見如此，安能起野君于九泉而質之？心齋居士題。

[今譯]

　　漂亮女人化妝修飾自己，古代和現在有不同的習尚。古代女人用黃色在額上塗抹，用螺黛描畫眉毛。而額上的黃色很不雅觀，被當今的人們廢弃不用，很對。祇是不知道所塗螺黛的顏色深淺怎樣，濃淡如何，大抵應該像佛頭青的樣子。古代又有粉白黛綠的說法，那麼黛應是綠色。在祇有幾寸的臉上，塗得五色繽紛，光怪陸離，今日想來，也覺得很怪異。難道是古人司空見慣，竟然覺得這種妝飾很好而不再以爲怪異嗎？唉！古代婦女的眉飾不能見到了。所能够見到的，是現在婦女的眉飾。我的意見是畫眉用的墨應該用舊的而不應該用新的，舊的膠氣味就化解了；畫眉用的筆應該短而不應該長，短的筆與纖細的手指相稱，而且不至於碰到鏡子。鄙人的意見就是這樣，怎能把野君從地下叫起來向他詢問呢？心齋居士題寫。

八、閑情偶寄·聲容部

[清] 李漁　著

[解題]

　　《閑情偶寄》是清代李漁的一部雜著。全書分爲詞曲、演習、聲容、居室、器玩、飲饌、種植、頤養等八部，内容涉及戲曲創作和表演、婦女妝飾、園林建築、傢具古玩、飲食烹調、養花種樹等諸多方面，反映了作者的文藝修養和生活情趣，但也有一些落後的思想意識。這裏所選的《聲容部》是論述婦女起居生活的專篇，曾以《笠翁偶集摘録》收入《香艷叢書》，見第二〇集卷一，題"湖上李漁著"。

　　李漁（1611—1680），字笠鴻，一字謫凡，號笠翁，別號覺世稗官，清代蘭溪（今屬浙江省）人。清初戲曲理論家、作家。一生著述豐富，《閑情偶寄》外，有戲曲《笠翁十種曲》、話本小説《無聲戲》和《十二樓》、長篇小説《合錦回文傳》及詩文等，收入《笠翁一家言全集》。作品多寫才子佳人的故事，情節離奇，間有庸俗描寫。

選姿第一

[原文]

　　"食色，性也"①；"不知子都之姣者，無目者也"②。古之大賢擇言而發，其所以不拂人情，而數爲是論者，以性所原有，不能强之使無耳。人之美妻美妾而我好之，是謂拂人之性；好之不惟損德，且以殺身。我有美妻美妾而我好之，是還吾性中所有，聖人復起，亦得我心之同然，非失德也。孔子云："素富貴，行乎富貴。"③人處得爲之地，不買一二姬妾自娱，是素富貴而行乎貧賤矣。王道本乎人情，焉用此矯情④矯儉者爲哉？但有獅吼⑤在堂，則應借此藏拙，不則好之實所以惡之，憐之適足以殺之，不得以紅顏薄命藉口，而爲代天行罰之忍人也。予一介寒生，終身落魄，非止國色難親，天香未遇，即强顏陋質之婦，能見幾人？而敢謬次音容，侈談歌舞，貽笑于眠花藉柳之人哉！然而緣雖不偶，興則頗佳，事雖未經，理實易諳，想當然之妙境，較身醉温柔鄉者倍覺有情。如其不信，但以往事驗之：楚襄王⑥，人主也，六宮窈窕，充塞内庭，握雨携雲，何事不有？而千古以下，不聞傳其實事，止有陽臺一夢⑦，膾炙人口。陽臺今落何處？神女家在何方？朝爲行雲，暮爲行雨，畢竟是何情狀？豈有踪迹可考，實事可縷陳乎？皆幻境也。幻境之妙，十倍于真，故千古傳之，能以十倍于真之事，譜而爲法，未有不入閑情三昧者。凡讀是書之人，欲考所學之從來，則請以楚國陽臺之事對。

［注釋］

①食色，性也：語出《孟子·告子上》。意謂飲食男女，是人之本性。

②不知子都之姣者，無目者也：語出《孟子·告子上》。意謂不認爲子都美麗的，是沒有眼睛的人。

③素富貴，行乎富貴：語出《禮記·中庸》。意謂現在富貴就做富貴的人應該做的事。

④矯情：掩飾真情而立异。

⑤獅吼：喻悍婦。原爲佛教用語，喻威嚴。宋陳慥妻柳氏潑悍，而陳好談佛，蘇軾遂作詩曰："忽聞河東獅子吼，拄杖落手心茫然。"後遂以"獅吼"或"河東獅吼"來指代悍婦。

⑥楚襄王：此將楚懷王與楚襄王的故事合爲一處，指陽臺夢。

⑦陽臺一夢：陽臺爲傳說中臺名。戰國楚宋玉《高唐賦》："妾在巫山之陽，高丘之岨，旦爲朝雲，暮爲行雨，朝朝暮暮，陽臺之下。"唐劉良注："陽臺，神自言之，實無有也。"後亦稱男女合歡之所爲陽臺。

［今譯］

《孟子》說："飲食男女，這是本性。"又說："不認爲子都美麗的，是沒有眼睛的人。"古代的那些大聖賢有選擇地說出這樣的話，說明他們不違背人情，而多次作出這種論斷，因爲人的本性是生來就有的，不能强迫他們去掉。人家的嬌妻美妾而我却喜歡，這是違背人之常情的；喜歡人家的妻妾不僅缺德，而且會因此招來殺身之禍。我自己有嬌妻美妾而我喜歡她們，這是還我人性本來面目。即使古代聖賢復活，也得與我心想得一樣，這是不算失德的。孔子說："你現在富貴，就做富貴人應該做的事。"人處在條件允許的情況下，不買一兩個姬妾自己取樂，這就是現在富貴而做貧賤的事了。王道是基於人情的，哪裏用得着掩飾真情而故作清廉故作勤儉呢？但是，如果家有凶悍的妻子，那就應該有所收斂，否則，喜歡她們而實際上是讓別人厭惡她們，愛她們反而等於害她們。不能拿紅顏薄命爲藉口而做代天行罰的害人凶手。我是一個寒門學子，一生不得志，不但絕色女子難以親近，沒有遇到，即使粗陋的婦人，能見到幾個？而我膽敢在這裏信口開河排列女子容貌，大談歌兒舞女，那不是讓整天眠花宿柳的人笑話我嗎！但是，我的緣分雖然不能配嬌妻美妾，而品評美人的興趣却很高；眠花宿柳的事雖然沒有親自經歷，但對女子美醜的道理還是很熟悉的。這種想當然的絕妙境界，比那些終日泡在美女身邊的人更覺有情趣。如果不相信的話，我祇舉出一個過去的事例來說明：戰國時的楚襄王，那是一國之主吧，六宮佳麗，充滿內廷，與衆多美女在一起廝混，男女之間什麼事不能發生？但是幾千年來，沒聽說楚襄王與後宮女子之間生活中的實事，祇有楚襄王於陽臺夢見巫山神女的傳說流傳下來，膾炙人口。這陽臺如今坐落在什麼地方？神女的家在哪裏？神女早晨行雲，傍晚行雨，那究竟是什麼情景？難道有踪迹可以考察，有實事可以陳述嗎？那都是虛幻的意境。虛幻意境的美妙之處，是真實的事的十倍，所以千古傳誦。能够用超過事實十倍的藝術方式，去看待生活中的事情，沒有不深入其高深境界的。凡是讀我這本書的人，要想考察我的學説的由來，瞭解故事的真相，那就請允許我用楚王陽臺一夢的故事回答吧。

肌 膚

[原文]

婦人嫵媚多端，畢竟以色爲主。《詩》不云乎"素以爲絢兮"①？素者，白也。婦人本質，惟白最難。常有眉目口齒般般入畫，而缺陷獨在肌膚者。豈造物生人之巧，反不同于染匠未施漂練之力，而遽加文采之工乎？曰：非然。白難而色易也。曷言乎難？是物之生，皆視根本，根本何色，枝葉亦作何色。人之根本維何？精也，血也。精色帶白，血則紅而紫矣。多受父精而成胎者，其人之生也必白；父精母血交聚成胎，或血多而精少者，其人之生必在黑白之間。若其血色淺紅，結而爲胎，雖在黑白之間，及其生也，養以美食，處以曲房，猶可日趨于淡，以腳地未盡緇也。有幼時不白，長而始白者，此類是也。至其血色深紫，結而成胎，則其根本已緇，全無腳地可漂，及其生也，即服以水晶雲母，居以玉殿瓊樓，亦難望其變深爲淺，但能守舊不遷，不致愈老愈黑，亦云幸矣。有富貴之家，生而不白，至長至老亦若是者，此類是也。知此，則知選材之法，當如染匠之受衣，有以白衣使漂者受之，易爲力也；有以白衣稍垢而使漂者亦受之，雖難爲力，其力猶可施也；若以既染深色之衣，使之剥去他色，漂而爲白，則雖什佰其工價，必辭之不受。以人力雖巧，難拗天工，不能強既有者而使無也。婦人之白者易相，而黑者亦易相，惟在黑白之間者，相之不易。有三法焉：面黑于身者易白，身黑于面者難白；肌膚之黑而嫩者易白，黑而粗者難白；皮肉之黑而寬者②易白，黑而緊且實者難白。面黑于身者，以面在外而身在內，在外則有風吹日曬，其漸白也爲難；身在衣中，較面稍白，則其由深而淺，業有明徵，使面亦同身，蔽之有物，其驗亦若是矣，故易白。身黑于面者反此，故不易白。肌膚之細而嫩者，如綾羅紗絹，其體光滑，故受色易，退色亦易，稍受風吹，略經日照，則深者淺而濃者淡矣；粗則如布如毯，其受色之難，十倍于綾羅紗絹，至欲退之，其工又不止十倍，肌膚之理亦若是也，故知嫩者易白，而粗者難白。皮肉之黑而寬者，猶綢緞之未經熨，靴與履之未經楦③者，因其皺而未直，故淺者似深，淡者似濃，一經熨楦之後，則紋理陡變，非復曩時色相矣。肌膚之寬者，以其血肉未足，猶待長養，亦猶待楦之靴履，未經熨熨之綾羅紗絹，此際若此，則其血肉充滿之後必不若此，故知寬者易白，緊而實者難白。相肌之法，備乎此矣。若是則白者、嫩者、寬者爲人爭取，其黑而粗、緊而實者遂成棄物乎？曰：不然。薄命盡出紅顏，厚福偏歸陋質，此等非他，皆素封伉儷之材，誥命夫人之料也。

[注釋]

①素以爲絢兮：語出《論語・八佾》，意謂在潔白的底子上畫上燦爛的文采。

②寬者：此指皮膚較嫩而鬆弛，與下句"緊且實"相對。

③楦：本爲做鞋用的模型，稱楦子。此指用楦將鞋撑大。

[今譯]

女人的嫵媚表現在許多方面，但畢竟以容貌爲最重要。《詩》上不是說“素以爲絢兮”嗎？素，就是白的意思。女人從資質上來說，祇有白是最難得的。經常見到這樣的女人，她們的眉毛、眼睛、嘴和牙齒樣樣都可以入畫，但缺陷獨在皮膚上。難道造物主賦予人的技巧，反而不能像染匠一樣，不用在漂白布上用力而直接在色彩上下功夫嗎？回答說：不是這樣。想白很難而想有色是很容易的。爲什麼說保持白很難呢？凡萬物所生，先看根本。根本是什麼顏色，所生出來的枝葉也一定是什麼顏色。人生成的根本是什麼呢？是精液和血液。精液的顏色偏白，血液的顏色是紅紫色的。多受父親精液而成胎的，這人生下來一定膚色白；父母精血匯集而成胎的人，或承受母親血液較多而父親精液較少的人，生下來的膚色一定在黑白之間。如果母親血色淺紅，受母血多而成胎的，即使膚色在黑白之間，等生下來以後，用精美的食物喂養，在深宅之中生活，還能使膚色漸漸變淡，這就像所染的布匹還沒有完全被染黑一樣。也有幼兒時皮膚不白，等長大後纔開始白的，這類人就是如此。至於母親血色深紫而成胎的人，那正像染布一樣，已經在根本上被黑色染透，一點兒漂白的基礎也沒有，等長大以後，即使吃水晶、雲母等養顏的藥，住在講究的玉殿瓊樓中，也難希望她的膚色由深變淺，祇要能保持原來的膚色不變，不至於越老越黑，也就算幸運了。有的生在富貴人家，生下來就不白，到長大到老也是這樣，就是這類的人。知道了這些，也就知道了選人才的方法，就像染房的匠人接受染衣：有拿白色衣服讓漂白的就接受，因爲容易做到；有拿白衣服稍有污垢而讓漂白的也可以接受，雖然比較難，但人力還是可以做到的；如果拿來已經染成深色的衣服，要求去掉深色，漂成白色，那即使給十倍百倍的工錢，也一定要拒絕不接受。因爲人雖然有很多技巧，但難以拗過原始狀態，不能强使已經有的變成沒有。女子中皮膚白的容易觀察，皮膚黑的也容易觀察，祇有皮膚在黑白之間的，觀察起來不容易。這裏有三種辦法：臉上比身上顏色黑的容易變白，身上比臉上顏色黑的難以變白；皮膚顏色黑但比較嫩的容易變白，皮膚顏色黑又比較粗糙的難以變白；皮肉顏色黑但比較鬆弛的容易變白，皮肉顏色黑又緊繃着而且結實的人難以變白。臉色比膚色黑的人，因爲臉在外面而身在衣服裏，在外面就有風吹日曬，臉色要變白很難；身體在衣服中，比臉稍白，那她的臉色由深變淺，已是明擺着的，如果讓臉也和身體一樣，有東西遮蔽，那麼其結果也會一樣，所以臉比身上黑的人容易變白。身上比臉上黑的人與此相反，所以不容易變白。皮膚細膩柔嫩的人，像綾羅紗絹，表面光滑，所以接受染色容易，褪色也容易，稍微受到風吹，略微經受日曬，就會深色變淺而濃者變淡；皮膚粗糙的人就像布像毯，接受染色難，比綾羅紗絹難十倍，至於要想褪掉它的顏色，那費的功夫又不止十倍。皮膚的道理也是這樣，所以知道皮膚黑而嫩的人容易變白，而皮膚黑而粗糙的人難變白。皮肉顏色黑而比較鬆弛的人，就像綢緞還沒有經過熨燙，靴和鞋沒有經過楦一樣，因爲鬆弛有皺褶沒有拉直，所以顏色淺的好像深色，顏色淡的好像很濃，一旦經過熨燙和楦以後，那紋理就立即發生變化，不再是以前的顏色了。皮膚比較鬆弛的人，因爲她的血肉還不豐滿，還等着生長和滋養，也就好比等待楦的靴和鞋，以及未經熨燙的綾羅紗絹，現在是黑而鬆弛，那她們血肉豐滿以後一定不像現在這樣，所以可知皮膚鬆弛的人容易變白，皮肉緊而結實的人難變白。觀察肌膚的方法，全在這裏了。像這樣的話，那些皮膚白的、嫩的、鬆的女子被人爭着娶回，那些皮膚黑而粗糙的、緊而結實的竟成了沒人要的人了嗎？回答是：不會這樣。歷來命運不好的都是相貌漂亮的女人，很有福氣的偏偏是長得醜的女人，這些相貌一般的女人沒有別的，都向來是美滿婚姻的材料，是充當誥命夫人的材料。

眉　眼

[原文]

　　面爲一身之主，目又爲一面之主，相人必先相面，人盡知之；相面必先相目，人亦盡知，而未必盡窮其秘。吾謂相人之法必先相心，心得而後觀其形體。形體維何？眉、髮、口、齒、耳、鼻、手、足之類是也。心在腹中，何由得見？曰：有目在，無憂也。察心之邪正，莫妙于睹眸子，子輿氏①筆之于書，業開風鑑之祖。予無事贅陳其說，但言情性之剛柔，心思之愚慧，四者非他，即異日司花執爨②之分途，而獅吼堂與温柔鄉接壤之地也。目細而長者，秉性必柔；目粗而大者，居心必悍；目善動而黑白分明者，必多聰慧；目常定而白多黑少，或白少黑多者，必近愚蒙。然初相之時，善轉者亦未能遽轉，不定者亦有時而定。何以試之？曰：有法在，無憂也。其法維何？一曰以靜待動，一曰以卑矚高。目隨身轉，未有動蕩其身，而能膠柱其目者；使之乍往乍來，多行數武，而我迴環其目以視之，則秋波不轉而自轉，此一法也。婦人避羞，目必下視，我若居高臨卑，則彼下而又下，永無見目之時矣。必當處之高位，或立臺坡之上，或居樓閣之前，而我故降其軀以矚之，則彼下無可下，勢必環轉其睛以避我。雖云善動者動，不善動者亦動，而勉強自然之中，即有貴賤妍媸之別，此又一法也。至于耳之大小，鼻之高卑，眉法之淡濃，唇齒之紅白，無目者猶能按之以手，豈有識者不能鑒之以形？無俟曉曉，徒滋繁瀆。

　　眉之秀與不秀，亦復關係情性，當與眼目同視。然眉眼二物，其勢往往相因。眼細者眉必長，眉粗者眼必巨，此大較也，然亦有不盡相合者。如長短粗細之間，未能一一盡善，則當取長恕短，要當視其可施人力與否。張京兆工于畫眉，則其夫人之雙黛，必非濃淡得宜，無可潤澤者。短者可長，則妙在用增；粗者可細，則妙在用減。但有必不可少之一字，而人多忽視之者，其名曰"曲"。必有天然之曲，而後人力可施其巧。"眉若遠山"③"眉如新月"④，皆言曲之至也。即不能酷肖遠山，盡如新月，亦須稍帶月形，略存山意，或彎其上而不彎其下，或細其外而不細其中，皆可自施人力。最忌平空一抹，有如太白經天；又忌兩筆邪冲，儼然倒書八字。變遠山爲近瀑，反新月爲長虹，雖有善畫之張郎，亦將知難而却走。非選姿者居心太刻，以其爲温柔鄉擇人，非爲娘子軍擇將也。

［注釋］

①子輿氏：古之善相者。

②司花執爨：司花，掌花的人；執爨，執掌炊事的人。分喻貴賤。

③眉若遠山：形容婦女眉如遠山。《西京雜記》卷二："文君姣好，眉色如望遠山。"

④眉如新月：喻婦女眉毛細而彎曲，如新月一般。

［今譯］

臉面是身體的主要部分，眼睛又是臉面的主要部分，觀察一個人一定要先觀察她的臉面，這是人們都知道的道理。觀察臉面一定要先觀察眼睛，這人們也都知道，但是未必全知道這其中的奧秘。我認爲觀察一個人的方法應先觀察她的心，知道了她的心然後再觀察她的外形體徵。外形體徵指什麼呢？眉毛、頭髮、嘴形、牙齒、耳朵、鼻子、手、脚之類。心在肚子裏，怎麼能見到呢？回答是：有眼睛在，不用發愁。判斷心術的邪和正，沒有比看她的瞳仁更好的辦法了，子輿氏把這些寫在了書裏，已開相面之先，我就不費筆墨陳述他的觀點了，我祇想說一下從眼睛中如何觀察她性情的剛烈和柔和，智力的愚蠢和聰明，這四個方面不是別的，正是她將來貧賤和富貴的分水嶺，是脾氣暴躁和溫柔的交界處。眼睛長得又細又長，她的秉性一定柔和；眼睛又粗又大的，居心必定强悍；眼睛會動而眼瞼又黑白分明的，必定聰明而多有智慧；眼睛常定在一處不動而眼瞼白多黑少的，或白少黑多的，一定比較愚蠢無知。但是在最初開始觀察的時候，眼珠善轉的也不一定馬上就轉，眼睛不呆滯的有時也會盯在一處。用什麼辦法能試出來呢？回答是：有辦法，不必憂慮。那辦法是什麼呢？一個叫以静待動，一個叫從低看高。眼睛是隨着身體轉動的，沒有身體動而眼睛却木然不動的。讓她不停地走來走去，多走幾步，而我轉動眼睛看她，那她的眼波即使不好意思顧盼也會隨着身體行動而動，這是一個辦法。女人爲躲避害羞，眼睛一定向下看，我如果坐在高處，面對低處，而她的眼光向下，并且永遠在我的眼睛下方，那永遠不會有見到她目光的時候了。一定要讓她處在高位，或讓她立在臺子上、高坡上，或讓她站在樓閣前面，而我則有意降低自己所處的位置而注視她，那她想向下看也没有再低的地方了，勢必會旋轉眼珠向四方看以迴避我的眼光。在這轉動中，雖然説有的眼波是自然流轉，有的眼波不是，但就在這眼光的自然流轉和生硬的轉動之中，就有貴賤和美醜的區別。這又是一個辦法。至於耳朵的大小，鼻梁的高低，眉毛的濃淡，嘴唇是否紅，牙齒是否白，沒有眼睛的人還能用手分辨，難道有見識的人不能分辨這些嗎？這些不用等我囉唆，那樣祇能白增厭煩。

眉毛的靈秀與否，也同樣關係到性情的好壞，應當與觀察眼睛一樣。但是眉毛和眼睛這兩個器官，内部是互相聯繫的。眼睛細的人眉毛一定長，眉毛粗的人眼睛一定大，這是大體情況，當然也有不完全符合這種情況的。如果一個女子的眉毛在長短粗細上不能一一具備優點，那就應當取其長處，寬恕短處，關鍵是要看她這些缺點是否能通過人力去改變。漢代的京兆尹張敞善於畫眉，那他夫人的一對眉毛一定不是濃淡合適，不用潤澤修飾。眉毛短的可以通過修飾使變長，那妙在用加長的方法；眉毛粗的可以通過修飾使變細，那妙在用削短的方法。但這裏有一個必不可少的字，而且人們大多都忽視了它，它的名就是"曲"。眉毛一定要有天然的彎曲，然後纔能通過人力巧加工使其更美。"眉若遠山""眉如新月"，都是說眉毛彎曲到極致。即使不能很像遠山，完全像新月，也要稍稍帶有一點新月的彎曲樣子，略有一點遠山起伏的意境，或是眉毛上不彎而下彎，或是眉毛的外面細而裏面不細，都可以通過人力進行修飾。眉毛最忌的是憑空一橫，就像太白星劃過天空；還忌兩眉像用筆斜抹了兩撇，簡直是倒寫的八字。把隱約的遠山變成了眼前的飛瀑，把彎曲的新月變成了臉上的長虹，即使有善畫眉的張敞在世，見到這種眉式也會知難而嚇跑的。這并不是説選擇姿容的人用心太苛刻，因爲他是替温柔鄉選美人，不是替娘子軍選將軍。

手　足

[原文]

相女子者，有簡便訣云："上看頭，下看脚。"似二語可概通身矣。予怪其最要一著，全未提起。兩手十指，爲一生巧拙之關，百歲榮枯所係，相女者首重在此，何以略而去之？且無論手嫩者必聰，指尖者多慧，臂豐而腕厚者必享珠圍翠繞之榮，即以現在所需而論之，手以揮弦，使其指節纍纍，幾類彎弓之決拾①；手以品簫，如其臂形攘攘，幾同伐竹之斧斤。抱枕携衾，觀之興索。捧卮進酒，受者眉攢，亦大失開門見山之初著矣。故相手一節，爲觀人要著，尋花問柳者不可不知，然此道亦難言之矣。選人選足，每多窄窄金蓮；觀手觀人，絶少纖纖玉指。是最易者足，而最難者手，十百之中，不能一二覯也。須知立法不可不嚴，至于行法，則不容不恕。但于或嫩或柔，或尖或細之中，取其一得，即可寬恕其他矣。

至于選足一事，如但求窄小，則可一目了然。倘欲由粗以及精，盡美而思善，使脚小而不受脚小之累，兼收脚小之用，則又比手更難，皆不可求而可遇者也。其累維何？因脚小而難行，動必扶墙靠壁，此累之在己者也。因脚小而致穢，令人掩鼻攢眉，此累之在人者也。其用維何？瘦欲無形，越看越生憐惜，此用之在日者也。柔若無骨，愈親愈耐撫摩，此用之在夜者也。昔有人謂予曰："宜興周相國，以千金購一麗人，名爲'抱小姐'，因其脚小之至，寸步難移，每行必須人抱，是以得名。"予曰："果若是，則一泥塑美人而已矣，數錢可買，奚事千金？"造物生人以足，欲其行也。昔形容女子婷婷②者，非曰"步步生金蓮"，即曰"行行如玉立"，皆謂其脚小能行，又復行而入畫，是以可珍可寶，如其小而不行，則與刖足者何異？此小脚之累之不可有也。予遍游四方，見足之最小而無累，與最小而得用者，莫過于秦之蘭州③，晋之大同④。蘭州女子之足，大者三寸，小者猶不及焉，又能履步如飛，男子有時追之不及，然去其凌波小襪而撫摩之，猶覺剛柔相半，即有柔若無骨者，然偶見則易，頻遇爲難。至大同名妓，則强半者若是也。與之同榻者，撫乃金蓮，令人不忍釋手，覺倚翠偎紅之樂，未有過于此者。向在都門⑤，以此語人，人多不信。一日席間擁二妓，一晋一燕，皆無麗色，而足則甚小。予請不信者即而驗之，果覺晉勝于燕，大有剛柔之別。座客無不翻然，而罰不信者以金谷酒數。此言小脚之用之不可無也。噫！豈其娶妻必齊之姜？就地取材，但不失立言之大意而已矣。

驗足之法無他，只在多行幾步，觀其難行易動，察其勉强自然，則思過半矣。直則易動，曲即難行；正則自然，歪即勉强。直而正者，非止美觀便走，亦少穢氣。大約穢氣之生，皆强勉造作之所致也。

[注釋]

①決拾：決，即扳指，是古代射箭時套在右手大拇指上的套子，用象牙或骨製成，鈎弦時用來保護手指。拾，臂衣，革製，着於左臂，用以護臂。《詩·小雅·車攻》："決拾既佽，弓矢既調。"毛傳："決，鈎弦也；拾，遂也。"

②娉婷：形容女子姿態美好。漢辛延年《羽林郎》詩："不意金吾子，娉婷過我廬。"

③秦之蘭州：今甘肅省蘭州市。古代屬秦國之地。

④晉之大同：今山西省大同市。古代屬晉國之地。

⑤都門：本指京城城門，亦指京城。

[今譯]

觀察女子，有一簡便口訣説："上面看頭，下面看脚。"似乎這兩句話可以概括女子全身的美醜了。我奇怪的是最要緊的一點却完全没有提到。女子的兩隻手十個手指，是她一生中靈巧或拙笨的關鍵，是和一輩子享榮華或受苦難聯繫在一起的。觀察女子的人首先重視的在這裏，憑什麼忽視呢？況且，先不用説手嫩的人一定聰明，指頭尖的人一定智慧，臂膊豐滿而手腕肥厚的人一定會享受珠圍翠繞的榮華富貴，就憑現在所需要的來説，手是用來彈琴弄弦的，假使她的手指關節突出，像彎弓時手上戴着扳指，手要用來品簫，如果她的臂膊瘦骨畢露，差不多像砍竹的斧頭一樣僵硬，用這樣的人給你抱枕拿被，一看就没了興致，用這樣的人給你捧杯倒酒，喝酒的人祇能眉頭緊皺。這在開門見山的第一步就失誤了。所以觀察手這一環節，是觀察人重要的一步，那些經常找女人纏綿的人不能不瞭解這一點，但是這些要點也很難説清楚。選人要選好脚的話，常可見到窄窄的金蓮；但看手觀察女人的話，却很少有纖纖玉指的。這就是説，最容易得到的是美脚，而最難得到的是好手，在十個百個人當中也不能有一二個。但應知道，立規矩不能不嚴格，至於執行起來，則不能不寬鬆。對於選手來説，祇要在或嫩或柔、或尖或細當中，有其中一個優點，就可以寬恕其他了。

至於選脚這事，如果祇要求脚形窄小，那一眼就可以看明白。如果想由粗到精，想盡量美、盡量好，使脚小但又不受脚小的拖累，還要得到脚小的用途，那又比手的條件難達到，都是可遇而不可求的。脚小的拖累是什麼呢？因脚小而難以行走，行動一定得扶墻靠壁，這些祇是拖累自己的。因爲脚小而造成穢臭骯髒，令人捂鼻子皺眉頭的，這就得拖累別人了。那脚小的用途是什麼呢？那小腳瘦得都要没形了，越看越令人生憐憫愛惜之心，這是在白天的用途。如果腳軟得像没有骨頭一樣，越親越耐人撫摩尋味，這用途是在夜裏。以前有人對我説："宜興那地方有個人叫周相國，用千金買了一位美人，名叫'抱小姐'，因爲她的腳小到了極點，簡直是寸步難移，每次走路就得有人抱着，因此得了這名。"我説："如果真像這樣，那就是一個泥塑的美人罷了，幾個銅錢就可以買到，哪裏用得到千金呢？"造物主給人生了一雙腳，就是要它走路的。從前形容女子姿態美好的，不是説"步步生金蓮"，就是説"行行如玉立"，都是説女子腳小但能走路，而且走起路來美得可以入畫，因此可視爲珍寶，如果腳小而不能走路，那和受了刖刑的人有什麽不同？這樣的小腳拖累是不能有的。我曾漫游過許多地方，看見腳最小而又没有拖累的，和腳最小而又有用的，没有超過秦地的蘭州和山西的大同的。蘭州女子的腳，大的三寸，小的還不到三寸，還能走起路來快步如飛，連男人有時都追不上，然而去掉她們穿的凌波小襪而撫摩，還覺得半剛半柔；即使有柔軟得像没有骨頭似的，然而也是偶然見到易，多次見到難。至於大同的名妓，那一多半是小腳柔軟像無骨似的。和她們同榻而卧的人，撫摩到這小腳，令人不忍放開手，倍覺擁紅抱翠的樂趣，没有超過這裏的。以前我在京城時，把這説給别人聽，人們多不相信。有一天在酒席上抱着兩位妓女，一個是山西人，一個是河北人，都没有什麽姿色，而腳却都很小。我請那些不相信我説的事的人向前驗證，果然都覺得山西那位的腳勝過河北的那位，大有硬和軟的不同。在座的客人没有不醒悟的，還罰了不相信我話的人許多杯酒。這是説小腳不能没有用途。嘿！難道娶妻一定要齊國的姜氏？山西女子腳小就非山西女子不娶？就地取材，人都可以在當地挑選美女，祇要不離原則的大意就是了。

檢驗女子腳的方法没别的，祇讓她多走幾步，觀察她行動是困難還是容易，是勉强還是自然，那就有一半的把握了。腳形直的女人容易行動，腳形扭曲的女人行動困難；腳形正的女人走路姿勢自然，腳形歪的女人走路勉强。腳形直而且正的女人，不但走路美觀，走路方便，也少有穢臭氣，因爲腳的臭氣是腳形扭曲造成的。

態　度

[原文]

古云："尤物①足以移人。"尤物維何？媚態是已。世人不知，以爲美色，烏知顏色雖美，是一物也，烏足移人？加之以態，則物而尤矣。如云美色即是尤物，即可移人，則今時絹做之美女，畫上之嬌娥，其顏色較之生人豈止十倍，何以不見移人，而使之害相思成鬱病耶？是知"媚態"二字，必不可少。媚態之在人身，猶火之有焰，燈之有光，珠貝金銀之有寶色，是無形之物，非有形之物也。惟其是物而非物，無形似有形，是以名爲尤物。尤物者，怪物也，不可解説之事也。凡女子一見即令人思，思而不能自已，遂至舍命以圖，與生爲難者，皆怪物也，皆不可解説之事也。吾于"態"之一字，服天地生人之巧，鬼神體物之工。使以我作天地鬼神，形體吾能賦之，知識我能予之，至于是物而非物，無形似有形之態度，我實不能變之化之，使其自無而有，復自有而無也。

態之爲物，不特能使美者愈美，艷者愈艷，且能使老者少而嫗者妍，無情之事變爲有情，使人暗受籠絡而不覺者。女子一有媚態，三四分姿色，便可抵過六七分。試以六七分姿色而無媚態之婦人，與三四分姿色而有媚態之婦人同立一處，則人止愛三四分而不愛六七分，是態度之于顔色，猶不止于一倍，當兩倍也。試以二三分姿色而無媚態之婦人，與全無姿色而止有媚態之婦人同立一處，或與人各交數言，則人止爲媚態所惑，而不爲美色所惑，是態度之于顔色，猶不止于以少敵多，且能以無而敵有也。今之女子，每有狀貌姿容一無可取，而能令人思之不倦，甚至舍命相從者，皆“態”之一字之爲祟也。是知選貌選姿，總不如選態一着之爲要。態天自生，非可强造。强造之態，不能飾美，止能愈增其陋。同一顰也，出于西施則可愛，出于東施則可憎者，天生、强造之别也。相面、相肌、相眉、相眼之法，皆可言傳，獨相態一事，則予心能知之，口實不能言之。口之所能言者，物也，非尤物也。噫！能使人知，而能使人欲言不得，其爲物也何如！其爲事也何如！豈非天地之間一大怪物，而從古及今，一件解說不來之事乎？詰予者曰：“既爲態度立言，又不指人以法，終覺首鼠②，盍亦舍精言粗，略示相女者以意乎？”予曰：“不得已而爲言，止有直書所見，聊爲榜樣而已。向在維揚，代一貴人相妾。靓妝而至者不一其人，始皆俯首而立，及命之抬頭，一人不作羞容而竟抬；一人嬌羞腼腆，强之數四而後抬；一人初不即抬，及强而後可，先以眼光一瞬，似乎看人，而實非看人，瞬畢復定而後抬，俟人看畢，復以眼光一瞬而後俯，此即“態”也。記曩時春游遇雨，避一亭中，見無數女子，妍媸不一，皆踉蹌而至。中一編衣貧婦，年三十許，人皆趨入亭中，彼獨徘徊檐下，以中無隙地故也。人皆抖擻衣衫，慮其太濕，彼獨聽其自然，以檐下雨侵，抖之無益，徒現醜態故也。及雨將止而告行，彼獨遲疑稍後，去不數武而雨復作，乃趨入亭。彼則先立亭中，以逆料必轉，先踞勝地故也。然伊雖偶中，絶無驕人之色，見後入者反立檐下，衣衫之濕，數倍于前，而此婦代爲振衣，姿態百出，竟若天集衆醜，以形一人之媚者。自觀者視之，其初之不動，似以鄭重而養態；其後之故動，似以倘佯③而生態。然彼豈能必天復雨，先儲其才以俟用乎？其養也出之無心，其生也亦非有意，皆天機之自起自伏耳。當其養態之時，先有一種嬌羞無那之致現于身外，令人生愛生憐，不俟婷婷大露而後覺也。斯二者，皆婦人媚態之一斑，舉之以見大較。噫！以年三十許之貧婦，止爲姿態稍異，遂使二八佳人與曳珠頂翠者皆出其下，然則態之爲用豈淺鮮哉！”

人問：“聖賢神化之事，皆可造詣而成，豈婦人媚態獨不可學而至乎？”予曰：“學則可學，教則不能。”人又問：“既不能教，胡云可學？”予曰：“使無態之人與有態者同居，朝夕薰陶，或能爲其所化；如蓬生麻中，不扶自直，鷹變成鳩，形爲氣感，是則可矣。若欲耳提而面命之，則一部《廿一史》，當從何處説起？還怕愈説愈增其木强④，奈何！”

[注釋]

①尤物：此指絶色美女。

②首鼠：遲疑不定，《史記·魏其武安侯傳》：“〔田蚡〕怒曰：‘與長孺共一老禿翁，何爲首鼠兩

端？'"裴駰《集解》引《漢書音義》："首鼠，一前一却也。"

③倘佯：徘徊，來回走。戰國楚宋玉《風賦》："然後倘佯中庭，北上玉堂。"

④木强：質樸而倔强。《史記·絳侯周勃世家》："勃爲人木强敦厚，高帝以爲可屬大事。"

[今譯]

古人説："尤物足以移人。"尤物是什麼呢？就是媚態罷了。世上一般的人不瞭解，認爲是指女子長相漂亮，哪知道長相即使美麗，衹不過是外在的事物，怎麼攪動人心呢？加上神態，就是物中的尤物了。如果説長相漂亮的就是尤物，就可以攪動人心，那如今用絹做的美女，畫上畫的漂亮姑娘，她們的長相面容比活人漂亮豈止十倍，怎麼不見她們攪動人心，讓人害相思成病呢？這就使我們知道"媚態"二字一定不能少。媚態在人身上，就好比火有火焰，燈有亮光，珍珠、貝殼、金銀等有寶色，是無形的東西，不是有形的東西。正因爲它是物但不是有形之物，無形又好像有形，所以稱它爲尤物。尤物，就是怪物，是不能解釋的事物。凡是女子，一見面就讓人想她而且不能控制自己，竟至於豁出性命也要得到她，這樣的女子就是怪物，都是不能解説的事物。我對於"態"這個字，真佩服天地賦予人的巧妙，嘆服鬼神把握事物的準確。假使讓我來做天地、鬼神，人的形體我能賦予他們，知識我能給予他們，至於是物而不是有形之物，無形又好像有形，我實在不能把他們變化出來，使他們從無到有，又從有到無。"態"作爲一種物，不衹能使漂亮的更加漂亮，使艷麗的更加艷麗，且能使老的變年輕，使醜的變美，使無情的變得有情，使人暗中受牽制而渾然不覺。女子一旦有媚態，如本來有三四分姿色，就能抵過六七分姿色的。我們試用有六七分姿色的但沒有媚態的婦人，同衹有三四分姿色但有媚態的婦人站在一起，或者與人各説上幾句話，那人們衹會被有媚態的婦人所迷惑，而不會被衹有姿色的婦人所迷惑，這就是説神態對於長相來説，還不衹是以少勝多，而且能以無勝有。現在的女子，往往有長相、容貌一無可取，但能讓人思念不止，甚至不惜生命而追隨的，就是"態"這個字作怪。由此可知，選長相選容貌，總不如選"態"這一點更爲重要。"態"是天生的，不是勉强造出來的。勉强造的"態"，不能增美，衹能更增她的醜。同樣是皺眉頭，出在西施身上就顯得可愛，而出在東施身上就顯得可憎，這就是天生和造作的區別。相臉面、相肌膚、相眉毛、相眼睛的方法，都可以言傳，衹有相態這事，我心裏能知，但嘴裏實在説不出來。嘴能説明白的，是物，不是尤物。唉！能讓人知道，但又能讓人想説又説不清，這是什麼物呢！又是什麼事呢！難道不是天地之間的一大怪物，而且是從古到今的一件解釋不清的事嗎？

細問我的人説："你既然指出神態對人的重要，又不指出鑒別神態的辦法，總覺得遲疑不定，模棱兩可，何不大體談一下，略微指出鑒別女子神態的大意呢？"我回答説："如果不得已非要講的話，衹有直接説出自己親眼看到的，大體作爲榜樣罷了。從前我在揚州的時候，替一個富貴人家相妾。穿戴打扮好而來應招的有好幾個，開始都是低頭站着，等到讓她們抬頭的時候，有一個女子不帶一點羞怯的樣子立刻抬起了頭；又一個女子嬌滴滴的有些害羞腼腆，請了三四次纔勉强抬起頭；

還有一個女子開始不立即抬頭，等到請了一遍後纔要抬頭，先用眼光對周圍一掃，好像是看人，而實際上并不是看人，眼珠轉了一圈，纔定神然後抬頭，等相親的人看完，她再用眼光轉了一圈纔低下頭，這就是‘態’。還記得過去有一次春游遇到下雨，躲避到路邊一個亭子裏，見到了一些女子，漂亮的，不漂亮的，都有，一個個跟跟蹌蹌地來到亭子裏。其中一個穿着白色衣服的貧家婦人，年齡大約三十出頭，別人都跑到了亭子當中，人家却一人在檐下徘徊，因爲亭子中間沒有空地了。別人都抖衣服上的雨水，怕弄得太濕，唯獨人家聽其自然，因爲亭子檐下滴水，抖也沒用，祇會顯出自己的醜態。等到雨要停了而大家説可以走了，祇有人家有些遲疑稍後纔走，剛離開沒有幾步而雨又下了起來，這些人於是又跑回亭中。那位貧婦人先站在亭子中，因爲她預料這雨可能再下，就占據了一個避雨的好位置。然而她的預料雖然偶然靈驗了，但是一點兒也沒有傲人的樣子。她看到後跑到亭子的人立在檐下，衣衫淋濕的程度，是原先的好幾倍，而這個婦人替人家抖擻衣服，各種姿態都有，竟像上天聚集了一幫醜女，用來襯托這位女子的嫵媚一樣。從旁觀者的角度看，她最初的不動，好像是鄭重培養自己的‘態’；她後來有意的動作，好像是走來走去而自然生出來的‘態’。但是她怎麼能知道天一定會再下雨，而留着才能等着後來用呢？她的養態是出於無心，她的生態也并非有意，都是天然的、無意的、純真的。當她養態的時候，就先有一種嬌羞但不做作的神韵在身外表現出來，讓人產生愛憐之心，不必等着美好姿態顯露纔覺察出來。這兩個神態兼備的女子，都是婦人媚態的一個例子，舉出來讓大家看個大概。嘿！一個年齡三十歲左右的貧婦人，祇因爲姿態稍有不同，竟使得妙齡女子和那些佩戴珠翠的貴婦人都趕不上，如此看來，神態對於人的作用難道小和少嗎！”

　　有人又問：“聖人、賢人或神化的事，都可以通過深入學習和加強修養做到，難道婦人的媚態單單不能學而得到嗎？”我的回答是：“學是可以學的，讓人教却是不能的。”有人又問：“既然不能教，怎麼説能學呢？”我的回答是：“假使讓沒有神態的人和有神態的人住在一起，早晚相處，進行熏陶，沒有神態的人也許能夠被有神態的人所感化。就像蓬草生在麻叢之中，不用扶持而自己會長直一樣；雄鷹變成鳩鳥，形體被氣場所感化，這種變化是可能的。如果想讓整天揪着耳朵往裏邊灌，那一部《廿一史》，應當從哪裏説起呢？恐怕是越講越不明白，怎麼辦呢！”

修容第二

［原文］

　　婦人惟仙姿國色，無俟修容；稍去天工者，即不能免于人力矣。然予謂“修飾”二字，無論妍媸美惡，均不可少。俗云：“三分人材，七分妝飾。”此爲中人以下者言之也。然則有七分人材者，可少三分妝飾乎？即有十分人材者，豈一分妝飾皆可不用乎？曰：不能也。若是，則修容之道不可不急講矣。今世之講修容者，非止窮工極巧，幾能變鬼爲神，我即欲勉竭心神，創爲新説，其如人心至巧，我法難工，非但小巫見大巫①，且如小巫之徒，往教大巫之師，其不遭噴飯②而唾面者鮮矣。然一時風氣所趨，往往失之過當。非始初立法之不佳，一人求勝于一人，一日務新于一日，趨而過之，致失其真之弊也。"楚王好細腰，宮中皆餓死；楚王好高髻，宮中皆一尺；楚王好大袖，宮中皆全帛。"細腰非不可愛，高髻、大袖非不美觀，然至餓死，則人而鬼矣。髻至一尺，袖至全帛，非但不美觀，直與魑魅魍魎③無別矣。此非好細腰，好高髻、大袖者之過；乃自爲餓死、自爲一尺、自爲全帛者之過也。亦非自爲餓死、自爲一尺、自爲全帛者之過，無一人痛懲其失，著爲章程，謂止當如此，不可太過，不可不及，使有遵守者之過也。吾觀今日之修容，大類楚宮之末俗。著爲章程，非草野得爲之事。但不經人提破，使知不可愛而可憎，聽其日趨日甚，則在生而爲魑魅魍魎者，已去死人不遠；刓腰成一縷，有餓而必死之勢哉！予爲修容立説，實具此段婆心，凡爲西子者，自當曲體人情，萬毋遽發嬌嗔，罪其唐突。

[注釋]

①小巫見大巫：巫，巫師。謂小巫的法術比不上大巫。引申爲相形見絀。

②噴飯：吃飯時，笑不可忍，將飯噴出。

③魑魅魍魎：魑，山神；魅，怪物；魍魎，水神。引申指各種各樣的壞人。

[今譯]

　　對於女人來説，衹有那些具有天仙容貌和傾國美色的人，不用修飾容貌；那些稍微離天生美貌有距離的女人，就不能不用人力加以修飾了。然而我這裏所説的"修飾"二字，無論美醜，都是不可少的。俗語説："三分人材，七分妝飾。"這話是替中等長相以下的人説的。這麽説，那有七分人材的人，就可以少三分妝飾嗎？就是有十分人材的人，難道就一分妝飾也可以不用嗎？回答説：不能。這樣的話，那修飾的方法就不能不當作一件緊要的事來講了。當今世上講修飾面容的人，不僅窮盡技巧，還差不多能把醜鬼變成神仙，我即使想竭盡全力，費盡心神，創造一種新學説，哪能比得上衆人心靈手巧，我説的方法難以做到巧奪天工，不但是小巫見大巫，而且就像小巫的徒弟，前去請教大巫的師傅，那不讓人笑得噴飯的是很少的。但是一時風氣的流行，往往有失當的地方。這不是最初立的規矩不妥，而是一個人的打扮想超過另一個人，一天比一天更想求新，追求得太過分，以至於失掉了"真"的過錯。"楚王喜歡細腰，宮中的女人爲此都餓死；楚王喜歡高髮髻，宮中女人的髮髻都高到一尺；楚王喜歡大袖衣服，宮中的女人都用整匹布做衣袖。"女人細腰不是不可愛，高髮髻、大衣袖也不是不美觀，然而爲了追求細腰以至於餓死，那人也變成鬼了。髮髻高到一尺，衣袖以至於用整匹布來做，這樣不但不美觀，簡直和妖魔鬼怪没有區別了。這不是喜歡細腰、高髮髻、大衣袖的人的過錯，而是那些自己要餓死自己、自己使髮髻高到一尺、自己用整匹布做衣袖的人的過錯。也可以説并不是自己要餓死自己、自己使髮髻高到一尺、自己用整匹布做衣袖的人的過錯，而是竟没有一個人狠狠地批評這種過失，并明確地立下規矩，説明祇應當這樣，不可以太過分，也不可以達不到，使人們有章可循。我看當今人們對待修飾面容，有點像當年楚國宮殿裏的風氣。明確地立下規矩，這不是民間應做的事。但是不經人把它點破，使人們知道這種做法不是可愛而是可憎，如果聽任它一天一天發展，那在世的人都被打扮成妖魔鬼怪，就離死人不遠了；何況腰變成一縷綫那樣細，有肯定餓死的趨勢吧！我爲修飾容貌提出看法，實在是具有這些婆心，凡是想當像西施一樣美女的人，都應當自己體諒人之常情，千萬不要聽後立即表示不滿，怪罪我説話唐突。

盥、櫛①

[原文]

盥面之法，無他奇巧，止是濯垢務盡，面上亦無他垢。所謂垢者，油而已矣。油有二種，有自生之油，有沾上之油。自生之油，從毛孔沁出，肥人多而瘦人少，似汗非汗者是也。沾上之油，從下而上者少，從上而下者多，以髮與膏沐②勢不相離，髮面交接之地勢難保其不侵，況以手接髮，接畢之後，自上而下亦難保其不相挨擦，挨擦所至之處，即生油發亮之處也。生油發亮，于面似無大損，殊不知一日之美惡係焉，面之不白不均即從此始。從來上粉着色之地最怕有油，有即不能上色。倘于浴面初畢，未經搽粉之時，但有指大一痕爲油手所污，追加粉搽面之後，則滿面皆白而此處獨黑，又且黑而有光，此受病之在先者也。既經搽粉之後，而爲油手所污，其黑而光者亦然，以粉上加油，但見油而不見粉也，此受病之在後者也。此二者之爲患，雖似大而實小，以受病之處止在一隅，不及滿面，閨人盡有知之者。尚有全體受傷之患，從古佳人暗受其害而不知者，予請攻而出之。從來拭面之巾帕，多不止于拭面，擦臂抹胸，隨其所至；有膩就有油，則巾帕之不潔也久矣。即有好潔之人，止以拭面，不及其他，然能保其上不及髮，將至額角而遂止乎？一沾膏沐，即非無油少膩之物矣。以此拭面，非拭面也，猶打磨細物之人，故以油布擦光，使其不沾他物也。他物不沾，粉獨沾乎？凡有面不受妝，越匀越黑；同一粉也，一人搽之而白，一人搽之而不白者，職是故也。以拭面之巾有異同，非搽面之粉有善惡也。故善匀面者，必須先潔其巾。拭面之巾，止供拭面之用，又須用過即浣，勿使稍帶油痕，此務本窮源之法也。

善櫛不如善篦。篦者，櫛之兄也。髮內無塵，始得絲絲現相，不則一片如氈，求其界限而不得，是帽也，非髻也，是退光黑漆之器，非烏雲蟠繞之頭也。故善蓄姬妾者，當以百錢買梳，千錢購篦。篦精則髮精，稍儉其值，則髮損頭痛，篦不數下而止矣。篦之極淨，使便用梳。而梳之爲物，則越舊越精。"人惟求舊，物惟求新"③，古語雖然，非爲論梳而設。求其舊而不得，則富者用牙，貧者用角。新木之梳，即搜根剔齒者，非油浸十日，不可用也。

古人呼髻爲"蟠龍"。蟠龍者，髻之本體，非由妝飾而成。隨手綰成，皆作蟠龍之勢，可見古人之妝，全用自然，毫無造作。然龍乃善變之物，髮無一定之形，使其相傳至今，物而不化，則龍非蟠龍，乃死龍矣；髮非佳人之髮，乃死人之髮矣。無怪今人善變，變之誠是也。但其變之之形，只顧趨新，不求合理；只求變相，不顧失真。凡以彼物肖此物，必取其當然者肖之，必取其應有者肖之，又必取其形色相類者肖之，未有憑空捏造，任意爲之而不顧者。古人呼髮爲"烏雲"，呼鬘爲"蟠龍"者，以二物生于天上，宜乎在頂。髮之繚繞似雲，髮之蟠曲似龍，而雲之色有烏雲，龍之色有烏龍。是色也，相也，情也，理也，事事相合，是以得名，非憑捏造，任意爲之而不顧者也。竊怪今之所謂"牡丹頭""荷花頭""鉢盂頭"④，種種新式，非不窮新極異，令人改觀，然于當然應有、形色相類之義，則一無取焉。人之一身，手可生花，江淹⑤之彩筆是也；舌可生花，如來之廣長是也⑥。頭則未見其生花，生之自今日始。此言不當然而然也。髮上雖有簪花之義，未有以頭爲花，而身爲蒂者；鉢盂乃盛飯之器，未有倒貯活人之首，而作覆盆之像者，此皆事所未聞，聞之自今日始。此言不應有而有也。群花之色，萬紫千紅，獨不見其有黑。設立一婦人于此，有人呼之爲"黑牡丹""黑蓮花""黑鉢盂"者，此婦必艴然⑦而怒，怒而繼之以罵矣。以不喜呼名之怪物，居然自肖其形，豈非絕不可解之事乎？吾謂美人所梳之鬘，不妨日異月新，但須實爲理之所有。理之所有者，其像多端，然總莫妙于雲龍二物。仍用其名而變更其實，則古制新裁並行而不悖矣。勿謂止此二物，變來有限；須知普天下之物，取其千態萬狀，越變而越不窮者，無有過此二物者矣。龍雖善變，猶不過飛龍、游龍、伏龍、潛龍、戲珠龍、出海龍之數種；至于雲之爲物，頃刻數遷其位，須臾屢易其形，"千變萬化"四字，猶爲有定之稱，其實雲之變相，"千萬"二字，猶不足以限量之也。若得聰明女子，日月仰觀天象，既肖雲而爲鬘，復肖鬘而爲雲，即一日一更其式，猶不能盡其巧幻，畢其離奇，矧未必朝朝變相乎？若謂天高雲遠，視不分明，難于取法，則令畫工繪出巧雲數朵，以紙剪式，襯于髮下，俟櫛沐既成，而後去之，此簡便易行之法也。雲上盡可着色，或簪以時花，或飾以珠翠，幻作雲端五彩，視之光怪陸離⑧。但須位置得宜，使與雲體相合，若其中應有此物者，勿露時花珠翠之本形，則盡善矣。肖龍之法，如欲作飛龍、游龍，則先以己髮梳一光頭于下，後以假髮製作龍形，盤旋繚繞覆于其上。務使離髮少許，務使相粘相貼，始不失飛龍、游龍之義，相粘相貼則是潛龍、伏龍矣。懸空之法，不過用鐵線一二條，襯于不見之處，其龍爪之向下者，以髮作綫，縫于光髮之上，則不動矣。戲珠龍法，以髮作小龍二條，綴于兩旁，尾向後而首向前，前綴大珠一顆，近于龍嘴，名爲"二龍戲珠"。出海龍亦照前式，但以假髮作波浪紋，綴于龍身空隙之處，皆易爲之。是數法者，皆以雲龍二物分體爲之，是雲自雲而龍自龍也。予又謂雲龍二物勢不宜分，"雲從龍，風從虎"，《周易》業有成言，是當合而用之。同一用髮，同一作假，何不幻作雲龍二物，使龍勿露全身，雲亦勿作全朵，忽而見龍，忽而見雲，令人無可測識：是美人之頭，盡有盤旋飛舞之勢，朝爲行雲，暮爲行雨，不幾兩擅其絕，而爲陽臺神女之現身哉？噫！笠翁于此搜盡枯腸，爲此鬘者，不可不加尸祝⑨，天年以後，倘得爲神，則將往來繡閣之中，驗其所制，果有裨于花容月貌否也？

[注釋]

① 盥、櫛：梳洗。盥，洗手；櫛，梳頭。

② 膏沐：婦女潤髮的油脂。《詩·衛風·伯兮》："自伯之東，首如飛蓬。豈無膏沐，誰適爲容？"

③ 人惟求舊，物惟求新：語出《尚書·盤庚上》，原文是："人惟求舊，器非求舊，惟新。"意思是，用人應該專用世家舊臣，不能像使用器具一樣，不用舊的而祇用新的。

④ 牡丹頭、荷花頭、鉢盂頭：皆明清時期婦女所梳髮髻名。見本卷《髮飾説·髮式考》。

⑤ 江淹（444—505）：南朝梁人，字文通，歷仕宋、齊、梁三朝，官至金紫光禄大夫，封醴陵侯。以文章見稱於世，其詩長於雜擬，抒情賦以《恨賦》《別賦》最著名。晚年才思衰退，詩文無佳句，時人謂之"江郎才盡"。

⑥ 舌可生花，如來之廣長是也：佛教謂佛有三十二相，第二十七爲廣長舌相，言舌葉廣長。後用以比喻能言善辯。

⑦ 艴然：生氣的樣子。

⑧ 光怪陸離：光象怪异，形態離奇。

⑨ 尸祝：尸，代表鬼神受享祭的人；祝，傳告鬼神言辭的人。

[今譯]

洗臉的方法，沒有別的巧妙，祇是一定要把臉上的髒東西洗乾净。人們的臉上一般也沒有其他髒東西，所謂臉上的髒東西，就是油罷了。臉上的油有兩種，有自己生出來的油，有沾上的油。自己生出來的油，從汗毛孔裏沁出來，這種油在胖人臉上多些而在瘦人臉上少些，是像汗又不是汗的一種東西。沾在臉上的油，從下往上沾的少些，從上往下沾的多些，因爲頭髮和油脂不能分開，頭髮和臉交界的地方勢必難以保證不沾上頭髮上的油，何況用手去摸頭髮，摸完以後，從上到下又難保證手不挨着臉摸着臉，挨着摸着的地方，就是臉上有油發亮的地方。臉上有油發亮，對於臉來説似乎沒有大的損害，實際上這臉上有沒有沾油關係到一天的美醜問題，臉面的不白和化妝不勻就是從這裏開始的。向來臉上搽粉和化妝施色的地方最怕有油，有油就不能上化妝色。如果洗臉剛結束，還沒有搽粉的時候，祇有指頭大一塊地方被油手弄髒，等到搽粉以後，就會滿臉都是白的而祇有這塊地方是黑的，并且不但黑還發光，這就是在化妝之前留下的毛病。在臉上搽粉以後，臉上被油手沾過，那又黑又光的臉上還是那樣，因爲在搽粉後上面再加油脂，是祇見油不見粉的，這是在化妝之後留下的毛病。這兩種化妝方法留下的毛病，雖然看起來好像大毛病而實際上是小過錯，因爲造成影響的祇是臉上的一個小角落，沒有影響到整個面部，閨閣中的女子都是知道這些的。還有讓整個臉面都受到損害的毛病，自古以來閨中美人暗中受害但不知道，我這裏將它指出請女子們去除這種毛病。從來擦臉用的毛巾手帕，大多不止用來擦臉，而是擦胳膊抹胸脯，想擦哪裏就擦哪裏；身上有髒東西就有油，這一擦毛巾手帕就不乾净了。即使有愛乾净的人，祇用毛巾手帕擦臉，不擦其他地方，但是能保證擦臉時上邊沾不到頭髮，快要碰到額角的時候就能停下來嗎？一旦沾上油脂，這毛巾手帕就不再是沒有油污的東西了。用這沾了油污的東西擦臉，就不是擦臉了，好像打磨細物的工匠一樣，故意用油布把物體表面擦光，使它不能沾其他東西。其他東西不能沾，妝粉就能獨沾嗎？凡是臉上不上妝的女子，越搽粉就會越黑；同是一種妝粉，一個人搽了以後就白，另一個人搽了以後就不白，就是這個原因。因爲擦臉的毛巾有不同，而不是搽臉的粉有好壞。所以善於化妝的人，必須先使她用的毛巾乾净。擦臉的毛巾，祇供擦臉用，并且用過之後就洗乾净，不要讓毛巾稍微帶上一點油污，這是抓住根本的辦法。

善梳頭不如善篦頭，篦比梳更重要。頭髮裏沒有灰塵，纔能絲絲好看，否則就像氈子一樣成了一片，想找出分界來都困難，這樣的頭髮就成了帽子，不是髮髻了，這頭髮是褪了色的黑漆器具，不是像烏雲般髮髻盤繞的頭。所以會養姬妾的人，應當用百錢買梳子，用千錢買篦子。篦子好，頭髮就好，如果是稍微少用些錢買的篦子，用起來頭髮受損害還頭痛，篦不了幾下就停下了。篦得極爲乾净，就便於用梳子梳理。而梳子這東西，是越舊越好使。"用人要用舊臣，用器物要用新的"，古語雖然這樣説，不是替梳子設論的。如果舊的梳子找不到，那富裕的人家可以用象牙梳，貧窮的人家可以用牛角梳。新的木梳，就是用起來刮頭皮的，若不是用油浸泡十天，是不能使用的。

古人稱髮髻叫"蟠龍"。所謂"蟠龍"，是指髮髻的本體，不是由妝飾形成的。隨手編成的髮髻，都能形成蟠龍的姿態，可見古人的頭髮妝飾，全用自然，絲毫不造假而作。然而龍是一種善於變化的動物，頭髮也沒有一定的造型，如果古人頭髮的造型傳到現在，固定不變，那龍不是蟠龍，那是死龍了；頭髮也不是美人的頭髮，而是死人的頭髮了。難怪現在的人梳髮髻善於變化，變化的確是對的。但是現在人們髮髻變化的形狀，是祇顧追求新潮，不講求是否合理；祇追求改變樣式，不顧及是否失真。凡是另一種東西模仿這一種東西，一定要尋找到這種東西應有的去模仿，還一定要取這種東西形狀相似色彩相近的去模仿，沒有憑空捏造的，不能任意模仿而不顧實際情形。古人稱頭髮叫"烏雲"，稱髮髻叫"蟠龍"，是因爲這兩種東西都生在天上，妝飾在人的頭頂上比較合適。頭髮彎曲盤繞像雲，頭髮盤旋捲曲像龍，而各種雲的顏色有烏雲，各種龍的顏色有烏龍。這就是説，顏色也好，外形也好，性情也好，道理也好，事事都符合，因此頭髮得到"烏雲""蟠龍"這樣的名字，不是憑空捏造，不是任意做出來而不顧客觀效果的。我私下覺得奇怪的是，現在流行的有所謂"牡丹頭""荷花頭""鉢盂頭"等種種婦女新髮式，不是不極爲新奇，讓人改變舊看法，但對於是否應當出現，外形、顏色是否相符等，却是一無可取。就人的一身來説，手可以生花，南北朝詩人江淹的妙筆就是這樣；舌可以生花，如來佛手下的廣長就是這樣。至於頭却沒見過生花的，頭上生花是從當今流行的髮式開始的。這是説不應該這樣現在却是這樣。頭髮上雖然有插花妝飾的，但沒有把頭打扮成一朵花，把身子當作花蒂的；鉢盂本是盛飯的器具，沒有倒裝活人腦袋，成爲扣盆形狀的，這些事都是沒有聽説過的，現在纔剛聽説。這是説不該有的形狀現在有了。各種花的顏色，真是萬紫千紅，唯獨沒有看到過黑色花。假如有一個女人站在這裏，有人喊她"黑牡丹""黑蓮花""黑鉢盂"，這位女子一定會勃然大怒，不但發怒，接着還會罵人。因爲不喜歡的怪物，居然自己模仿它的形狀，難道不是很讓人不可理解的事嗎？我認爲美人所梳的髮髻，不妨可日新月異，但應當在現實中是情理上能講通的形狀。情理上所有的，形象是多方面的，但沒有比雲和龍這二物更奇妙的了。仍然沿用它的名稱但改變它的原有形狀，那就是原有的樣式和新的樣式并行而不互相背離。不要認爲祇有這兩種東西，變來變去形式有限，應該知道天下的萬物，若是取它千變萬化，又變化無窮的，沒有超過這兩種東西的。龍雖然善變，也不過有飛龍、游龍、伏龍、潜龍、戲珠龍、出海龍等數種；至於雲這種東西，頃刻之間就能改換幾個地方，須臾之間就能多次改變形狀，"千變萬化"四個字，還是有個定數，其實雲的變化形狀，"千萬"兩個字，還不足以表示它變化的量。如果有一個聰明女子，天天抬頭觀看天上雲的形態，再模仿雲的形狀繞成髮髻，又把髮髻的樣子盤成雲狀，就是一天換一個樣式，還是不能用盡其巧妙變化，享遍其奇特，難道不是肯定每天都改變形象了嗎？如果認爲天高雲遠，看不清楚，難於模仿，就讓畫工畫出幾朵奇巧的雲，用紙剪出它的形狀，襯在頭髮底下，等到梳洗以後，再去掉剪的紙樣，這是簡便易行的方法。雲形髮髻上完全可以點綴色彩，或者插上時令花卉，或者妝飾些珠寶翡翠，幻化出雲中的五彩繽紛的景象，讓人看去，光象怪異，形態離奇。但是這些妝飾必須位置合適，使它們與雲本身結合起來，如果雲形髮髻應加飾一些花卉或珠寶翡翠，不要露出這些妝飾品的本相，要讓這些妝飾物與雲成爲一體，這樣就很完美了。

　　下面談把髮髻盤成龍形的方法：如果想把頭髮盤成飛龍、游龍，就先在下邊把自己的頭髮梳成一個光滑的沒有妝飾的髮髻，然後用假髮盤成龍形，盤旋繚繞地蓋在頭上。務必要使盤繞成龍形髮髻的部分離開頭髮一點兒，不要讓它粘貼在上面，這樣纔不失飛龍、游龍的意蘊，如果和頭頂粘貼在一起，那就成了潜龍、伏龍了。使龍形髮髻懸空的方法，不過用鐵絲一二根，襯到頭髮裏讓人看不到的地方，在龍爪向下的地方，可以用頭髮作綫，把龍體連縫在真髮上，那龍形髮髻就不搖晃了。把髮髻盤成戲珠龍形的方法，先用髮做成兩條小龍，縫綴在頭的兩邊，讓龍尾向後龍頭向前，再在兩條龍前綴一顆大珍珠，放在接近龍嘴的地方，名叫"二龍戲珠"。出海龍這種髮髻也按照前邊說的做法，但要用假髮做成波浪紋，縫綴在龍身騰起的空隙處，這都是容易做成的。這幾種盤髻的方法，都是把雲和龍這兩種事物分別妝飾到頭髮上，這樣雲是雲而龍是龍。我又認爲，雲和龍這兩種東西是不應該分別妝飾的，"雲從龍，風從虎"，《周易》上已經有成説，這就應該讓雲和龍合起來用。用同樣一組假髮，用同樣的方法妝飾一次，爲什麼不做成雲和龍兩種東西，讓龍不露出全身形狀，雲也不要做成整朵形狀，一會兒露出龍形，一會兒露出雲朵，讓人不能一下看透認出來，這樣妝飾出來的美人髮髻，能盡顯出雲和龍這兩種東西盤旋飛舞的姿態，"朝爲行雲，暮爲行雨"，差不多是兩樣兼具其妙，而且不就成了陽臺神女顯身嗎？唉！我李笠翁爲了這種髻式在這裏搜索枯腸，今後如有采用這種方法梳這種髮髻的人，可不能忘了我。等我百年之後，如果能成爲神的話，就將來往於綉閣之中，驗證我講的妝飾頭髮的方法，是否真的對女子們的花容月貌有益呢？

薰 陶

[原文]

名花美女，氣味相同，有國色者必有天香①。天香結自胞胎，非由薰染，佳人身上實實有此一種，非飾美之詞也。此種香氣，亦有姿貌不甚姣艷而能偶擅其奇者。總之一有此種，即是天折摧殘之兆，紅顏薄命未有捷于此者。有國色而有天香，與無國色而有天香，皆是千中遇一，其餘則薰染之力不可少也。其力維何？富貴之家，則需花露。花露者，摘取花瓣入甑，醞釀而成者也。薔薇②最上，群花次之。然用不須多，每于盥浴之後，挹取數匙入掌，拭體拍面而勻之。此香此味，妙在似花非花，是露非露，有其芬芳，而無其氣息，是以爲佳，不似他種香氣，或速或沉，是蘭是桂，一嗅即知者也。其次則用香皂浴身，香茶沁口，皆是閨中應有之事。皂之爲物，亦有一種神奇，人身偶染穢物，或偶沾穢氣，用此一擦，則去盡無遺。由此推之，即以百和③奇香拌入此中，未有不與垢穢並除，混入水中而不見者矣，乃獨去穢而存香，似有攻邪不攻正之別。皂之佳者，一浴之後，香氣經日不散，豈非天造地設，以供修容飾體之用者乎？香皂以江南六合縣④出者爲第一，但價值稍昂，又恐遠不能致，多則浴體，少則止以浴面，亦權宜豐儉之策也。至于香茶沁口，費亦不多，世人但知其貴，不知每日所需，不過指大一片，重止毫厘，裂成數塊，每于飯後及臨睡時以少許潤舌，則滿吻皆香，多則味苦，而反成藥氣矣。凡此所言，皆人所共知，予特申明其說，以見美人之香不可使之或無耳。別有一種，爲值更廉，世人食而但甘其味，嗅而不辨其香者，請揭出言之：果中荔子⑤，雖出人間，實與交梨、火棗無別，其色國色，其香天香，乃果中尤物也。予游閩粵，幸得飽啖而歸，庶不虛生此日，但恨造物有私，不令四方皆出。陳不如鮮，夫人而知之矣。殊不知荔之陳者，香氣未嘗盡沒，乃與橄欖同功，其好處却在回味時耳。佳人就寢，止啖一枚，則口脂之香，可以竟夕，多則甜而膩矣。須擇道地者用之，楓亭⑥是其選也。人問："沁口之香，爲美人設乎？爲伴美人者設乎？"予曰："伴者居多。若論美人，則五官四體皆爲人設，奚止口內之香？"

[注釋]

①有國色者必有天香：即國色天香，原指花色香俱佳，後用以形容女性美麗。

②薔薇：一種花木名。用其花製成的香水，即薔薇露。詳見本卷《脂粉、香説·香考》。

③百和：即百和香，是以多種香料配製而成的香料。詳見本卷《脂粉、香説·香考》。

④六合縣：縣名，今屬江蘇省。

⑤荔子：即荔枝。果實爲心臟形或圓形，果皮具多數鱗斑狀突起，果實新鮮時呈半透明凝脂狀，多汁，味甘美，有芳香。産於嶺南地區。

⑥楓亭：鎮名，在今福建省仙游縣東南。

[今譯]

名貴花卉和美麗女子，她們氣味是相同的，女子長相有傾國之色的一定有一種天然的香味。這種天然的香味是在胎胞中凝結成的，不是由人熏染得到的，美麗的女子身上確確實實有這樣一種香味，并不是我虛言飾美的話。這種香味，不祇美麗女子身上有，有時那些長相并不出衆的女子身上偶然也會有。總之，一旦有這種天生的香味，就是短命被摧殘的徵兆，紅顔薄命，沒有比這種情況更快顯示出來的。有傾國之色而又有天然的香味，和沒有傾國之色而有天然的香味，這樣的女人都是一千個當中能遇到一個的美人，而其他的女人就需要花費力氣用香料熏染自己。怎樣花費力氣熏染自己呢？富貴人家的女子，就需要用花露。花露，就是把摘下的花瓣放到瓶子裏，經過釀造而製成的。用薔薇花做成的花露最好，其他花做的花露差一些。但使用時不需要太多，每次洗臉洗澡以後，取幾勺放在手掌心裏，均匀地擦在身上拍在臉上。這種花露的香味，妙在既是花又不是花，既是露又不是露，有花的芬芳但沒有花的香膩氣息，因此是最好的。不像其他的香氣，有的味淡，有的味濃，是蘭花還是桂花，一聞就知道。除了用花露外，就是用香皂洗澡，用香茶漱口，這都是女子們生活中應做的事。香皂這種東西，也有一種神奇，人身上偶爾沾上髒東西，或偶爾沾上不好的氣味，用香皂一擦，就完全去掉了。由這推理，用多種奇異香料拌到皂中，用它洗過，沒有不和污垢一起除掉，混到水中不見的，而用香皂洗過後却是祇去污垢而存香味，好像有攻邪而不攻正的區別。香皂中的佳品，一經用它洗過以後，香味一天不散，這難道不是天造地設，供洗滌身體修飾面容的嗎？香皂以江南六合縣産的爲最好，但價格稍微貴了些，又怕因爲路遠不能買到，如果香皂多就用來洗澡，如果香皂少就祇用它洗臉，這也是根據家庭是否富裕而采取的臨時辦法。至於用香茶漱口，花費也不算多，一般人都知道這東西很貴，但不知道一天所用的，也不過指頭大一點，重量也就幾毫厘，把香茶掰成幾小塊，每天在飯後或臨睡前用一點滋潤舌頭，就會滿嘴都是香味，用多了反而味苦，成了藥味了。這裏説的，都是人們所知道的，我加以特別説明，因爲美人身上一時也不能缺少香味。另外還有一種香品，價錢更便宜，一般人吃它祇知道享受它的甜味，却聞不到分不出它的香味，我在這裏把它説出來，那就是水果中的荔枝。這東西雖然是在人間生長的果實，與交梨、火棗沒什麼區別，但它的色是國色，它的香是天香，真是水果中的罕見珍品。我曾游歷福建、廣東一帶，有幸飽餐荔枝而歸，可以説沒白活在今日，但遺憾的是造物主有私心，不讓各地都出産這種珍果。荔枝的乾果不如新鮮的好吃，這是人們都知道的。但人們不知道乾的荔枝，香味并沒有都散出，就和橄欖的功用一樣，那妙處在回味的時候。女子們在睡覺時，祇吃上一顆，那嘴裏的香氣，可以保持一夜，不可多吃，多吃就會感到甜膩。吃荔枝必須選擇地道的來品嘗，楓亭鎮那地方産的荔枝是首選。有人會問："含在嘴裏的香氣，是替美人專設的呢，還是替陪伴美人的人所設的呢？"我回答説："多半是替陪伴美人的人所設的。如果談到美人，那她們的五官、四肢都是爲陪伴她的人所設的，哪裏祇是嘴裏的香氣呢？"

點　染

［原文］

“却嫌脂粉污顏色，淡掃蛾眉朝至尊。”①此唐人妙句也。今世諱言脂粉，動稱污人之物，有滿面是粉而云粉不上面，遍唇皆脂而曰脂不沾唇者，皆信唐詩太過，而欲以虢國夫人自居者也。噫！脂粉焉能污人，人自污耳。人謂脂粉二物，原爲中材而設，美色可以不需。予曰：不然。惟美色可施脂粉，其餘似可不設。何也？二物頗帶世情，大有趨炎附熱之態，美者用之愈增其美，陋者加之更益其陋。使以絕代佳人而微施粉澤，略染腥紅，有不增嬌益媚者乎？使以孅顏陋婦而丹鉛其面，粉藻其姿，有不驚人駭衆者乎？詢其所以然之故，則以白者可使再白，黑者難使遽白；黑上加之以白，是欲故顯其黑，而以白物相形之也。試以一墨一粉，先分二處，後合一處而觀之，其分處之時，黑自黑而白自白，雖云各別其性，未甚相仇也；迨其合處，遂覺黑不自安而白欲求去，相形相礙，難以一朝居者。以天下之物，相類者可使同居，即不相類而相似者，亦可使之同居，至于非但不相類，不相似，而且相反之物，則斷斷勿使同居，同居必爲難矣。此言粉之不可混施也。脂則不然，面白者可用，面黑者亦可用。但脂粉二物，其勢相依，面上有粉而唇上涂脂，則其色燦然可愛，倘面無粉澤而止丹其唇，非但紅色不顯，且能使面上之黑色變而爲紫，以紫之爲色，非係天生，乃紅黑二色合而成之者也。黑一見紅，若逢故物，不求合而自合，精光相射，不覺紫氣東來②，使乘老子青牛，竟有五色燦然之瑞矣。若是則脂粉二物，竟與若輩無緣，終身可不用矣，何以世間女子人人不舍，刻刻相需，而人亦未嘗以脂粉多施，擯而不納者？曰：“不然。”予所論者，乃面色最黑之人，所謂不相類、不相似，而且相反者也。若介在黑白之間，則相類而相似矣，既相類而相似，有何不可同居？但須施之有法，使濃淡得宜，則二物爭效其靈矣。從來傅粉之面，止耐遠觀，難于近視，以其不能勻也。畫士着色，用膠始勻，無膠則研殺不合；人面非同紙絹，萬無用膠之理，此其所以不勻也。有法焉：請以一次分爲二次，自淡而濃，由薄而厚，則可保無是患矣。請以他事喻之：磚匠以石灰粉壁，必先上粗灰一次，後上細灰一次；先上不到之處，後上者補之；後上偶遺之處，又有先上者襯之，是以厚薄相均，泯然無迹。使以二次所上之灰，併爲一次，則非特拙匠難勻，巧者亦不能遍及矣。粉壁且然，況粉面乎？今以一次所傅之粉，分爲二次傅之，先傅一次，俟其稍乾，然後再傅第二次，則濃者淡而淡者濃，雖出無心，自能巧合，遠觀近視，無不宜矣。此法不但能勻，且能變換肌膚，使黑者漸白。何也？染匠之于布帛，無不由淺入深，其在深淺之間者，則非淺非深，另有一色，即如文字之有過文③也。如欲染紫，必先使白變爲紅，再使紅變爲紫，紅即白紫之“過文”，未有由白竟紫者也；如欲染青，必使白變爲藍，再使藍變爲青，藍即白青之“過文”，未有由白竟青者也。如婦人面容稍黑，欲使竟變爲白，其勢實難。今以薄粉先勻一次，是其面上之色已在黑白之間，非若曩時之純黑矣；再上一次，是使淡白變爲深白，非使純黑變爲全白也，難易之勢，不大相徑庭④哉？由此推之，則二次可廣爲三，深黑可同于淺，人間世上，無不可用粉勻面之婦人矣。此理不待驗而始明，凡讀是編者，批閱至此，即知湖上笠翁原非蠢物，不止爲風雅功臣，亦可謂紅裙知己。初論面容黑白，未免立説過嚴。非過嚴也，使知受病實深，而後知德醫人果有起死回生之力也。舍此更有二説，皆淺乎此者，然亦不可不知：匀面必須匀項，否則前白後黑，有如戲場之鬼臉。匀面必記掠眉，否則霜花覆眼，幾類古廟之社婆。至于點唇之法，又與匀面相反，一點即成，始類櫻桃之體⑤；若陸續增添，二三其手，即有長短寬窄之痕，是爲成串櫻桃，非一粒也。

[注釋]

①却嫌脂粉污顏色，淡掃蛾眉朝至尊：此係唐張祜《集靈臺》詩中的二句。前兩句是：“虢國夫人承主恩，平明騎馬入金門。”描寫唐玄宗時，楊貴妃的姐姐被封爲虢國夫人，她常因自己貌美，朝見玄宗時不施粉黛。

②紫氣東來：紫氣，指祥瑞的光氣。常用以附會帝王、聖賢或寶物出現的徵兆。

③過文：用於過渡的文字。

④大相徑庭：徑，門外的路；庭，家裏的院子。喻二者相距甚遠。後稱彼此大异或矛盾很大。

⑤櫻桃之體：舊時用櫻桃比喻女子的口唇。唐孟棨《本事詩·事感二》：“白尚書姬人樊素善歌，妓人小蠻善舞，嘗爲詩曰：‘櫻桃樊素口，楊柳小蠻腰。’”

[今譯]

“却嫌脂粉污顏色，淡掃蛾眉朝至尊。”這是唐朝詩人絕妙的詩句。當今的人們忌諱説塗脂抹粉，動不動就説脂粉是弄髒人臉的東西，有的人滿臉抹着粉却説自己粉不上臉，有的人滿嘴唇塗着脂却説自己脂不沾唇，這都是過分相信唐人詩句，想以虢國夫人天生麗質自居的緣故。嘿！脂粉怎麽能弄髒人臉呢，是自己使用不當而把自己的臉弄髒罷了。人們認爲脂粉這兩種東西，原本是替中等相貌的人準備的，美貌的人可以不需要。我説：“不是這樣的。”衹有美貌的人纔可以塗脂抹粉，其餘的人似乎可以不用。爲什麽呢？脂粉這兩種東西很有點講世態人情，大有趨時髦的態度，漂亮的人用了它會更增加她的美，醜陋的人用了它會更增加她的醜陋。假使讓一位絕代美女稍微在臉上抹一點妝粉，在嘴唇上略微塗一點脂膏，能不增加她的嬌媚嗎？假使讓一位醜陋的婦人在臉上塗脂抹粉，粉飾姿容，能不把大家都嚇壞嗎？要問這是什麽原因，那是因爲白的東西可以使它更白，而黑的東西却難以使它立即變白；如果在黑的東西上加上白色，這衹能使黑的東西顯得更黑，這是用白的東西相比較的結果。我們試拿一份墨一份粉，首先分別放在兩個地方，然後合在一起觀看，它們在分開放的時候，各自黑的黑而白的白，雖説性質各不相同，但并不互相對立；等到把它們合在一起時，就覺得黑的自己感到不安而白的很想離開。這樣相比較相妨礙，很難同在一處。這是因爲天下的東西，同類的可以放在一起，即使不同類但是相似的，也可以使它們同處。至於不但不是同類，還不相似，而且相反的東西，那一定不能讓它們在一起，如果使它們處在一起肯定難辦。這是説粉是不能隨便亂用的。胭脂就不是這樣，臉白的人能使用，臉黑的人也能使用。但脂和粉這兩種東西，它們是互相依存的，在臉上施粉而在嘴唇上塗脂，那容貌光亮可愛，假使臉上不施粉而衹在嘴唇上抹胭脂，這樣不但紅色不顯眼，而且能使臉上的黑色因不施粉而變成紫色。因爲紫這種顏色，不是天生的色，而是紅色和黑色合成的色，黑色遇到紅色，就像見到熟悉的東西，雖不要求它們混合但能很自然地混合起來，精光射出，就如乘上老子青牛，不覺一股紫氣東來，竟光燦燦有五色祥瑞了。這樣的話，脂粉這兩種東西，竟然和你們沒了緣分，一輩子可以不用了嗎？爲什麼世上的女子人人都不丟掉，時刻需要用它化妝，而人們也未嘗把施用脂粉的女子摒弃而不娶她們爲妻妾呢？我的回答："不是這樣。"我所講的，是臉色最黑的人，即所說的不是同類、不相似，而且是相反的那類人，如果女子在黑和白之間，那就是同類的并且相似的，既然是同類的又相似的，有什麼不能同在一處呢？但需要使用正確的方法，使濃淡適當，那樣脂粉這兩種東西就會爭着顯出它們的靈驗了。從來抹了粉的臉，衹經得起遠看，不好在近處瞧，因爲往往不能抹匀。畫工在對畫上色的時候，在顏料中用了膠，顏色纔均匀，如果没用膠再調也不匀；人的臉和紙絹不同，絕無用膠調和的道理，這就是抹粉不均匀的原因。有辦法把粉抹匀：把一次化妝分爲兩次，施粉要從淡到濃，從薄到厚，就可以保證沒有不匀的毛病。我用別的事來打個比喻：泥瓦匠用石灰抹牆，一定要先上一次粗灰，然後再上一次細灰；先前上不到的地方，後上的時候就可以補上；後上時偶爾遺漏的地方，又有先上的灰襯着，因此厚薄均匀，一點兒也没有痕迹。假使把兩次上的灰，合并成一次抹在牆上，那不但技術水平低的工匠難抹均匀，就是能工巧匠也不能普遍均匀。粉刷牆壁的道理尚且如此，何况往臉上抹粉呢？現在把一次要抹的粉，分成兩次來抹，先抹上一遍，等粉略乾時，再抹第二次，就會原先抹得濃的地方淡些，原先抹得淡的地方濃些，雖是出於無意，但是能够巧合，無論遠看近瞧，無不合適。這種辦法不但能把粉抹匀，而且能改變皮膚，使黑色的皮膚逐漸變白。爲什麼呢？染匠在染布帛的時候，没有不是由淺到深的，在深色淺色之間的，那是不淺不深，另外有一種顏色，就像文章有過渡文字一樣。如果想染成紫色，一定要先讓白色變成紅色，然後再讓紅色變成紫色，紅色就是白色紫色的"過渡文字"，没有從白色直接染成紫色的；如果想染成青色，一定要先讓白色變成藍色，然後再讓藍色變成青色，藍就是白色青色的"過渡文字"，没有從白色直接染成青色的。如果一個女人臉色稍黑，要想讓她的臉色直接變白，那是很難的。現在可以先用少量的粉抹一下，這樣她的臉色就已經處於白色和黑色之間，不再像從前那樣是純黑的了；接着再抹一次粉，就使淺白色變成了深白色，不是讓純黑色直接變成純白色。哪種辦法難哪種辦法易，不是相距甚遠嗎？從這一點推論可知，二次抹粉可以增加到三次，深黑色皮膚的人可以和淺黑色皮膚的人一樣用這種方法變白。如此看來，人世間就沒有不能用抹粉的方法使臉變白的女人了。這個道理不用檢驗就很明白，凡是讀我這本書的人，讀到這裏，就會瞭解被稱爲"湖上笠翁"的那個人原來不是蠢笨的人，不但是風雅文人中的功臣，也可以説是個婦女的知己。我在本文開頭講到臉色黑白的時候，未免立論有些過嚴。這也并不算過分，這是要讓人們知道一般人通常化妝的毛病實在太多，就像一個病重的人纔會知道有德行的醫生果然有起死回生的能力。除此之外，還有兩個辦法，都比這個辦法淺顯：用粉抹臉的時候必須要抹脖頸，不然的話就會臉白而脖子黑，就像戲臺上的鬼臉一樣。臉上抹粉還必須記住把眉毛輕刷一下，不然的話眉毛上會沾上粉，就像廟會上的社婆。至於點唇的方法，又和在臉上抹粉的程序正好相反，祇要一點就成，如同櫻桃一般；如果陸陸續續，一筆筆增添，就會出現長短不齊、寬窄不一的痕迹，這是成串的櫻桃，不是一粒櫻桃了。

索　引

索引凡例

一、本索引爲詞條索引，凡正文詞條欄目出現的主詞條均用"*"標示，副詞條則無特殊標識。

二、本索引諸詞條收録順序以漢語拼音音序爲基礎，兼顧古音、方言等差异，然爲方便檢索，又與音序排列法則有异，原則如下：

首先，以詞條首字所對應的拼音字母爲序排列，詞條首字相同（讀音亦同）者爲同一單元；詞條首字不同但讀音相同的各個單元，一般按照各單元詞條首字的筆畫，由簡至繁依次排列。例如以huáng爲首字的詞條，則按首字筆畫依次分作"皇""黄"等不同單元；又如以diāo爲首字的詞條，則按首字筆畫依次分作"虭""蛁""貂"等不同單元。此外，爲方便查閲和比較，在對幾個同音且各祇有一個詞條的單元排序時，一般將兩個或幾個含義相同或相近的單元鄰近排列。如"埋頭蛇""貍蟲""薶頭蛇"都屬於mái爲首字的單元，且"埋頭蛇"與"薶頭蛇"含義相同，因此這三個單元的排列順序是"貍蟲""埋頭蛇""薶頭蛇"。

其次，同一單元内按各詞條第二字讀音之音序排列，第二字讀音相同者則按第三字讀音之音序排列，以此類推。例如以"皇"爲首字的單元各詞條的排列依次爲"皇戚、皇帝鹵簿金節……皇貴妃儀仗金節……皇史宬……皇太后儀駕卧瓜……皇庭"。

三、本索引中詞條右側的數字爲該詞條在正文位置的起始頁碼。

四、本索引所收詞條僅限於正文、附録中明確按主、副詞條格式撰寫的詞條，而在其他行文中涉及的詞條不收録。

五、多音字、古音字或方言字詞條按其讀音分屬相應的序列或單元，如"大常"古音爲tàicháng，因此歸入音序T序列；又如"葛上亭長"，"葛"是多音字，此處讀gé，因此歸入音序G序列之ge的二聲單元；等等。

六、某些詞條多次出現，在正文中以詞條右上標記數字爲標志，如"朝[1]""朝[2]""百足[1]""百足[2]"等，索引中亦按照其右上標記數字的順序排列。詞條相同但讀音不同的則按照其讀音分屬相應的音序序列和單元。如"蟒[1]"（měng）、"蟒[2]"（mǎng），"蟒[1]"歸入音序M序列之meng的三聲單元，"蟒[2]"則歸入音序M序列之mang的三聲單元。

七、某些特殊詞條，如數字詞條、外文字母詞條等，則收入《索引附録》。

A

B

C

D

E

H

J

N

O

P

Q

T

Y

Z